U0116588

大國興衰

全球化背景下的路線之爭

大國興衰

全球化背景下的路線之爭

黃樹東　著

責任編輯　俞笛

書籍設計　鍾文君

書　　名　**大國興衰 —— 全球化背景下的路線之爭**

著　　者　黃樹東

出　　版　三聯書店（香港）有限公司

　　　　　香港北角英皇道 499 號北角工業大廈 20 樓

香港發行　香港聯合書刊物流有限公司

　　　　　香港新界大埔汀麗路 36 號 3 字樓

印　　刷　廣州市一豐印刷有限公司

　　　　　廣州市增城新塘鎮太平洋工業區 98 號

版　　次　2012 年 11 月香港第一版第一次印刷

規　　格　16 開（170 × 238 mm）416 面

國際書號　ISBN 978-962-04-3293-4

© 2012 Joint Publishing (H.K.) Co., Ltd.

Published in Hong Kong

本書原由中國人民大學出版社以書名《大國興衰》出版，
經由原出版者授權本公司在除中國內地以外地區出版發行。

目錄

第三篇　拉丁美洲——失落在全球化中的奇跡

第五篇　中國——避免被全球化打斷現代化進程

前言

司馬遷在《太史公自序》中說，他要「究天人之際，通古今之變，成一家之言」。筆者寫這本書則希望通過對過去兩百多年世界歷史的透視，「究興衰之際，通各國之變，為人間正道立言」。即，通過分析各國興衰更迭，尋找左右其成敗的共同原因；通過分析一國內部利益格局的演變，探究其發展戰略變遷的軌跡；通過分析主要歷史事件和思潮，為符合歷史邏輯的發展方式立言。一國的盛衰不是偶然的。我們可以透過一些歷史現象來觀察一個時代或一個國家由弱到強或由盛而衰的軌跡。希望本書能為讀者「原始察終，見盛觀衰」提供一個宏大的歷史坐標；為正確的發展選擇提供借鑒。

236 年來的路線之爭

1776 年，人類歷史上發生了兩件當時看似無關，但卻共同對後來的人類歷史有重大影響的事件。一件是亞當·斯密發表了《國富論》；另一件是締造美國的人們簽署了《獨立宣言》。這兩件事，在後來的歲月裡誘發了關於落後國家發展方式的兩種不同路線的爭論。概括起來就是：對後起的國家而言，是通過自由貿易發展自己還是通過保護主義發展自己？最初，自由貿易的代表是亞當·斯密，而保護主義的大本營是美國學派。

本書就是圍繞這場路線之爭來展開這兩百多年的歷史的。

美國立國以後有過激烈的路線之爭。最初三十年，美國實施的是自由貿易戰略，利用農業和原材料的比較優勢，拚命要擠到歐洲的經濟體系裡去，做一個趕集市貿易的農民。後來，在同大英帝國的較量中，尤其是在 1812 年戰爭前後，美國精英痛感自由貿易的危害，轉而支持保護主義。從此，兩條路線的爭論雖然持續存在，但是保護主義在美國逐步佔了上風。而內戰則摧毀了自由貿易最後和最黑暗的利益堡壘。

美國崛起的歷史，猶如一幅宏大的畫卷，細節如此龐雜而邏輯如此鮮明。其間，圍繞路線之爭，利益集團彼此爭奪國家發展的方向，演繹了許多驚心動魄的故事和許多幾乎沉船的危機。但是，美國終究成了超級大國。太平洋對岸美國走向霸主的歷史，對中國有許多借鑒意義。感興趣的讀者可以從本書第二篇直接開始閱讀。

這種關於發展道路的爭論，後來被李斯特帶到了德國，再後來變成了一場世界範圍的爭論，至今從未間斷。

保護主義的作用是多方面的。美國的崛起和德國、日本不一樣。這三個國家都實施了保護主義。但是，德國和日本由於國內市場狹小和原材料缺乏，必須走出去，繼而同既有國際秩序發生碰撞，挑戰了既有體系，最後失敗。而美國幅員遼闊，內部市場廣大，資源豐富，保護主義不僅保護了民族工業和科技，還在同大英帝國主導的世界體系之間築了一道防火牆。美國對世界秩序的改造，是在它成為世界上最強大的國家以後。美國是和平崛起的，而保護主義（門羅主義）是它的保障。

為什麼這個防火牆很重要？本書在第一篇中撇開許多價值口號，詳細解構了當今世界體系的利益結構和它的基本目的。在這個體系下，簡單地融入，要麼大量放棄國家利益搞犬儒主義；要麼堅持國家利益而面臨大規模利益衝突的可能。中國要和平崛起，需要在中國同現有世界體系之間築一道防火牆，減少中國同不公正的世界體系之間的衝突；同時，又要避免滑入全球化陷阱，以自己的財富謀別人的發展。

犬儒主義危害甚大。筆者認為一個國家的崛起首先是意志上的崛起。精神可以變為物質。有了意志可以從無到有，意志消沉可以從有到無（參見第二章）。而犬儒主義是意志消沉的表現，危害無窮。以日本為例。第二次世界大戰以後，日本牢記以前挑戰世界體系的教訓，在 20 世紀 80 年代，搞了經濟上的犬儒主義。為了避免同既有世界體系之間的利益衝突，幾乎照單實施了別人提出的改革和經濟政策，最終一蹶不振。對這段歷史，本書在第四篇中有詳細的演繹，並對美國的戰略戰術有詳盡的分析。

我為什麼要談論「主義」？

筆者最早是新自由主義和全球化的提倡者。後來走出國門，走向世界，所見所聞極大衝擊了早期的想法。發現走萬里路，做萬件事，遠勝於躲在象牙塔裡。一下子多了那麼多可以全方位實地觀察、體驗、研究發達國家和發展中國家經濟現實的機會，實在是人生經歷的一次躍進。帶着關於新自由主義和全球化的浪漫幻想走進新自由主義的「理想國」，相當於一個夢想着風平浪靜的遊客一下子掉進百慕大的漩渦裡。理論和現實之間的巨大差異所帶來的衝擊和震撼，是一般人難以想像的。

本書多次談到新自由主義和全球化，許多讀者可能會問，「主義」就那麼重要嗎？其實，筆者何嘗不希望我們生活在這樣一個現實世界裡——在那裡我們少談主義，甚至不談「主義」，可以把關於「主義」的對話緊鎖在書櫃的最頂層裡。但是，現實生活充滿着利益差異和衝突，許多人就把對利益的追求包裝在「主義」的外衣裡。「主義」就是利益。所謂「主義」之爭，路線之爭，其實就是利益之爭。關鍵在於爭的是什麼人的利益，哪個國家的利益。在新自由主義盛行的時候，避免討論這個主義，可能就是為了推動與之相關的利益格局。當胡適先生提倡不談主義不爭論主義的時候，其真意未必是不談主義，而是為了維護佔支配地位的利益格局，為了避免談論對這個利益格局的改造。

全球化思潮是新自由主義的一個重要部分。而新自由主義是自由主義和自由貿易思潮的延續。所謂「新」是因為它是在長達九十多年的社會改造運動中，尤其是在美國「新政」和二戰以後逐步產生和興起的。人類歷史上那場持續九十多年的社會改造運動的共同特點是，無論東南西北，無論方式如何，都在不同程度上推動了公平。而全球化思潮的目的非常明顯，就是要摧毀那些社會改造運動的成果。這個時代背景和它的針對性，決定了它的「新」。比起「舊」，它對社會公平公正的攻擊，對社會進步的攻擊，對保護主義的攻擊，對達成國際公正具體建議的攻擊，更加直接而有針對性，更加具體而鮮明，更加激烈而極端。如果說原有的自由主義是右的話，這個「新」的思潮就可能是極右。這是新自由主義的實質（參見第二章）。本書的頭五章對這個思潮興起的歷史有詳細的敍述。這套東西，讓日本失去了二十年，拉丁美洲失去了二十多年，讓美國和歐洲正在失去

它們的十年，我們一定要警惕。

構建橄欖形社會，需要橄欖形改革

筆者崇尚個人自由、民主和法治。但是，我們不是生活在抽象的世界裡。在市場經濟中，任何東西都是有價或有償的，任何選擇和任何行為都需要一定的資源為基礎，都有機會成本或直接成本。所以，利益結構是基礎。這其實是馬克思的方法。一般來講，那些佔有大量資源的集團擁有的自由選擇權就比較大。所以，公平正義和共同富裕是自由、民主和法治的經濟基礎。筆者提倡「共同的富裕，公平的自由，普遍的民主，自主的發展，強大的國家」。共同富裕是基礎。

中國通過幾十年的發展成了世界第二大經濟體。但是，中國經濟的風險也在加深加劇。原因主要有二，第一是貧富懸殊的社會現象，第二是出口導向戰略的危機。

破解這兩個難題的關鍵在中國內部，就是推動社會公正，調節收入分配，提振內需，降低對出口的依賴，解決生產過剩，並從利益結構上降低潛在的社會不穩定因素。簡而言之，就是要構建橄欖形社會。在橄欖形社會中極端貧困和極端富有者都是少數。構建橄欖形社會需要橄欖形改革。橄欖形改革方略應能達成下面這個目的：它能有力地推動財富和收入向廣大的中下層流動，推動中產階級的形成和擴大，形成橄欖形的分配結果。新自由主義和全球化構建的是金字塔形或撕裂型的利益格局。推動橄欖形改革需要擯棄這些東西。

中國通過幾十年的改革，形成了不同的利益集團，比如代表大私有資本利益的利益集團和代表外國資本利益的利益集團，即人們通常稱的權貴資本主義利益集團，以及非常弱小的中產階級利益集團和比較廣大的下層利益集團。它們當中，哪一個利益集團是既得利益者呢？當然是那些在改革過程中財富和收入越來越處於相對優勢的利益集團。任何一個改革方略都不可能對上述所有的利益集團同等有益。一定要具體分析，誰受益，誰受損，財富向誰流動。

橄欖形改革需要反映大多數人的利益。在任何社會，極右和極左都是少數，如果改革被極右和極左綁架，都是國家的不幸。目前，極右就是急劇拉大財富和收入的差異，極左就是想搞絕對平均主義。而廣大中下階層的最大公約數是公平正義和共同富裕。我們應當尋求這個最大公約數。它才是橄欖形改革的基礎。橄

欖形改革其實也是群眾路線。相反的例子是有的，20世紀70年代，拉美許多國家發生政變，實施獨裁。它們不顧民意，強制性地在國內推動代表大資本和國際資本利益的新自由主義和全球化改革，用暴力壓制所有不同的聲音，把國家導入深淵，最後經歷了漫長而普遍的不滿和暴動。後來在下層人民的推動下，獨裁者們幾乎遭到全面清算，經濟政策幾乎全面左轉（參見第三篇）。但是，國家已經飽受劫難。

警惕政策性致貧

任何社會大規模的利益結構變遷，都不是偶然的成功或失誤造成的，而是政策選擇的結果。全球化是一個政策性致貧的體制，它導致一國之內財富向精英流動，國家之間財富向發達國家流動，制度性地製造着貧窮階層和貧窮國家。

一國財富的分配有兩個層次：一個是在國際進行分配，一個是在國內各階層之間進行分配，二者交織在一起。中國國民財富的大規模流失，是全世界都知道的事實，是包括發達國家精英集團在內的大多數人都認知的事實。筆者的發現是，國際分配中財富的大量流失與國內的分配不公互為因果——分配不公導致貧富懸殊，貧富懸殊導致需求不足，內需不足導致出口依賴，特殊的出口導向導致財富流失。這就是我們一直反覆強調的、困擾中國經濟的「鐵三角」，在《中國，你要警惕》一書中有詳細闡述。不解決國內分配不公，就無法解決財富的大規模流失。在國際國內兩個分配層次都不公平的條件下，中國經濟的增長很難解決不包容的問題，中國的中下層就不可能擺脫艱難的處境。

本書反對按照「比較優勢」原則參與國際分工，並以此制定國家發展戰略。它是要把落後當成優勢固定下來，讓暫時落後的國家，永遠處在產業鏈的低端。有人說，咱們中國工人的工資低，是比較優勢，我們要發揚這種優勢，就應該繼續實施低工資政策；假如我們提高工人工資就失去了比較優勢。這種發展方式從出發點到歸宿點，都是低工資。這種低成本競爭戰略是貧富懸殊的始作俑者。

實施低成本競爭戰略的關鍵就是能否成功打造低收入窪地。過去，推行私有化和破除社會保障體系形成了低收入窪地。私有化的推行導致幾千萬工人下崗，轉制以後工人收入大幅度下降，許多中小私有企業工人的工資在過去十多年中停

滯不前，農民工長期低工資，這些有力地降低了工人的直接工資。而在教育、住房、醫療等公共領域的一系列改革，以及農村社會保障的缺乏等，則大幅度降低了二次分配的作用。所有這些，為中國「成功」地打造出了低收入窪地。中國的出口繁榮就建立在這個窪地上。但是，這種「成功和繁榮」卻是中下層的「失敗和貧困」。（參見第四章和第五篇）

筆者在國際金融體系裡摸爬滾打了許多年，親歷和見證了中國經濟的繁榮，並為許多人曲解鄧小平而不平。許多人打着鄧小平的旗號各取所需。鄧小平是提倡先富起來和共同富裕的。二者絕對不能割裂。因為讓一部分人先富起來的另一面，就是讓大多數人先（相對地）窮下去。而作為老一輩革命家的鄧小平是不能容忍大多數人永遠窮下去的。所以，他反覆強調最終要走共同富裕的道路，這才是目的。沒有共同富裕，一部分人先富起來，固化起來，就變成了大多數人永遠地窮下去。低成本競爭戰略無法實現共同富裕，那些打造低收入窪地的政策措施，比如私有化，只能導致更加嚴重的貧富懸殊，只能導致內需更加不足，在全球性生產過剩的今天，中國將無法破解出口難題。

本書原名《選擇和崛起》，成於經濟危機最高峰的 2008-2009 年之間，帶有那個特殊階段的色彩。幾年下來，書中的許多分析和預測，都在現實中演繹着。中國遭遇着出口危機，中國經濟不得不轉向內需。這為中國實施一定程度的保護主義提供了歷史性機會。中國應當通過關稅政策、非關稅政策、產業扶持政策、國家採購政策、自主技術標準政策、高標準的准入政策，以及匯率政策等等，扶持和保護核心產業，推動技術創新和產業升級，大幅度提高勞動生產率，創造高收入工作崗位，為創造共同富裕的高收入社會創造必要條件（參見第十七章）。

以上文字，記以為序。

黃樹東

2012 年 4 月 8 日星期日於美國

導言
危局和機會——站在歷史的分界點上

　　美國 20 世紀 30 年代的危機是一場體制性危機。只有放在歷史的大背景中，才能理解這場危機本身和反危機措施的歷史含義。在人類進入 20 世紀 70 年代以後，由於多種原因，新自由主義作為經濟實踐在人類歷史上逐步興盛。在蘇聯解體之後，新自由主義作為與政府干預相對立而存在的選擇，幾乎成了人類唯一有效的經濟體制。許多國家先後在自己的土地上進行新自由主義的實驗。美國不僅積極實踐新自由主義，而且充分利用其龐大的國際干預能力，大力向其他國家推行這種經濟體制，利用 IMF、世界銀行和 WTO 干預其他國家的經濟體制和經濟政策。從 20 世紀 90 年代至今，美國更是把世界範圍內的新自由主義化，當成在新世紀中能夠獨霸世界的體制性基礎。

全球化的實質：美國利益

　　新自由主義在世界各國的具體表象不一樣，但是有一個共同的命題：市場自由是好的，市場是萬能的。在實踐中追求所謂大市場、小政府。它認為只有市場才能有效地配置資源，而市場之所以能有效地配置資源是因為產權明晰且有保障。所以，新自由主義的政策目標對內毫無例外都是私有化，市場化，減少政府管制；對外是國際貿易和國際金融的自由化。新自由主義是對 20 世紀 30 年代大危機以後興起的大規模政府干預和通過政府干預而達成某種社會公正的「革命」。

　　美國是新自由主義的主要推手。**新自由主義是美國從 20 世紀 70 年代以來的一項國策和持續的外交政策。新自由主義不是什麼「普世價值」，對內是強化資本效率和解放資本盈利衝動的途徑，對外是美國在世界範圍內實現國家利益、維護霸權的手段。**

　　1981 年 8 月 31 日，美國總統雷根簽署了《經濟恢復稅收法案》。這個法案大

規模地削減個人和公司所得稅，反映了雷根的經濟理念，決定了美國未來近三十年的經濟命運，是美國走向金融危機所邁出的第一步。史稱該法案開創了美國經濟的「新時期」。這一天被稱為「雷根革命」的開始。美國從此進入一個減少政府干預，減少社會福利，將公共職能私有化的過程。這是一個市場原則至上的時期。美國 2008 年危機的許多問題幾乎都源於那場「革命」。

美國自 20 世紀 70 年代中期就大力輸出新自由主義經濟模式。在蘇聯解體以後，美國更是力圖以新自由主義來改造世界，改造現實的對手和潛在的對手。經濟全球化和金融體系的全球化是美國改造世界的兩大手段和目的。新自由主義通過看似嚴密的理論體系向世人證明，一個開放的世界經濟體系將使每個國家都能充分發揮自己的潛力，使每個國家都能公正平等地走向繁榮。這個理論似乎為貧窮的國家解開了繁榮的密碼，讓許多人沉迷，為美國按自己的方式打造新的世界經濟秩序奠定了意識形態的基礎。

在新自由主義風靡的時期，美國理想的世界模型是一個金融貿易自由開放的世界體系，資本貨物要素能在國際自由流動。在這個世界體系裡，民族國家對自己經濟的保護、各國政府對經濟的干預、經濟中公共產業的成分都將被壓縮到最低限度；美國在這個體系中將起主導作用，其金融體系作為世界金融體系的中心將在製造財富、分配財富的過程中起支配作用。在這個體系裡，國際分工有一個巨大的特點，那就是發展中國家向美國出口資源、貨物和服務，而美國則向世界各國出口美元、金融產品和不影響美國安全和競爭力的低技術。這是美國為霸權的長期存在而設計的經濟基礎。

在這個體系中，美國為中國設計了一個什麼位置呢？美國政府和智囊在許多文件中明白無誤地指出，要把中國納入能保障美國利益的格局裡。要把中國納入這樣一個經濟框架中，必須做到三點：第一，使中國經濟依賴美國，至少是依賴美國市場；第二，必須使中國經濟走上低技術水平擴張的道路；第三，必須在金融上控制中國。美國認識到，鑒於中國巨大的經濟潛力，不把中國納入這個體系，中國就有可能成為競爭對手。

為了達成這一戰略目的，美國做了四件事：一是在中國入世文件中，迫使中國承諾開放銀行、金融和資本市場；二是作為交換，美國開放了自己的低端市場，通過市場力量將中國經濟引導到低水平擴張的軌道上；三是通過中國承諾的產業開放，打擊乃至摧毀中國的自主技術；四是嚴格限制具有競爭力的技術向中國的

轉移，完善對中國的技術封鎖。只要觀察一下美國對中國經濟政策的走向，就會看出，美國對中國經濟關注的重點從產品市場，到知識產權，到金融體系，到經濟體制的軌跡。金融體系的開放和經濟體制的改革是現階段美國對華經濟政策的重點。

美國在尋求危機出路時，有可能加劇中美兩國經濟糾紛。而在未來的糾紛中，中國市場的進一步開放、中國金融的開放將成為美國重要的籌碼。中國在 WTO 的承諾將成為美國的有力武器。

美國推行新自由主義的另一個更具有戰略意義的目的，是推動發展中國家經濟體制的全面市場化和私有化。

新自由主義不是普世法則。甚至在美國也不是。把新自由主義、自由貿易當做普世法則的人大概不瞭解美國發展的歷史。

美國立國以後，在漫長的發展過程中奉行經濟上的保守主義和外交上的孤立主義。從美國第一任財政部部長，到「美國體制」，到林肯，到 20 世紀 30 年代大危機這一百多年裡，保護主義是美國貿易政策的主線。為了保護美國的民族工業，美國的關稅在相當長的時間裡高達 49%！

在自由貿易體系裡，商人是主人而生產者是奴隸主。保護主義不是別的，是自然的法則，是自我保存的法則，是自我發展的法則，是人類得以保全最高和最好的前景的法則……為什麼？如果保護主義能有益和增進 6300 萬人民的利益，這 6300 萬人民的影響將會增進世界上其他人口的利益。我們不能在前進的道路上不考慮整個人類的利益。是的，那些人士說「在你能買到最便宜的地方去買」。當然，這一原則（在那些人士看來）也適用於勞動力。讓我給你一條比那些人士所說的好一千倍的信條，那就是保護主義的信條：「在你能獲得最高支付力的地方去買」。而且，那個地方就是勞動者的報酬最高的地方。[1]

---

[1] William McKinley speech, Oct. 4, 1892 in Boston, MA William McKinley Papers (Library of Congress).

　　這是美國第 25 屆總統麥金利 1892 年在波士頓的演講中的一段話。這段話概括了美國共和黨政府的保護主義政策。共和黨在從內戰到 1912 年的幾十年裡，幾乎贏得了每屆總統選舉。

　　只是到了第二次世界大戰以後，美國為了打開海外市場，才把自由貿易作為長期外交政策。這種變化反映了美國實力的變化。這種變化背後的推動力還是美國利益。

不對稱格局：開放和保護

　　美國追求世界範圍內的自由貿易，不是出於對自由貿易的意識形態偏好，而是將其作為維持經濟強權的途徑和手段。

　　依靠自由貿易為美國打開國際市場，是美國自第二次世界大戰以後的持續國策，是第二次世界大戰以後美國主導的世界經濟體系的一個重要支柱。第二次世界大戰以後，美國製成品佔世界的 50% 以上，美國必須為剩餘產品打開海外市場。美國就是在自由貿易的旗幟下，讓大英帝國無可奈何地為美國產品打開了廣大的殖民地、托管地和英聯邦。到今天，這依然是美國推行自由貿易的根本目的。美國總統布殊在 2009 年的國情咨文中指出：

　　保持美國的競爭力要求我們為美國製造和種植的所有東西打開更多的市場……我們想世界上所有地方的人都購買美國產品。在一個開放的市場和公平的競爭場上，無人能競爭過美國工人。[1]

　　縱觀「雷根革命」以後，美國對世界範圍的市場開放和自由貿易的謀篇佈局無不反映了美國長遠的戰略意圖。美國在推行自由貿易的同時，十分注意保護自己的核心競爭力。這些核心競爭力是美國長期強盛的基礎。美國實行的是貿易上的現實主義，對低端產業實行開放，對高端產業則倍加保護。

---

[1] http://www.washingtonpost.com/wpdyn/content/article/2006/01/31/AR200601310-1468.html.

美國近三十年的貿易歷史表明，其實行自由貿易政策的底線，是確保美國在高科技和其他關鍵產業上的壟斷地位。套用尼克松的話：「美國必須是第一，美國必須不遜於任何人」。**美國主導的自由貿易是不對稱的自由貿易。**美國新自由主義的全面實踐始於雷根。從雷根以來，美國歷屆政府奉行的都是這種貿易上的現實主義。**一方面用自由貿易、國際條約、國際組織撬開其他國家的市場，打擊潛在的產業和技術競爭對手；另一方面，嚴格保護核心產業。**

美國在這方面的成功例子比比皆是。美國通過壓迫別人實施市場開放，有效地摧毀了許多高科技競爭對手，並成功地限制了核心技術向其他國家，尤其向中國的轉移。

以 2005 年中國聯想花了 17.5 億美元收購 IBM 個人電腦業務為例。美國有個「美國外國投資委員會」。這是一個高層次的委員會，由許多關鍵的機構組成，包括國防部、財政部、商務部和美國貿易代表辦公室。該委員會專門調查外國公司對美國公司的收購案，並授權向總統提建議，在國家安全受到威脅的情況下阻止這類收購案。雖然聯想收購案最終獲得了政府批准，但是聯想沒有獲得任何核心技術。美國為了有效地防止高科技的外流，實施了鐵腕一般的行政控制。其慣常手法就是將許多技術、產業和企業列為國家安全的範圍。

就核心技術而言，美國不僅不承認市場，而且不承認私有。基於國家安全和核心競爭力的考慮，許多技術的所有者不能在市場範圍內用手中的技術最大限度地追求自己利益。在美國，企業、學校、政府都在從事科技研究。一旦有了重要技術突破，政府就要介入。如果是涉及國家安全的技術，將被列入保密技術。任何人包括發明者都不能隨便轉移。

反思中國，三十多年來，不是開放少了，而是保護少了。沒有在開放中保護好自己。中國開放三十多年，能開放的幾乎都開放了或即將開放。中國在出口導向政策引導下，建立了三萬多億美元的外匯儲備。中國市場的開放為中國引入核心技術了嗎？中國能用巨額的外匯儲備買到核心技術嗎？答案是否定的。

如果我們客觀地分析一下，**在所有開放的領域，中國已經建立的自有技術幾乎全面喪失，而且都是在「引進，合作」的口號下喪失的。**而那些受到保護的領域，我們還能在原有的基礎上更上一層。我們今天那些真正奠定中國戰略實力的技術和產業，**哪一樣不是在當年「閉關自守」的情況下從無到有發展起來，並在三十多年來的開放過程**

中受到保護的？回顧歷史，我們真要慶幸我們沒有開放以航天核武為代表的核心工業。中國在新中國成立初期在極短的時間內從無到有建立了獨立的工業體系，有了自己的汽車和電子工業。今天，我們的國土成了世界汽車博覽會，我們的計算機產業成了裝配產業。

美國的這種保護不只是政府的行為，也是企業的自覺行為。這三十多年裡，有一段時間我們在開放市場的同時，把技術轉讓作為市場進入的一個條件。許多跨國公司在中國開辦了不少研究中心。但是，為什麼這些研究中心沒有什麼研究突破？為什麼各公司的技術突破都不是在中國的研究中心產生的？對此，我長期不解。在同某大公司頂級人物的一次談話中我發現了答案。許多人都知道，美國企業把技術分幾代：即將淘汰的、成熟的、新興的和正在研製的。這些大公司在中國研究中心研究的都是即將被淘汰的技術。這位明星人物很自信地說：「（研究中心的）中國人研究的永遠是我們要淘汰的技術。他們不可能形成獨立的創新能力，不可能挑戰我們！」

讓別人研究即將被淘汰的技術而獲得市場進入，並不是什麼精明的商業策略，卻能輕易地撬開中國的市場。由於中國的入世承諾，現在連這種技術也無法獲得。

與中國許多人希望通過開放提升技術相反，美國政府和企業似乎不把技術進步的希望寄託在開放上。美國政府從立國之初就把政府資助科技研究當做一項長期的國策。當時的美國，科技遠遠落後於歐洲。但是，美國從來沒有實施過依賴別人獲得技術的國策。如果你建議美國企業通過開放來引進先進技術，對方要麼認為你在懷疑他的創新能力，要麼認為你缺乏商業常識。美國企業在國內外為了爭奪某些技術的專利而不惜耗費巨資長期打官司。現在你**寄望於開放而獲得他的先進技術**。在他眼裡，這**不是天方夜譚就是商業無知。市場如同戰場，有誰會武裝競爭對手？**

依靠開放提升技術是認知上的誤區。必須獨立自主。有人動輒要與國際接軌，向美國學習。要知道美國在技術上是一個獨立自主的國家，有一個由政府和企業資助的、龐大的研發體系，是一個在許多方面瞄準世界前沿並尋求突破的國家。政府和企業資助的許多研究並不直接源於商業動機和盈利動機。如果真要向美國學習，就必須重新高舉「獨立自主，自力更生」的旗幟。通過開放提升技術的想法，是想走捷徑，怕吃苦，然而在國家競爭中無捷徑可走。在這方面，我們必須要有毛澤東的勇氣、智慧和遠見，要「自力更生」加自我保護。沒有保護就無法實施

自主創新。當然，只要條件允許，通過開放引進設備技術無疑是惠國利民的好事，問題是不能寄望於他人。

新自由主義的推動手段：漸變和危機

美國的經濟霸權與歷史上的其他一切霸權不一樣，與其取而代之的大英帝國也不一樣。它**不是通過殖民地統治，而是通過國際條約、國際組織和機構為自己的霸權建立了一個堅實的法律和制度框架。**

這個世界經濟模型的制度框架就是 WTO、IMF 和世界銀行，加上華爾街。為了達到這個目的，美國充分利用其在現存國際體系中的規則制定者的地位和作用。前述三大機構的原型或前身，是第二次世界大戰以後按凱恩斯主義建立的國際經濟機構。美國在這三大機構中居於主導地位。20 世紀 80 年代以來，在美國主導下，它們逐漸演變為美國干預別國經濟和在世界範圍內推行新自由主義的工具。

在這個框架下，美國依靠漸變和危機兩種方式推動新自由主義。

漸變的方式主要是通過 WTO 來實施的。美國對可能成為潛在對手的國家和可能成為潛在對手的經濟體制，在加入 WTO 的過程中設立了很高的門檻。申請國不僅必須對自己的國家利益做出巨大的讓步，還必須對自己的經濟體制做出巨大的讓步；不僅必須在入世前進行大部分改造，還必須承諾入世後有更深刻更廣泛的改造。入世的過程變成了一個被美國用來獲取戰略利益、重塑別國經濟體制和決策者價值取向的過程。美國常常有選擇性地為某些申請國貼上「非市場經濟」的標籤，這是美國慣用的戰術手段。被貼上標籤的國家往往因此而自覺地站在被告席上，拚命地證明自己。這個證明的過程往往就成了一個自我放棄的過程。這些國家要想加入 WTO 就必須按市場經濟的要求實行徹底的改造。美國市場經濟設定的標準和衡量的標準，不外乎是那套新自由主義的基本價值：私有化、市場化、減少政府干預、開放民族市場、開放金融體系。於是被貼標籤的國家紛紛將這些藥方作為改革的目標。能在短期實現的被列為短期目標，不能在短期實現的被列為長期目標。這是一個通過 WTO 將新自由主義推行到世界各國的和平演進戰略。

進入 WTO 不僅取決於申請國是否達到 WTO 定義的「市場經濟原則」，而且

還取決於申請國給予其他會員國的產品和服務的市場准入條件。從 1986 年中國申請恢復關貿總協定席位，到 2001 年正式加入 WTO，花了十多年時間。在這一過程的開始，中國就被定義為「非市場經濟」國家。實質上由美國主導的 WTO「中國入世工作委員會」和國與國雙邊會談中的對手，為中國入世設立了很高的門檻，不僅要求中國開放市場，並要求中國大規模地私有化，還要中國大幅度地減少政府干預。中國被要求訂立改革的時間表。在每次「中國入世工作委員會」的年會上，中國像被告一樣被嚴厲檢查和質詢。

僅就市場開放而言，對方的價碼越加越高。從最初的產品市場到服務市場；從一般產業，到金融產業，再到知識產權。市場開放的要求直指中國的核心產業。要價的領域從單純的關稅同盟，擴展到非關稅手段、法律，甚至中國經濟體制的改革。力圖通過市場開放達到控制中國關鍵產業和經濟命脈的目的，達到把中國改造成市場經濟的目的。這漫長的十多年是中國大批國有企業通過各種方式私有化的十多年，是政府干預大幅度削減的十多年，是社會福利開支相對降低的十多年，是傳統社會服務功能被產業化、市場化的十多年。在這十多年中，大批國有企業職工被迫提前退休和下崗，大批社會成員失去醫療退休保險，大批貧困家庭不堪教育重負。這些巨大的社會代價是中國加入 WTO 的入場券。

中國在入世文件中承諾了超過既有成員國和其他入世國所承諾的責任。從這個意義上，中國加入 WTO 的文件是一個不公平的文件。這些過度的讓步，給未來中國經濟帶來巨大的外部隱患。我每次讀到有關文件，都不得不扼腕歎息。這個文件，立下了撤除中國經濟保護的一個時間表。

在重溫中國入世歷史時，我發現中美兩國的一些人之間有一種驚人的相似：都希望通過開放，通過 WTO 推動中國內部的市場導向改革和私有化。這一點令我十分不解。中美當然有許多共同利益，但是也有自己獨特的甚至彼此矛盾的國家利益。在不同的國家利益方面，在事關中國經濟體制和長遠經濟利益方面居然有如此相同的裡外一致的共識！

我百思不得其解。

在研究這個問題時，我有時候會突發奇想，也許正是這種共識導致了（中國）有些人自覺地做出了關於巨大利益讓步和放棄自我保護的承諾。也許有人認為這種不平等的責任是推動中國跳上市場改革快車道的唯一途徑；也許有人認為這種

簽署國際文件的方式是強制性克服內部市場改革阻力的最佳方法。

　　不過這種讓步帶給中國的危害將是長遠的。閱讀美國歷史，我還沒發現美國在什麼時候在非戰的情況下，這樣大量地放棄國家利益。這一紙文件，無疑給今天的中國對付世界金融危機帶來許多困難。

　　後來在俄羅斯入世的過程中，對方打算複製俄版的中國過程，企圖壓迫俄羅斯開放石油和金融等具有戰略意義的產業，允許外資進入。這些要求顯然不符合普京的治國理念，於是雙方爭執不下。最後俄羅斯發現以對方開出的條件加入WTO不符合國家的長遠利益，決定將加入WTO從國家的政策優先選項上刪掉。縱觀俄羅斯的戰略思路和歷史教訓，這種選擇不是以退為進的戰術手段，而是看穿對方底牌的戰略調整。俄羅斯要改革世界經濟秩序。

　　美國推行新自由主義的另一個戰略就是危機介入。在這方面IMF和世界銀行扮演了十分重要的角色。新自由主義作為人類經濟體制的一種實踐，儘管曾創造過短暫的繁榮，迄今為止還沒有成功的例子。那些不遺餘力和被迫推行新自由主義的國家都先後陷入經濟危機。其中影響深遠的有拉美危機、亞洲金融危機、日本金融危機和長期的經濟停滯。美國作為當代新自由主義的堅定推行者，每一次都將危機當成進一步推行新自由主義的絕好機會。作為新自由主義經濟宣言的「華盛頓共識」就是針對拉美危機而提出的。在過去三十幾年裡人類發生了許多金融經濟危機。這些危機發生的根源各異，而美國和IMF為危機國開出的藥方卻千篇一律：進一步市場化，進一步減少政府干預，徹底私有化，大力削減公共支出，削減政府開支。這是一個讓危機國通過進一步實施新自由主義的方式，來處理經濟危機的戰略選擇。雖然這些藥方往往不是緩解而是加深了危機，甚至導致社會動盪、政權更替，但危機國迫於經濟的、政治的壓力卻別無選擇。對美國來說，這些國家的經濟動盪對世界經濟金融體系並不帶來體系性威脅，反而為外力介入的經濟改革創造了條件，使新自由主義得以加速植入。

新自由主義下的國際分工

　　和平漸進戰略和危機介入戰略使新自由主義在世界範圍內迅速擴張，成為一種世界性浪潮。美國在這一浪潮中的戰略利益是顯而易見的。自 20 世紀 80 年代以來，**美國挾新自由主義的浪潮在兩霸對抗中不戰而勝，在與許多潛在對手的交往中巧妙地將對手納入自己的戰略體系並讓其為自己的戰略買單。**

　　在新自由主義鼎盛時期，美國最具競爭力的是美國的金融產品和尖端科技。一方面，美國將美元和美國製造的金融產品輸往世界各國；另一方面，實施選擇性的市場開放，大量輸入世界的廉價產品。

　　新自由主義的核心就是追逐利潤和回報。美國以其獨步世界的金融體系和創新能力，不斷向世界推出層出不窮的新產品以滿足世界各地的這種逐利的衝動。作為這些產品的製造中心，美國和華爾街得以吸引大量的世界資本。這些金融產品作為優質產品進入了世界各國的金融血液裡。這些產品具有的高回報低風險幻覺，使其有極大的癮性作用。在進口了這些金融產品後，世界各地對這些產品產生了更多的需求。世界的資本就這樣源源不斷地流進美國。**美國的金融製造業就這樣為世界編造了一個以美國為中心的金融網絡。世界各國的貨物通過這個網絡源源不斷地輸往美國而獲得美元，而這些美元和其他資本又通過這個網絡源源不斷地流回了美國。**美國當初為了進口而支付的美元在世界周遊了一圈後又回到了美國。美國的金融體系像變戲法一樣使美國免費獲得了世界的貨物。在這段時期美國通過這種體系吸引了世界外貿盈餘國 70% 的儲蓄！我們中國就是這樣的國家之一。這就是新自由主義世界秩序為美國帶來的競爭力。如果你不瞭解這種競爭力的威力，你就應當看看發展中國家是如何得到外資的。有些國家為了吸引外資不得不做出許多讓步，出讓許多經濟利益，甚至不惜損害民族產業以換取外資。往往是引進一筆外資，倒了一批民族工業。外資進入，民資退卻。我們中國以各種方式在三十多年裡引進了幾千億美元的外資，而我們卻以極其低廉的價格為美國提供了超過三萬億美元的儲蓄。

　　到了 21 世紀，美國的這種金融出口達到了登峰造極的地步。以債務證券化為例，**美國依靠其世界金融中心的地位，推出了大量的金融創新產品。它通過將消費者債務、房屋貸款和別的貸款捆綁在一起的方式實行證券化。這種證券化產業成了 21 世**

紀美國最大的出口產業。根據美國證券業和金融市場協會（Securities Industry and Financial Markets Association）公佈的資料，從 2001 年到 2007 年大約有 27 萬億美元的這類債券被出口到世界各地。美國 2007 年 GDP 約為 13.7 萬億美元。這項「出口」相當於美國 GDP 的兩倍，相當於中國 GDP 的八倍多。那是多少個玩具、多少件成衣、多少雙鞋？

國際金融體系和信用霸權

自由貿易的擴張帶來的一個巨大變化就是經濟的貨幣化或信用化。對中國而言，市場經濟推動的結果就是許多以前不通過市場交換的物品和服務現在都要推到市場上流通。而流通的媒介和手段是貨幣。這個貨幣是廣義的貨幣。市場經濟發展得越深刻，這種貨幣化的過程就越廣泛。中國是這樣，自由貿易擴張迅速的世界經濟也是這樣。經濟貨幣化導致了經濟的信用化或債務化。到了最後，經濟的增長必須依靠貨幣和信用來推動。就世界而言，有人估計，GDP 每增長 1 美元，信用必須增長 4~5 美元。以中國為例，在 1978 年以前，政府對貨幣發行、信貸增長有嚴格控制，而且經濟的主體不是市場。在那樣的條件下，經濟增長雖然在一定程度上依賴貨幣和信用增長，但是遠遠沒有達到今天的程度。以 2007 年為例，中國經濟增長 11.3%，而 M2 的增長高達 16.7%。也就是說，中國經濟每增長 1%，M2 要增長 1.48%。M2 的增長速度比 GDP 的增長速度高 48%。M3 的數量則遠遠大於這個數目。可見貨幣信用對 GDP 的重要性達到什麼程度。

在這種情況下，信用萎縮導致經濟萎縮。充足的信用是經濟發展的基礎。

在這樣一個貨幣化、信用化的經濟體系裡，勞動和自有資本本身在社會財富分配中所佔的比重急劇下降。那些能夠籌措資金、運作資本、運作信貸的個人、企業和國家在社會財富分配中的地位越來越高，更重要的是那些能夠製造信用的個人、團體和國家則處於財富金字塔的頂端。**創造信用，擁有創造信用的權力是支配社會和世界財富分配的最佳手段。**如果一個人、一個階層、一個國家佔有了創造信用的壟斷地位，則該個人、該階層、該國家將會在財富分配中佔據主導地位。有鑒於此，世界經濟的競爭最激烈的部分就是信用壟斷和信用霸權的爭奪。

就美國國內而言，為了成為信用創造者，通過提供信用而在世界財富分配中

佔有越來越大的份額，美國的金融體系走上了極度信用擴張、極度槓桿運作的道路。而自 20 世紀 80 年代以來的銀行改革、金融自由化、華爾街的自由化為這種信用擴張提供了體制性條件。

就世界範圍而言，並不是任何國家都可以獲得信用霸權成為信用帝國的。只有本國貨幣成為世界貨幣的國家，才有可能成為信用帝國。不管你有多先進的技術、多先進的管理、多周到的服務，只要你的貨幣不是世界貨幣，你就不可能成為信用帝國。美國是信用帝國，因為美元是世界貨幣；只要人民幣不是世界貨幣，中國永遠不可能成為信用強權。信用一方面是資產，另一方面是債務。對世界貨幣國美國而言，它製造的信用是美元，是美元貸款、美元資產，其回報也是美元。而美元是世界上的「硬通貨」。這個硬通貨的背後是軍事霸權。軍事霸權能保證你的貨幣、你的資產、你欠別人的債務，不會因為外敵的入侵而灰飛煙滅；保證你是投資的安全天堂。只有在這種情況下，其他國家才會大量購買你的金融產品。

美元就是這種依靠軍事霸權的「債務」。比如中國擁有三萬多億美元的儲備，實質上是美國欠了中國三萬多億美元的債務。美國在布雷頓森林體系下也是世界信用帝國。但是，由於金本位和固定匯率制度，那種信用帝國必須以黃金來支撐。到了 1956-1965 年美元面臨極度的危機。最後，美國廢棄了黃金本位，為美國無限制地製造信用創造了條件。

布雷頓森林體系是重生產輕金融的體系。它的特點是固定匯率，美元中心，政府間對外匯、國際資本流動實行嚴格的管理。但是到了 20 世紀 70 年代，美國不再在生產上居於壟斷地位，日本、聯邦德國、其他歐洲國家通過重建逐漸成為美國製造業的對手。這時候美國在國際經濟體系中的地位開始轉向世界金融，認為金融壟斷和開放世界金融體系是在新條件下延續美國霸權的重要條件。在第二次世界大戰結束後，美國生產了 40% 以上的世界製造品，而通過布雷頓森林體系打開了歐洲和日本的產品市場。**美元與黃金脫鈎**，解放了國際金融資本，**為美國的信用產品打開了世界市場，使美國得以無限制地創造信用。美國從此登上了信用帝國的寶座。**

美元作為世界貨幣還仰仗石油。美元雖然與黃金脫鈎，但是卻獲得了石油的支撐。這種以他人的石油來支撐美元對美國而言是免費的。從某種意義上講，石油的支撐比黃金更具有戰略意義。

　　市場化、信用化的結果，使一個開放的、自由的全球性世界金融體系居於世界經濟體系的中心，使控制世界金融的一方得以追求最大的利益。

　　經濟貨幣化的結果，使一個國家的財富偏向於控制信用和資本的個人和集團；一個開放的世界經濟體系，使財富的分配偏向於在資本信用等方面居於支配地位的國家。這樣的國家將在一個開放的世界經濟體系中操作世界財富的分配。

　　這就是為什麼，一方面美國作為國際金融中心竭力推動自由貿易，另一方面又竭力通過世界金融體系的自由化維護自己的金融中心地位。

　　美國改造第二次世界大戰後國際經濟秩序的第一步就是對世界金融體系的改造。1971年的「尼克松震盪」開啟了國際金融自由化過程。而「雷根革命」則開啟了美國金融體系的自由化。在這一過程中，美國不僅逐步放開了既有的銀行金融體系，而且還以放任自流和積極鼓勵的方式發展起了一個「影子銀行體系」。

　　美國作為世界金融輸出中心湧現了大量的廉價資本。廉價資本加上金融體系的自由化，極大地加劇了美國消費者和金融企業的金融槓桿運作，急劇地推動了資產規模的快速增長，吹大了美國的資產泡沫。為了在世界財富的分配中佔據更大的份額，美國金融資本加劇了槓桿運作和信用擴張。以華爾街為例，在鼎盛時期，華爾街五大銀行運作的總資產高達三萬億美元，幾乎是自有資本的30~40倍。這些泡沫化的資產被出口到世界各地，為美國吸引了更大規模的資本，成為美國進一步加工新產品的廉價的原材料。這樣循環往回，美國出現了信用擴張、資產泡沫、經濟虛擬化。作為這場信用擴張的市場基礎之一，是不受政府管制、高度放任的影子銀行體系。這個影子銀行為美國的證券化產業提供了資金渠道，為美國金融機構、消費者個人的槓桿運作提供了融資渠道。發展中國家提供的廉價資產，以及沒有政府干預的融資市場——影子銀行，導致投資者過度樂觀，低估風險。在一段時間內，美國金融體系的這種高度槓桿運作導致了巨大的超額利潤。巨大的超額利潤對世界各地的資本起到了巨大的示範效應。世界各國金融界紛紛效仿或試圖效仿美國的金融體系，紛紛自由化自己的金融體系，放鬆政府管制，紛紛走上了過度擴張的模式。

　　這種過度的信用擴張最後導致了危機。導致2008年金融危機的原因之一，表面上看，是美國當初出口的那些優質金融產品露出了原形：原來都是假冒偽劣產品。由於這種假產品已經流入了世界金融體系的血液裡，並通過自由的世界金融

體系而循環到全世界。在這種危機面前，投資者不知道誰被傳染了、誰沒被傳染，
乾脆罷市並凍結所有的信用。這就導致了流通性萎縮、信用萎縮和信用凍結。就
如你面前有十個人，你被告知其中有一個染上了艾滋病，但是不知道是誰。你一
定會迴避所有十個人，對十個人都不相信。在金融市場裡，這種迴避行為的結果
就是信用危機，就是信任危機，就是誠信危機。所有金融體系都建立在信任的基
礎上，一旦這種信任喪失，金融體系的基礎就受到了威脅。信用是經濟的潤滑劑。
特別是在信用發達的經濟體系中，經濟幾乎就建立在信用上。信用的崩潰往往會
導致經濟的崩潰。這就是這場危機的嚴重性。

　　不良資產損害了世界金融體系的償付能力。金融機構的性質是槓桿運作。不
良資產導致資產減損，資產的減損導致自有資本的減少，最後可能導致金融體系
的破產。

　　導致 2008 年金融危機的深層次原因是新自由主義的經濟體系和金融自由化，
是資本在自由放任的情況下過分逐利的結果，是資本與勞動間分配不公平的結果。

新自由主義的歷史性衰退

　　**在 2008 年金融危機中，美國政府在解決危機時採用的方法完全有別於它曾經為面臨
危機的發展中國家所開出的藥方，也完全有別於新自由主義。**美國政府的拯救措施就有
鮮明的政府強勢干預的特點：部分國有化，加強政府直接干預，增加政府開支，
抑制市場力量。更重要的是，這些政策源於信守新自由主義的布殊政府。新自由
主義的自由放任是美國當前經濟危機的主要根源。美國的決策者知道，繼續新自
由主義的政府不干涉政策，美國將滑入類似於 20 世紀 30 年代大危機那樣的深淵。

　　其實，在美國政府處理危機的過程中，也不是一開始就確定要放棄新自由主
義的教條。美國最初力圖在新自由主義的政策框架內來解決危機。危機爆發時，
決策者不認為這是新自由主義的體制性危機，而認為這不過是一般經濟週期中的
衰退，從而選擇了新自由主義的傳統反危機政策。退稅、降息、增加貨幣供應量
等。和任何正統的新自由主義劇本一樣，其中以貨幣政策為主。布殊政府一開始
就讓貨幣當局在反危機中扮演主角。隨着危機的深化，信用萎縮進一步惡化，短
期資本市場進一步凍結，並開始出現體制性危機的徵兆，這時，政府，尤其是貨

幣當局，加深了干預的程度，開始啟用一些非傳統的貨幣政策手段，期望解決信用萎縮的問題。這個時期，政府對危機的判斷依然停留在傳統的流動性危機上。出發點是如何幫助企業和世界金融體系度過流動性危機。從這個角度出發，美聯儲創造了一些新的非傳統的政策手段，極度增加了美元的供應量，目的是解決金融體系內的流動性困難。這個時期雖然有行政當局的微觀干預和部分金融企業的國有化，但是政策的主要目的還是如何增加流通性，政策的主要框架還是新自由主義，依然停留在貨幣主義範圍內。在這一時期，政府依然幻想市場機制的自癒能力，還力圖在市場經濟的基本原則下解決危機。這就是為什麼政府決定讓雷曼兄弟破產的原因。雷曼兄弟破產是市場法則的選擇。雷曼兄弟破產是一個標誌性事件。這種放任的市場行為急劇惡化了危機。雷曼兄弟不僅為美國帶來巨大的經濟損失，而且也給世界其他國家帶來近 3000 億美元的損失。更重要的是，雷曼兄弟摧毀了當代市場原則的基本信條──互信。在經濟危機中，和任何社會危機中一樣，當市場自身無法解決自己的問題時，人們把政府當成最終的依賴。隨着雷曼兄弟的倒閉，投資者的信心被徹底摧毀了。投資者發現，沒有任何力量會保障其投資的安全，市場不會，政府也不會。於是，信用進一步收縮，銀行間的不信任進一步增加，資本市場幾乎全面凍結。美聯儲數以萬億計的增發貨幣進入不了真實經濟裡。為了對付急劇惡化的危機，貨幣當局加大了流動性注入，行政當局也開始進一步走到前台，宣佈了拯救計劃，決定政府出資購買金融企業的不良資產。但是，這項購買以不良資產為主的拯救計劃雖然開始突破新自由主義的框架，但其本質依然是一個解決流動性危機的計劃。然而這次危機早已演變成金融體系的支付能力問題，是市場體系本身脫節的問題。當這個計劃最終在美國國會通過後，人們已經看到了這項計劃背後的錯誤判斷。人們開始恐慌，危機進一步深化，信用進一步萎縮，銀行間的信用也進一步凍結，美國股市連續八天下跌。在這個時候，決策者才發現，必須跳出新自由主義的框架。在這個時候，G7 和 G20 開會，尋求國際合作。在這個時候，英國率先宣佈將部分實施銀行的國有化。英國首相宣稱「在不確定和不穩定時期，我們必須是人民可以依賴的堅定磐石」。到此，美國決策者終於認識到，國有化，哪怕是暫時的國有化才是出路。美國宣佈對部分銀行實施部分「準國有化」的政策，開始用優先股的方式直接向銀行注資。這種注資，為日後將優先股轉化為普通股提供了條件。新自由主義開始在美國退卻。

在美國，新自由主義始於雷根，所以有人稱這是雷根主義的「死亡」，亦即新自由主義的死亡。

在 2008 年反危機過程中，美國用行動體現了私有權的有限性而不是私有權的神聖不可侵犯性。在救市的過程中，政府考慮的是體制性風險，而不是部分股東的利益。例如，美國財政部為了防止房貸市場的崩潰，決定為兩房公司各注入 1000 億美元的資本，從而佔有公司 79.9% 的股份。兩家股票應聲下跌了 90%。這一決定不是股東的決定，也沒有通過股東大會，是政府強制性的贖買。為防止美國國際集團（AIG）危機的擴散，美國財政部決定強制性為 AIG 提供 850 億美元貸款而佔有 AIG79.9% 的股票。AIG 股票一天跌落 79.9%。AIG 的大股東們剛開始時反對政府的這種強制性貸款，決定聯合起來自行籌資以取代政府貸款。鑑於 AIG 的體制性風險，政府堅持要發放貸款。華盛頓互助銀行零售銀行部分被聯邦存款保險公司（FDIC）以 1.5 億美元的價格賣掉，而且賣掉的收入進入 FDIC。美國財政部的 7000 億美元拯救基金中有 2500 億美元被用於為銀行注資。其思路已經明顯，就是通過對問題較少的銀行注資，注資銀行再在政府的幫助下以低於市價的價格收購不良銀行。

為了尋求危機的出路，美國選擇了新的總統。這一選擇開啟了美國一個新的時代。

中國的機會和挑戰

新自由主義在 20 世紀 70 年代於美國復興，短短的幾十年後又在美國受到重挫。美國向世界各國竭力推銷的經濟體制，在自己國內遇到了危機。美國欲藉以在這個世紀內獨步世界的戰略和體制受到了挫折。國際金融的自由化道路已經中斷，可以預見，國際金融體系將有更多的規範、更多的管制。國際金融體系的這些變革，必然會導致國際貿易的變革。新的國際經濟秩序不可能也不能再由新自由主義任意揮灑。人類歷史的浪潮在這裡改變了方向。自蘇聯解體以來，人類第一次有了可以重新選擇國際經濟體系的機會，許多變革中的國家也第一次有了可以理性反思改革方向的機會，第一次有了重新思考自己在國際經濟體系中的地位的機會。我們雖然不知道未來國際經濟秩序是什麼樣子，但是我們知道了它不會

是什麼樣子，應當不是什麼樣子，我們看到了參與構架未來新秩序的機會。

　　這是一個自 20 世紀 30 年代以來所未見的大變革時代，是一個給中國帶來了六十年來未有之機會的年代，給中國帶來三十多年來未有之挑戰的年代。這個年代給中國提供了崛起的歷史性機會，也給中國帶來了歷史性挑戰。新自由主義在它的故鄉破產後的今天，那些將市場、私有制、自由貿易、金融開放絕對化的理論和方向理所當然地受到了質疑和挑戰。自今以後，中國應當全方位地反思自己的經濟改革，全方位地反思自己在國際經濟體系中的地位，積極介入新的世界經濟秩序的建立。

第一篇

全球化——
一個時代的崇拜

任何國家的政治經濟體系都是建立在自己的價值體系上的。一旦這種價值體系崩潰，這個國家的政治經濟體系也會隨之崩潰，導致國家利益大量喪失。

幾十年以後，當人類談論 21 世紀初期的大衰退的時候，人們會把新自由主義全球化的終結作為這場大衰退的歷史定位。人類歷史往往在災難中走出迷途。一種誤導人類的觀念，在與財富和權勢的結合下可能被包裝成人類的終極真理，從而成為一段時間的主流意識。這種短暫的主流意識往往具有長久統治歷史的願望。只有當這種主流意識演繹出了一場歷史性災難的時候，它才會從崇拜的神龕上跌落到世俗的塵埃裡。

這場災難是新自由主義全球化戰略的全面破產，是人類拋棄新自由主義全球化的開始。在過去幾十年裡，歷史的鐘擺被一部分人強制性地推向災難的一方。現在歷史正在用自己不可抗拒的規律，將它的鐘擺向另一方矯正。

但是，歷史畢竟不是鐘擺。歷史的法則需要人的實踐來實現。為了矯正歷史潮流的方向，我們必須首先反思新自由主義全球化的歷史性謬誤。新自由主義作為一種歷史現象有兩個方面：一方面是自由放任的市場經濟，另一方面是全球化崇拜。其核心都是叢林法則。自由放任的市場經濟是全球化的基礎，而全球化又是自由放任市場經濟的自然延伸。瞭解全球化要從瞭解自由放任的市場經濟入手。

全球化是自由放任的資本主義在世界範圍內的擴張，是資本將各個國家的市場經濟整合成世界市場經濟的過程。瞭解全球化的歷史，要從瞭解自由放任的市場經濟的歷史入手。歷史是現實的最好詮釋。忘記了歷史的人，最終要被歷史懲罰，要被以歷史的名義推銷自己利益的那一部分人戲弄和懲罰。

第一章
全球化

　　全球化、新自由主義能夠成為 20 世紀 70 年代中期以後風靡世界的主流思潮，不是一個簡單的歷史現象。第二次世界大戰以後到 20 世紀 80 年代之間，人類追求的不是新自由主義所代表的價值體系。作為一種世界潮流，當時人類追求的是公平和正義，在經濟上追求的是通過政府對經濟的多種形式的干預而實現不同程度的公平。然而，同任何歷史時期一樣，對於公平的追求受到了嚴峻挑戰。在西方經濟學體系內部，這種關於公平的歷史爭論主要體現為兩個經濟學派的爭論。有人轉換歷史話題，將這場爭論轉換為關於自由和效益的爭論，那種關於政府干預既沒自由又沒效益的命題開始逐步形成。這兩個虛假的命題認為，政府干預帶來的公平是社會進步的障礙，而不公平是社會前進的動力。這些虛假的歷史命題成了新自由主義的核心價值，是自由放任的市場經濟的核心價值，是全球化的核心價值。新自由主義和全球化之所以最終風靡世界，得益於美國 20 世紀 70 年代發生的兩件事。這兩件由工業資本和金融資本分別主導的不太引人注目的事，終於讓新自由主義和全球化成為一部分人的信仰。

公正和平等：前全球化時代的信仰

　　無論怎麼包裝，全球化和新自由主義都不是一種科學，而是一種信仰、一種崇拜叢林法則的信仰。這種信仰是如何被推上原教旨主義聖壇的呢？要回答這個問題，我們必須回到叢林時代之前的歷史。

　　其實叢林法則並不是什麼新的信仰，是原始的自由放任資本主義的基本特色。那種原始的資本主義在 20 世紀 30 年代的大危機中受到生死考驗。在整個 20 世紀，沒有任何一個體制（法西斯除外）為自己的社會和人民帶來過如此漫長而巨大的

傷害。1930 年代的大蕭條使西方經濟實踐的鐘擺開始向左偏移。自由放任的資本主義作為一種經濟原則受到了普遍懷疑，資本放任的自由受到普遍限制，傳統的市場體制逐步讓位於普遍的政府干預。自由市場經濟歷史性地退卻，政府干預歷史性地上升。凱恩斯主義逐步成為西方的正統。凱恩斯理論、經濟政策、體制性改造形成了「凱恩斯共識」。這個共識的核心就是市場經濟不能自動趨向均衡，政府必須通過干預在資本和勞動者之間實現某種平衡，實現某種公正和平等。

以限制資本自由為特點的政府干預開始成為西方的歷史現象。不同經濟主體之間的公正開始受到重視，資本的效率不再是財富創造和分配的唯一動力和判斷標準。在追求經濟效益和公正平等的過程中，政府的干預和規範發揮着重要作用。政府不只是經濟的服務者，而且也是經濟的管理者。第二次世界大戰以後，凱恩斯主義的經濟模式成了歐洲重建的基礎。戰後建立的以「美國—歐洲」為中心的國際經濟體系，包括國際貨幣基金組織（IMF）和世界銀行，就是按凱恩斯主義經濟政策而設計的，體現了西方對 1930 年代大危機的歷史性反思。那種體制嚴格限制了金融資本的自由流動。

在相當一段時間內，在西方幾乎人人自稱是凱恩斯主義者。只有極少人公開宣稱市場必須是資源配置和財富分配的唯一決定者；企業必須被賦予完全的自由；政府必須減少對經濟的干預；經濟模型必須是「大市場，小政府」。

在新自由主義興盛以前，除了一部分國家實施計劃體制外，西方集團早已形成了政府干預、政府管制的混合經濟體制。許多國家甚至實行大量的國有制，通過一系列社會福利政策來保護勞工的利益，通過一定的法律法規和政府干預來限制資本的權力。政府干預、社會公正、社會福利等口號在西方逐步成為主流。在凱恩斯主義的影響下，美歐實施了大規模的社會變革，在諸如教育、失業、養老、健康諸方面為全社會提供不同程度的保障。經濟政策的首要目標是充分就業，而不是「資本的效益」。

這種公正和平等的歷史潮流同時也體現在世界政治經濟舞台上。第二次世界大戰以後，國際政治經濟舞台的中心議題既不是全球化，也不是新自由主義，而是貧富不公和「南北關係」。而尋求解決這種不公的途徑不是依靠資本的全球化。那是前殖民地國家和其他新興國家由於共同的歷史遭遇而有高度認同感的時期，是第三世界聯合起來爭取公正的國際政治經濟秩序的時期。與其交織在一起的是

兩霸對抗和西方體系內部對美國挑戰的時期。

這種思潮一直延續到 20 世紀六七十年代。當時活躍在國際舞台上的不結盟運動，以及後來在此基礎上擴大的七十七國集團，在南北對話和南北談判中通過聯合行動，在國際舞台上發揮着重要作用。解決不平等問題是當時建立國際新秩序的主要訴求之一。當時的國際潮流是追求平等和公正，是發展中國家通過鬥爭尋求公正的時代。

這種「平等和公正」的議題不僅左右着國際政治和經濟議題，也幾乎左右着許多國家內部的政治經濟議題。在當時的計劃經濟體制下，「平等和公正」是社會經濟政策和體制的價值基礎（隨着對這種價值的否認，計劃體制全面退卻）；在許多第三世界國家，「平等和公正」是推動社會變化的主要動力；在西方內部，追求公正和平等的運動風起雲湧。

20 世紀 70 年代，美國社會改革思潮風行，學生運動風起雲湧，工會力量日漸強大。當時由馬丁‧路德‧金領導的民權運動席捲美國。在反對因性別、種族和貧困導致的社會不公正運動的推動下，美國總統約翰遜推出了「偉大社會」的社會計劃。這項計劃的目的是通過一系列社會政策，緩和美國社會嚴重的不平等不公正現象。英國也進行了一系列教育和福利改革，旨在緩和社會不公正的現象。

不僅政治社會思潮如此，「不平等」和「不公正」也是那一代主流學者們探究的主要議題。從而產生了一系列相關理論，提倡國際和一國內部的「平等和公正」。

20 世紀六七十年代的世界主流特色之一就是在國際關係中追求國與國之間的平等和公正；在一國內部追求各階層間的公正。這種平等和公正，不是後來新自由主義和全球化推行的「過程平等」，它追求的是最後分配的相對公正（不是絕對公正）。這種相對公正是要在承認和接受不公正的前提下，營造一個讓弱勢群體和弱小國家都盡可能獲得最大優惠的體制環境。

這種追求公正的思潮反映在經濟體制上就是政府干預，反映在國際經濟秩序上是政府對資本流動的限制。總之，那是一個資本尤其是金融資本在世界範圍內受到限制的時代，是一個認為資本理所應當受到限制的時代；那是一個弱者聯合在一起尋求社會公正的時代，是一個能理直氣壯地尋求社會公正的時代；那是一個反對南北兩極分化、反對舊有國際分工的時代，是一個能理直氣壯反對南北分

化、反對舊有國際分工的時代。

平等和公正是寫在那個時代許多國家旗幟上的主要原則，是那個時代大多數人追求的目標，平等和公正是歷史的良心。

然而，平等和公正這些抽象的價值，必須建立在具體的經濟體制和國際經濟體系上面。公平的體制要建立在體制的公平之上。

所以，那個時代的主題是尋求並建立一種得以保障這種公平的世界體系，這是人類在 20 世紀 80 年代以前幾十年中探索的主要目標。這種通過體制而實現公平的思潮在 1980 年代初期的《勃蘭特報告》（*Brandt Report, 1980*）中得到具體的體現。

在信奉全球化自由貿易的今天，沒有人記起曾經風靡一時的《勃蘭特報告》。勃蘭特是聯邦德國前總理，《勃蘭特報告》是以他的名字命名的一個獨立委員會的研究和政策報告。這份報告指出：「新世紀即將來臨，伴隨她的是新的文明」。其中不無憂慮地提出：我們能夠開始為嶄新的人類秩序打下基礎，讓人們和國家間形成一種合理的關係嗎？我們能夠開始建立一個新世紀，在那個新世紀裡分享公正、自由和和平將壓倒一切嗎？[1]《勃蘭特報告》描寫的是那個時代的主要議題。而且它進一步指出，南北間存在巨大的貧富懸殊，而這種貧富懸殊的原因是世界分工。北方因生產製造品而富，南方因生產原材料而貧。所以，它認為打破舊有的國際分工，打破北方對高端產業的壟斷是消除南北差距的必要條件。

《勃蘭特報告》指出，打破舊有的國際分工是實現世界公平的必要條件，而全球化則認為加入這種國際分工是發展中國家走出貧困陷阱的必由之路。兩個時代的差異就濃縮在這一點上。

公平從來就是相對的和具體的。20 世紀 80 年代以前對公平的追求，是以限制資本為中心環節的。雖然當時對資本限制的方式和程度在不同體制下有不同的表現，在深度、廣度和實質上都有差異，但是，那時候的歷史共識是公平必須通過限制資本而實現。對資本自由的限制，是人類尋求公平所必須付出的代價。公平就是資本不能不受約束地追求利潤的最大化；公平就是對資本絕對自由的叢林

---

[1] http: //en. wikipedia. org/wiki/Brandt_Report.

法則的否認，一種從體制上的否認。所以，這種對公平的追求一開始就受到強烈的反對。公平和非公平的論戰從而成了那段歷史往事中最大一樁公案，一樁足以影響歷史，而且影響了歷史的公案。

抽象的價值訴求比不上具體的體制訴求。追求公平必須通過建立體現公平的體制而實現，而去掉公平則必須通過拆毀體現公平的體制而實現，通過去掉限制資本自由的體制而實現。追求公平的人們要尋求實現公平的經濟體制，而反對公平的人們則要尋求拆毀實現公平的體制，而這種體制之爭最後集中在市場之爭。這是瞭解那樁歷史公案的鑰匙。

叢林法則對公平的側翼進攻

對資本主義批判最徹底的是馬克思主義。馬克思認為，批判的武器代替不了武器的批判，解決資本主義各種矛盾的根本出路是徹底變革。關於馬克思主義，我們中國的讀者已經非常熟悉。我們在這裡將主要討論西方內部關於公平的一場經濟學爭論。

上述尋求公正和平等的歷史潮流，一開始就受到另一種思潮的反對。這種思潮和歷史上所有貌似公正的思潮一樣，強調程序的公正和過程的公正。本來程序和過程是人類追求自己福利的手段，但是這種思潮認為手段就是一切。只要手段是公正的，結果也就是公正的。我們且不討論程序和過程是否會真正公正，即使過程是公正的，結果有時候也是不公正的。你把狼和羊放在一起競爭，程序公正至上的理論認為，狼吃掉羊是公正的。

這就是為什麼有人認為，為了經濟增長犧牲幾千萬人的利益依然是公正的。

代表這種思潮的經濟學就是後來被稱為新自由主義的經濟學。這種新自由主義經濟學的主要推動者就是芝加哥大學的哈耶克和他的學生弗里德曼。前者是奧地利學派的代表，後者是貨幣學派的創始人。他們的共同點是極度反對政府干預，信奉市場萬能。

哈耶克和弗里德曼是新自由主義的老前輩和大腕，是比許多「經濟學家」懂得策略的經濟學家，懂得在經濟理論辯論中，人類的倫理底線不能直接挑戰，至少不能大規模挑戰。可能他們明白，兩軍對壘，有時候正面進攻可能遭遇強大的反擊，而精心組織的

側翼進攻則常常能取得驚人的成果。**所以，他們將公正和平等這些中心議題放在一邊，而從個人自由和政府干預入手，來間接否定這些中心議題。從市場萬能的角度來掏空公正平等的經濟體制基礎。**

後來證明，這種側面進攻的戰術，為他們的經濟學說帶來了不少科學的色彩，並為推動他們理論的後來者掃清了不少障礙。

這種思潮所推銷的本來是叢林法則，卻通過轉換歷史話題，把這場爭論變成關於自由和效益的爭論，並把自己打扮成自由和效益的代表。這是瞭解那場歷史爭論的關鍵。這就是為什麼後來所有對公正的進攻都是在自由和效益的口號下進行的，而幾乎所有對公平體制的進攻都是以不自由和低效益為切入口的。

哈耶克被認為是傳統自由市場經濟的捍衛者，是使西方經濟體系從凱恩斯回到新自由主義的主要影響者之一。20 世紀 80 年代三大新自由主義的實踐者之一的戴卓爾夫人就是哈耶克的信徒。在凱恩斯剛興起的時候，哈耶克就與凱恩斯進行了激烈的辯論，辯論的焦點是個人自由和政府干預的關係。哈耶克認為，凱恩斯主義將會賦予國家過多的權力而導致社會主義，導致對個人自由的干預。

哈耶克出生於奧地利，後到了美國。到了美國以後，和弗里德曼組織了一個人數極少的討論小組，這個小組獲得了美國許多大資本的慷慨解囊，他們二人的許多思想都是在這個小組中產生和傳播的。我不敢推論，是不是這些大資本早就看好了這個小組是一隻優異的代表自己利益的潛在股。

弗里德曼和哈耶克一樣，信奉絕對的個人自由，從絕對的市場自由出發，反對干預政策。瞭解貨幣學派的最好辦法是把它與凱恩斯主義作一比較。凱恩斯認為市場經濟在短期內不可能自動實現均衡。雖然他承認市場經濟在長期中具有自我均衡的功能，但是，他補充說，「在長期中我們都死了」。他似乎對市場經濟玩了一把具體否定抽象肯定的遊戲。而弗里德曼則認為市場是萬能的，市場而且只有市場才永遠有自我均衡的能力。2008 年諾貝爾經濟學獎得主，美國經濟學家兼專欄作家保羅·克魯格曼（Paul Krugman）就此指出：

他太過容易地宣稱市場經濟永遠有效而且只有市場經濟才會有效。要發現弗里德曼承認市場經濟可能出錯或者政府干預可能服務於有用的目的極其困難。

這種關於市場能否實現自我均衡能力的爭論不是一般的學術爭論,這種爭論背後有非常深刻的體制判斷和歷史含義。西方經濟學認為,一種經濟體制是否有效益關鍵在於它能否實現自我均衡。實現自我均衡達到資源的有效利用是他們判斷經濟效益的唯一標準。凱恩斯對市場經濟的具體否認,實際上是說,市場經濟是無效益的至少是低效益的。而弗里德曼則認為市場是有效益的而且是唯一有效益的。按凱恩斯的觀點,政府干預是實現效益的必要條件,而弗里德曼則認為排除政府干預是實現效益的必要條件。

所以,凱恩斯和弗里德曼爭論的焦點是政府和市場與經濟效益的關係。這種基本判斷上的差異導致了對政府干預的不同解讀,得出了一系列不同的政策建議。

凱恩斯認為市場無法實現自我均衡而有危機傾向,所以政府干預是反危機的重要手段。一句話,沒有政府就沒有均衡,就沒有效益。在凱恩斯的經濟框架裡,政府干預是實現效益的必要條件。這種結論,顯然與新自由主義的所謂「小政府」背道而馳。

凱恩斯還暗示沒有公平也就沒有效益。公平和效率在凱恩斯的論述裡不是一個明顯的話題,但是他的理論框架讓人認識到沒有公平就沒有效益。凱恩斯在其《就業、利息和貨幣通論》一書中關於工資有完全不同於古典主義的論述。古典主義描述的市場經濟是強者通吃的經濟,在市場經濟中勞動者必須在經濟自動趨向均衡的過程中付出沉重的代價。它們將經濟的週期和衰退的責任推卸給勞動者,認為高失業率和經濟不景氣是因為實際工資太高。所以在經濟不景氣的時候,必須降低實際工資。實際工資降低,利潤上升,就業增加,經濟復甦。按照這種理論,在自由市場經濟裡,勞動者必須而且必然為經濟的週期性波動買單。而凱恩斯則完全相反,認為在經濟不景氣時降低實際工資,會導致總需求的降低,而總需求的降低反過來會導致企業銷售和利潤的降低。這又會增加投資的風險預期,從而導致投資下降,導致經濟的進一步下滑。總之,他認為在經濟不景氣時,降低工人工資會使情況更糟,導致更嚴重的經濟衰退。凱恩斯複雜的理論創新,實際上是在證明沒有公平就沒有效益,把經濟波動的成本轉嫁給勞動者的市場經濟原則會導致經濟的進一步波動。

既然不能通過解僱工人、降低工資來應對危機,怎麼防止和解決危機呢?凱恩斯認為出路就是政府。所謂危機就是總需求小於總供給,這個時候政府必須通

過開支增加總需求。所以，凱恩斯的理論把反危機的出路從解僱工人、降低工資的傳統思路中拉了出來，而提倡增加政府支出。

凱恩斯不僅倡導政府干預，而且倡導公平的干預。許多人知道凱恩斯倡導積極的財政政策，那是一種帶有公平色彩的積極。「反週期財政政策」應向低收入階層傾斜，因為這一部分人更傾向於花掉這部分錢從而增加總需求，而不是儲蓄起來。這又是一個公平帶來效率的例子。用非經濟術語講，就是只有追求公平的反危機政策，才能達成反危機的效果。如果去掉讓人費解的經濟學術語，凱恩斯的論點可以表達為：為了對付經濟危機，政府必須要以照顧弱勢群體為重點，多在低收入階層身上花錢，花很多的錢，而且要花到出現赤字的程度。許多人都知道凱恩斯的總需求管理，其實總需求管理，實際上就是財富分配和再分配的管理。

只要你把凱恩斯和時下的某些所謂經濟學家的行徑比較一下，你會發現，不管你是否同意他的理論，你都得同意，他的理論客觀上體現了一種人文主義傾向，為弱勢群體在經濟發展過程中保留了一席之地。在他的理論中，他為工會、為最低工資辯護。在《就業、利息和貨幣通論》一書的標題中，就業居然被排在第一位，這不是無心的偶然。凱恩斯的經濟理論關心的是充分就業，總需求管理和反週期財政政策的目的是實現充分就業，使經濟在充分就業的狀態下運行。所謂充分就業，就是創造條件讓願意工作的人都能有一份工作，而不是想方設法讓一大部分人失去工作。這是後來凱恩斯主義經濟政策的一個核心部分，而放棄這種充分就業的經濟政策也是新自由主義的一大鮮明標誌。

凱恩斯主義的政策目標是充分就業，新自由主義的政策目標是資本效益。

對凱恩斯關於市場無法自我均衡的結論，弗里德曼則站出來說，不對！市場是完美的，市場的一切問題都是政府干預的結果。我們可以借用雷根的一句口號來解釋弗里德曼的立場：政府不是解決問題的手段，而是問題的原因。在研究了經濟歷史以後，他得出結論，歷史上的經濟危機都是政府貨幣供應量的波動導致的。總之，他認為市場經濟是唯一有效益的經濟體系，政府干預永遠是低效益的根源。所以，限制乃至取消政府干預，放任資本自由是實現效益的唯一出路。

一句話，只要保證了自由市場每個主體的自由，結果就是合理的，經濟就是有效益的。

凱恩斯要限制資本，弗里德曼要限制政府。

弗里德曼認為，政府唯一的經濟職能就是通過貨幣量的穩定增長而維持物價穩定。只要實現了物價穩定，市場就能自動地實現均衡。政府的干預是不必要的，也是無效的，甚至是有害的。市場才是唯一有效的資源配置者。

如果說凱恩斯提倡政府在公共產品領域的投資的話，弗里德曼則認為應當把公共產品降低到最低限度，應當大力減少公共開支，大力降低教育、衛生、福利等方面的支出。他認為很多由政府提供的服務，私人機構會做得更好，應當將許多政府職能私有化，使傳統上免費的公共產品變為付費的私人商品。他甚至一度提議用負所得稅來代替福利政策。總之，要把市場機制引入教育衛生等傳統的公共服務領域，使之產業化、市場化、商品化。表面上這很公平，人人都能通過付費而獲得這些服務，但是，社會中的低收入階層在這種表面的公平下被排除在外。他提倡以「震盪療法」推行新自由主義。

從這種市場萬能的理論出發，他提出了如下新自由主義的標準政策藥方：

> 減少政府開支，減少政府干預，實施「小政府」。
>
> 削減公共支出，反對福利政策，實行低福利。
>
> 實施私有化，發展私有經濟，推動自由市場。
>
> 放棄充分就業的政策目標，轉而尋求物價穩定。
>
> 開放金融體系，實現貨幣的可兌換。
>
> 實行自由貿易，開放外資進入，開放資本市場，退休金私有化。

他認為，這是發展中國家走向富裕的唯一道路，是致富的「金馬甲」。全世界就只有這一條路（One size fits all）。弗里德曼有沒有懸壺濟世的雄心我們不得而知，但是，他的確有不懈推動新自由主義的意志，對此我們將在後面述及。

就這樣，弗里德曼在他的經濟學中既避免了與公正和平等發生正面衝突，又實現了把兩者都從市場經濟中踢出來的戰略目的。他在把關於公正和平等的爭論轉化為效益之爭的同時，把公平從那場歷史爭論中淡化出去；他在把市場經濟界定為唯一有效益的經濟體系的同時，把一切關於公正和平等的政策干預都否定掉了。

他就是如此策略地介入了 20 世紀 50-70 年代的那場關於平等和公正的爭論。

許多人錯誤地認為，凱恩斯主義與貨幣學派的差異在於前者主張財政手段，

後者主張貨幣手段。那是一種誤解，二者的根本差異在於市場是不是永遠有效益的，要不要干預市場，要不要社會公正，要不要限制資本的力量，要不要依靠社會的權力來實現一定的社會公正。

弗里德曼對政府的經濟行為極其厭惡，以至於認為積極的貨幣政策也是不必要的。他曾積極倡導廢除美聯儲而代之以保障貨幣供應穩定增長的數量體系。在他的眼裡，任何政府干預都是萬惡之源。

弗里德曼的這種觀點影響了不少人。我不知道弗里德曼對政府干預的厭惡源於什麼，但是，他的許多學生的言行，似乎是因為厭惡社會公正而厭惡政府干預。

後來，由於計劃經濟體制在世界範圍內的某些困難和凱恩斯主義在 20 世紀 70 年代的無能，市場萬能論佔了歷史的上風，弗里德曼對政府的干預似乎反映了歷史的真實。正是在這個歷史前提下，叢林法則終於開始重新受到崇拜。

貨幣學派信奉市場萬能。這種市場萬能論推廣到世界經濟體系中就是全球化。全球化的基礎和核心就是自由貿易。沒有自由貿易就沒有全球化。

《鮑威爾宣言》：歷史的備忘錄

新自由主義作為一種思潮，其興起的背後是大國利益的影子。

美國精英集團深刻認識到凱恩斯共識和貨幣學派的論戰、自由市場和政府干預的論戰、平等公正和資本效益的論戰不只是涉及具體的經濟政策、經濟管理方法、經濟結構等局部性問題的論戰，而是對美國所代表的整個經濟倫理和道義的根本論戰，進而是涉及美國霸權地位的歷史論戰。

在 20 世紀 70 年代初期，新自由主義包括信奉市場萬能的貨幣學派最初只不過是少數人信奉的信條。60-70 年代初期，美國精英集團信奉的不受政府干預的市場經濟體制面臨嚴重的挑戰。這種體制性挑戰是全方位的：在美蘇對抗中，蘇聯居於攻勢而美國則處於守勢，美國在兩霸對抗中開始力不從心，從而面臨戰略調整，出現了尼克松主義；發展中國家普遍將政府干預和社會公正作為經濟發展的模型，素稱「美國後院」的拉美各國紛紛選擇國有化和政府干預；在美國自己的陣營中，西歐國家社會民主黨在歐洲紛紛執政，帶有社會主義特點的體制和政策特徵在歐洲進一步湧現，實現了大規模的國有化和政府干預；而日本則更是以一種不同

的經濟模型對美國體制提出了挑戰。就世界範圍而言，人類的經濟實踐明顯地向公平的一邊偏移。就美國國內而言，自羅斯福實施「新政」到 20 世紀 70 年代，已有幾十年的歷史。政府干預、社會福利、工會力量、政府管制已經深入經濟的各個方面。市場早已不是傳統意義上的市場。在當時的情況下，傳統的自由市場受人詬病，那些提倡削減公共產品、私有化、大力降稅、降低社會福利的思潮沒有多少市場。不僅如此，進入六七十年代以後，美國問題重重。學生運動風起雲湧，工會力量不斷壯大，越戰泥坑越陷越深，通貨膨脹高居不下，失業率不斷上升。1970 年通脹超過 6%，1971 年高於 4%。

在這種情況下，美國國內出現了對美國傳統體制強大、廣泛的批評聲音。這種批評挑戰美國傳統資本主義的合理性。而美國的體系和美國的霸權都是建立在這種合理性上的。這是美國繼 20 世紀 30 年代大危機以後面臨的又一個巨大的挑戰，是一次價值體系的挑戰。

任何國家的政治經濟體系都是建立在自己的價值體系上的。一旦這種價值體系崩潰，這個國家的政治經濟體系也會隨之崩潰，導致國家利益大量喪失。所以當時這種對價值體系的挑戰不僅是對經濟理論、經濟政策的挑戰，同時也是對國家根本利益的挑戰，是對美國霸權及其存在的道義基礎的挑戰。無法成功地回答這種挑戰，將導致美國霸權的全面崩潰。這種挑戰的嚴重性，頗類似於蘇聯在 20 世紀 80 年代到 90 年代初所面臨的挑戰，那種挑戰的實質是對蘇聯體制的道義基礎的挑戰。蘇聯未能成功地應對這種挑戰，因此其經濟體制喪失了合理的基礎。隨着世界範圍內對蘇聯體制的放棄，蘇聯霸權迅速崩潰；隨着蘇聯國內對原有體制信心的喪失，蘇聯的整個經濟體系迅速崩潰。

美國保守的精英集團，對這種挑戰所帶來的歷史危機感的洞察比後來的蘇聯要深刻得多，而且態度也要堅決得多（當然，也許是蘇聯精英們基於理想的喪失而選擇了放棄和投降）。他們敏銳地看到，**任何針對道義基礎的挑戰都是一種戰略性挑戰，一種存亡絕續的挑戰。**他們對內開始尋求取代羅斯福「新政」以來建立的許多機構和觀念，取消「新政」以來的許多社會經濟政策，實施自由市場經濟；對外開始尋求輸出新自由主義的經濟信條和體制，甚至為別的國家培養新自由主義的信徒和推銷者。

一句話，他們要重建美國體制在道義上的優越性，要使美國體制成為世界上

唯一有道義基礎的體制，要在世界範圍內推廣美國體制。

但是，在當時那種歷史大背景下，要在一夜之間扭轉公眾的認識，回到自由市場時代顯然是不可能的。要使新自由主義從少數人的信條轉化為多數人的共識，從理論轉變為實踐，要扭轉已經形成的歷史慣性，絕非易事。它需要新自由主義者們協同作戰，全面出擊，長期努力。怎樣才能把零星四散、單兵作戰的新自由主義者組織起來？怎樣才能在全國範圍內，在各個領域裡，形成一個協同作戰的新自由主義的自覺聯盟？怎樣才能將各種新自由主義者聯合在一個簡單的共同旗幟下？怎樣找到這面簡潔明快有強烈號召力和感召力的旗幟？

在當時的情況下，這正是新自由主義缺乏的。

影響歷史的大事件，往往發生於偶然。

1971年，美國就發生了這樣一件偶然的事件。**1971年，劉易斯·F·鮑威爾（Lewis F. Powell）給他的朋友，美國商會主任小尤金·西德諾（Eugene Sydnor, Jr.）提交了一份備忘錄。這就是著名的《鮑威爾宣言》，一篇新自由主義的動員令。**鮑威爾是美國著名律師，1964-1971年任某家大煙草公司及其他好幾家公司的董事會成員，曾任美國煙草行業的法律代理。

在備忘錄提出的兩個月以後，他被尼克松提名並由國會批准而任職於最高法院。

對新自由主義而言，這篇備忘錄的題目就振聾發聵：「對美國自由企業制度的攻擊」。這是一個捍衛美國傳統經濟體制，捍衛代表美國經濟體制的意識形態的動員令；一個代表美國企業利益，尤其是大企業利益的宣言；一個推動新自由主義在美國迅速發展並在短時間內取得驚人成功的標誌性事件。這篇備忘錄為新自由主義者們，尤其是大企業，提供了一個大膽而全面的綱領性行動計劃。這篇宣言有三大要點：一、美國自由企業制度受到了可怕的進攻；二、要對付這種進攻，任何簡單和零星的辦法都無效；三、美國企業界必須採取聯合行動。美國前民主黨參議員比爾·布拉德利曾這樣指出：

共和黨在1964年選舉中失敗後……他們開始考慮怎樣才能使他們的觀念對選民更有吸引力。作為這個努力的一部分，他們轉向了劉易斯·鮑威爾……1971年，鮑威爾為美國商會寫了一篇里程碑式的備忘錄。在這篇備忘錄裡

他倡導一種全面的、協同的和長期的努力，在校園學術刊物和新聞媒體中傳播（新自由主義）觀念。[1]

　　有人稱其為改變歷史的備忘錄。

　　在這篇備忘錄裡，他開宗明義地指出：「任何有思想的人都不會否認美國的自由企業體制正受廣泛的進攻」。「我們受到的不是零星的或孤立的進攻」，「而是一種廣泛的和持續的進攻」，而且這種進攻「獲得了強大的態勢」。[2]

　　這些進攻來自何方呢？除了美國一般認為的傳統左傾勢力外，他認為對自由企業制度的這種進攻來自於「社會上那些備受尊敬的要素」，大學校園、教會講壇、新聞媒體、知識分子、人文雜誌、藝術和科學，以及政治家們。也就是說，這種進攻來自於社會的方方面面。他尤其指責美國媒體，認為許多媒體出於多種動機在不同程度上，要麼與這些「進攻者」協同一致，要麼默許這些人充分利用媒體；他指出美國企業沒有對這種進攻實施有效反擊，實際上容忍了這種對自己的「毀滅」；他指責美國大學年復一年地培養出批判現有體制的畢業生，他認為這一批人為數不多，但能量和影響力很大。他描述的是一種來自於制度內全面的攻擊。

　　他認為企業主管不能單純地追求利潤，而且要捍衛美國的自由企業制度。他甚至提議企業至少要有一位執行副總裁級別的主管專職反擊這種攻擊。也就是說，企業家在大是大非面前要「講政治」。

　　他認為單獨的沒有協同的企業努力是不夠的。他提倡美國的新自由主義者們，尤其是企業界要聯合起來，協同努力，長時間不懈努力。他提出「力量來自於組織結構，來自於仔細的長期規劃和實施，來自於年復一年不間斷的努力，來自於通過聯合行動而獲得的經濟能力，來自於通過聯合行動和全國性組織而獲得的政治力量。」

　　他認為，大學校園是這種反對自由企業制度思潮的「最活躍的單個來源」。

---

① *New York Times*, 2005.

② http: //reclaimdemocracy. org/corporate_accountability/powell_memo_lewis. html.

許多大學教授對美國自由企業體制不復同情，這些人對現行體制傾向於批判而不是評論。「他們具有人格力量和吸引力；是引人思考的教授，他們的爭議吸引學生追隨；他們是多產作家和講授者；他們出版了許多教科書，在同事和學術界發揮着巨大的影響力——遠遠超過他們的人數。」他認為，這種對美國企業制度的批評是不公正的，這些人的影響在校園裡沒有得到應有的平衡。他們影響了數以百萬計的學生，而這些不相信美國企業體制的學生畢業後進入了媒體、政府、政治和教育界，乃至企業。言下之意，大學校園為美國自由企業體制培養了毀滅者。

他認為，為了解決這種校園根源，必須強力介入校園，採取「建設性行為」，以達到在學術界重建「公正，平衡」的目的。所謂「公正，平衡」就是要以強力介入的方式使自由企業體制得到「公正」的對待；而使那些批評因素得到制約。為此他提議，大力推出一批相信現有體制的高質量的社會科學人士，包括那些具有全國聲譽的學者；檢查教科書以確保現行體制得到公正的對待；制衡教師，清洗那些不利的因素。

他還提出了一系列涉及監督和批評公眾、媒體、學術刊物、報刊書籍、小手冊、付費廣告的建議，以及涉及政治、法庭、股東的建議。這些建議的目的是如何影響公眾，使之相信美國企業體制。

他的主要目的是要改變個人和社會對企業、政府、法律和文化的看法。

顯然，這是一個捍衛體制的、持久的、全面的大戰略。

這是一個美國精英集團要控制話語權，要通過話語權來製造輿論，來重塑公眾思維取向的戰略。

這份備忘錄對美國新自由主義復興有巨大影響。新自由主義者遵循他的建議，在這份備忘錄的直接影響和鼓舞下，建立了一系列機構組織，包括美國著名的思想庫——傳統基金會。這些機構旨在通過幾年甚至幾十年的時間來改變和重塑美國公眾的價值和信仰，使自由市場體制深入人心，從而使新自由主義在美國的推行成為可能。在後來的十多年裡，美國的新自由主義從零星的「游擊隊」，迅速發展為佔主導地位的意識形態，不可謂不是一種奇跡。如果說在這份備忘錄出現以前，新自由主義還處於「自在」的時期，那這份備忘錄的出現使之進入了「自為」的時期。在這個時期中，新自由主義建立了一套巨大而有效的「精神基礎設施」，大企業大實業家為之提供了源源不斷的捐款，這些捐款被用來建立和資助一大批

相互配合的思想庫、壓力集團、代表特別利益的基金會、法律服務中心、學術研究和學術基金、出版和電視機構、傾向性媒體、政治諮詢機構、民意測驗機構和公共關係機構，等等。並在幾乎所有的領域裡面，都收集或捧出了一大批全國知名的「權威人士」為新自由主義鳴鑼開道。

正是新自由主義的這種長期不懈的協同努力，加上凱恩斯主義經濟政策的失敗，以及這種失敗給美國帶來的各種困境，逐漸改變了美國公眾的價值觀，使自由市場萬能的觀念從一小群人的、幾乎不具影響力、不為多數人接受的觀念，逐漸變為一種人們普遍接受的價值，從美國的保守主義非主流思潮變為世界範圍內的流行價值，甚至被有些人信奉為普世價值。

這份備忘錄出現於 1971 年。從 1971 年開始，到 1982 年雷根上台大幅度推行新自由主義經濟政策，其間花了 11 年時間。

金融資本：全球化戰略的推手

在工業資本極力推動新自由主義的同時，金融資本極力推動全球化。

全球化就是市場經濟在國際經濟體系中的自然延伸，其實質就是陳舊的自由貿易理論。但是，當今的全球化卻遠比自由貿易的內涵豐富得多，它不僅包括自由貿易、資本及其他要素的自由流動，還包括國家主權的限制。

當代全球化觀念的產生與一個超級金融家有關，這個金融家就是戴維·洛克菲勒。

洛克菲勒財團是美國著名的大財團，洛克菲勒家族是美國非常顯赫的家族，而戴維·洛克菲勒則是對美國乃至世界金融界和政界有廣泛影響的人，是約翰·洛克菲勒的孫子。而約翰·洛克菲勒是美國標準石油公司的創始人，億萬富翁。戴維·洛克菲勒除了控制着美國主要金融機構以外，還是美國外交委員會的主席，他的家族是該委員會的主要資助者。該委員會的第一座總部就是他父親 1921 年捐獻的。他的弟弟是福特總統的副總統。洛克菲勒曾就讀於哈佛經濟學院，畢業後在倫敦經濟學院學習一年（期間結識了肯尼迪，並與肯尼迪的妹妹有過短期交往），後來在美國芝加哥大學獲得博士學位。他曾經是美國第二次世界大戰後「馬歇爾計劃」的主要幕後推手之一。

　　戴維‧洛克菲勒對美國乃至世界金融界有着重要影響。其控制的銀行曾向世界銀行輸送過三個總裁，世界銀行的另一位總裁曾經在洛克菲勒基金會裡任過職。許多年以來，他幾乎每年都要在世界銀行和國際貨幣基金組織的華盛頓年會以後，在他豪華而古典的私人住宅宴請世界各地的金融巨頭，包括這兩大機構的主要負責人和世界各國央行的負責人。20 世紀 60 年代，他與夥伴創立了某「國際顧問委員會」（International Advisory Committee），後來易名為「國際委員會」（International Committee）。到 2005 年，這個委員會有大約 28 個成員，其中包括基辛格、李光耀、舒爾茨。在他的掌控下大通銀行成了世界金融體系的中心支柱，是聯合國的主要銀行。前兩任美聯局主席都曾經是該銀行職員：保羅‧沃爾克（Paul Volcker）和格林斯潘。

　　在戴維‧洛克菲勒作為美國外交委員會成員和主席期間，他同從杜魯門政府以來所有政府外交政策的主要決策者建立了廣泛的聯繫，如大家熟悉的舒爾茨和萬斯。他似乎是一個喜歡在幕後工作的人，卡特總統曾試圖任命他為財政部部長和美聯局主席，都被他拒絕。

　　美國有一個「美日歐三方關係」組織。這個組織從成立以來一直充任美國政府高級官員的蓄水池。這個委員會成立以後，馬上對美國政府發揮了巨大的影響作用。卡特總統曾經是委員會成員，而且他還任命了 26 名前委員會成員到美國政府的各類高級位置上。當時，美國流行着一種「陰謀論」，指責這個委員會控制了政府。

　　在 1980-2007 年間，幾乎每一屆政府中的最高層都有該委員會的成員：卡特、布殊、克林頓、戈爾和切尼。

　　為了充分利用國際金融組織作為全球化的工具，該委員會的成員幾乎控制了這些國際機構。從委員會成立以來，所有世界銀行的總裁（七位）都是該委員會成員。

　　自成立以來，美國的十任貿易談判代表中，有八位是委員會成員。參與中國 WTO 談判的美國貿易代表都是該委員會成員，都是積極推動全球化、淡化民族國家主權的成員。這就可以解釋，為什麼中國入世談判如此之難，對方要價如此之高。

　　從卡特到克林頓的幾乎所有國務卿都曾是委員會的成員，如基辛格、萬斯、黑格、舒爾茨、伊格爾伯格、克里斯托弗、奧爾布賴特等都曾是該委員會成員。

美聯局的兩屆主席：沃爾克和格林斯潘也都是該委員會的成員。

有人認為這個組織控制了美國政府。

說它是一個由大金融資本控制的影子政府也許更為恰當。美國 20 世紀 70 年代以來的新自由主義、全球化的戰略主張都是由這個組織提出的。而且，作為美國全球化戰略基礎的美國貨幣的債務化也是由這個組織的主要成員推動的。70 年代末 80 年代初大幅度改變美國貨幣政策而導致拉美諸國陷入危機的沃爾克和其後任格林斯潘都是這個組織的發起成員。而且，前者曾經是尼克松政府推動美元債務化的主要推手，是尼克松政府實施美元與黃金脫鈎的主要推手。

這個組織是如何產生的呢？是由誰主導的呢？這個組織就是由戴維‧洛克菲勒主導創辦和資助的。

20 世紀 70 年代初期，由於相對實力下降，美國面臨巨大的國際國內挑戰。美國當時一家著名銀行的大金融家——洛克菲勒，在世界範圍內的許多由金融經濟界高級主管參加的會議上，呼籲建立一個跨國家的美日歐三方關係的民間組織，研究和探究美國如何適應新的世界格局，如何協調三方關係，如何通過民間協調來協調三方的國際經濟戰略，如何控制世界（建立美國的領導地位）。

這種呼籲在許多場所得到了積極的反響。當然，在有些場所則遭遇冷遇。但是，大金融家和所有意志堅定的人一樣，不為別人的反響所左右。後來他授權他的私人顧問布熱津斯基率頭開始發起這個協會。

這個布熱津斯基和後來卡特總統的國務卿布熱津斯基，是同一個人。委員會成員通過邀請發展，第一批成員由洛克菲勒親自篩選。這個委員會提倡全球化，提倡充分運用現有的國際金融機構，如 IMF、世界銀行及其他跨國界機構的優勢，達到建立和鞏固三方在世界新秩序中的領導地位。布熱津斯基在 1970 年出了一本書，叫做《兩代之間》（*Between Two Ages*）。在該書中，他不無遠見地預見到高科技對國際政治經濟金融帶來的巨大影響，對民族國家主權帶來的影響。他認為，科技的發展，國際經濟金融的彼此依賴加深，民族國家的主權就相對削弱。在該書中，頗有一些倡導「世界大同」的味道，但是在這個全球化的世界中美國將佔主導地位。布熱津斯基作為戰略家，將人類歷史發展劃分為不同階段。他認為，現在是國家相互依賴、相互融合的階段，是「同一個世界」（one world）的階段，在這個階段中美國必須佔據主導地位。這本書奠定了後來全球化的戰略理論基礎，

覆蓋了全球化的幾乎所有主要方面。

假如有人想知道全球化和國家利益的關係，請讀一讀這本書。

該書還涉及「美國化」和「新帝國」等。

布熱津斯基的思想和戰略反映在這個委員會的基本價值中，這個委員會的目的是要建立一種「新的國際經濟秩序」。全球化就是這個新秩序的簡明標籤。全球化，尤其是金融體系的全球化就是這個委員會最先提出來的。布熱津斯基是新的世界金融體系的最早提倡者之一。早在 1970 年，就在《兩代之間》一書中提倡建立不同於布雷頓森林體系的新的國際經濟體系。他指出：「必須通過更密集的努力以建立新的世界貨幣結構。未來的進步將要求廢除對美國企業及其海外分部的國際行為的限制……生產和金融的國際化的出現必將與生產國際化的理論同時出現」。[1]

美日歐三方關係委員會對美國行政部門如此廣泛和持續的影響，導致了許多反彈。

美國專欄作家霍利·斯克拉（Holly Sklar）1980 年在 *Trilateralism: The Trilateral Commission and Elite Planning for World Management* 一書中指出，**美日歐三方關係委員會「是一個通過控制美國政府而建立新的世界秩序的陰謀」**。美國參議員巴里·戈德華特（Barry Goldwater）在他的著作《不用抱歉》（*With No Apologies*）中指出：「**三方關係委員會真正想做的是，建立一個世界範圍的經濟強權。這個超級強權將高居於民族國家的政府之上**」。[2] 在同一本書中，他還就該委員會的金融資本性質提出警告：三方關係委員會可能是大金融資本的一種工具。

由於大部分成員都是大銀行家，他們的行為和他們提倡的政策無疑有利於美國銀行業。有人甚至指責這個三方關係委員會在石油危機中扮演了重要角色。這個委員會在推動國際金融自由化的進程中起到了關鍵的作用。由於委員會對美國政府的影響，全球化也成了美國政府 20 世紀 80 年代以來的基本國策。全球化提

[1] Zbigniew Brzezinski, *Between Two Ages*, America's Role in the Technetronic Era, The Viking Press. New York, p.113.

[2] http: //en. wikipedia. org/wiki/Trilateral Commission.

倡要素和貨物在不同國家間的自由流動，推動這種流動的是金融資本，全球化的
基礎必須是金融的全球化。

全球化觀念被這個委員會提出來以後，後來又被人科學化，加進了如比較利
益原則等經濟理論而擴張成後來似乎包羅萬象的觀念。加上委員會在世界政治金
融界的影響，通過學者和媒體的追捧，全球化就成了風行世界的觀念和政策選項。

新自由主義全球化的理念，作為一種人類在1980年代以後的「歷史性選擇」，
終於誕生了。一種新的崇拜通過十多年的運作終於被推上了人類歷史星空，成為
一種新的信仰。從第二次世界大戰以來，還沒有什麼世界體系的理念如此廣泛地
被人接受。不同民族、膚色、政治見解、黨派利益的人們，都將這種理念當成一
種毋庸置疑的信仰。

公平之死：反公平的盛行

從20世紀80年代以來，美國的雷根、英國的戴卓爾夫人、德國的科爾結成
了新自由主義的「鐵三角」。這個「鐵三角」有力地推銷了新自由主義全球化。

隨着全球化，新自由主義成了新的世界主流思潮。國際政治格局發生了巨大
的變化，追求「平等和公正」不再是國際政治生活的主流，什麼新殖民主義，什
麼南北談判等等，統統讓位於全球化，讓位於各國間的自由競爭。一個國家貧窮
的原因不再是歷史上的殖民主義，或現實中的不平等關係，不再是許多主客觀因
素綜合作用的結果。發展中國家自己成了自己落後的唯一原因。解決現實世界的
諸多不公正的途徑，不再是調整國際秩序，而是全球化。

對公正的訴求被推到了世界議題的背後，**一種新的理論和信仰開始升起**。這是
一個建立在叢林法則上的信仰。表面上看這種信仰提倡每個人和每個國家，無論
貧富，都必須自己幫助自己，自己拯救自己，實際上**這種信仰提倡的是強者對弱者
的「自由競爭」，資本對勞動的「自由競爭」，強國對弱國的「自由競爭」**。這種信仰
表面上賦予了強者和弱者同樣的自由，但是**在這種「自由」面紗下，是強者對弱者的
統治，強者對弱者的掠奪**。

自己救自己本來是一個國家、一個民族、一個人自強不息的基礎。但是，一
旦這種觀點被絕對化，一旦人類社會從制度上放棄幫助弱者和弱國的責任，一旦

弱者必須為自己是弱者的現狀而負全部的責任,一旦所有導致弱者所以為弱者的客觀條件都被忽視、被淡化、被合理化,一旦強者對弱者的征服和掠奪都被合理化,這個世界就變成了一個叢林的世界。羊被狼吃,是羊自己的責任。所有的結果是自己行為和選擇導致的。這種觀點忽視了許多時候弱者在既存的體系裡面無法選擇的事實。其實羊被狼吃,往往不是羊的選擇,而是狼的選擇。被吃的原因,還因為狼要吃羊的本性和沒有制止狼吃羊的客觀環境。

在這種體系下,公正僅僅指程序公正。而經濟程序的公正,又簡單地被定義為市場化、私有化和全球化。這種所謂的程序公正排斥政府干預,認為所有政府干預都是不公正的。通過政府干預實現某種社會公正,通過公眾權力實現財富的某些再分配被指責為程序不公正的一部分;通過政府干預保護民族產業,通過國家主權捍衛經濟獨立的保護主義政策也被指責成程序不公正的一部分。程序公正似乎就是弱勢群體必須忍受精英的剝奪;發展中國家必須讓自己的民族工業接受國際資本的競爭。

這種程序公正的核心,就是所謂遵守程序,按規則出牌。其實程序公正不等同於公正的程序,將程序公正絕對化,導致了一種陳腐而翻新的歷史現象,這就是「程序剝奪」。**提倡程序公正的強者,往往通過對資源和權力的壟斷,而壟斷程序的設計和規則的制定,操縱程序本身,使自己的利益在這種「不公正的程序」中得到體現,然後通過「程序的公正」而實現。**通過程序的制定和控制而實現「體制尋租」,是程序剝奪的實質。很多提倡程序公正的人,往往就是這種「程序剝奪」的受益者。在這種信仰裡,程序和規則反映的往往是強者的利益,建立在這些程序和規則上的世界秩序代表的往往是強者的利益。**這種通過「程序的公正」實現「不公正的程序」,這種自由競爭,實際上是對自由的剝奪。在這種全球化裡,弱者是弱者的判決書,強者是強者的通行證。**這是一種強大就是合理的理論。

如果說全球化時期還繼承了關於平等公正的思潮的什麼遺產的話,那就是「消除貧窮」。但是到了 20 世紀 90 年代以後,世界範圍內「消除貧窮」和減少政府干預聯繫起來了。通過市場化來消除貧窮成了一種新的世界選擇。結果在世界範圍內,「消除貧窮」的口號和貧窮的不斷增長並存。

在這種新的歷史條件下,國際金融資本開始控制世界範圍內的要素流動,甚至控制某些國家的經濟命脈、經濟政策和經濟進程。在國際金融資本的運作下,

資本開始出現倒流，開始從發展中國家流向發達國家。發達國家對發展中國家的援助和市場開發變成了推銷自由市場經濟體制的手段。**金融資本在世界範圍內的流動開始了明顯的政治訴求。金融資本的流入開始與一個國家內部體制的改造、經濟政策的改變結合起來。**

　　一種新的歷史現象在世界範圍內產生。一方面減少政府干預、私有化降低了政府在財富再分配中的積極作用，削減社會保障、衝擊社會公正成了世界範圍的普遍現象。在這段時期內，許多國家的市場化伴隨着令人吃驚的貧富差距的擴大。另一方面，金融資本超越國界的霸權，信用帝國無所不在的控制，金融資本至高無上的頂禮膜拜，金融資本在世界範圍內對財富的分配和再分配的全面介入，金融資本的迅速擴張，其權力的急劇擴大，金融市場的全面整合等成了與此相輔相成的歷史景觀。

　　在這種歷史條件下，反對平等公正、反對對資本尤其是金融資本的限制的思潮非常盛行，幾乎成了主流意識。在當代人類歷史上還未曾有過這樣一個時期，在這個時期裡，反平等、反公正成了一種公開的毋庸遮掩的流行時尚。擴大不平等、不公正幾乎成了追求經濟增長的基本手段，幾乎成了社會前進的動力。包括美國在內的許多國家，擴大不平等和不公正幾乎成了社會經濟政策的出發點。在當代歷史上還從未曾有過這樣一個時期，金融資本在世界範圍內的控制和暴富成了一種普遍的價值標準，不公正成了先進的代名詞。似乎暴富得越快，掠奪得越多，就越先進。歷史上也還未曾有這樣一個時期，大金融資本和金融霸權在世界範圍內不受限制的擴張成了一種優先的體制目標和政策順序。歷史上極少有這樣一個時期，世界範圍內財富的急劇增長和相對貧窮的急劇擴大並存。

　　「新」的世界變成了兩個世界。一邊是金融帝國和信用帝國，一邊是被金融和信用控制的對象；一邊是暴富，一邊是貧窮。財富源源不斷地從後者流向了前者。

　　在這種歷史條件下，指責弱者弱國開始成為一種時尚。在近代歷史上還是第一次，有人理直氣壯地要窮人和窮國無一例外地要為自己的貧窮而受指責。而且這種指責還認為，政府或公權對這種貧窮的干預，對公正的追求都是對自由和效益的妨礙。

　　在這種歷史條件下，指責任何形式的保護主義開始成為一種風尚。在人類自第一次工業革命以來還是第一次，如此不分國界、不分強弱地對保護主義進行圍

堵，認為保護主義導致的政府干預是使一個國家落後、競爭力低下的根本原因。

在這種歷史條件下，有些人一方面宣稱要學習繼承全人類的文化遺產，另一方面卻拋棄人類幾千年對公平正義的前赴後繼的探索。所有這一切推銷的本來是叢林法則，而打着的卻是自由和效益的旗號；從事的本來是對弱者的剝奪，宣揚的卻是對程序公正的追求。

全球化不僅將既存的不平等的世界經濟體系合理化，而且將融入這個體系描述為弱國強大的唯一道路，一種不分國情的「普世價值」。似乎放任自流的市場經濟和全球化是唯一一條通向繁榮的道路。在這種理論的誘導下，作為放任自流市場經濟典範的美國體制成了世界上唯一合理的體制。許多國家為了自身的崛起而紛紛模仿美國體制，從而使全球化變成了美國化。

這是一種全球化的圖騰，一種強者對弱者的經濟戰爭。而托起這種圖騰的就是那兩個虛假的歷史命題：政府干預既限制了自由，又沒有效益。在國內市場和國際市場，放棄政府的干預，走全球化的道路成了擺在發展中國家面前唯一一條通向繁榮的歷史之路。

那麼，這種全球化真的是歷史潮流，真的代表了歷史的走向嗎？

第二章
國家博弈

　　全球化是 20 世紀 80 年代以來，超級大國出於自身利益而為後起國家指出的發展道路。全球化是作為一種新的世界經濟秩序而提出來的。通過精心的包裝和宣傳，全球化被許多人當成當今發展中國家崛起的必由之路，是當今歷史潮流之所在。全球化將為發展中國家帶來意想不到的繁榮，是消除南北差距，消除貧困的唯一道路，是一個國家崛起的千載良機。全球化是富裕之路，全球化是強盛之路，全球化是崛起之路，全球化是理想的世界新秩序。全球化就像一個魔術箱，裡面裝滿了發展中國家、弱勢群體的種種幻想。然而，變幻莫測的語言魔術，改變不了冷酷的現實。經濟全球化加劇了貧富懸殊，全球化拉大了南北差距，全球化使強權更強。在全球化的進程中，拉美國家長期處於經濟危機之中，許多發展中國家經濟的發展甚至出現倒退；在全球化過程中，許多亞洲國家雖然取得了相當快的經濟增長，但經濟增長帶來的收益大部分都流入了發達國家富裕階層和國內富裕階層的口袋裡。全球化導致了違背社會公正的財富的逆向流動。環視今天的世界，比以往更不平等，比以往更不公正。人們發現，這個曾經令許多弱小國家、弱勢群體激動不已的美麗童話，原來是藏在超級魔術後面的一個美麗的謊言。全球化的浪潮不僅沒有托起發展中國家的夢想，反而打翻了許多國家的經濟航船。全球化席捲之處，沉舟傾帆，觸目驚心。

　　全球化的核心就是自由貿易，又比自由貿易廣泛。推行全球化的人們，強調世界是一個整體，是一個利益共同體。他們強調民族國家的世界性，而淡化其民族性；強調不同國家間利益上的依存性，而掩蓋他們之間的競爭性；強調自由貿易，而無視強權遊戲。全球化的倡導者把貿易戰略和國家總體戰略分割開來，把經濟戰略和國家的總體安全分割開來，把自由貿易和國家總體戰略實力分割開來。在國家競爭日益激烈的時代，用全球化、自由貿易、國際分工來取代國家利益矛

盾的事實；用互惠雙贏的幻覺來取代國家利益博弈的實質。然而，正是那些向全世界推銷全球化福音的人，高舉全球化的劍，在國家博弈場上，東征西討，在一場又一場沒有硝煙的戰爭中，讓弱者屈服，讓潛在的挑戰者鎩羽。

　　國家博弈，利益至上。掌握全球化武器的人們深知這一點，而崇拜全球化信仰的人們忘記了這一點。在用美麗的承諾托起全球化的博弈場上，一方在全球化的口號下，刀劍相加；一方卻在全球化的幻覺中，把對方的刀劍當成善意的橄欖枝。全球化，是誰的全球化？在國家博弈中，全球化是一場戰爭，還是一個強者和弱者共同擁有的夢想？

全球化掩蓋的事實

　　全球化掩蓋了國家實力博弈的事實。幾千年以來的人類歷史是融合交流和博弈競爭並存的歷史。商業和文化的交流和融合伴隨着強者的征戰討伐；強者的興盛往往伴隨着弱者的衰落。國家博弈，興亡更替。構成國際社會的、具有理性行為特點的國家主體，在國際關係中追求的是自己的利益。雖然每一個國家在追求自己利益的過程中，由於許多主觀客觀的限制，在許多情況下不得不自我約束，但是在條件允許時一個國家追求的是可能的最大利益。國際社會的本質是彼此競爭。人類發展到今天，技術的進步、經濟文化及其他交往的增加、信息傳播的加速，使世界各國之間的相互融合和彼此依賴達到了前所未有的程度。資本、貨物和要素以前所未有的規模和速度在世界範圍內流動。發生在美國紐約的事，幾分鐘就可以傳遍世界。華爾街的地震很快就會演變成世界範圍內的金融海嘯。但是，這種融合和依賴並沒有改變國家間利益競爭的實質。在國家博弈中，在世界政治、經濟、貿易、文化交流中，只有牢記國家利益的民族，才可能成為成功的選手。

　　支配國際競爭或自由貿易的關鍵因素是國家實力。不同國家間的綜合實力從來是不平等的，這種不平等是國際競爭的事實前提。實力不同的國家通過競爭而完成世界範圍內的權力分配和再分配，那些在國家博弈中有意志有能力實現自己利益的國家脫穎而出，處於主導地位。國際體系的權力分配就向這些國家傾斜和集中，並最終形成了權力的壟斷。歷史上那些因綜合實力和權力壟斷而遠遠超越其他競爭對手的國家，就是當時的超級大國。這些超級大國擁有高度壟斷的權力，

能在國際「競爭」中自由地獲取自己的利益。這些處於支配地位的國家和其他國家是不平等的。國際關係的不平等是迄今為止國際關係的歷史，是第二次世界大戰以後國際關係的現實。20世紀80年代以來，美國資本向發展中國家轉移勞動密集型產業，互聯網在世界範圍的普及，全球在服裝、飲食、市場和娛樂方式的某種趨同，波音飛機和空中客車對於世界旅程的縮短，貿易官員在各種世界機構和首府的談判折中，並沒有改變這種不平等的本質。

全球化將叢林法則合理化。國家的實力是國家利益的基礎，國際競爭是以實力說話的。所謂弱國無外交，強國不要外交。弱國說不上話，而強國不想說廢話。比拚的是實力。實力有多大，追求自身利益的自由就有多大。**在這樣一個實力主導的國際競爭關係中，所謂平等基礎上的自由只是一種幻覺。沒有實力就沒有自由。在叢林法則下，一些國家的自由和另一些國家的不自由是並存的。自由是強權的僕從，不自由是弱國的宿命。**強國的自由往往以弱國的不自由為代價。這種自由和不自由的例子在人類歷史和現實的國際關係中比比皆是。這種叢林征伐的影子，你可以在許多頭條新聞中看見，無論是讓世界財富倒流，還是在中東遏制伊拉克；無論是世貿談判，還是針對俄羅斯的東擴。在這種國際關係裡提倡全球化，提倡資本權力超越國界的擴張，提倡融入不公平的現行秩序，改變追求公平的歷史潮流，實際上就是將這種建立在叢林法則基礎上的國際關係合理化。

全球化賦予強權隨意界定國家利益的自由。在這種國際關係中，強權的國家利益和弱者的國家利益是不一樣的。強權總是要在別的國家身上自由地尋求自己的國家利益。從歷史上看，羅馬帝國的軍隊、西班牙的無敵艦隊、大英帝國的皇家艦隊在世界各地尋求和捍衛帝國的利益。他們追求自己利益的自由不受國界地域和歷史的限制；他們追求自身利益的自由不希望受到其他國家自我保護的限制。在他們實力允許的範圍內，他們享有隨意界定自己國家利益的權力，享有用實力打開其他國家自我保護大門的自由。而許許多多被兼併、被征服、被殖民的國家和民族由於實力的差別而被剝奪了界定自己國家利益的自由。他們的利益必須從屬於帝國的利益。在19世紀鴉片戰爭爆發後，大清國與大英帝國對各自國家利益的界定是不一樣的。大英帝國認為用戰爭敲開大清國的門戶是英帝國利益所在；而中華民族則認為保護這些門戶是民族利益所在。這種國家利益界定上的差別最後通過實力的博弈來解決。在這場博弈中，中華民族失去了在這個問題上界定自己

國家利益的自由。失去界定自己利益的自由，就是失去主權；而依靠實力界定國際利益格局的自由就是侵犯他人的主權。這種侵犯主權的行為在今天被稱為「規則制定權」。實力不僅是爭取和實現國家權力和利益的手段，還是獨立界定自己國家利益的話語權或規則制定權。強權可以通過堅船利炮來在別國身上界定國家利益，也可以通過全球化、自由貿易來界定自己的國家利益。

全球化不承認國家的特殊性。在國家博弈中所謂的平等自由的競爭是不存在的。名義上的自由競爭對實力不等的國家具有不一樣的意義。強權處於攻勢，希望世界開放，希望它的實力運作和利益擴張沒有國界的限制，希望擁有在全世界所有領域實現自己利益的自由，希望其他國家的主權受到限制；而弱者處於守勢，需要自我保護，希望自己的利益受到嚴格的捍衛，自己的主權受到嚴格的尊重。在這個世界上還沒有強權和弱國共贏的自由，以及體現這種自由的經濟政治體系。世界越開放，競爭越自由，強權就越能攫取更多的權力和利益，而利益和權力就越是集中或壟斷在強權的身上。一個開放的世界符合強權的利益。實力不同的國家基於國家利益的需要當然有不同的戰略。不同國家發展戰略應由每個國家自身的國情決定，有多大實力就有多大的開放。而全球化則推銷同一個世界、同一種價值、同一種體制，認為全球化是世界不同國家走向繁榮的唯一的一條道路。在這種「同一」的背後，是提倡這種價值和體制的強權的利益。有一個非常令人困惑的歷史現象：許多人在民族特色的口號下放棄 20 世紀 50-70 年代流行的另外一種「普世價值」的同時，卻全面接受了全球化這種「普世價值」。全球化告訴你，這種「共同」的全球化為每個國家提供了自由競爭的平台，共同繁榮的起跑線就在這裡。然而，全球化沒有告訴你的是，這個平台是一個掛滿了關於共同繁榮的標語的拳擊場。這個自由搏擊的拳擊場，與幾千年以前羅馬帝國的競技場異曲同工。強者可以任意揮灑，弱者只能任人宰割。全球化已經成為特殊集團推銷自己利益的工具，是強權實行國家博弈的手段。

全球化掩蓋強權主導的利益實質。這種由實力界定的世界權力和利益體系通常體現的是強權的利益。政治體系是這樣，經濟體系也是這樣。經濟體系包括貿易體系、經濟體系和金融體系。這種權力和利益格局是人類歷史上所有國際秩序的共同點。在古羅馬主導的世界體系裡，國家間的權力分配集中在羅馬帝國身上；在古代中國主導的世界體系裡，權力集中在中華帝國身上；在西班牙主導的世界秩

序裡，權力集中在西班牙身上；在大英帝國主導的國際秩序裡，權力集中在大英帝國身上。後來的蘇聯體系，今天的美國體系，莫不如此，權力集中在超級大國身上。在這些體系裡，沒有自由平等競爭可言。而全球化模糊了這種世界體系的實質，將自由貿易、地球村包裝成一個利益共享的「大同世界」。

全球化是掠奪財富的手段。權力的壟斷和不平等是這個世界體系的實質，所有的競爭都是不平等、不自由的競爭。而不平等、不自由的競爭從來就不是真正意義上的競爭。政治競爭是這樣，經濟競爭也是這樣。這就是新自由主義推動的自由貿易的實質──在權力壟斷的基礎上推行的自由貿易。這種自由貿易如果不是強權通過堅船利炮的脅迫，就是利益誘惑的陷阱；不是用看得見的特權敲開你的大門，就是用看不見的手讓你自己把大門打開。無論是脅迫還是陷阱，無論是敲開還是打開，都不是後起國家崛起的道路。**羅馬帝國用軍隊敲開國門，與全球化用市場和資本敲開國門在本質上沒有差別。**金融資本突破國家主權，在世界橫衝直撞，在全世界瘋狂地尋租；國際金融資本主導的拉美危機和亞洲金融危機，對拉美和亞洲諸國的財富打擊和攫取，如此等等遠遠勝於一場又一場有硝煙的戰爭。

全球化倡導的是強者的自由。全球化提倡自由，但那是強者的自由。在新自由主義的全球化裡，強權擁有隨意界定自由的自由。以自由貿易為例，發達國家一邊大力推動自由貿易，一邊根據自己利益來隨意解釋這種自由。自由貿易提倡者說，自由貿易就是產品、要素、資本在國際自由流動。它一邊要你把國門打開，讓你介入國際分工，另一邊基於國家利益而限制許多高技術產品的自由流動；一邊推行自由貿易，另一邊實行技術封鎖；一邊提倡全球化，另一邊實施高端產業的自我保護。這種隨意界定自由貿易的自由是發達國家的特權，是發展中國家的不自由。別人有技術封鎖的自由，你就失去了引進技術的自由。不僅如此，發達國家還享有為其他國家界定自由貿易、界定經濟體制的自由。以中國加入 WTO 過程為例，發達國家通過入世談判的過程為中國詳細界定了自由貿易、內部改革和開放程度的範圍和時間表。當今世界，有哪一個發展中國家，曾經這樣廣泛而深刻地為發達國家制定過市場開放程度和經濟體制改革進程表？強權有隨意給中國內部經濟改革定下目標和時間表的自由，中國就失去了自主掌握經濟主權的自由。

這是一個自由和不自由並存的世界。對發展中國家而言，全球化過程就是一個失去自由、失去保護的過程。融合越深自由越少，融合越廣保護越少。對後起

國家而言，想要在國際關係中贏得自由，首先要自我強大；而想要強大，則先要有自我保護的自由。這種自我保護的自由，不是強國施捨的自由，不是在融合中獲得的自由，而是通過自己解放自己，通過獨立自主獲得的自由。只有在自我保護中，後起國家才能獲得充分界定自己國家利益和權力的自由。

全球化體系中的權力金字塔

全球化把世界描繪成一個彼此依賴的世界村。全球化認為，貨物、要素、國際資本在世界的流動，加深了世界各個國家間的相互依賴關係。這是一種似是而非的觀點，一種有意的戰略模糊，模糊了現有國際體系的權力結構特點。全球化的浪潮，依靠金融資本把不同國家的市場編織在一起，形成了一個世界市場。許多跨國公司的決策對許多國家的就業和經濟產生了巨大影響；而千千萬萬散居世界各地的消費者的行為導致許多跨國公司盈利的波動。印度偏遠村莊的窮人可以用付費手機和外部世界聯繫；亞馬遜叢林的電視可以收到華爾街的金融動態。世界變小了，世界變平了。許多人斷定，相互依賴的世界市場，導致了相互依賴的國家關係，導致了全球決策體系的扁平化。但是，**一個雄視古今的強國，會因為進口了別人生產的童鞋而依賴後者？無論這種童鞋有多精美，這種所謂的依賴假如不是一種有意營造的謊言，就是有意營造的戰略煙幕；假如不是天真的無知，就是無可救藥的迷信**。在全球化體系中，強者的市場是控制發展中國家經濟戰略的武器。

不論世界「相互依賴」的理論有多麼精緻，關於世界經濟秩序和規則的決策，從來就不是在那些邊遠山區中或消費者市場上做出的，而是在國際機構的總部和發達國家的首都做出的。有人說，全球化是歷史的必然，中國要融入全球化，中國正在融入全球化。中國應當瞭解，全球化作為一種世界體系，是一個有着複雜權力結構的金字塔。這個權力結構類似於權力高度集中的帝國體制。

第一，全球化體現以霸權為中心的權力結構。全球化體系不是平的。表面上看，全球化是互聯網、手機、微電子，是麥當勞、可口可樂、好萊塢電影，世界正在趨同，信息正在加速流動，世界範圍內的決策權正在分散。其實全球化體系是發達國家在 20-21 世紀建造的金字塔。站在塔尖的是當今唯一的超級大國。儘管美國和其他國家之間的權力平衡是保持金字塔穩定的重要因素，但是，在全球

化體系中，美國是唯一起支配作用的國家，其他國家都從屬於它。霸權不是全球化獨有的現象。在國際競爭中，任何一個實力資源（經濟、軍事和文化）佔有絕對優勢的國家，一個有追求擴張性國家利益的意志和戰略的國家，一個能高效動員戰略資源的國家，都可能成為世界霸權，成為在國際競爭中享有最大自由的國家。和歷史上任何霸權一樣，美國是實力資源、意志和動員能力結合在一起的產物，是硬霸權和軟霸權相結合的產物。迄今為止的人類歷史，是一個霸權迭出的歷史。霸權每個時代都有，然而全球化卻是 20 世紀 80 年代以來人類歷史的獨特現象。

　　人類歷史上產生過許多不同的世界體系。在每個這樣的體系中，權力都高度集中在強權身上。全球化體系是否改變了歷史？

　　全球化沒有擺脫歷史的宿命。和歷史上所有世界體系的權力結構一樣，權力都高度集中在強權身上。全球化並不存在超國家的政府。和任何國際貿易體系或其他跨國家的國際組織一樣，全球化以一定的權力結構和利益結構為基礎。其實質就是國家間的權力和利益分配。這種權力分配的結構從來就不是建立在世界範圍的民主基礎上，而是建立在某個強權的基礎上，並依賴這個強權而存在。在構建和控制這個世界秩序時，偏遠地區的部落和超級大國，世界上的弱小民族和強權國家，世界上那些渴望繁榮的人們和那些希望維護自己繁榮的人們，那些在互聯網上收集信息的人和那些在跨國公司總部裡發號施令的人的作用是不一樣的。平等不是這類世界體系的基礎和特點，強權才是推動這個體系的動力，是維護這個體系的中心。沒有這種強權的存在，國家間的彼此競爭將導致任何類似的世界體系的崩潰。

　　這個處於權力中心的強權，具有以自己的意志和願望來界定國際經濟或貿易秩序的能力；有捍衛這個體系、實施這個體系的規則和實現其價值的決心；有動員其他國家或追隨者的能力；是這種體系的價值代表；最後，也是最重要的，有通過這個體系實現自己戰略利益的實力。歷史上以大英帝國為中心的世界貿易體系是這樣，以蘇聯為中心的華沙體系是這樣，第二次世界大戰後建立在金本位之上的以美元為中心的西方貿易體系是這樣，20 世紀 70 年代以後建立在與黃金脫鈎的美元基礎上的全球化經濟體系也是這樣。霸權是這類體系的錨。在這個體系中，霸權不僅要制定規則，還要控制程序；不僅要「經濟尋租」，還要「體制尋

租」；不僅要通過這個體系實現自己的霸權，還要通過這個體系維持自己的霸權。這類國際體系的實質是不平等的。以蘇聯體系為例，到了 20 世紀 50 年代末，蘇聯霸權和中國的獨立自主發生了矛盾。為了捍衛中華民族的平等和尊嚴，中國從蘇聯體系中退了出來。

這種權力中心必須只有一個。假如多中心，基於權力和利益衝突，這種體系將分崩離析，世界市場就會解體為不同的區域市場。而成為這個中心國的必然是綜合實力最強的超級大國。在全球化體系中這個國家就是美國，而其他國家則處於從屬地位。融入這個體系的每個國家，要麼接受霸權的統治，服從霸權的利益，成為二流或三流國家；要麼與霸權發生衝突。這是希望崛起的民族的歷史宿命，是希望融入世界體系的民族的宿命。這就是為什麼，近代歷史上**真正強權的崛起，都是在既存的世界經濟體系以外崛起，在孤立中崛起**。美國是這樣，蘇聯也是這樣，更早一些的大英帝國也是這樣，曾經的歐洲大陸強權德國也是這樣。假如日本算是經濟強權的話，日本是通過融入美國體系而崛起的唯一一個經濟強權。我們在日本篇中，將會述及。日本最終沒有逃脫歷史的宿命，它對美國在經濟上的從屬，使它進入了漫長的衰退。這種權力結構特點，在中國入世的過程和入世的條件上具有充分的體現。

第二，全球化體現以霸權為中心的利益實質。體現霸權的利益，這是歷史上所有世界體系的共同特點，只不過有的赤裸有的含蓄。當我們去掉它們那些或者赤裸或者含蓄的差異，我們會發現這種超越歷史地域和意識形態的共性。全球化無法超越國家博弈的歷史法則，希望在這個體系中尋求自己利益的弱國，最終將在殘酷的歷史法則面前醒悟。當然，有早有晚而已。

這種利益選擇，是國家博弈的現實，是霸權的必然結果。

這個處於金字塔頂部的超級大國擁有無可匹敵的經濟霸權、軍事霸權和價值霸權。這三者相互依存，經濟霸權是軍事霸權的基礎，而軍事霸權又是經濟霸權的保障。在國際經濟競爭中，即使是自由貿易，軍事霸權也是堅強的後盾。美國建國初期的自由貿易夢想，就是被當時自由貿易的旗手——大英帝國的皇家艦隊無情擊碎的。在國際社會中絕對的自由貿易是不存在的，貿易只不過是利益博弈的一種方式。為了維持現存利益結構和自己的利益，在看不見的手背後，霸權常常揮舞着看得見的鐵拳。歷史上哪一個真正的經濟強權的背後不是軍事強權？沒

有世界範圍內的軍事霸權，就建立不起世界範圍的經濟利益，就維護不了世界範圍的經濟利益。價值霸權是強權在「普世價值」的旗號下推行自己利益的重要手段。有時候能起到攻心為上，不戰而屈人之兵的目的。在大英帝國的體系裡，英國體制是價值的代表，其他國家的發展戰略是英國化；在蘇聯的體系裡，蘇聯體制是價值的代表，其他國家發展的戰略是蘇聯化；在美國主導的體系裡，美國體制是價值的代表，其他國家的發展戰略是美國化。而霸權的利益就通過這一個又一個「化」的過程而介入了其他國家，主導其他國家的戰略選擇，影響其他國家的發展進程，將其他國家的發展進程納入對霸權有利的軌道。霸權的價值是這個體系的「普世價值」。

國家博弈，實力是劍，價值是枷。美國和蘇聯在爭取價值霸權上有着共同特點：蘇聯曾經把自己的體制打扮成歷史的必然，美國同樣把全球化打扮成歷史的必然。假如全球化是歷史的必然，代表全球化的美國體制當然是歷史的必然，私有制、市場經濟、新自由主義也就順理成章地成了歷史的必然。歷史是人民創造的，靠權力界定的歷史必然，往往是歷史的陷阱。

強化和維持美國的超級大國地位是美國第二次世界大戰後政策的出發點和歸宿，是美國最大的國家利益。超級大國的地位帶給美國的利益，不是幾億雙鞋可以衡量的。對全球化體系的控制，會把幾億雙鞋，甚至幾萬億美元的財富，流轉到美國，借給美國。美國深刻地認識到，在這個信奉實力的世界上必須依靠實力去實現自己的國家利益，強國地位不能建立在對手的仁慈和朋友的友誼上。尼克松曾經說過：「友誼是短暫的，而利益是永恆的」。強國地位不是靠別人施捨的，強國的崛起和生存歸根結底是實力消長的結果。美國的精英們和歷屆政府有一個根本的共識：美國的超級大國地位必須建立在軍事霸權、經濟霸權和文化霸權的基礎上。建立和維護軍事霸權、經濟霸權和文化霸權是美國第二次世界大戰以後國策的三個支撐點。這三大霸權，是瞭解美國戰後國策的關鍵。第二次世界大戰以來，美國的許多別的政策常會因政黨輪替而人去政息，但是，在根本國策上，美國歷屆政府有着驚人的一致性和承續性。具體的實施手段可能會因觀念的細微差別而不一樣，但動機和目的則是同一的。

這個「三位一體」的霸權是當今國際貿易組織存在的條件和基礎。實力、意志、價值、利益及其在國際社會的盟友是界定這個組織的基本要素。在這個世界

上，任何超國家的機構都不享有超國家的權力，缺乏實施自己意志的手段——沒有軍隊沒有警察。這些機構往往需要依靠霸權來實施自己的意志。沒有霸權的支持，這些機構將是沒有牙齒的老虎。而霸權是否願意實施這類國際組織的意志，取決於霸權的國家利益。假如該類組織的決定符合霸權的利益，該霸權就會運用看得見的和看不見的鐵拳來捍衛這類決定的權威性。否則該組織及其決定就形同虛設。只要符合自己的利益就「替天行道」，一旦不符合自己利益就讓天自行其道。只要你關注一下世界各地的動態，就會發現這種行為模式。

由於世界體系對霸權的這種依賴，霸權利益是世界體系存在和發揮作用的原因和基礎，是這個利益格局的中心。只有當這個體系體現了霸權利益時它才有存在的價值，也才可能存在。在這種世界現實裡面講全球化，講融合，對強權和發展中國家具有不對稱的戰略意義。

第三，全球化體現等級制的權力構架。這種帝國體系和任何帝國體系一樣，權力結構是不對稱的。**由霸權主導的國際貿易和經濟體系從本質上講就是一個權力集中的帝國體系。**位於體系中心的國家幾乎壟斷了制定規則和推行規則的權力。由於中心國家的強大動員力，在這個中心國家的四周還有一些利益關係較為緊密的其他國家，這些國家形成了一個國家群。這個國家群就形成了所謂的核心國家。**中心國家在需要的時候會與這個核心圈裡的其他國家協商；在不需要時就會自行其是。**它們之間雖然有矛盾但核心利益是一致的。

支撐這個不對稱體系的是：以美元為中心的金融體系、WTO、IMF、世界銀行、跨國公司和由美國操控的大宗實物商品市場。只要你關注一下 2008 年金融危機，就明白以美元為中心的世界金融體系代表的是誰的利益；只要你看一看 WTO在處理中國和俄羅斯入世申請時如何漫天要價，就明白它背後的利益主體是誰；你只要瞭解一下 IMF 的決策機制，就知道它背後的真正操縱者是誰；只要你知道世界上主要商品市場都在美國，這些巨大的實物期貨交易市場是如何把世界商品的定價權和美元的定價權牢牢控制在自己手中，就會發現自由市場背後有多少謊言。而這些都是全球化的基本制度。

位於體系邊緣的是許多邊緣國家。這種霸權─核心國─邊緣國的權力結構和分配可以在大英帝國的體系中看見，在蘇聯體系中看見，在兩霸對抗時期以美國為主導的經濟體系中看見，也可以在全球化中看見。全球化體系的實質就是不平

等、不公正,是一種帝國體制,一種等級制。最後,這些國家還要與許多國際機構和跨國公司發生關係,涉及複雜的主權關係。它們相互重疊,彼此交錯,又相互影響。這種結構,比冷戰時期的結構要複雜得多。冷戰體系建立在民族國家的基礎上,以美國和蘇聯為中心保持世界平衡。**在全球化體系中世界不是變平了,而是變得層次更多了。假如真要說全球化使世界扁平化了的話,被扁平化的是發展中國家的主權和它們在國際事務中的決策權,是它們對自己利益的訴求。**

　　全球化是人類歷史上獨特的帝國體制。在人類歷史上的其他許多世界體系中,處於金字塔下面的民族或國家,總是用各種方式否定這種體系;然而在全球化體系中,處於金字塔下面的許多人,卻認為這是歷史的必然,是「普世價值」。

霸權的憂慮

　　全球化是霸權實現自己利益的基礎,而霸權又是全球化賴以存在的條件,二者相互依存。全球化的崩潰必然導致霸權的衰落,歷史上有很多這樣的例子。大英帝國軍事霸權的相對衰落開啟了帝國經濟體系的衰落;而帝國經濟的最後解體則導致了大英帝國霸權的最後倒塌。

　　從霸權的利益角度出發,要維護霸權就必須維護現有的秩序。維持現有秩序的最好辦法就是盡可能將所有可能挑戰現有體制的潛在對手融入現存體系,讓它們接受既存的利益和權力格局,讓它們在符合現存體系的方向上發展。那些在這個體系中有既得利益的國家,同樣會推動這種戰略。全球化是一種通過融合「消化」對手的戰略,所謂利益一致的融合是不存在的。

　　霸權的存在是幾千年來國際秩序的現實。與霸權相處,是任何一個歷史時期,崛起民族都面臨的歷史命題,一個考驗智慧和實力的歷史考題。一方面,崛起中的民族別無選擇,必須學會承認和接受霸權存在的事實,在不損害自己利益的情況下承認霸權的利益,學會與霸權和平共處;另一方面,必須認清霸權後面的利益實質,堅定捍衛國家利益,走符合自己長遠利益的發展道路。美國在1812年戰爭以後實施了長達百年的所謂「孤立主義」。「孤立主義」承認歐洲列強在歐洲的利益和霸權,自我「孤立」的美國公開宣稱,不介入;「孤立主義」警告歐洲列強承認美國在美洲的利益,自我「孤立」的美國霸氣十足地通知歐洲列強,不

得干涉美國和美洲事務。

與霸權共處有許多方式。許多國家把全球化，把與現有體系的融合當成自身崛起的戰略道路，把自己與現有體系的融合當成一種進步的標誌。這張漂亮的成績單後面寫的可能是別人的國家利益。這種融合往往導致國家利益的大量喪失，國家財富的大量流失，經濟主權的大量丟失。

想通過融合通過全球化而實現崛起的國家，必須回答這樣一個問題：在霸權主導的國際體系裡，這個體系會容忍你的崛起嗎？

為了回答這個問題，讓我們先看看新國家的崛起對現有強權的歷史意義。

任何新的強國的崛起，必然導致國家間綜合實力的相對變化，以及由此帶來的世界權力分配格局的變化。這種權力的再分配必然導致對現有權力壟斷的打破，對現有國際格局的改變。這是不以人的主觀意志為轉移的客觀過程，一個隨着國家綜合實力的相對變化而產生的自然過程。無論你怎麼解釋，現有強權絕對不會幼稚到無視這種自然過程的程度。任何現有強權都不希望一個實力相當的競爭對手的崛起，都不願意改變體現自己利益的現存秩序。在拳擊場上，一個選手實力的增加，就是另一個選手實力的相對消減。**一個國家的崛起就是另一個國家的相對衰落，沒有一個強權願意通過幫助另一個強權的崛起而加速自己的衰落過程。歷史上沒有任何一個理性的強權扶持過挑戰者，哪怕這個挑戰者是自己的戰略盟友。**

美國是一個具有強大理性和前瞻性的帝國。美國在吸取了歷史上過往帝國的得失以後，為了維持自己的霸權，更是不遺餘力防止潛在對手的產生。它不會不懂得「臥榻之側，豈容他人鼾睡」的道理。長期以來，它的兩隻眼睛，一隻盯着對手，一隻盯着盟友。既要打擊對手，又要防範盟友。即使在與法西斯進行生死對抗的時候，即使在冷戰時期最需要盟友的時候也不例外。第二次世界大戰以後，美國在建立布雷頓森林體系時有兩個沒有宣佈的戰略目的：其一是讓大英帝國禪讓出霸權的寶座；其二是把蘇聯融入美國主導的經濟體系和世界秩序。第二個目標由於蘇聯領導人的察覺而未能實現，但是大英帝國卻因此而淪為了二流國家。美國在 20 世紀 70-90 年代為了反制日本的經濟挑戰，不戰而屈日本。對盟友尚且如此，何況被視為對手的國家？

在蘇聯解體以後，美國全面研究了歷史上帝國衰亡的歷史。為了防止潛在挑戰者的出現，展現出戰略遠見。在國際事務中的佈局莫不體現這種戰略用心。美

國推動的國際貿易體系只是其總體戰略構思在世界貿易領域的佈局，希望美國能在國際貿易的框架下容許另一強權崛起的想法，不是太天真就是太一廂情願。

由於國家利益的需要，擔心潛在對手和挑戰者的出現是任何霸權揮之不去的永恆憂慮。美國是一個現實主義的霸權，頗有一些居安思危的風範。在總結了歷史上帝國興衰的教訓以後，深知霸權地位生於憂患，死於安樂的道理。為了防患於未然，霸權總是要睜大眼睛，去尋找可能的挑戰者，去尋找假想的對手，防止其發展壯大。它要防範的不只是現實的挑戰者，而且還有未來的挑戰者；不只是現實的對手，還有未來的對手；不只是真正的敵人，還有假想的敵人。當它審視一個崛起中的民族時，它考慮的不僅僅是你現在有沒有實力、有沒有挑戰它的願望，更看重的是當你強大以後會不會、有沒有實力挑戰它。它關心的主要是你潛在的戰略實力，而不是你近期的戰略願望。有遠見的戰略家，關心的是實力的消長。誰都知道一個國家的戰略願望是隨實力變化而變化的，是隨國內政治環境的變化而變化的。把自己的國家利益放在對手善良的願望上不是國家博弈的善策。關注潛在的實力對手，不是因為霸權喜歡樹立對手，而是出於維持霸權不衰的戰略需要。基於這個原因，霸權關注的是相對實力差距的拉大；基於這個原因，它一方面不斷推動世界軍事霸權的創新，另一方面卻大肆挑剔其他國家的軍費開支；基於同樣的原因，它一方面大力推行自由貿易，另一方面又大力保護自己有戰略意義的核心產業和技術。

非對抗式經濟戰爭

全球化體現了霸權的永恆憂慮。全球化是一場消化對手的經濟戰爭。

國家利益，至高無上。任何強權都不會坦然接受挑戰者的崛起。為了阻止挑戰者的崛起或改變這種崛起的進程，歷史上那些強權們，動用了可以動用的自有資源和國際資源。從歷史上看，阻止新強權崛起有兩種方式：軍事戰爭和經濟戰爭。

國家博弈，無論是軍事戰爭還是經濟戰爭，都是實現國家利益的手段，二者並無差別。當某一種國際秩序無法通過正常的經濟手段實現大國間的利益分配時，就會有軍事戰爭；當軍事戰爭達不到利益目的時，就會選擇經濟戰爭。**經濟戰爭和軍事戰爭，美酒和硝煙，都是權力博弈的方式。和軍事戰爭相比，由帝國主導的國際貿易**

或全球化是實現帝國利益、維持霸權體制的一種成本低廉的方式。條約同樣是征伐的武器，有時候是更具殺傷力的武器。全球化就是經濟戰爭。

阻止挑戰者崛起是霸權根本利益所在。

世界歷史上，這種崛起和反崛起的衝突導致了許多軍事戰爭。大英帝國曾經以戰爭阻止法國對其霸權的挑戰，先是七年戰爭，後是拿破崙戰爭；大英帝國也以多種方式介入美國崛起的過程，甚至企圖分裂美國。在蘇聯和新中國剛成立時，有些國家也曾經嘗試過通過戰爭來實現打破這兩個國家崛起過程的目的。只有當戰爭失敗以後，只有當通過戰爭獲取的邊際效益遠遠低於邊際成本的時候，只有當戰爭無法獲取它們希望獲取的利益的時候，只有當戰爭無法以它們所能承受的成本獲取目標利益的時候，它們才被迫尋求其他方式。

戰爭還是和平的關鍵不是掌握在霸權手中，它掌握在崛起國家手中。只要這個國家有足夠的能力使任何強加在頭上的戰爭無法達成上述目標，戰爭就不會產生。無法提高霸權對戰爭成本的預期，無法使戰爭的邊際成本超過通過戰爭獲得的邊際利益，是戰爭發生的重要原因。美蘇在第二次世界大戰後長達四十多年的冷戰中成功避免了熱戰的主要原因，就是因為彼此的實力讓對方對戰爭的成本預期達到極限——共同毀滅。冷戰以後，北約敢於打擊並肢解南斯拉夫，美國敢於攻戰伊拉克，是因為預期中的邊際成本遠遠低於預期中的邊際效益。

歷史老人告訴我們，**一個大國的和平崛起，必須建立在有效阻止戰爭的前提上。**軍事上崛起，建立足夠強大的軍事力量，**最大限度地提高對手的戰爭成本預期，是阻止戰爭有效的手段。**和平不是建立在善意上，而是建立在提高他人的戰爭成本預期和降低戰爭效益的關係上。中國的崛起，必須是和平崛起，也只能是和平崛起。不只是中國，美國和蘇聯也是通過和平崛起。美國 1812 年戰爭實際上是大英帝國的霸權政策挑起的，從那以後美國在漫長的時間裡，沒有介入外部戰爭；蘇聯在崛起過程中發生的戰爭同樣是外部強加的，第二次世界大戰以前，蘇聯的戰略是盡量避免戰爭，為工業化贏得時間。但是，強大才能有和平；堅定才能有和平；讓對手清楚地知道你的戰略底線和你捍衛這種底線的意志和實力，才能有和平。崛起國家的戰略出發點是阻止和避免戰爭，但是，**戰爭的規律是，不惜一戰才能制止戰爭；準備一戰才能避免戰爭。戰，方能無戰。**這是一個以實力說話的世界，要想關起門來謀崛起，就必須有關門的實力，就必須有阻遏他人破門而入的實力。一是有

限的阻隔。要有足夠的實力提高對手戰爭的邊際成本，使其邊際成本遠遠高於通過戰爭獲得的邊際效用。二是提高對手戰爭成本的預期。要在涉及國家核心利益的問題上顯示出充分的意志。既要充分公開自己的戰略武器，又要充分掩飾自己的戰略能力。一虛一實給對手以充分的想像空間，提高其對戰爭成本的預期，達到阻止戰爭的目的。

當霸權用軍事戰爭無法達到阻止對手崛起的目的時，就使用經濟戰爭，就推行全球化戰略。在國家博弈中，二者兼而用之。一方面是經濟戰場上的佈陣設局，另一方面是軍事上的步步緊迫。經濟交往的背後是看得見的鐵拳。戰爭和經濟戰爭的廣義表述就是圍堵和交往，戰爭和經濟戰爭都是獲取國家利益的手段。當一種手段達不成目的時，就使用另一種手段。手段可以變化，追求國家利益的目的卻是同一的。經濟戰爭只是一個國家總體戰略的一部分。

通過交往消化潛在對手，阻止強大對手的崛起，通過全球化無償獲得別國的資源和財富，是一場精心佈局的經濟戰爭。經濟戰爭是一個綜合戰略。全球化時代，經濟交往不再是簡單的互通有無。經濟戰爭作為征伐手段，不僅限於貿易和財富的掠奪。經濟戰爭的根本目的是要改變對手的經濟制度乃至政治制度，是要讓對手承認並接受現有體制的權力和利益格局，是要讓這個潛在對手按霸權的利益和意志界定的方向發展，是要讓對手接受低端產業的國際分工格局，是要通過技術封鎖防止對手在關鍵技術和產業上挑戰霸權，是要肢解對方產業的完整性，使對方喪失經濟獨立而依賴國際市場。一句話，經濟戰爭的目的和其他戰爭的目的一樣，同樣是征服，是不通過戰爭而實現的征服，是不通過戰爭而獲得戰爭希望獲得的利益，甚至更大的利益。

經濟戰爭有兩種：對抗形式的經濟戰爭（如禁運、封鎖等）和非對抗形式的經濟戰爭。全球化屬於後一種。這種經濟戰爭包括：一、體系融合。建立某種不均衡的國際經濟貿易金融體系，按霸權定義的條件把對手融合在這種經濟體系中。二、體制改造。推行一種符合霸權利益的經濟體制，促進對手按這種體制來改造自己。三、門戶開放（包括經濟金融開放）。實施一種不對稱的門戶開放政策，削弱對手的經濟獨立，讓對手的經濟集中在世界產業體系的低端等。四、技術封鎖和產業打擊。五、財富陷阱。經濟戰爭的核心是實施自由貿易（全球化）還是保護主義。其戰略目的就是要撤掉處於崛起過程中的國家的保護主義圍牆，封鎖

先進技術和產業向對手轉移，讓其尚未成熟的產業接受競爭對手的強大挑戰。

中國崛起不僅要制止軍事戰爭，還要防備經濟戰爭。

國家博弈中的攻心戰略

全球化戰略是銷蝕發展中國家意志的攻心戰略。縱觀當代主要的經濟戰爭，其中一個特點是攻心為上。為什麼要攻心為上呢？因為經濟戰爭是一場關於體系、體制、貿易和技術產業的戰爭。全球化不只是一場財富之戰，還是一場價值之戰，一場體制之戰。這種戰爭的特點決定了必須攻心為上。

在國家博弈中，有時並不是國家間實力的直接對抗。強權國家往往通過軟化對手的意志、左右對手發展戰略的方式來實現自己的目的。意志和戰略是決定一個國家綜合實力的重要部分。

大國爭雄，國家博弈，起決定作用的是一個國家的綜合實力。決定一個國家的綜合實力的要素有三：一、實力資源（經濟、軍事、文化）；二、動員這些實力資源以捍衛和謀求國家利益的意志和戰略；三、動員實力資源捍衛和謀求國家利益的能力。實力資源又可以分為兩大類：硬資源和軟資源（文化、價值）。硬資源包括經濟和軍事。綜合實力資源強大、實現國家利益意志堅決、動員能力強的國家，是國際競爭的強者，是強權國家。一個民族、一個國家的崛起並不只是實力資源的崛起，一個國家崛起的戰略也不僅僅是實力資源的增加。一個國家的崛起的戰略必須是一個總體戰略，包括國家實力資源的質和量的提升，民族意志的提升，國家動員能力的提升。

經濟發達是國家綜合實力提高的基礎。從長遠來看，國家間的競爭歸根結底是實力資源消長的競爭。實力資源的基礎是經濟。不管是軍事資源還是價值資源，最終都要立足在經濟上。經濟競爭、經濟戰略在國家博弈中具有影響歷史進程的意義。一個國家的興盛衰亡，最後取決於經濟實力的興衰。經濟崛起戰略是一個國家崛起的中心戰略。歷史上的那些雄踞一方的帝國，哪一個不是那個時代經濟競爭中的冠軍，不是經濟強權？但是，經濟競爭是以捍衛自己利益的能力為前提的。軍事崛起是一個國家崛起的先決條件，是經濟崛起的先決條件。

一個國家的硬實力資源有質和量兩個方面。一個國家實力資源的提升不僅僅

是數量的擴大，還包括質量的提升。

但是，實力資源本身並不是一個國家綜合實力的全部。一個國家的實力資源必須通過一個國家的意志、戰略和動員能力才能化為國家實力，在國家博弈中發揮作用。在國家博弈中，意志較量有時候佔主導地位。只有意志上崛起的國家才有追求自己利益的自由。有時候，弱能克強，柔能克剛，這樣的例子比比皆是。以 20 世紀 60 年代初期美蘇間的導彈危機為例。美蘇對峙，可謂兩強相遇。美國為了捍衛國家的安全利益，絕不能允許蘇聯在古巴建立導彈基地，並表現出不惜一戰，甚至不惜打一次核戰爭的決心。在這種意志對抗中，蘇聯終於後退，拆除了架在古巴的導彈。以兩霸在航天領域的競爭為例。在兩霸對抗時期，蘇聯率先發射了載人飛船，在航天領域把美國遠遠拋在後面，給美國帶來嚴重的戰略危機感。為了在航天領域奪回霸權，美國運用高度的國家意志和動員能力，在航天領域迅速成功實現了戰略目標。以 20 世紀 70 年代中期中美兩國關係解凍為例。在整個過程中，中方以堅強的意志、靈活的手段和卓越的戰略遠見，既在核心利益上寸步不讓，又讓大三角發揮戰略作用，最後既達成了戰略目標又捍衛了中國對台灣的權利。中美雙方當時的實力資源差別巨大，中國能實現自己主要的戰略目標，主要的原因之一就是意志和戰略。中方為了捍衛領土的完整，不惜拒不發表第一份上海公報，就是這份公報奠定了中美關係的基礎。這是經典的以弱搏強的成功例子。

在一個國家的發展中，一個民族崛起的意志、發展道路的選擇及其動員資源的方式和能力，往往起着決定性的作用。一個富有的國家、一支規模龐大和裝備先進的軍隊是一個國家綜合實力的物質基礎。但是僅僅有這些物質基礎是不夠的，物質基礎無論有多先進都是死的。只有當一個國家有捍衛自己利益的堅定意志，有有效動員這些實力資源的國家能力，敢於使用這些資源捍衛國家利益，這些物質基礎才可能轉化為實現國家利益和意志的力量，才能在國家博弈中發揮作用，才能轉化為綜合實力。孤立地看，一個國家的實力資源並不代表一個國家的總體實力，實力資源的先進和龐大並不一定代表着該國綜合實力的提高。

在國家博弈中，落後並不等於軟弱，先進也不等於強大。有人在總結歷史經驗時認為，落後要挨打，貧窮也要挨打。似乎只要富裕了，先進了就必然不會挨打。這種看法有一點把一個民族的實力與該民族的意志分割開的味道，有一點把

一個國家綜合實力的崛起與該民族意志上的崛起分割開來的傾向，是一種「唯武器論」的主張。一個國家民族的崛起首先是意志上的崛起，動員組織能力上的崛起。這樣的例子在人類歷史上比比皆是。美國獨立以後在經濟和軍事裝備等物質基礎上無疑遠遠落後於當時的超級大國——大英帝國，但是，美國在獨立的過程中和獨立以後表現出了堅定的捍衛國家利益的決心。雖然當時美國在物質基礎上的崛起尚要差一百多年，但是美國在意志上已經崛起；而且美國在制憲以後相當強大的聯邦權力使美國擁有動員國家實力資源來捍衛國家利益的能力。在這種情況下美國與超級大國打了一仗，這就是著名的 1812 年戰爭。物質基礎落後的美國與最先進超級大國打了一個平手，戰後美國民族主義高漲。這場戰爭顯示了美國相當強大的捍衛國家利益的綜合實力，贏得了一百多年相對安全的國際環境。美國的崛起首先是意志和動員能力的崛起。

　　我們中國有類似的經歷。在新中國成立以後最初幾年，中國的物質基礎還是原來的物質基礎。我們的經濟還沒恢復，我們的裝備還很落後，但是，中華民族捍衛國家利益的意志在內憂外患的博弈中獲得了空前的解放，新中國的成立極大提高了國家的動員能力，一盤散沙的中國不復存在。在這種情況下，我們與當時的超級大國進行了一場熱戰，雙方物質基礎上的差別並沒有決定戰爭的勝負方向。我們打贏了超級大國，或者我們與超級大國打了一個平手。這一戰表明，雖然我們的物質基礎依然很脆弱，但是我們捍衛國家利益的綜合實力已經崛起。我們在國家博弈中奪回了界定自己國家利益的話語權。這一戰不僅奠定了中國過去幾十年相對和平的基礎，也是未來中國能夠享有相對和平的主要歷史遺產。有了這一戰，我們在越戰中為美國劃定的戰略紅線才有效力；有了這一戰，我們捍衛自己利益的意志和利益才受到超級大國的認真對待；有了這一戰，我們在 20 世紀 70 年代才能成為大三角的一員，成為國際權力大平衡的一方，在國家博弈中有效地捍衛自己的利益；有了這一戰，我們才能在和平的環境裡謀求經濟發展。

　　歷史為我們提供了兩面鏡子，一正一反。一個國家的崛起首先是意志上的崛起，而一個國家的衰退首先是意志上的衰退。以蘇聯為例，蘇聯在第二次世界大戰以後與美國進行了長達四十多年的抗衡，是兩大霸權之一。它擁有強大而先進的技術和軍事實力以及規模巨大的經濟。但是，在戈爾巴喬夫繼任以後，蘇聯迅速喪失了捍衛自己國家利益的堅強意志和堅定的決心，而一系列的改革迅速降低

了國家動員實力資源捍衛自己利益的能力。儘管物質基礎或國家的實力資源依然強大，但是國家的綜合實力卻急劇下降。蘇聯迅速失去了在兩霸博弈中捍衛自己利益的實力。最後，不僅華約解體，而且蘇聯也分崩離析。蘇聯那些先進而規模龐大的實力資源沒有轉化為捍衛國家利益的實力。

中外歷史表明，**對一個意志衰頹的民族，落後會挨打，先進也會挨打；貧窮會挨打，富有更會挨打。所以，在國家博弈中，攻心為上，攻城為下。在經濟戰爭中也是這樣，攻心為上，攻城為下。銷蝕一個民族的意志，折服一個民族的雄心，奪走一個民族的自豪，是一種通常的戰略。全球化就是這樣一種攻心戰略。**

這種戰略的核心之一就是要你接受它界定的經濟體系、它界定的市場體系、它界定的國際分工體系、它界定的國際貨幣體系，以及接受它為你界定的你的經濟體制；要你承認真理都在別人的手中，要你承認它的價值體系放之四海而皆準，要你承認歷史的必然在它的一方，要你承認你站在了歷史的另一面。

這種戰略的核心之二就是讓對手束手就擒。當對手接受了這種全球化價值以後，就可以在這個旗幟下謀取自己的利益。讓對手在全球化的旗幟下，放棄對民族產業的保護，放棄對國際金融資本的警惕，自毀保護國家經濟利益的長城。例如在第二次世界大戰以後，美國用大英帝國曾經攻城略地的自由貿易這個武器來對付大英帝國，讓其不得不開放殖民地，把帝國的殖民地變為美國工業資本的市場。大英帝國作為自由貿易的昔日旗手，當然不能反對自由貿易的價值和訴求。明知美國自由貿易口號後面是美國的國家利益，也不得不開門揖盜。20 世紀 80 年代的美國對拉美、日本的那兩場經濟戰有類似的特點。更重要的是，這種戰略，讓對方在放棄自我和放棄自我保護的同時，還認為這是在按歷史規律辦事；讓對方在打開大門讓國際金融資本自由進出的同時，消除對國際財富分配和再分配的心理防線。

這種戰略的核心之三就是讓發展中國家安於落後，安於現狀。對此我們將在第四章討論。

一個國家崛起的意志和發展戰略主導着國家崛起和競爭的進程。一個意志堅定發展道路正確的民族，才可能在國家博弈中勝出。正因為如此，影響對手的意志和發展戰略，將它融合到以我為主的體系中，讓它朝着符合己方利益的方向發展，常常能起到不戰而屈人之兵的目的。要改變對手發展結果的最佳辦法就是改

變它的發展意志和戰略。這就是通過保護而崛起的發達國家，深知自由貿易對發展中國家危害的國家，卻要向發展中國家推銷自由貿易和全球化的根本原因。

獨立自主才能崛起

把全球化當成國家發展的道路，既不符合國家利益博弈的現實，也不符合歷史事實。國家間的利益矛盾注定了一個大國的崛起只能建立在自己的基礎上。想通過貿易走向崛起的國家，最終都要掉入崛起的陷阱。國家利益矛盾決定了完全的融合是沒有出路的融合。

中國的崛起必須走獨立自主的道路。既要在不損害國家利益的前提下承認霸權的利益，又要堅持獨立自主；既要在核心利益不受挑戰的條件下承認現存的世界體系，又要避免不符合國家長遠利益的融合。任何融合必須符合國家利益，符合發展階段，符合獨立自主。這種選擇性的融合避免了與霸權利益的全面交集。全面的利益交集必然導致全面的利益衝突。在一定程度上關上大門走內向型發展道路，還是避免廣泛利益衝突的有效方式。

獨立自主的崛起，必然是內向發展為主的崛起。外向發展、海外市場、開放等不是經濟發展的目的。中國經濟發展不能寄託在別人的市場上，不能以別人的市場為中心。中國不能讓別人的市場支配中國經濟。增長的目的是為了中國人自己的福利，不是為了別人的市場需求。中華民族要走一條獨立自主的發展道路，一條把希望和未來寄託在自己身上而不是別人身上的發展道路。在這種戰略中霸權雖然依然是國家博弈的重點，但是與外向型的發展戰略相比其重要性已經大大降低，因為內向型發展降低了與霸權的利益交集和這種交集可能帶來的衝突和摩擦。**全球化不是歷史的必然，中國需要保護主義，需要用關稅或非關稅的手段把國門相對關起來，全心全意發展自己的經濟。**

內向發展是美國自 1812 年戰爭後的發展戰略。美國的這個戰略有兩個方面：經濟上的保護主義，外交上的門羅主義。這套發展戰略的核心內容就是告訴歐洲的霸權：我不管你們歐洲的事，不管你們誰稱霸誰做盟主，你也不要干涉美國和美洲的事務。在經濟上我不融入大英帝國主導的自由貿易的經濟體系，要用保護主義來保護和扶持我自己的產業。由於沒有進入大英帝國的國際分工體系，這條

發展戰略就意味着美國必須建立完整的經濟體系，必須建立那些它幾乎沒有能力建立的產業，必須在「買比造便宜」的情況下堅持自己製造。意味着它必須為了實現經濟獨立，而「不按經濟規則辦事」。美國的這條孤立主義和保護主義戰略延續了一百多年，直到美國成為世界上最強大的國家。

這也是蘇聯在第二次世界大戰以前實施的經濟發展戰略，也是我們在 1949-1978 年期間實施的戰略。

沒有堅決的意志是不可能走保護主義的道路的。保護主義和自由貿易的一個差別就是一切要自己做起，要走一條從無到有、從小到大、從不完整到完整的產業和經濟現代化的道路。國民經濟的每一個部門、每一個產業都要一個一個建立，每一項技術都要一個一個攻克。用非經濟學術語講，自由貿易如同做生意，而保護主義如同創業。做生意在許多時候是一條比創業更容易更能迅速致富的道路。在保護主義下從事現代化建設時，一個國家最常用的詞彙是攻關、創業、攀登，是苦戰；而一旦走上自由貿易追求單一經濟指標的道路上時，人們的口頭語是學習、引進、接軌，是發財。

在保護主義下自主地追求經濟現代化是一個漫長的過程。一窮二白，什麼都要自己動手，自己創建。全球化認為，買技術和引進技術能更迅速地縮短技術差距。實踐證明這只是一種全球化的幻想。在強權主導的自由貿易裡面，技術涉及國家安全，技術涉及知識產權。你有想通過買而實現崛起的自由，別人就有不賣給你的自由。實施自由貿易「走出去」的戰略，其最後結果就是經濟在低水平上增長。

文化上的崛起是經濟崛起的條件。文化上崛起的核心是民族價值體系的崛起，民族主義的崛起。走新自由主義的道路、強調世界性、淡化民族性等是自主發展的價值障礙。世界上那些徹底走向新自由主義道路的人們，都是在別人的價值體系後面亦步亦趨的人們。在價值體系上依附他人、崇拜他人，必然導致心理上的萎靡、意志上的軟弱、民族自尊的喪失。崛起本身是一種進取的戰略，所以，照搬別人價值體系的做法與崛起戰略格格不入。任何一個偉大的民族都是在自己的歷史中為自己尋求價值的坐標，來界定今天和未來的現實。美國是一個年輕的國家，沒有什麼歷史，而且美國獨立前是英國的殖民地，它的經濟政治價值帶有很深的英國烙印。即使是這樣，美國沒有把它的發展歸結為向英國價值體系學習的

結果。它從自己短暫的歷史中去尋求自己價值的民族起源，從自己與歐洲其他民族的差異中來解釋自己的價值體系。

經濟崛起的核心是經濟獨立。經濟獨立是一個國家戰略安全的基礎，沒有經濟獨立，就沒有國家的戰略安全，沒有國家的獨立。希望崛起的民族，一定要眼睛向內，走一條獨立自主、建立完整獨立的國民經濟體系的道路，把對外的依賴降低到最低限度，在數量和質量上迅速提高國家的實力資源。

經濟獨立是幾乎所有強權崛起的歷史經驗。大英帝國為了建立和維護完整和獨立的經濟體系，在第一次工業革命前後實施了漫長的貿易保護。在推行自由貿易時期，大英帝國在剝奪其他國家經濟獨立的同時，卻捍衛着自己的經濟獨立。後來大英帝國由於多種原因部分放棄了經濟獨立，帝國也就無可奈何地衰退了。在第二次世界大戰之中，由於法西斯的海上圍困，經濟上的這種對海外資源和市場的依賴，使英國經濟幾乎崩潰。昔日的帝國居然面臨糧食短缺、裝備不足的困境。假如沒有美國的支援，那場戰爭的進程和長短也許會不一樣。美國在獨立後經過短暫的內部爭論，把經濟獨立作為國家的長期國策。第二次世界大戰期間，基於其經濟體系的完整性和獨立性，美國才得以迅速轉化為戰時經濟。巨大獨立的經濟體系不僅為美國提供了巨大的戰爭資源，還為盟國提供了巨大的戰爭裝備。蘇聯之所以能在第二次世界大戰前迅速工業化，在第二次世界大戰中動員巨大的戰爭資源而贏得戰爭，在第二次世界大戰後能成為兩霸之一，一個重要原因就是經濟獨立。假如沒有這種經濟獨立，蘇聯在第二次世界大戰中，在德國法西斯的打擊下，其對外依賴的經濟必將崩潰。而一個經濟崩潰的國家很難想像能打贏那場比拚先進裝備的戰爭。

相反的例子也有。拉丁美洲在20世紀70-80年代率先推行新自由主義的改革，放棄經濟的完整和獨立，追求出口導向的外向型發展戰略，最後在拉美危機中，幾十年的發展成果毀於一旦，隨後經濟進入了「失去的十年」，經濟從此一蹶不振，直至今日。

經濟崛起不只是數量上的簡單擴張。不能用經濟增長取代經濟發展。經濟增長和經濟發展是有極大差別的。增長是量，發展是量和質的統一，是一個現代化的過程，是經濟體系總體質量提升的過程。一國經濟可以在低水平上高速增長而沒有發展。一個落後而軟弱的國家，同樣可以擁有規模龐大的 GDP，例如中國在

鴉片戰爭時期的 GDP 總量在世界上名列前茅。**犧牲經濟完整和經濟獨立，依賴別人市場換來的 GDP，是脆弱的 GDP，是建立在霸權仁慈上的 GDP。現代化雖然包含 GDP 增長，但是 GDP 不是現代化，現代化是比 GDP 更全面更深刻的發展概念。**在世界上有許多國家曾經經歷過沒有現代化的 GDP 增長。現代化和 GDP 代表兩種不同的發展觀。**現代化要全面推動中國經濟產業的現代化。現代化戰略不會讓我們滿足於低端產業環節的國際分工；現代化戰略不會讓我們接受民族產業被肢解的現實；現代化戰略不會讓我們容忍外國高技術壟斷中國市場的現實；現代化戰略不會導致我們放棄對民族產業的保護，現代化戰略不會讓我們接受對高科技產品進口實行零關稅的不平等要求；現代化戰略不認**為全球化是歷史的必然。中國崛起需要現代化。GDP 增長可以通過出口導向實現，可以通過依賴海外市場實現，可以通過抑制內部發展實現，可以通過所謂歧視性的國際分工實現。GDP 的增長不是現代化。我們需要重新舉起現代化的旗幟，只有現代化才是中國崛起的道路。

建立完整的、現代化的、獨立的、有創新活力的經濟體系是經濟崛起的關鍵。建立一個全方位的現代化的經濟體系是經濟崛起的目標。要想實現這個目標必須避免陷入強權佈控的經濟戰爭，在經濟上要避免陷入對方設下的重圍。建立完整獨立的現代化經濟體系的道路是保護主義。雖然保護主義並不是一個國家經濟現代化的充分必要條件，但卻是一個國家經濟現代化的必要條件。對此我們將在後面討論。

一個民族在崛起過程中要堅定地捍衛國家利益。只有那些敢於堅定捍衛國家利益的民族才可能在國家博弈中勝出。對於一個小國而言，由於市場和資源的限制，在全球化中依賴某個大國，成為某個大國在經濟政治上的附庸，也許是一種無法避免的選擇。但是對於一個大國，一個有數千年文明史的民族，對一個力圖對世界有所貢獻的民族，全球化也許能帶來短期的某種商業繁榮，但是從長遠看，將使這個民族崛起的雄心失落在別人精心發動的被稱為「全球化」的經濟戰爭中。

第三章
另類「一體化」

　　全球化的特點就是一體化。在人類幾千年的歷史裡，一體化是一種古老的現象。古希臘統治時期在近東和地中海地區的一體化，古羅馬在歐洲、中亞、北非和中東的一體化，奧斯曼帝國時期在自己統治範圍內的一體化，中華帝國在儒家文化圈裡的一體化，蘇聯在東歐的一體化，等等，構成了人類一體化歷史的畫卷。與歷史上過往的一體化不一樣的是，全球化是資本對世界的統治，是對經濟實行全方位開放、自由放任、私有化。古羅馬和奧斯曼依靠的是劍與火，全球化依靠的是資本和市場。**人類在探索自己未來的思想隧道裡，產生過勞動者的關於世界大同的理想；全球化則是資本的關於世界大同的理想。**全球化作為資本的訴求，作為一種經濟戰爭，它追求的是資本在世界範圍內的統治，尤其是金融資本在世界範圍內的統治。在它的理想國裡，資本高於主權，資本的利益壓倒社會的公正。然而這一切都藏在美麗的神話背後。它公開的宣言和它所帶來的後果矛盾重重；它高舉的旗幟和它的追求矛盾重重。全球化宣稱，要把世界整合在一起，實際上卻撕裂了世界，讓窮者更窮，富者更富；全球化宣稱自己是不斷變化的生機勃勃的進程，實際上卻讓落後國家固守落後，將落後的國際分工定格化；全球化宣稱自己使發展中國家得到了聞所未聞的新技術，實際上卻伴隨着嚴格的技術封鎖；全球化宣稱自己使民族國家以前所未有的幅度、深度和效益與世界潮流融為一體成為可能，實際上卻伴隨着分裂主義的盛行和衝突的增加；全球化宣稱自己將為世界帶來自由，實際上卻在世界實行程序控制；全球化宣稱自己將帶來效益，實際上卻帶來了一個又一個的經濟危機。全球化是自由市場無國界的擴張。它推銷的是一個關於市場的神話：你越讓市場規則發揮作用，你的市場越自由開放，你的經濟就越有效越繁榮。這種放任資本橫衝直撞的全球化，直接威脅許多國家的經濟安全，蠶食許多國家的經濟主權，從而達到對其他國家經濟活動、財富和資源的直接控

制。全球化就是「新殖民主義」。

資本、技術和體制「三位一體」專政

　　馬拉喀什是摩洛哥第三大城市，一座著名的歷史名城，它始建於 11 世紀初期。馬拉喀什的本意是「上帝的土地」。它有着偉大而輝煌的歷史和世界上著名的清真寺。它的清真寺的塔尖建築對歐洲的宗教建築產生過巨大的影響，該清真寺位於市中心的露天廣場，更是世界文化交流的奇跡，被聯合國列為世界文化遺產。1994 年 4 月，馬拉喀什再次成為世界注目的焦點。世界上幾十個國家的代表聚集在這裡，以簽署二十幾個國際條約的方式為長達七年多的馬拉松談判降下帷幕，關貿總協定（GATT）被改造為世界貿易組織（WTO），這就是烏拉圭談判的終結。GATT 框架下的烏拉圭回合貿易談判是全球化進程的標誌性事件。這輪談判於 1986 年 9 月在烏拉圭開始，先後在蒙特利爾、日內瓦、布魯塞爾、華盛頓等地進行，歷時七年多，遠遠超過了預定的時間表。談判的艱難令人難以置信。在這七年多的時間裡，各個代表和各國政府間進行了無數次的爭吵和讓步，發生了許多幕後的折中和幕前的言歡。1994 年帷幕終於落下，有的與會者指出，「一個新的歷史開始了」。

　　這場艱難的談判從 1982 年提出到 1986 年正式開始，僅僅就談判議題的爭論就花了四年。加上談判的七年多，一共耗時十一年多。這場艱難的談判是世界範圍內資本和貿易自由化、技術保護主義和主權干涉這「三位一體」全球化進程的開始。

　　烏拉圭回合的本意是討論世界農業改革的問題。這輪談判之所以艱難，是因為美國為談判加入了新的議題。這些新議題包括服務領域（金融和銀行業）的貿易問題、知識產權保護的問題和國際投資問題。這些議題直接反映了金融資本的訴求。這些議題涉及三大方面：一、國內經濟政策（主權），包括國內經濟制度、經濟條例和司法體系等；二、擴大自由貿易的範圍；三、實施技術保護。這些議題的實質是，要把 GATT 這種貿易組織擴張成凌駕於會員國經濟主權之上的跨國組織，成為干預其他國家經濟體制、經濟政策的工具。許多發展中國家基於主權的考慮堅決反對就這些非傳統貿易議題展開討論。

　　金融資本不僅是全球化觀念的背後推手，還是全球化進程的重要推手。這些

新議題來自於美國的商業利益，是商業利益通過政府表達的利益訴求。在談判受阻的時候，美國商界告訴美國政府，不把這些項目列為正式議題，不對 GATT 進行根本改造，他們將很難繼續支持 GATT，將轉而支持以雙邊和區域條約為特點的貿易機制。雖然談判異常艱難，美國政府沒有後退餘地。與此同時，為了成功地使這些提議被列為正式議題，美國的跨國公司發揮了關鍵的作用。在美國提議面臨許多發展中國家反對的時候，美國商業組織展開了全球範圍內的遊說和動員。他們在歐洲、日本、加拿大等地尋求支持。在美國商界的領導下，歐洲國家和日本等國的大企業在這場談判中展開廣泛的遊說，利用他們代表的國際資本的壓力和誘惑，迫使許多發展中國家改變了立場。美國跨國公司在全球範圍中的遊說活動，受到美國政府的積極支持。

這是美國跨國公司第一次大規模地成功介入國際規則的制定過程。美國大公司的地位從此迅速上升，成為全球化進程的主要遊戲者甚至規則制定者之一。

最後美國的提議被列入正式議題，並得到通過。從此當代全球化和自由貿易的歷史被徹底改寫：一方面要實施全球範圍的全面的經濟自由化，另一方面要實施嚴格的技術保護（知識產權）；一方面要實施廣義的自由貿易，另一方面要尋求對其他國家內部制度和法律的改造。這種嚴格的技術保護，（金融）資本和要素的自由流動，加上內部制度改革「三位一體」並存的現象成了 WTO 框架的基本特點。WTO 通過這種「三位一體」的干預方式，在向其他國家大規模推行市場經濟、推銷早些年產生的「華盛頓共識」、推動全球化進程和國際分工的同時，通過國際條例嚴格保護發達國家尤其是美國對高端產業和技術的壟斷，把這些國家對其他國家長期實施的技術封鎖合法化。

資本、技術和體制「三位一體」的全球化訴求，從此成為美國政府的全球化立場，成為 WTO 的全球化立場。這種「三位一體」的戰略為國際資本統治世界提供了前所未有的歷史機遇：一、國際資本得以通過金融資本、生產要素和產品流動的方式控制世界範圍內的財富流動和國際分工。二、國際資本通過介入發展中國家內部的市場化全球化體制改造，打破了束縛國際資本流動的主權限制，國際資本得以蠶食發展中國家的主權，實行「體制尋租」。三、國際資本對技術的壟斷和技術保護，在全球化競爭中有效保護了發達國家對先進技術的進一步壟斷，保護了金融資本的壟斷利潤。

資本、體制和技術的結合，為資本帶來了前所未有的權力，為金融帝國帶來了前所未有的權力，為資本推動的體制改革帶來了前所未有的權力，為資本壟斷技術帶來了前所未有的權力。「三位一體」加強了對世界的統治。

資本不再僅僅是資本，資本控制着體制，資本壟斷着技術。全球化創造了這種史無前例的統治世界的方式。這種「三位一體」嚴重危害了發展中國家的經濟獨立和安全，導致財富的大量流失。

一、資本

許多發展中國家在擺脫貧困的進程中，急需資本，把目光投向國際資本。介入發展中國家內部的體制改革，成了國際資本逐利的重要手段。在 WTO 的框架下，國際資本現在尋求的不再只是市場競爭下利潤的最大化，還包括制度尋租下利潤的最大化。**國際資本通過政府、超政府機構和它們自己大規模地介入其他國家的經濟決策和體制改造。「制度尋租」成了國際資本（及其各種化身）在當代的主要特點。**通過主權訴求和制度訴求，通過這種訴求而謀求超額利潤，成了國際資本一種不加掩飾的衝動。這種制度尋租獲得的超額利潤遠遠超過單純的市場行為。許多國際資本在有些發展中國家的競爭，有時就表現為這種「制度尋租」的競爭。這種「制度尋租」包括三個層次：體制改造、發展戰略和經濟政策。通過這種「制度尋租」為國際資本營造可以獲得最大利潤的「制度環境」。例如，在拉美和亞洲經濟危機中，IMF 和世界銀行就成了「制度尋租」的工具；WTO 的進入談判就成了「制度尋租」的過程。「制度尋租」的具體操作方式是多方面的，其根本特點就是通過「制度」、「政策」和「權力」獲取超額利潤。

二、技術

許多國家在 20 世紀 80 年代以後，希望通過國際貿易和國際交往來獲得先進技術，從而實現自己的產業升級和技術升級，實現最終擺脫貧困陷阱的目的。通過開放而獲得先進技術，也是中國八九十年代的重要訴求，甚至是開放國門的主要理由之一。當時對歷史經驗的總結是：「閉關自守」導致了落後。隨着世貿和美國實施「三位一體」的全球化戰略，通過開放而獲取先進技術從此成了發展中國家一廂情願的夢想。發展中國家在 WTO 體制下被完全排斥在人類創造的最先進的技術之外。開放政策從此不再是技術進步的有效手段。全球化時期的許多新技術開始深入世界不同地區人民的日常生活：計算機、手機、互聯網、衛星通信、

光纖、生物工程等等。這些新技術加快了世界的一體化。然而在世界對這些技術的依賴加深的同時，有些國家對這些新的核心技術實行嚴格保護和壟斷，使之得以通過這些新技術而控制世界，控制人們的選擇。在一場新的技術革命浪潮中，許多地區面臨「新技術被動接受者」的陷阱，被再一次排斥在新技術革命之外。這強化了舊有的國際分工，強化了南北貧困差距。

WTO 將技術壟斷制度化，從一個側面去掉了全球化關於共同繁榮的昔日承諾，去掉了溫情脈脈的面紗，露出了資本牟利的本質。諾貝爾經濟學獎獲得者，經濟學家約瑟夫·斯蒂格利茨（Joseph Stiglitz）曾指出，由於 WTO 關於保護知識產權的條款，許多貧困的發展中國家不再能夠通過仿製在本地生產廉價的生物藥品和有專利的其他藥品，導致醫藥短缺，藥費攀升，使大量窮人的疾病得不到治療。**技術保護的實質是通過對人類技術的壟斷來謀求超額利潤，是「技術尋租」。這種「技術尋租」是以「制度尋租」為前提的。**全球化通過構建保護技術的「制度環境」，而實現「技術尋租」。

三、體制

許多發展中國家為了尋求擺脫貧困的道路，開始被推向自由放任、沒有保護的世界競爭之中。全球化成了美國化。資本在全球範圍內尋租的結果，將一種單一的經濟模式推廣到世界各地。同一個世界同一種模式。制度已經淪為強國尋租的手段和工具。

在「三位一體」戰略下，資本對利潤的追求—制度尋租—技術保護成了當代資本主義的三大特點。在世界範圍內，資本的權力不再局限於資本，資本的權力來自於對體制的控制和技術壟斷。資本的掠奪再不僅僅是傳統的資本掠奪，還包括「制度尋租」、「技術尋租」。全球化使布雷頓森林體系限制資本自由的圍牆倒塌了，它賦予資本和市場的權力，遠遠超過民族國家的主權。資本和市場的權力比歷史上任何時期都大。控制資本、控制技術、控制體系成為全球化下面國家博弈的主要手段。全球化成了資本在世界範圍內的一體化，成了體制推廣的一體化，成了技術壟斷和控制的一體化。控制這種「三位一體」的主要決策中心，在世界的金融中心，在某些國際機構，在某些國家的首府，在某些大型跨國公司的總部。「三位一體」構建了權力的金字塔。

「三位一體」描繪的新的「世界秩序」具有兩極特點：發達國家通過對金融、體制和

技術的控制，而控制發展中國家。這種「三位一體」是瞭解全球化的鑰匙。「三位一體」是對全世界的專政。

經濟安全與貿易戰略

在一個國家崛起戰略中，貿易戰略是一個國家總體戰略的重要一環，是國家安全戰略的重要部分。一國的貿易戰略嚴重影響一個國家的安全。自 20 世紀 80 年代以來，全球化是新自由主義世界經濟體系的核心內容，自由貿易似乎成了一個後起國家崛起的歷史選擇。那麼自由貿易和經濟安全是什麼關係？

在我所接觸的歷史資料中，世界上第一個把貿易與國家發展戰略結合起來，從國家安全和獨立的角度來看待貿易戰略，看待自由貿易的人，不是別人，而是美國的第一任財政部部長亞歷山大·漢密爾頓。在他給美國國會的第三份經濟報告──《關於製造業的報告》（*Report On Manufactures*）中，詳細論述了經濟獨立和政治獨立的關係。[1] 他是這樣開始他的報告的：為了建立一個自由的國家，經濟的全面性是非常重要的。他認為，美國必須通過保護而發展完整的經濟體系，一個完整的經濟體系才能保證美國的政治獨立。他認為一個國家的基本政策目標是經濟自給自足。關於國內市場和國際市場的關係，他指出一個國家在經濟發展中「應當極大地偏好國內市場而不是國外市場。因為就事情的性質而言，（國內市場）才可依賴」。關於海外市場他是這樣看待的：「我們有強烈的理由認為，依靠海外市場吸納剩餘是一種不確定的依賴，這種依賴必須用廣闊的國內市場來取代」。他認為建立門類齊全的產業是一個國家的利益所在。否則，美國不可能與歐洲在平等的基礎上進行貿易，否則所謂的互惠貿易將使美國成為一種「制度的受害者」。在這種情況下，自由貿易將誘導美國把自己局限於農業（這類低端產業），而放棄製造業（高端產業）。最後美國將受歐洲利益的控制。當時，大英帝國是世界上最先進的國家。這種理論顯然是針對大英帝國的。這種理論從經濟

---

[1] Alexander Hamilton, *Report On Manufactures*, Presented by MR. Smoot, August 30, 1913, Ordered to be Printed, pp. 17-18.

獨立和政治獨立的關係來看待貿易戰略，力圖擺脫大英帝國對美國的經濟控制。在美國經濟發展的前一百多年這種理論是美國經濟戰略的中心和重心。實施保護主義，擺脫英國的經濟控制，建立獨立的經濟體系，是理解美國經濟發展的關鍵。從漢密爾頓的保護主義開始，到亨利·克萊（Henry Clay）的「美國體制」，到林肯的經濟顧問凱里（Henry C.Carey），美國的保護主義代代相傳。在內戰快要結束時，在凱里給林肯的一系列建議中，他提議實施保護主義和政府強烈干預的經濟重建，以防止美國財富落入英國資本家的手中。他寫道：「目前這場戰爭（內戰）快要結束了，但是另一場戰爭將要打響了，一場與英國之戰。那將是一場不是用大炮進行的戰爭，雖然英國曾經短暫地尋求過這種戰爭。」①

　　由於貿易戰略和經濟安全的高度相關性，美國在自己的歷史中把世界貿易當成國家安全戰略的一環。在重大的貿易戰略角逐中，其貿易代表、國務院、國安會、國防部、商務部等都直接介入決策過程。貿易不僅是貿易。貿易關係決定着一個國家和另一個國家的戰略關係。其實現實主義者認為，國與國間的經濟關係是決定兩國總體關係的基礎。這個基礎的不平等必然導致總體關係的不平等。

　　對別人的經濟和技術依賴必然導致一個國家最終的軟弱。無論一個國家有多繁榮，多強大，過分依賴其他國家，都將是該國的阿喀琉斯之踵。在國際交往中依存就是依賴。一個國家對世界的依存度越深，其獨立自主處理自己的問題的能力就越弱。一個國家安全戰略的最高境界是讓世界依賴自己，而自己卻能卓然獨立不依賴世界。美國在自己的發展歷史中，對經濟上的對外依賴有着非常痛苦的經歷。它準確地認識到，美國舉世無雙的霸權不能建立在對別人的依賴上。美國這種經濟獨立和安全的戰略持續至今。

　　依賴別人的霸權是沙灘上的霸權；依賴別人建立起來的繁榮是空中的繁榮。

　　然而，發達國家在向發展中國家推行全球化戰略時，卻省略了經濟安全和經濟獨立對發展中國家的重要性。在他們推行全球化和自由貿易理論的進程中，再也看不見經濟獨立和經濟安全的因素，反而把貿易戰略和國家總體戰略分割開來，把經濟安全和國家的總體安全分割開來，把自由貿易和國家總體戰略實力分割開

---

① http://en. wikipedia. org/wiki/Henry_c. _Carey.

來。在國家競爭日益激烈的時代，用全球化、自由貿易、國際分工來削弱發展中國家的經濟獨立，降低國家的經濟安全。這種「故意忽略」是一種精心計劃的戰略。在這種戰略下，**許多發展中國家把「出口導向」，把「走向世界」，把「融入世界」當成了脫貧致富的戰略，而全然不知被別人「故意忽略」掉的經濟安全。以長遠的經濟安全為代價，換來短期的繁榮，這種繁榮最終要掉進別人的後院裡。**

其實，發達國家的歷史經驗和它們過去的理論探索早就表明，走自由貿易的發展道路會降低發展中國家的經濟獨立和經濟安全。

從中國的經驗看也是這樣。經過三十多年的開放，一方面中國經濟取得了輝煌的成績；另一方面中國經濟呈現出不同尋常的開放程度。中國是世界上最開放、對外依存度最高的國家。這種獨樹一幟的開放狀態，將中國經濟與世界經濟深深地聯在一起，把中國自己的繁榮和穩定建立在世界主要市場和國家之上。中國變得離不開世界。這種依賴性使中國經濟對國際經濟震盪的抗震能力相當低。假如中國的國際環境惡化，假如某些主要市場要壓制中國的歷史性崛起，中國經濟將很難面對。一旦中國的主要海外市場如美國、日本、歐洲，由於經濟或政治的原因對中國關上大門，中國經濟將面臨巨大的壓力，失業將急劇增加，從而給中國帶來許多經濟、社會和政治問題。美國政府對此心知肚明。這可以從美國前政府官員卸任後的著述中發現。

美國國務院負責中國事務的副助理國務卿謝淑麗（Susan L. Shirk）在其《中國：脆弱的強權》（*China: The Fragile Superpower*）一書中就明白指出，中國對國際主要市場的依賴，使中國經濟面臨極大的脆弱性。主要市場對中國的關閉，主要國家對中國崛起的反制，將給中國經濟帶來極大的困難，將使中國面臨巨大的社會經濟問題。美國政府對此可謂洞若觀火。但是，它為什麼要鼓勵中國走這條通過自由貿易發展經濟的道路呢？

原因很簡單。美國長期以來的對華戰略就是要將中國的發展和崛起引導到符合美國利益的軌道上來。而降低中國經濟安全度，增加中國經濟對美國依存度，加深中國經濟發展對美國市場的依賴度等符合美國的根本利益。美國要做控制中國經濟的如來佛之掌。強手較量，戰略博弈，貴在勢。對善戰者而言，所謂「百戰百勝」，關鍵在於，每戰都有必勝之勢。降低對手的安全程度，就是增加自己的戰略籌碼；掌控對手的安全利益，就是增加自己的戰略優勢。一旦狼煙驟起，

可以穩操勝券。

為什麼在中國加入 WTO 的進程中，一方面美國不斷提高要價，希望通過 WTO 打開中國經濟的所有大門，讓中國經濟進一步融合或依賴世界主要市場；另一方面，又積極支持中國按美方設定的條件和門檻入世？在中國過去幾十年的全球化進程中，美國除了一段時間的「圍堵」未果以外，大部分時間試圖按美國畫下的路線圖將中國融入世界，將中國 GDP 的很大一部分融入美國市場。如今，美國市場不僅是中國經濟發展的重要支柱，還是牽制中國經濟崛起的戰略力量。這符合美國的國家利益。這就是謎底。

中國經濟安全的脆弱性在 2008 年發軔於美國的經濟危機中反映了出來。在危機初期，許多經濟學家低估了中國經濟對美國市場的依賴程度，反覆強調美國金融危機不會對中國發生影響，至少影響不大。但是，這些經濟學家的話音未落，外部的經濟危機就開始衝擊中國的經濟，給中國經濟帶來了巨大困難。

中國經濟對外的這種依賴性由來已久，而且中國政府對此早有察覺。2000 年在清華大學發表的某次演講中，有人問中國政府前總理朱鎔基，中國面臨的最大國際危險是什麼，他回答到「美國經濟發生了問題」。可見當時中國經濟對美國的依賴有多深，這種依賴帶給中國的經濟安全威脅有多大。

從那以後又過了十幾年。美國市場的大門會不會永遠對中國經濟打開？美國的市場會不會成為一種制約中國的戰略佈局和武器？我們要不要調整我們的全球化戰略？這些涉及國家經濟安全、國家安全的戰略問題已經擺在了我們的面前。

國際貿易不是簡單的自由貿易和公平貿易，而是國家利益的較量和博弈。貿易戰略是一個國家發展的基本戰略之一；是國家產業戰略的重要部分；也是國家安全戰略的主要部分。離開國家基本戰略談論貿易戰略，如同離開國家基本戰略談論軍事戰略一樣，會使人誤入歧途。過度依賴對手的貿易戰略和發展戰略，最終將導致經濟自主性的減少、經濟安全度的降低和國家安全程度的降低。

被肢解的經濟主權

經濟主權是經濟安全的保障。一個國家控制自己的經濟活動（包括經濟政策），控制自己的財富，控制自己的資源，控制自己的財富分配等，是一個國家

經濟主權的基本範疇。一旦部分或全部失去這種經濟主權，這個國家通過經濟活動為自己的國民和國家謀求最大福利的可能性將極大降低。在經濟主權受到大規模蠶食以後，誰來謀求自己人民的最大福利，誰來謀求自己人民的幸福和諧？是那些由強權控制的世界經濟組織，還是無孔不入的國際金融資本？經濟主權的喪失，必然導致財富資源的逆向流動。從歷史經驗來看，**控制一個國家的經濟主權，是控制一國財富的成本最低的戰略手段。**

經濟全球化、資本全球化、金融全球化、政治全球化、文化全球化，等等，全球化作為一種信仰風靡世界。但是全球化究竟為發展中國家帶來了什麼？全球化作為一種被市場導向的經濟學家們所美化了的世界經濟體系，意味着產品、服務、要素在世界範圍內的自由流動。但是，在現實世界中，任何要素和產品的流動，都受到各個國家的法律規範的影響。所以，全球化過程實際上是一個改造世界其他國家有關內部體制和法律體系的進程，是國際資本衝破國界衝破別國主權的過程，是世界範圍內的經濟體制自由化的過程，是市場化、私有化的過程。主導這種過程的往往不是民族國家自己，而是發達國家或為其控制的世界金融和貿易機構。**全球化過程就是發展中國家主權流失和削弱的過程，就是發達國家對發展中國家經濟主權蠶食的過程，是國際資本對經濟主權蠶食的過程。**這就是全球化的實質。

這種對其他國家主權的限制是全球化提出的初衷。布熱津斯基在《兩代之間》一書中就明確提出「新世界秩序」對民族國家主權的限制。在布熱津斯基以前，丹尼爾·貝爾（Daniel Bell）在《意識形態的終結》（*The End of Ideology*）一書中就指出，（民族）國家一方面太小而無法有效處置大的問題；另一方面又太大而無能處置地區性問題。不同的是布熱津斯基將對民族國家主權的限制當成「新世界秩序」的一種特徵。

但是，這種對主權的限制是不對稱的，單向的。強權是規則的制定者，是全球化進程和機構的控制者。在這些機構的設計中反映了強權的利益，從而反映了強權的主權要求。這種不對稱的主權流失，實際上就是強權對發展中國家經濟主權的侵蝕。

美國在崛起過程中，在推行全球化過程中從來沒有放棄過自己的主權。

美國在設計世界體系時念茲在茲的就是國家主權。以布雷頓森林體系為例。在布雷頓森林體系的談判進程中，有兩個相互競爭的方案。一個由美國提出，一

個由英國提出。兩個方案都建立在凱恩斯主義基礎上。在今天看來，這兩個方案沒有什麼大的差別。但是，當時美國和英國就兩個方案進行了激烈的爭論。為什麼？讓我們看看英國的方案。

英國的方案由凱恩斯提出。其核心是要建立一個類似於「世界中央銀行」的國際機構，這個國際機構超越於世界其他國家之上。與此相應的是發行一種「銀行券」（bancor）作為世界貨幣。從單純的自由貿易和國際貨幣體系、金融體系的整合看，這無疑是最好的計劃。但是這種設計的深刻用心是，要控制美國，將美國從超級大國降低為和其他國家一樣的地位，將美元降低為和其他任何民族貨幣同等的地位。這種計劃要求美國在一定程度上交出金融貨幣的主權。一旦這樣，美國和英國就處於平等的地位，大英帝國就有可能利用歷史的傳統優勢維持現有世界格局，維持自己的帝國地位。假如美國從自由貿易的意識形態出發，採用了英國的建議，那美國不可能是後來的美國，世界金融體系、貨幣體系、美國霸權的歷史等都會改寫。

雖然，建立布雷頓森林體系對第二次世界大戰後美國打開歐洲市場和世界其他市場，建立美國霸權具有重要戰略意義，但美國沒有也不會為了建立這個體系而建立這個體系。對美國而言，建立一個讓自己臣服的體系，不如不要這樣一個體系。美國堅持要按自己的條件建立這個體系，美國在這場爭論中堅持不放棄自己的主權。由於前世界帝國和崛起中的世界帝國在實力上的差異，美國方案被採用。由於世界其他國家，特別是歐洲在重建中需要美國的援助，結果不得不接受美國的方案。這就導致了 IMF 的產生，導致了美元取代英鎊而成為世界儲備貨幣。這是對美國戰後幾十年經濟金融霸權的建立和維繫具有重大戰略意義的事件。

美國維護主權的努力不僅表現在戰略方面，而且還體現在技術層面上。以布雷頓會議為例，美國為了會議的成功，當然是符合美國利益的成功，作了周密的籌劃。下面這個例子似乎可以說明其周密到了什麼程度。會議的許多工作人員，例如記錄員，往往又是美國代表團的成員。在會議討論中，總會有些國家要提出各式各樣的建議，並希望他們的建議能被充分討論並反映在文件中。但是一旦記錄員認為某些國家的建議不符合會前達成的共識，不符合美國利益時，記錄員就會不予記錄而使之不了了之。再以 WTO 為例，美國大力推動建立了 WTO 體系。與此同時，美國有自己的「貿易法案」。在美國與其他國家的雙邊貿易關係中，

有很多方面，這個「貿易法案」是凌駕於世貿框架的。以中美貿易為例，中美貿易中，美國對中國的反傾銷等問題必須由這個「貿易法案」來規範。

對發展中國家的主權蠶食來自於四個方面：首先，來自於世界上的那些規則制定者。這種世界範圍內全球化過程實際上為少數幾個強權所主導，為那些國際規則的制定者和執法者所主導。以中國為例，中國的全球化進程及其相關的內部進程，在許多方面實際上先為 WTO 的談判進程所主導，後為 WTO 文件所界定。世界上的強權們通過這個過程介入了中國的經濟內政。以拉丁美洲和亞洲的經濟危機為例，市場化進程和開放進程一開始就由國際金融資本主導，到後來危機爆發以後，幾乎完全由 IMF 和世界銀行主導。指導這些國家經濟改革的「華盛頓共識」不是由這些國家提出而是由別人強加的。在這種全球化進程中，國家的經濟主權以及與其相關的其他主權大量喪失。在信奉炮艦政策的時代，強權是通過在大炮下訂立的城下之盟來剝奪別國的經濟主權的；在全球化時代，強權是通過國際組織、國際條約來實現同一目的的。手段不同，目的一樣。例如，中國經濟主權的蠶食，還通過兩國間政治的、外交的乃至商業的壓力實現，力圖通過直接施加壓力，通過遊說集團，通過灌輸價值體系的方式，直接影響中國的某些經濟政策。最近的一次，就是在美國金融危機以前對中國金融體系和貨幣匯率政策的大肆指責和批評。在前全球化時期，中國經濟完全獨立於其他國家。在那個時期中國不必基於經濟利益的考慮回應別人的無理干涉。但是，在中國經濟深度融入世界經濟以後，基於巨大的國家經濟利益的考慮，中國至少無法對那些指責置之不理。有時候國家博弈是這樣的，一方提出無理要求，卻讓另一方不能不理。不能置之不理，就必須回應。只要是回應，就必然陷入討價還價的陷阱。有些人就是想方設法讓對手進入討價還價的過程。一旦進入討價還價就有讓步。不管讓步有多少，對方也是全贏。表面上互有讓步，但是實質上對手只不過是壓縮自己的無理要求，而另一方卻是實質性讓步。這類手法非常普遍。

其次，來自於影響力不斷擴大的非政府組織（NGO）。作為新自由主義全球化體系的機構支柱，WTO、IMF 和世界銀行，不斷深入廣泛地介入成員國內部的經濟政策、經濟改革。並通過介入成員國內部的經濟政策的決策過程，而介入這些國家的財富分配進程。在拉美和亞洲經濟危機中，IMF 和世界銀行為相關國家列出的以削減公共開支為基本支柱的所謂「問題計劃」，實際上介入了這些國家

內部財富從勞動向資本的加劇流動過程，實際上控制了這些國家的財富分配和再分配過程。在全球化進程中，這些機構的影響力不斷擴大，權力不斷增加。WTO的前身 GATT，只不過是布雷頓森林體系中一個涉及關稅和貿易的協調機構。在全球化進程中卻被重新設計為一種管理國際貿易的權力龐大的超國家組織。這個結構和機制非常複雜的機構，在過去幾十年來成了干涉其他國家內部經濟事務，蠶食其他國家經濟主權，推行新自由主義改革的主要平台。以中國的 WTO 條約為例，其中許多條款涉及中國的經濟主權。比如中國金融體系的目標模式、中國經濟體系的目標模式、中國許多經濟政策等。IMF 也從原來的定位，蛻變為介入其他國家經濟事務的國際金融機構。IMF 和世界銀行在拉美經濟危機和亞洲經濟危機的產生和惡化過程中起到了不可推卸的作用。

再次，來自於國際資本。數萬家跨國公司在世界範圍內四處追逐利潤，將觸角伸向世界的每一個角落。這些跨國公司在公司本部根據自己的利益做出的決定，通過其在世界範圍內的網絡而實施。由於這些公司的規模巨大，這些決策導致的經濟活動對其廣泛介入的國家的經濟生活帶來巨大的影響，導致就業工資的變化，甚至導致總需求和總供給的變化。跨國公司成了許多國家影響宏觀經濟穩定的重要因素。這些跨國公司在向發展中國家擴張的時候，不僅在市場開發上不遺餘力，而且在利益關係的開拓上也是不遺餘力。往往是更加的不遺餘力。許多跨國公司，為了與地方利益集團融為一體，不惜花費巨資，不惜長線投資。通過出資培訓、公關活動、感情投資、利益輸送等許多方式培養與許多有重要影響力的本地利益的戰略關係。結果跨國公司不僅在產業界，而且在學界甚至政府機構找到了自己的利益相關者。它們的利益從而得以在學術理論上、在媒體領域、在商業關係上，甚至在某些政策上得到反映。人們往往看到跨國公司在許多發展中國家與民族產業競爭中的成功，而忽視了這種成功後面的非商業因素。這就是為什麼在那些開放程度很寬很深的國家，有那麼多的「經濟學家」為跨國集團的利益張目，有那麼多經濟條款向跨國公司傾斜，有那麼多的大規模經濟行為向跨國公司輸送。甚至讓人覺得這些都出自跨國公司本身，而且所有這些都有冠冕堂皇的理由。跨國公司就這樣通過市場力量和利益關聯來蠶食一個國家的經濟主權。

許多發展中國家，把吸引外國投資以推動國內建設定為一項經濟國策。在這一過程中，外國資本得以通過資本本身的誘惑影響某些國家的相關決策，嚴重傾

向外資的經濟政策。

不僅如此，國際資本還在尋求更大的權力。隨着全球化的發展，不僅發達國家，而且國際資本對規則制定權的訴求，對超國家機構的權力的追求，使其對發展中國家主權的蠶食變得越來越嚴重。美國外交委員會在 2006 年 2 月 17 日發表的研究報告中指出：「（隨着全球化的發展）產生了一種新機制的需求。這種新機制將把非國家成員納入區域或全球的決策框架裡。當然，這並不意味着要使微軟、大赦國際、高盛成為聯合國的會員，而是意味着，只要這些組織有能力影響區域和全球決策的實施，那麼在區域和全球相關決策中應當包括這些機構的代表」。該報告進一步指出「（民族）國家應當準備將一部分權力出讓給世界機構」。而且，國際資本對民族國家主權的要求，不只限於貿易領域。「這種現象在貿易領域裡面已經發生」。「假如（民族）國家想要順應全球化的話，主權必須被重新定義」。「全球化不僅意味着主權的削弱，而且意味着主權應當削弱……主權不再是不可侵犯的」。該報告進一步用美國推翻塔利班政府、美國無視聯合國而進行的對伊拉克的「預防性戰爭」、北約對科索沃的干預等表明，主權不再神聖，「主權不再提供絕對的保護」，「主權是有條件的、萎縮的，而不是絕對的」。「在全球化年代，（我們的）目標是重新界定主權」。

最後，也來自於那些在全球化過程中產生的某些利益集團。

自由貿易的本質

全球化的旗幟上往往寫着兩個字——自由。所謂資本自由流動，自由市場，自由競爭。如前所述，在國際關係中沒有所謂平等的自由。從單純的市場經濟角度看，所謂的公平競爭的自由貿易也是不存在的。一個國家內的市場經濟需要非市場主體的政府來制定規範提供服務，需要政府解決市場的缺失問題，如壟斷問題和如何保護弱者的問題。國際市場也是這樣，**為了保證所謂公平競爭的存在，必須有一個非市場主體來規範國際市場。但是，在國際貿易體系中不可能有這樣一個非市場主體的超國家政府。國際市場的根本特性就是不規範不公平，講求的是叢林法則，每個國家都需要自我保護。**然而，全球化卻反對這種保護。在新自由主義經濟體系中，也有一些跨國家的機構，在國際貿易中扮演規則制定者的角色。但是，如前所述，

由於國家競爭的利益矛盾，這些機構都是主要代表強權利益的。

所以，真正意義上的自由貿易是不存在的。**一個國家內部市場經濟存在的所有問題，在全球化的國際體系中都存在，而且更加嚴重，更加原始。**

一、壟斷。國際貿易中的壟斷是從有國際貿易以來就存在的問題，而且這種壟斷問題在新自由主義體系中越來越嚴重。有些國家為了維持自己在決定一個國家戰略競爭力的產業和技術上的壟斷地位，對其他國家實行長期的技術和產業封鎖。由於這種壟斷的存在，所謂物品在國際上的自由流動實際上並不真正存在。那些帶有關鍵技術的物品（技術設備）就不能在國際上自由流動。那些一方面提倡自由貿易，另一方面實施技術封鎖的國家，事實上將世界市場劃分為兩塊——自己居壟斷地位的高端市場，對自己戰略實力無足輕重的低端市場。它的自由貿易和競爭僅限制在低端市場，在高端市場內沒有自由貿易和國際競爭可言。在這個市場範圍內，它不僅會嚴格限制技術的轉移，而且只要有必要有可能，它會通過各種手段打擊競爭對手，摧毀競爭對手的競爭能力。不僅如此，它還利用規則制定權，制定了一系列保障這種壟斷的國際規則，以期實現在這個市場內長期維持自己壟斷地位的目的。對某些技術和產業的壟斷甚至被提到國家安全的高度。如果說一國政府在國內市場上可以通過多種手段防止、限制乃至消除壟斷的話，那麼國際貿易的這種壟斷將因對手的國家實力而決定。國家綜合實力越強大，這種壟斷越牢固。

二、規則。那些提倡自由貿易的人們還選擇性地忽視了另外一個事實：市場都是需要規範的。即使是放任自流的國際市場同樣需要最低限度的規範。和國內市場不一樣，這種市場規則不是由代表每個國家利益的世界政府來制定，而只能由某些國際機構或某些國家制定。所謂某些國際機構實際上是由某些國家或國家集團操縱的。這就出現了利益衝突：市場的參加者成了規則的制定者。你也許會問，這些規則是以整個世界為出發點嗎？是為了增進世界總體的福利嗎？在國際競爭中國家利益是第一位的。一個國家關心的主要不是世界經濟這塊蛋糕的增大，而是自己那塊蛋糕的增加。所以，有理由懷疑那些規則的出發點是增大那些國家自己的蛋糕。這些規則制定者不可能超越自己的國家利益，他們本身就是市場主體。運動員成了運動規則的制定者和裁判員。假如你依然相信這種國際市場是公正的，那你就不是一個及格的市場經濟的崇拜者。市場經濟的基本原則就是自身

的利益驅動。你能否認那些既是運動員又是規則制定者的國家在制定規則時不是受國家利益支配，你能保證別人制定的那些貿易規則法律和程序不是為了保護別人利益的最大化？這就解釋了為什麼，中國加入 WTO 時對方的規則不斷改寫，最終弄出一個獨具特色的「中國條款」，使中國的入世條件高於所有既存的會員。最後終於入世了，對方又把你定義為非市場經濟實體。致使中國直到現在還在要求對方承認中國的市場經濟地位。

三、服務。那些提倡自由貿易的人們還選擇性地忽視了下面一個事實：市場經濟是需要服務的。即使是最簡單的市場經濟也需要一定的公共服務。在國內市場經濟中，這些服務通常都是由政府提供，但是在國際市場上沒有一個超國家的政府來提供這種服務。結果這種服務就由那些在國際市場上居於控制地位的國家提供。你國際貿易越發達，你對這種服務的要求就越大。但是，根據同樣的市場利益原則，別人在提供這種服務時追求的是其自身利益的最大化。這類服務包括法律的、市場的、金融的、信息的等。舉幾個簡單的例子。有些國家的評級機構享有世界聲譽，其評定的等級對金融市場有重大影響。在亞洲金融危機中，這些機構頻頻下調遭受危機衝擊的國家的等級評定，導致國際市場上掀起一波又一波對這些國家的貨幣和債務的拋售，為危機推波助瀾。但是，同樣的機構在美國次貸危機時期，牢牢地維持着美國的高等級評定。再如 IMF 在拉美經濟危機、亞洲金融危機中都是強制性推動以非政府干預為特點的「華盛頓共識」和緊縮貨幣政策的推手。其干涉嚴重加劇了許多國家的經濟危機。但是，在 2008 年美國次貸危機中卻為美國的政府干預和擴張性貨幣政策叫好。IMF 的背後推手是誰？是美國。還有，世界貿易的大規模發展，對世界貨幣產生大規模的需求，對金融信用需求大規模增加。誰是當今主要儲備貨幣的擁有者？是美國。誰是當今最大的金融和信用帝國？還是美國。

四、基礎設施。全球化需要基礎設施，包括世界貨幣、世界性中央銀行、世界性流動性、世界大宗商品市場等。這些基礎設施都掌握在發達國家尤其是美國手中。世界上主要大宗商品的現貨和期貨交易多在美國，這些交易所將世界主要大宗商品的定價貨幣和定價權，掌握在手中。

五、貧富差距正如國內市場必然會導致貧富懸殊一樣，國際市場的自由競爭會導致國家之間的貧富懸殊。由於這個原因，多數國家的政府將通過多種方式來

保護弱勢群體的利益，包括通過教育和培訓讓他們在收入階梯上向上移動。但是，誰來保護弱小國家和後起國家的利益，結果是沒有限制的市場力量導致弱者更弱，強者更強；富者更富，窮者更窮。

除開經濟利益外，國家博弈體現在許多方面。一個理性的國家必然要運用手中一切手段來謀求利益的最大化。有時候經濟貿易戰略只是國家大戰略的一部分。有的國家充分認識到，自由貿易必須建立在國家的綜合實力和總體戰略基礎上。離開國家的總體實力談論自由貿易是可笑的。正如「看不見的手必須有看不見的鐵拳」，這句話充分解釋了有的國家的貿易戰略不是建立在所謂「自由貿易」基礎上的。在自由貿易中沒有「看不見的鐵拳」將無法保障自己的利益。沒有看不見的鐵拳，自由貿易將最終導致國家利益的流失。縱觀世界歷史，提倡自由貿易最積極的國家往往是「看不見的鐵拳」最硬的國家。

所以，所謂的自由貿易實際上是一種美麗的幻覺，一層華美的面紗。自由貿易對弱者而言是不自由的，是強者的自由，是為發展中國家準備好的一個鋪陳着美麗詞句和承諾的陷阱。在這種「自由競爭」裡，弱者的生存法則應當是「自我保護」。在這種「自由」的環境裡，放棄自我保護，與強者站在同一條起跑線上的競爭，不是「競爭」，是「自殺」。

發達國家的「程序控制」

日內瓦是一座全球化的城市，許多國際組織和跨國公司在此設有機構。**坐落在此地的世界貿易組織與坐落在華盛頓的 IMF 和世界銀行，構成了全球化體系的三大制度支柱，是新自由主義的主要推手。**表面上看許多涉及世界貿易和金融體系的規則都由這三個龐大的機構制定，實際上這些規則來自於世界上的某些政府。這些機構決定着許多國家的命運，掌握着許多國家急需的資源，制定着國際競爭的規則，操縱着許多國家內部的財富分配。這些機構並不代表世界上大多數國家的利益。這是少數對多數實行統治的地方，**是少數通過「程序剝奪」而在世界範圍內實行「制度尋租」的地方。**

從 20 世紀 70 年代後期以來，IMF 的實際作用是「幫助改革」。在發展中國家廣泛推行以「華盛頓共識」為特點的經濟改革和「結構調整計劃」，全面干預發展

中國家內部的經濟體制和經濟政策。成員國如果因為經濟困難或經濟危機而向 IMF 尋求幫助，則必須吞下 IMF 改革方案所帶來的苦果。這些改革方案包括市場化、私有化和金融開放等。通過這種所謂的「危機干預」方式，在世界範圍內全面推行新自由主義。IMF 的這些「幫助」往往以保護國際資本利益為出發點，導致有關國家經濟危機加深，財富大規模外流，國際資本控制進一步加強。有人甚至批評 IMF 支持對美國和歐洲友好的軍事獨裁政權。有人統計過，從 1948 年到現在，IMF 一共為 21 個這樣的政權提供過大量貸款，總計高達 4040 多億美元（按當時價格計算）。

發達國家對 IMF 和世界銀行的控制是通過對投票權的控制實現的。坐落在華盛頓的 IMF 的決策機制頗像一家世界公司的董事會。與一般董事會不同的是，IMF 的決策機制裡有一個美國條款，正如 WTO 有許多中國條款一樣，只是性質不同。這個美國條款保證美國在重大問題上有否決權，而中國條款卻給中國在國際貿易中帶來許多歧視。IMF 的決策機制有兩大特點：第一，一般問題的決策由 50% 的投票通過；第二，重大問題決策則需要 85% 的投票通過。但是國家間投票權的分配是不平等的。美國擁有 16.77% 的投票權（足以否定重大議題），G7 加在一起達 44.44%，加上傳統西歐的一些國家，遠遠超過 50%（中國的投票權只有 3.66%）。這種機制一方面保證了美國及其盟國通過控制 50% 的投票權而控制一般議題的決策，保證它們的共同利益得到實現；另一方面又保證了美國在重大問題上的否決權。這種否決權保證美國利益在任何情況下（包括盟友反叛的情況下）不受到損害。這一美國條款，是美國控制跨國家機構、維護經濟主權的一個例子。這種決策機制保證了少數國家對 IMF 的控制。在這種機制下，只要美國及其盟友願意，原則上可以通過任何提案。在同樣的機制下，如果沒有發達國家的支持，所有一百多個發展中國家加在一起，也無法通過任何提案。

世界銀行的決策機制與此相似。

發達國家對世界貿易組織的控制，則是通過議程控制，通過複雜性、模糊性和不透明性而實現的。WTO 實行一國一票，一致通過。但是，這種投票權的平等分配並沒有帶來民主。WTO 的決策過程的特點是非透明性、非參與性，大多數發展中國家被排斥在決策過程以外。這些國家對重要決策的介入可以簡單地概括為「兩點式」：在某一項重要議題啟動時和在方案付諸表決時。中間的過程被無情地省略掉了。一般來講重要的議題都是由發達國家提出。當某項建議在 WTO 的

某一分支機構被正式列為議題以後，決策程序就進入了幕後操作階段，以尋求支持和化解反對。這個諮詢和談判過程是決策的實質階段，一般包括美國、歐洲、日本、加拿大等發達國家。在一百多個發展中國家中往往只有幾個被吸納進去。大多數發展中國家被排斥在外，不僅沒有參與權，而且沒有知情權。雖然在這一過程中，有一些吹風會、通報會等，但是那都是不涉及細節的簡介。發達國家在這一過程中充分利用自己的市場、經濟、金融以及政治的強權，對可能有異議的發展中國家的代表團或政府施加巨大的壓力。最後那些堅決反對此項決議的國家迫於經濟政治的壓力放棄在公開投票中反對該項決議，從而實現一致通過。有鑒於此，發展中國家強烈要求提高透明性。

控制決策程序的另一個特點是「故意複雜」和「故意模糊」。為了獲得一致通過，WTO 的許多文件故意用詞模糊，含義晦澀，前後不一。要瞭解這些「故意模糊」的文件隱含的各種可能的解釋，每個發展中國家的代表團需要一個龐大的律師團。而許多發展中國家本身無法提供大量的通曉西方法律的律師，而僱用私人律師又太貴。這種模糊性使許多發展中國家在通過某項決議時，不能準確知道這些決議對其經濟究竟意味着什麼。許多人抱怨這種「故意模糊」。作為折中，WTO 成立了一個「世貿法律顧問中心」以幫助發展中國家。這是一種按人均國民收入收費的服務。美國沒有參加。這種模糊性的另一個作用，就是把決策權力從談判轉移到訴訟，依靠律師來界定這些法律文件的真正含義。將決策權從發展中國家手中剝離出來，交給律師。美國只有世界 4% 的人口，卻有世界 50% 的律師。這種「故意複雜」和「故意模糊」反映了美國的法律優勢。美國通過自己的律師，來界定和解釋 WTO 文件的含義。

新自由主義全球化一方面標榜程序公正自由，而否定結果上的公正平等；另一方面又通過程序控制，實現對多數和弱者的統治。所謂的自由，就只剩下「自由」這個詞彙了。自由市場經濟、全球化體系就是通過這種不民主沒有代表性的方式而推行的，就是建立在少數對多數的統治上面的。在全球化時代，這種沒有授權的決策，給許多發展中國家的經濟和發展道路帶來巨大的影響，甚至給發展中國家帶來經濟災難。

「制度尋租」下形成的「鐵三角」

在「三位一體」的專政下，**「制度尋租」是強權和國際資本追求世界財富的新手段。資本通過「制度尋租」，在世界範圍內和權力結合，實現對市場的控制，形成了資本—權力—市場的「鐵三角」。**

資本和權力結合的方式很多。在國際經濟體系中，強權通過對決策程序的控制，對發展中國家主權的控制，對發展中國家體制改革目標和方向的控制，對發展中國家市場開放範圍和程度的控制等方式實現與權力的結合。資本與權力的結合還表現在發達國家對全球化國際機構如 WTO、IMF 和世界銀行的控制。在完成權力控制的同時，資本利用手中控制的權力、控制的機構、控制的程序、控制的技術，撬開發展中國家的市場，大肆侵入發展中國家的產業，通過投資合作和併購的方式消滅核心民族產業，完成對市場的控制和對市場的壟斷，尤其是技術市場和高端產業的壟斷，而實現獲取超額利潤。「鐵三角」是「制度尋租」的有效手段。

資本—權力—市場結合的「鐵三角」，是全球化的基本特徵。在全球化的過程中，在全球化的國際經濟體系裡，在有些發展中國家融入 WTO 的過程和協定中，都可以看到這種「鐵三角」的影子。國際資本既控制權力，又控制市場，通過世界範圍內的「制度尋租」和市場壟斷而獲取高額利潤，而推動財富從窮國向富國的逆向流動，擴大貧富懸殊，擴大南北差距。

全球化推行到哪裡，「鐵三角」就走到哪裡。

新自由主義從批判政府對經濟的干預出發，卻走到了資本對權力壟斷的終點。這種自我否定表現了新自由主義的虛偽。不同的是，後一種政府干預實現了資本的利益。由此可見，新自由主義反對政府控制是假，反對公平是真；提倡普遍的自由是假，提倡資本通過對權力的控制而實現自由是真。全球化越發展，國際資本和有些國家對非政府組織的控制越有效。

新自由主義這種利益傾向嚴重地自我否定，在新自由主義的主要提倡者身上表現得尤其明顯。有人曾經指出，提倡個人自由、反對政府干預的弗里德曼，曾經與世界上的軍人獨裁政府有諸多聯繫，甚至依靠軍人獨裁來推行新自由主義改革。提倡個人自由和實行軍事獨裁，這兩隻表面上截然不同的手，居然握在了一起。

頗具諷刺味的歷史現象，透露的常常是令人深思的歷史法則。

新自由主義不僅把這種「鐵三角」在國際經濟體系中到處推行，而且在許多國家內部也四處推行。資本和權力通過私下結合，實現對市場的控制或操作，實現超額利潤，是有些發展中國家、某些資本暴利的重要手段。

這種「鐵三角」運作的結果之一就是擴大剪刀差，包括生產要素的剪刀差和產品的剪刀差。生產要素的剪刀差是指資本、資源（包括土地、礦藏等）、勞動力等生產要素之間的價格剪刀差；產品剪刀差是指產品價格間的剪刀差。剪刀差是實現財富分配和再分配，甚至財富掠奪的有效手段。

通過政治資源、通過左右政策而達到左右這種要素或產品剪刀差的目的，是「制度尋租」的一種特點。在這個「制度尋租」過程中，資本、政治權力和市場，是尋租大三角的三邊。而資本是最長的一邊，控制着政治權力和市場，並通過操作政治權力和市場而操縱要素（比如土地和資本）的差價，從而實現暴利。

英國工業化時期的「羊吃人」現象，實際上是資本以無償或低價的方式佔有當時的重要資源——土地，形成了土地價格（低價或零）和資本價格的剪刀差。這種資本和資源的剪刀差，在新自由主義體制中比比皆是。由於資本的相對稀缺和政府對資本的渴求，這種土地（資源）和資本之間的價格剪刀差成了許多發展中國家私人資本原始積累的一個重要方式是私人資本「制度尋租」的重要手段。資本通過政治資源的運作，擴大資本和土地（資源）的剪刀差，獲取暴利。許多資本得以低價購入土地，高價出售房屋。私人資本還通過降低勞動力價格的方式，拉開資本和勞動力兩種要素的剪刀差，導致資本效益的提高和勞動力的貧困並存的現象。

優惠資本的政策，實際上就是在資本和其他要素（如勞動力）間形成剪刀差的政策；優惠外國資本的政策，實際上就是在外資和內資間形成剪刀差的政策。有的國家的私人資本以毫不節制的方式，在短期內走過了別國幾十年甚至上百年的積累道路。導致這種資本急劇積累的背後，一定有一種不同尋常的剪刀差機制。

這種剪刀差帶來分配上的極大不公：一方面是巨額財富積累，另一方面是大面積的相對貧困；一方面是暴利，另一方面是低消費。在國際經濟關係中，這種剪刀差必然導致財富的大規模掠奪，導致資本的逆向流動，導致窮國更窮，富國更富。

在國際經濟秩序中，資本在壟斷了國際政治權力和市場以後，更加積極地提倡放任自流的「市場經濟」和全球化。在這種情況下，所謂放任，就是放任處於壟斷地位的資本的自由，放任它們隨意尋租的自由。所謂全球化，就是通過資本的一體化，使國際資本在世界範圍內，在發展中國家內部，能夠通過「鐵三角」的「制度尋租」而獲得超額利潤。

國際資本是這樣，國內資本也是這樣。

「新殖民主義」

有人說，全球化是「普世價值」！世界要走向共同繁榮，必須走向全球化旗幟下的一體化。全球化認為 21 世紀的世界是大同的世界。這個大同世界的基本支柱是私有化和放任自流的市場經濟。全球化在否定了勞動者追求世界大同理想的同時，試圖把資本統治下的世界大同強加在人類頭上。

拂去歷史的塵埃，我們會發現這種**建立在叢林法則基礎上的全球化和建立在征服基礎上的殖民主義沒有什麼差別。全球化是通向「新殖民主義」的道路。**全球化通過資本—技術—制度「三位一體」的專政，通過資本—權力—市場的「鐵三角」，通過程序控制和機構控制，通過叢林法則，實現少數國家對多數國家的控制，實現對發展中國家經濟主權的控制，實現對發展中國家經濟安全的控制。全球化向世界推銷一種單一的體制，實行單一的全面開放的「一體化」，從而實現對全世界的控制。全球化就是要別人放棄「獨立自主」。這不是「新殖民主義」是什麼？

在大英帝國的殖民體系和托管體系中，為了維持帝國的經濟產業和技術優勢，殖民地和托管國在帝國的分工體系中就是原材料的提供地和帝國低端產業的市場。在漫長的殖民統治時期，帝國不允許殖民地從事與帝國分工無關的產業。許多殖民地被嚴格阻止建立現代意義上的製造業。許多殖民地只被允許從事手工作坊一類的「製作業」。以美國為例，在漫長的殖民統治以後，獨立後的美國幾乎沒有任何現代意義上的工業和企業。

全球化就是這種殖民主義。不同的是，看得見的手現在變成了看不見的手；宗主國看得見的手，變成了國際機構看不見的手；宗主國的直接統治，變成了非政府機構的統治；對殖民地權力赤裸裸的剝奪，變成了對程序和投票權的壟斷；

軍隊和暴力的統治，變成了資本和技術的統治。對強權而言，全球化是肢解對手經濟體系、消除競爭對手最簡單有效的辦法，是消除霸權的永恆憂慮的最佳辦法，是不戰而屈人之兵的上乘戰略，是「新殖民主義」。

全球化的這種「新殖民主義」的本質，早在它被捧成時尚以前，就被一位東方的哲人，一位中國的偉人，一位超越歷史的偉大戰略家所洞察。在 20 世紀五六十年代，在論及中國的發展道路時，他就洞察到，中國如果不走獨立自主的道路，將再次淪為殖民地和半殖民地。一個偉大的戰略家，既謀一時，又謀萬世；有穿越歷史的眼光，預見歷史的發展，氣壯山河地創造歷史；而不是跟在歷史的尾巴後面，囿於歷史的表象，跌跌撞撞地追趕歷史。

有人說，全球化將世界市場整合在一起。但是，全球化的世界市場從經濟學角度講是一個非均衡的世界市場。資本的「三位一體」、對程序的控制、「鐵三角」的尋租方式決定了這個市場不是一個均衡的市場。發達國家對技術的壟斷進一步加劇了這種不均衡。在有些發展中國家內部，「鐵三角」同樣導致不均衡。西方經濟學認為，不均衡就是低效益。全球化是一種低效益的經濟體系。

有些人宣稱，全球化帶來高效率。然而從本質上講，全球化是一種低效益的國際經濟體系。這種低效益有許多方面，其中之一表現為世界財富的逆向流動，表現為在急需資本的發展中國家大量國民儲備被轉化為外匯儲備，轉化為虛擬資本，人為地降低了發達國家的資本成本，人為提高了發展中國家的資本成本。這種世界範圍內的現象導致世界範圍內的低效益。

大國崛起，要領導歷史潮流，要敢於反對虛假的「歷史潮流」。

第四章
崛起的陷阱

　　在全球化進程中，有些人被新自由主義曾經有過的令人眩暈的表象所迷惑，而將其短暫的浮躁，當成了歷史的永恆必然。似乎暫時的浮華代表了歷史的趨向。是的，全球化曾經為某些國家和群體帶來了卓越的聲譽、顯赫的權勢、巨大的財富，但是，那並不能證明全球化會給弱勢民族和弱勢的人們帶來同樣的權勢和財富。全球化是強權的劍，是弱者的枷。全球化是強權的戰略選擇，是新興大國崛起的陷阱。全球化在強權的造勢下，成了流行時尚，但並不因此而享有歷史的法則。歷史的法則不是由財富、權勢和時尚來張揚的。全球化不是 20 世紀 70 年代的新發明。中華民族早在 1840 年，在列強敲擊中國大門的炮聲中，就感受過全球化的衝擊。19 世紀的全球化，給中國帶來了無數喪權辱國的苦難。中國曾經在全球化中被殖民地和半殖民地化。在全球化中失去的香港，經過一百多年的滄桑，才回到了祖國的懷抱。

　　全球化不是歷史法則，然而卻被打扮成了歷史法則。全球化想使歷史法則在它面前沉默。是的，歷史的法則是謙卑的，它可以謙卑地沉默幾十年，乃至幾百年。但是，歷史的法則也是無情的，它終究會表達自己。歷史法則表達自己時，不是用語言，而是用事實，用冷冰冰的事實。當我們反思那些在崛起道路上成功和失敗的歷史時，我們常常要問，歷史為什麼是這樣書寫的？這些相似的歷史現象代表的是偶然的巧合呢，還是歷史的必然？左右那些歷史選擇的是各種力量間的隨機組合呢，還是歷史規律的鐵腕推動？為了回答這些問題，在回顧一下長青的歷史以前，讓我們檢視一下灰色的理論，回顧一下人類曾經有過的關於全球化的爭論。

固守落後就是發揮優勢？

美國有一本書，叫《將中國融入世界經濟》（*Integrating China into the Global Economy*, Nicholas R. Lardy）。該書暗示中國全球化以前的經濟體制的缺陷有兩個：第一，忽視了低端產業（廉價勞動）的比較優勢；第二，沒有充分利用外國直接投資（FDI）。它認為中國在全球化的進程中正改變着這種狀況，通過改革達到了充分利用這兩個要素的目的。在該書的作者看來，中國的出路似乎就在於發揮自己的低端產業優勢和利用外國資本。這種誤讀中國發展道路的看法相當流行。

這種建立在比較利益學說基礎上的發展戰略是一種固守落後的發展戰略。經濟學家對比較利益學說和絕對成本學說有許多的批評，我們不打算在此重複。我們想着重從發展的角度，從國家博弈的角度，從後起國家崛起的角度來解析這套理論所隱含的發展道路的陷阱。全球化和自由貿易的理論基礎是比較利益學說。一個多世紀以前比較利益學說產生於當時的超級大國——英國。這種理論反映了英國作為世界工廠和超級大國對建立由英國主導的世界市場和世界分工的需要，反映了大英帝國通過保護主義發展起來以後對保護主義的選擇性揚棄，為大英帝國用堅船利炮推行自由貿易提供了理論基礎，為不合理的世界分工披上了一層科學的面紗。簡而言之，這種理論代表了當時歷史條件下大英帝國的國家利益。而今天全球化的主要推手是當今世界上的超級大國——美國。在美國推行全球化的旗幟上同樣大寫着比較利益學說。

比較利益學說的初衷是提倡國家間互惠互利的分工，並認為這種國際分工有利於增進相關國家的財富。這本來是一個認為一定的國際分工有利於推動財富增長的理論，一個關於數量和分配的理論。但這個不涉及經濟素質的提高、不涉及產業的進步、不涉及國家博弈的理論，卻被全球化的推手們打扮成一種發展的理論。比較利益就這樣被推到了極端，成為全球化這種「全球信仰」的理論支柱。**一個關於數量增長的理論，被包裝成一個關於發展道路的理論並獲得崇拜。**真理邁出的這一小步使之成了謬誤。這一小步，**成就了「固守落後就是發揮優勢」的彌天大謊。**這一小步把經濟發展偷換成了經濟增長。不過這一小步卻包含着一個驚天的戰略秘密：那些業已發達的國家，希望發展中國家通過全球化陷入沒有發展的增長陷阱，一個叫做 GDP 的數量陷阱。

像中國這樣崛起中的民族，在經濟發展中首先要回答的問題是，要不要建立自己目前尚無優勢的高端產業？要不要超越自我？要不要在國際競爭中搶佔技術和產業的制高點？所謂超越自己，挑戰自己，就是要搶佔那些我們暫時沒有比較優勢的經濟技術制高點。而比較優勢理論的答案是否定的。按照這種發展理論，中國 1949 年以後，不應該建立我們沒有比較優勢的獨立的工業體系，不應該建立自己的飛機、汽車和電子工業，也不應在技術和人才呈現「比較劣勢」的情況下研製戰略武器。再讓我們上溯到 1841 年，那時候中國的比較優勢是什麼？大概是農業和手工業，反正不是現代工業。按照全球化分工體系，1840 年以後，帝國主義試圖把中國變成經濟上的殖民地和半殖民地的戰略企圖是不是合理的？中國是不是要永遠發揮自己農業和手工業的「比較優勢」？這種要發展中國家「固守落後就是發揮優勢」的理論的實質，是要發展中國家「固守落後」，從而在國家博弈中出局。

比較利益學說的核心觀點是，世界上的每個國家都從事其生產效率相對最高的產品和產業，然後通過國際貿易進行交換，換取其他產品。這種建立在各國比較優勢基礎上的國際分工，不僅會使世界上每一個國家的生產效率大大提高，而且會使世界作為一個整體的生產效率大大提高。因而，世界作為一個整體的福利，和每個國家作為個體的福利都將因這種國際分工和國際貿易而提高。所以，這樣的國際貿易將營造一個每個國家都贏、全世界都贏的多贏或共贏局面。我們想再一次指出，衡量這種福利的是數量的增長。

為了讓不是經濟學專業的讀者對這個理論有一個直觀的瞭解，讓我們假設只有兩個國家兩種產業的世界模型：這個世界只有國家 A 和國家 B；只生產兩種產品──草鞋和機器。讓我們進一步假定兩個國家都有生產草鞋和機器的能力。但是，每個國家生產草鞋和機器的相對（比較）成本不一樣。目前，國家 A 生產機器比生產草鞋效率高；國家 B 生產草鞋比生產機器效率高。國家 A 是發達國家；國家 B 是發展中國家。

假如沒有國際分工，沒有全球化，兩個國家的經濟都相對自足。每個體系都必須生產自己需要的草鞋和機器，都發展出自己完整的經濟體系，都彼此獨立不依賴對方。世界是變化的，通過一段時間的發展，也許在將來某個時候，國家 B 隨着技術的提高、產業的進步，改變了自己的技術結構，生產機器的效率變得比

生產草鞋的效率要高，而且高於國家 A，在總體經濟實力上比 A 國發達。在那個時候，國家 B 就成了發達國家，國家 A 成了需要趕超的國家（這是國家 A 十分害怕的未來）。

但是，以比較利益原則為基礎的國際分工打斷了那種可能的將來。根據全球化這種新自由主義經濟體系，國家 A——發達國家，應當生產機器，因為現在國家 A 生產機器比生產草鞋效率高；國家 B——發展中國家，則應當生產草鞋，因為現在國家 B 生產草鞋比生產機器的效率高。在這樣的國際分工下，國家 A 能生產更多的機器，國家 B 能生產更多的草鞋，結果全世界能生產更多的機器和草鞋。然後通過國際貿易實行交換。國家 A 通過向國家 B 提供機器換取草鞋；國家 B 通過向國家 A 提供草鞋換取機器。這種全球化不僅為國家 A、國家 B，還為全世界帶來更多的福利。

把比較利益學說當成發展戰略，推銷的是一個簡單的世界經濟模型。那就是：讓今天先進的國家從事先進的產業；讓今天落後的國家從事落後的產業，因為落後的產業是落後國家的比較優勢。先進的造機器，落後的編草鞋。比較利益學說為這種世界經濟模型提供了理論基礎，為不合理的世界經濟模型、不合理的世界分工製造了一件合理化的新衣。比較利益學說認為，這種世界分工是如此的合理，以至於不加入全球化的國家，不僅導致自己國家福利降低、GDP 降低，還會導致世界作為一個整體的福利降低、GDP 降低。這種理論，為推行全球化提供了道義上的優越性。你不加入全球化，不安心編草鞋，不僅損害了自己的利益，還損害了全世界的利益。這種理論把希望崛起、希望打破現有國際分工的民族，送到道義的審判席上。

以比較利益原則為基礎的國際分工就是要延緩甚至打斷發展中國家的現代化進程。從國家博弈的角度看，比較利益想通過逆向選擇的國際分工將競爭對手擠出局。它代表的是強者的利益，是強者的邏輯，甚至是強盜的邏輯。比較利益下的國際分工，不是發展中國家發展的道路，這種國際分工與現代化是完全不同的兩條發展道路。比較利益帶來的國際分工，要發展中國家在低水平低層次上發揮優勢，要為了海外市場的需要（比如美國市場的需要）將大量的資源配置到低端產業上。國際分工不是現代化道路，也不可能帶來現代化。**當一個民族將大量的資源投入低端產業時，當一個民族心安理得地認為發揮優勢的方式就是固守落後時，這個民**

族將如何建立完整的現代化體系？固守比較利益對於國內市場狹小的國家，也許是一種不得已的宿命，對中國這樣的大國則是陷阱。

以比較利益原則為基礎的國際分工帶來的另一個弊端就是導致發展中國家經濟對海外市場的依賴。所謂國際分工就是經濟結構不是根據自己的需要建立的，而是根據國際市場的需要建立的。這種經濟結構導致對國際市場的依賴，最終導致經濟獨立性的喪失，這樣的歷史教訓比比皆是。中國自己的歷史也是這樣。中華民族 1840-1949 年的歷史，告訴我們經濟依賴的含義是什麼。

以比較利益原則為基礎的國際分工扭曲經濟發展的目的，不是滿足本國人民自己的需要和福利，而是滿足某些海外市場的需要。而這個海外市場的主體，往往又是在許多方面與本國戰略利益不一致的市場。為競爭對手的需要而生產，是這種國際分工面臨的另一個困境。

這種國際分工與獨立自主、與現代化戰略是完全對立的。

國家崛起的十大陷阱

這種全球化發展模式為發展中國家的發展設下了十大陷阱。

第一，**為崛起中的國家掘了一個意志上的陷阱**。一個發展中的民族想要崛起必須自己挑戰自己，必須有「世上無難事，只要肯登攀」的勇氣。我們曾提到過，在一個民族的綜合實力中，民族意志居於十分重要的地位。一個民族的崛起首先是意志上的崛起，一個民族的衰落首先是意志上的衰落。而且經濟戰爭的一個主要特點就是攻心為上。對於一個後起的國家而言，可怕的不是暫時的落後，而是永遠的落後；不是承認暫時落後的歷史事實，而是屈服於這種落後的意志衰退。落後不可怕，可以趕，可以超。真正可怕的是，明知落後卻甘於落後，明知落後卻又在國際分工中選擇落後。屈從於將這種落後的現實固定下來的世界經濟體系安排，那才是一個希望崛起的民族的悲哀。我們在前面通過一些國家成功和失敗的歷史經驗表明，一個國家的崛起首要的是意志上的崛起。有些國家的衰退，首先是意志上的衰退。意志上衰退了，再強大的國家也會衰落，也會在國家博弈中敗下陣來。要打斷一個國家崛起進程的成本最低的最佳手段，就是要折服後起國家的意志，讓其安於落後、安於現實，不要力圖挑戰強國的先進地位；就是要讓後

起國家收起趕超的雄心，收起改天換地的壯志。

要奪其人必先奪其志；要折服一個民族，必先折服該民族的意志。比較利益學說和全球化戰略就是要奪走後進國家的民族驕傲，**讓後進國家臣服於既存事實，滿足於編草鞋，安心於編草鞋；滿足於買機器，安心於買機器**。這套經濟理論和體系提倡的就是經濟上的偏安思想。經濟上的偏安與國土上的偏安，都是意志軟弱的表現。這種現象在全球化程度很深的國家裡處處可見。那種崇拜別人，崇拜別人的一切，從崇拜別人的技術，到崇拜別人的體制，到崇拜別人的價值體系的風氣十分風靡。崇拜本身作為個人行為，本無可厚非。但是，這種崇拜往往導致妄自菲薄，導致在國家產業戰略和技術戰略上的逆向選擇。在國際分工的口號下，自覺主動地從一些關鍵產業裡退出來。從大飛機中退出來，從獨立的汽車產業裡退出來，從電腦核心技術裡退出來，從追求完整的國民經濟體系中退出來，將一大批曾經業已形成的自主的民族產業、民族品牌，要麼肢解掉，要麼拱手送人，讓別人毀滅掉。這些都是自甘落後、害怕自我挑戰、害怕競爭的行為。

第二，**為崛起中的國家掘了一個永遠落後的低水平陷阱**。為什麼有的國家在 GDP 高速發展的同時，卻面臨着低水平擴張的陷阱，大量的 GDP 都來自於低端產業？這就是主要原因之一。這套體系就是要通過全球化，通過世界經濟秩序的安排而阻斷後起國家崛起的道路。永遠編草鞋，自甘落後，不圖發展，是其為發展中國家指出的歷史宿命。反映這種國際分工的新自由主義國際經濟體系，就是將這種先進和落後的現狀固定下來的體制和機構。這套東西，是要讓先進的更先進，落後的更落後；強者更強，弱者更弱。這套體制就是要保障強權的永續；就是要把不平等的事實通過世界經濟體系而合理化；就是要使強者和弱者永遠處在這個不平等的起跑線上。這裡面有一個溫柔的陷阱。全球化告訴發展中國家，只要加入了這種國際分工，你和世界作為一個整體都會受益。**你加入了這套遊戲，你就有了世界範圍的草鞋市場，你就可以實施出口導向的戰略，用別人的、用全世界的草鞋市場推動你 GDP 的增長（注意不是經濟的現代化），你生產草鞋的產業就會飛速增長，出口也會飛速增長，外匯也會飛速增長**。但是，與此同時，你的技術層次、產業層次越來越低。

在這種國際分工裡，後起的國家面臨一個低水平陷阱，進入了只有增長沒有發展的誤區，在世界經濟體系裡處於低端產業鏈。這個國際經濟體系越發達，介入這個體系越深的國家，其經濟在世界產業結構和產業鏈中的地位越低。最後淪

為別人的草鞋基地，或別的什麼裝配廠。在這種全球化體系下，建立起來的許多「高科技產業」都帶有低技術的實質。因為，這些高科技產業的核心技術都掌握在別人手中。你只是高科技產業鏈中，低技術的那一環。那麼，後起的國家將如何提升自己的技術和產業結構呢？答案只有一個，買！因為按這套理論，造機器不如買機器便宜。但是，從競爭的角度講，誰願意培養競爭對手？在知識產權的保護下，在嚴格的技術封鎖下，希望通過開放、通過國際貿易獲得核心技術的進步，只是一種無視國家利益博弈的幻想。

一旦你很深地融合了這種經濟體系，你很難實現你的產業升級。因為在你的國家內部形成了一個強大的與編草鞋有關的利益集團，他們的利益與這種國際經濟體系連在了一起。這個編草鞋的利益集團有可能出於自己的利益而反對產業轉型。這個利益集團會動用一切手段提倡這種低技術模式。

不僅如此，任何一個國家的經濟結構都有一定的剛性。一旦形成了一個以低端產業為特點的產業結構，想改變這種產業結構所需要的時間會很長，帶來的GDP 的震盪會很大。因為調整產業結構的努力，意味着你必須把一部分資源從編草鞋的產業中調出，配置到生產機器的產業中去。資源的這種重新配置必然導致低端出口的減少，短期內外匯收入的減少。然而，培育一個新產業需要時間、市場、資本和技術。在這樣一個經濟結構的調整中，GDP 就會有震盪。這個剛性的低端產業陷阱，一旦掉進去以後就很難爬出。而且，這種調整產業結構的努力本身，已經違背了比較利益原則。

第三，**為崛起中的國家掘了一個產業扁平化的陷阱。這套理論和體系意味着放棄完整的國民經濟體系和經濟獨立。**從提高 GDP 的角度講，只要保留編草鞋的產業就行了，就能實現該國 GDP 的最大化。即使有了或繼承了造機器的產業也應當通過國際分工毫不留情地廢除掉。從簡單的比較利益原則來看，造機器帶來的 GDP 遠不如編草鞋、買機器帶來的 GDP 高，一個殘缺不全的經濟體系也許能帶來更高的 GDP。這就是許多人提倡的「產業扁平化」的陷阱。

產業扁平化是以犧牲經濟的完整性和獨立性為代價的。失去了經濟獨立，也就失去了國際經濟的競爭力，最終將失去國家經濟效益。因為，在你能造機器的時候，儘管你造機器的比較效率不高，但是你造機器的能力本身打斷了對手對機器生產的壟斷。**一旦你自毀長城，廢掉了造機器的武功，對手就壟斷了機器生產。**他在

與你的貿易中會謀取高額的壟斷利潤，大量攫取你的 GDP。從國際資本的商業實踐看，這種例子比比皆是。當然，有人會站出來說，別人壟斷了機器生產，你也壟斷了草鞋的編製，你們是完全平等的。但事實上，草鞋是一種低端產品，其可替代性相當高，假如你賣草鞋的壟斷價格高於對手生產機器的價格，對方可以自己生產草鞋，也可以向其他國家購買。而機器是可替代性非常低的產品。它技術含量高，投資生產週期長。假如你自廢武功太久，不僅趕不上技術進步，甚至很難恢復原狀。

　　新自由主義的國際分工體系和學說就是這樣為後起國家挖掘了一個讓自己產業支離破碎的陷阱。在新自由主義體系以前，許多國家把經濟的獨立當成是政治獨立的必要條件，把建立獨立完整的國民經濟體系、提高國民經濟的素質、滿足人民需要當成經濟發展的主要目標。為了實現這個有利於國家崛起的戰略目標，有些國家在短期內出現了消費品短缺的現象。但是，一個民族消費上的短期犧牲換來的是該民族經濟獨立的長遠戰略利益，是該民族為未來的儲蓄，為該民族將來的消費提高打下了產業、物質和技術基礎。然而，新自由主義的發展戰略使業已建立的經濟體系通過國際分工而被肢解。以拉美為例。從第二次世界大戰以後到 1975 年，拉美實施的是進口替代戰略，目的是要建立自己的經濟體系。許多國家通過幾十年的努力建立了許多經濟和產業體系。但是，從 1975 年開始實施新自由主義的經濟改造以後，拉美走上了出口導向的戰略。希望以國際市場和國際分工來實現 GDP 的增長，而且許多出口產業不是建立在國內資源的基礎上。在短短的幾年中，那些已建立的產業和企業賣的賣，關的關，大都凋敝。這種發展戰略導致經濟產生對外的嚴重依賴性，對國際市場、國際資本、國際資源的嚴重依賴性。這種經濟依賴性，在後來的經濟和金融危機中讓拉美陷入非常被動的地位，導致拉美國家失去了解決自己危機的自主權，而不得不接受發達國家開出的注定要使危機深化的藥方——華盛頓共識。這種對外的依賴性也是拉美在危機以後直到今天依然沒有完全擺脫困境的原因。

　　第四，**為崛起中的國家掘了一個數量擴張的陷阱**。這套體系和理論對後起國家意味着把國民經濟的全面發展降低為 GDP 的數量擴張，走上低水平循環的數量擴張道路，放棄經濟的現代化，放棄全面崛起的戰略。按比較利益原則的全球化，編草鞋可以在一定時間內比造機器更能提高 GDP。所以，你應當把編草鞋的產業極

大地擴張，大量出口，以出口草鞋拉動 GDP 的增長。落後產業就如同一個巨大的黑洞，吸走大量的物力、人力、財力。資源配置呈現逆向選擇，導致經濟的二元化。在這種逆向選擇中，尚未形成競爭力的高端產業、尚未大量市場化的新興技術、短期內尚無經濟效益的創新，面臨資金匱乏的困境；而編草鞋的產業，資金豐厚。這種逆向選擇，嚴重妨礙了一個國家技術進步、產業升級的進程。這就是為什麼，有的國家在實現新自由主義全球化以後，科技創新的能力反而普遍下降，幾十年的全球化，幾十年對技術進步的大力提倡，並沒有催生出一大批擁有自主產權的新興產業群體。

在這種新自由主義的體制導向下，經濟發展變成了經濟增長；**經濟增長變成了 GDP 的增長；GDP 的增長變成了主要是編草鞋的產業的增長**。在這個經濟體系裡只有數量擴張，只有低水平的循環，沒有崛起，沒有趕超，沒有創新。當然，許多發展中國家，也大力提倡科技創新。提倡創新的根本方法是建立一套推動創新的體制。而全球化對發展中國家而言是對創新實行逆向推動的體制。

如果說在這種全球化模式中還有什麼 GDP 質量的追求的話，那就是把草鞋編得更好更精美。全球化是許多國家 GDP 處於低水平循環的重要原因之一：大量的人財物被吸進了低水平的國際分工陷阱裡，國民經濟被導向到以他國草鞋市場為目的的經濟運行軌道上，導致資源和資本的低水平使用。

第五，**為崛起中的國家掘了一個貧困的陷阱**。它對後起國家意味着，通過國際貿易和全球化把含金量高的產業拱手讓人，不斷為自己製造貧困，不斷為對手製造富裕。按時下的流行話講，由於造機器和編草鞋的技術含量不一樣，彼此所處的產業鏈的位置不一樣，生產機器和生產草鞋的勞動力再生產的成本不一樣，所以含金量、利潤率也不一樣。**生產機器的 1 小時勞動創造的價值可能等於編草鞋 1000 小時創造的價值**。一架大飛機的價值，可能高於上億雙鞋的價值。這種利潤水平的差異，通過國際貿易而實現，導致財富的轉移。

不僅如此，低端產品具有高度的替代性。發達國家既可以利用這種替代性在不同發展中國家間激起競爭，也可以在同一國家內不同廠家間激起競爭，導致價格的下滑，使利潤盡可能地流向發達國家。

全球化的特點是生產要素在世界範圍內流動。而推動這種流動的是金融資本。金融資本在這一過程中獲得巨大利潤。

　　第六，**為發展中國家掘了一個依賴世界市場的陷阱。**發達的強權國家已經建立了完整的經濟體系和產業體系。深度介入這種利益分工的發展中國家的經濟體系將因集中生產出口低端產品而支離破碎，產業在低端上循環，經濟中有相當大的一部分將依賴國際市場。結果導致在產業上、技術上和市場上的全面依賴。這種依賴性極大地危害一個大國的經濟安全。**一旦國際市場上出現震盪，一旦有人要對你的經濟發難，一旦國際局勢惡化，這種經濟體系將面臨國外市場大幅度萎縮的困境。**更重要的是，一旦你產生了這種依賴，你將再也不可能在平等互惠的基礎上與對手打交道。對方將會利用這種戰略優勢控制你的經濟利益。

　　第七，**為發展中國家掘下了抑制創新的陷阱。**這種安於落後產業國際分工的體系，嚴重地限制了發展中國家的自主創新能力。**這種對創新的抑制，不僅源於資源在國內的逆向配置，還源於資源在國際範圍內的逆向配置。**以目前在許多發展中國家盛行的全球範圍內的就某種新技術的大規模公開招標為例。這種**所謂的公開招標，表面上一律平等，實際上由於民族產業遠遠落後於發達國家的現實，其本身就是對民族企業的歧視，對民族創新能力的打壓。**有的國家幾十年來建立了許多世界一流的基礎設施，以昂貴的代價採用了世界上「最先進」的技術，動輒幾十億元。但是這些項目在總體上卻沒有帶動國內同類技術和產業的大規模發展。經濟發展大規模的建設，沒有起到大規模帶動技術進步的作用，不能說不是一種資源在國際範圍內逆向選擇的結果。大量的建設成了推動別人技術進步的契機。這種全球化體制，對中國那些正在艱難起步的技術和產業創新是一種沉重的打擊，導致企業技術開發投入的減少。以中國企業為例，有人估計，企業的研發投入佔 GDP 比重僅在 0.8%，遠低於發達國家 2% 以上水平，嚴重制約着產業發展。全國規模以上企業開展科技活動的僅佔 25%，研發支出佔企業銷售收入的比重僅為 0.56%，大中型企業僅為 0.71%，發達國家的企業這一比重超過 5%，中國只有萬分之三的企業擁有自主知識產權。這種全球化體制難辭其咎。再舉一個例子，筆者曾看到一份關於中國大飛機發展的報道，對中國開發大飛機的雄心非常感動。但是其中提到中國大飛機在發展過程中，對發動機等關鍵設備實行全球招標。這似乎符合全球化市場原則，但不知道符不符合推動國家技術升級的國家利益原則？要把研製大飛機當成推動中國相關產業技術進步的戰略契機，要避免成為另一個抑制國內創新的例子，避免用我們的資金去支撐別人的技術進步。假如我們不能通過發展大飛機推動中

國發動機產業的技術升級，誰來幫助我們的技術升級？希望我們的大飛機生產不會成為另一條裝配線，希望我們的大飛機戰略能帶動一大批關鍵產業和技術的起飛。美國歐洲的大飛機產業也向世界招標，但是核心技術卻掌握在自己手中。在許多情況下世界招標有兩個目的：其一為了降低成本；其二為了打開市場。而打開市場是更重要的因素。

為了培育中華民族的自主創新能力和自主創新的技術，我們應當堅決放棄所謂「與國際接軌」的「全球公開招標」這種損己利人的方式，放棄用自己的資金推動別人進步的方式。回顧 20 世紀 80 年代以前的中國，許多大規模建設往往帶動一大批技術和產業的進步。我們應當向前人學習這種歷史經驗，讓自己大規模的建設帶動自己的技術和產業突破，推動自己民族的技術革命。

第八，**為發展中國家挖掘了國家利益可能被國際資本綁架的陷阱。**全球化導致國際資本無孔不入。**這種國際資本在「制度尋租」的過程中，可能與發展中國家的利益集團結成同盟，蠶食經濟主權，達到左右許多經濟政策的目的。**這大概是許多國家的某些具體經濟政策明顯偏好國際資本的原因。

第九，**為發展中國家挖掘了一個二元經濟和貧富懸殊的陷阱。**二元經濟是出口導向戰略的特有現象。美國早期曾遭遇二元經濟陷阱，拉美、日本都曾面臨二元經濟陷阱（參見第二至四篇）。資源被大量吸引到出口部門，導致內需部門資金不足，內需不足，形成了出口和內需兩個經濟體系間的財富差距。國內企業面臨國際競爭的壓力。結果導致勞動力價格的下降，勞動者不能享有經濟發展的成果。經濟增長和勞動者的相對貧困並存。

第十，**為發展中國家挖掘了一個危害國家安全的陷阱。**我們將在日本一篇中看到，美國是如何處理國防和高科技的關係的。全球化讓發展中國家安於落後，在高科技上依賴他人。而高科技是決定現代防務能力的關鍵因素。

從方法論上看，把比較利益學說當成發展戰略是一種形而上學。它着重的是現狀，而不是未來；它看不到變化，看不到一個國家技術和產業結構相對變化的可能，看不到現有世界格局改變的可能，看不到比較成本改變的可能。它看不到對於後起國家而言，可以通過跨越式發展而搶佔世界技術和產業制高點的可能。

新自由主義和全球化：兩個虛假的歷史命題

在開始下一篇歷史之旅以前，我們有必要解開新自由主義和全球化那兩個令人迷惑的虛假的歷史命題。

新自由主義為了實現對公正和平等的進攻，轉換歷史話題，把關於公平的歷史爭論，變成關於自由和效益的爭論，並進一步認為，政府干預既無自由又無效益。

政府干預既無自由又無效益，是新自由主義賴以行騙天下的兩個虛假的歷史命題。

在新自由主義看來，只有新自由主義，只有華盛頓共識，只有私有制、市場經濟，只有大幅度削減社會支出，只有全球化，才能帶來自由和效益。

實際上，全球化是既無自由又無效益的經濟體系。全球化的權力結構，全球化的「制度尋租」，全球化給發展中國家帶來的發展陷阱，全球化帶來的荒謬的國際分工，全球化賴以存在的發達國家對技術、程序、國際機構的壟斷等，決定了新自由主義和全球化是一個非均衡體系，是一個在世界範圍內低效益的體系。全球化使拉美陷入金融危機，經歷了「失去的十年」，使拉美陷入長期的危機與低迷交錯的困境中；全球化導致日本的資產泡沫，使日本同樣經歷了「失去的十年」，在漫長的衰退中徘徊；全球化導致了亞洲金融危機，導致了許多其他貨幣危機，導致了 2008 年世界範圍的金融危機。

我們在後面將指出，金融資本必然出現繁榮—破裂的週期循環。自由放任的金融資本必然導致金融危機。這種危機不是低效益是什麼？

對發展中國家而言，全球化要發展中國家相信固守落後就是發揮優勢，讓發展中國家落入發展的陷阱。後面我們將進一步指出，全球化導致虛擬增長和對發展的抑制，導致虛擬債務對實體經濟的攻擊。對中國而言，有人要中國再生產 30 年襯衣，要中國長期處於國際產業鏈的底部，全球化帶來了數萬億美元的國民儲備的外流，帶來了出口產業對內需產業的資源競爭。這不是低效益又是什麼？

全球化是國家博弈的工具，受到處於控制地位的國家的支配。這種國家關係，不可能產生一種均衡的經濟關係。受強權擺弄的全球化，不導致低效益，又會導致什麼？

全球化就是低效益。假如它有什麼效益的話，那只是掠奪者的效益和強者的效益。

全球化會帶來自由嗎？不，全球化帶不來自由。全球化蠶食發展中國家的經濟主權：國際金融資本在資本自由流動中邊緣化發展中國家的金融主權；全球化通過國際協定強迫發展中國家推行新自由主義等等。這些歷史現象表明，全球化沒有給發展中國家帶來自由。削弱主權就是削弱自由。全球化帶來的是發達國家尤其是美國的自由和資本的自由。全球化限制了發展中國家的自由，全球化迫使發展中國家走上不是自己選擇的發展道路。

全球化擴大貧富差距，在世界範圍內大規模製造貧困。那些處於金字塔底層、被剝奪教育、衛生和其他公共資源的人們，那些越來越多的在貧困中掙扎的人們，有什麼自由？許多新自由主義者認為，自由只是一種權利。當自由只是一種權利時，自由與弱者脫離。在貧困中掙扎的弱者，往往被剝奪了行使自由權利的條件。自由不應當只是權利，自由還必須是事實，一個公正的社會，要創造條件讓弱者實現自由。

如果說世界範圍內的「鐵三角」剝奪了發展中國家的自由權利的話，那麼貧困就剝奪了許多中下層行使自由的條件。

我們在指出全球化的種種虛偽時，有必要直截了當地指出，全球化帶來的既不是自由也不是效益。新自由主義的兩個歷史命題是虛假的歷史命題，全球化體系建立在兩個虛假的命題之上。建立在虛假命題上的全球化支撐不起中國崛起的夢想。

關於發展道路的爭論

縱觀近代以來的人類歷史，幾乎沒有一個經濟強國的崛起是通過自由貿易而崛起的。大英帝國、美國、德國、日本、蘇聯、1949-1978 年間的中國，無一不是如此。中國台灣地區和韓國也是通過長期的保護主義而逐步發展起來的。在強權利益主導的世界利益格局中，希望通過融入國際市場而崛起是一種迴避歷史事實的選擇。在世界大國崛起的歷史上，美國是唯一一個曾經把崛起的希望寄託在自由貿易上的國家。在獨立初期，美國曾經努力探索過這條道路，希望通過在超級

大國間保持中立和平衡實現與所有國家的自由貿易，並通過這種自由貿易而實現國家的崛起。但是，當時的國際權力和實力結構無情地斷絕了這條道路，迫使美國走上了依靠保護主義實現戰略崛起的道路。

一個大國的崛起有兩條可供選擇的道路：貿易保護戰略和自由貿易戰略。前者追求的是通過保護和政府介入建立完整獨立的現代化國民經濟體系，實現經濟上的獨立自主並由此實現政治上的真正獨立，最終實現大國崛起，實現一個國家全面富裕；後者追求的是通過自由貿易和國際市場來選擇性地定義自己的經濟體系，放棄對自己經濟和產業的保護，放棄經濟體系的完整性和獨立性，力圖通過融入國際分工體系的方式來實現自己經濟的崛起。**這兩條發展道路的差異是十分明顯的。前者強調的是經濟體系的國民性，後者強調的是經濟體系的世界性；前者強調經濟獨立和完整，後者強調經濟對外部的融合和依賴；前者強調長遠的經濟發展，後者注重短期的經濟增長；前者強調經濟總體素質的提升，後者強調 GDP 數量的擴張。發展中國家究竟應該選擇哪條道路？**

從第一次工業革命以來，幾乎所有的後起國家在經濟發展中都面臨這種選擇。近代以來，關於這兩條道路的爭論有兩百多年的歷史。其中對世界歷史進程有巨大影響的爭論有五次。這些爭論的實質是：要不要在落後的情況下，不甘於落後，拒絕所謂的國際分工，迅速實現國家的工業化。

第一次爭論是美國獨立以後到 19 世紀 60 年代關於自由貿易和保護主義的爭論。這場爭論產生了影響美國經濟政策一百多年的「美國學派」，甚至成為美國內戰的主要原因之一。美國在爭論的過程中和爭論結束以後實施了一百多年的保護主義政策，催生了一個新的世界霸權。從世界範圍看美國是當時世界保護主義的旗手。

第二次爭論發生在德國。由出生於德國的經濟學家弗里德里希・李斯特（Friedrich Liszt）主導。他和漢密爾頓一樣不是書齋型的經濟學家，不是單純從書本出發的學者，不太迷信當時為世人所信奉的「自由貿易」教條。他做過公國的副部長、大學教授、符騰堡公國商會的副會長，也曾被判過 10 個月徒刑，為服刑而做過苦工。他被提前釋放的條件是移民美國。他在美國先務農後當記者，再後來由於運氣好而致富。1832 年，在美國居住了 7 年以後，他作為美國的領事而回到德國。在移民美國期間，他詳細研究了漢密爾頓的經濟講話和文章，回到德

國後在「美國學派」的基礎上創立了「國民經濟體系」學說。這套學說強調民族國家經濟發展的特殊性，與大英帝國提倡自由貿易的普遍性相反，他提出每個民族在發展經濟時都要結合自己的情況。結論是在德國這樣的後起國家中發展經濟，不能照搬「自由貿易」，要實施政府的強力推動和保護主義。李斯特的政策建議為德國政府採納。這場爭論催生了歐洲大陸的大國──德國迅速工業化，形成了新的世界強權。

　　第三次爭論是在蘇聯建立後斯大林和布哈林之間關於經濟發展道路的爭論。布哈林與斯大林的經濟政策之爭實際上是經濟發展道路之爭，是關於要不要通過國家保護迅速實現工業化之爭。布哈林要把蘇聯建設成「生產布匹」的國家，強調蘇聯要慢慢地發展。斯大林強調運用國家權力的強力推動，在國際強權的圍困面前實施保護主義，通過工農業剪刀差迅速積累實物資本，盡快實現蘇聯的工業化。有文件表明，斯大林在蘇聯工業化的進程上有迫切感和危機感。他感到有一場即將強加在蘇聯身上的戰爭，為了給打贏這場戰爭做好物質基礎的準備，他鐵腕推行大規模工業化。在這場爭論的基礎上產生了蘇聯的經濟發展理論和學說。這場爭論在二十多年中催生了工業化的蘇聯，為後來的反法西斯戰爭提供了基礎。假如蘇聯走布哈林的道路，沒有迅速完成工業化，假如蘇聯的經濟體系不能在戰爭中將現代化的重型軍火源源不斷地輸送到前線，第二次世界大戰一定不會是後來這種進程。第二次世界大戰後，蘇聯迅速從戰爭中恢復過來並得以與美國競爭。在西方面臨滯脹的 20 世紀 70 年代，蘇聯經濟依然發展迅速。這場爭論催生了曾經存在的另一個超級大國。而且，蘇聯的成功為第二次世界大戰後新獨立的許多國家指明了發展道路。鑒於蘇聯的成績，許多發展中國家在獨立後紛紛採用政府干預的保護主義體制。

　　第四次爭論就是 1949 年以後發生在中國的爭論。中國究竟是要在獨立自主、自力更生的基礎上建立獨立的國民經濟體系，在短期內實現工業化改造，還是從單純的會計成本出發，實行「造不如買」的戰略，依靠購買來實現中國現代化。毛澤東洞察到經濟獨立和經濟安全與國家獨立和國家安全的密切關係，決定走自己的路，在一窮二白的基礎上開始中國自己的工業化和現代化進程。**毛澤東提出「獨立自主，自力更生」。這八個字**，既道出了國家博弈的現實，又道出了中華民族近代以來的境遇；既道出了中華民族的歷史選擇，又道出了不可違背的歷史真理。

艱苦創業和事實上的保護主義政策是當時經濟政策的特點。在強敵環生的國際環境下，假如沒有毛澤東推動的工業化進程，假如沒有完整的經濟安全，中國憑什麼在美蘇爭霸中推動大三角戰略？中國憑什麼能在平等的基礎上和美國逐步實現邦交正常化？中國憑什麼能在國際舞台上捍衛發展中國家的利益而得以恢復在聯合國的地位？中國憑什麼能享有近六十年的和平？中國在 20 世紀 70 年代終於成了世界上的一個重要強國，尼克松才會從大洋另一邊把交往的手伸向周恩來，才會在毛澤東的書房裡，尊敬地說：「主席，您改變了整個世界」。那不僅是對毛澤東個人的尊敬，也是對崛起了的中華民族的尊敬。國際博弈是實力較量的結果。假如中國在 1949 年以後，走了一條完全不同的道路，一條自由貿易的道路，中國會是什麼樣子？在國際資本的自由競爭下，中國的民族產業和民族工業不可能得到長足的發展。中國也許能依靠低端出口推動數量增長，但是中國不會是今天這樣的強國。發展不是以多少貿易計算，創新不是以多少篇論文衡量。獨立自主不是全球化，自力更生也不是全球化。當然那個時代有探索中的失誤，有失誤導致的損失。那些損失，是否大於對外投資損失的八百多億美元？那個時代我們曾經勒緊褲帶，支援了許多第三世界國家。這些援助有的改善了中國的戰略環境，有的幫助我們打破了別人對我們的孤立。有沒有人從成本效益的角度，把這些援助和借給別人的數萬億美元低息貸款做一個比較？

　　放棄「獨立自主，自力更生」，中國怎麼崛起？通過全球化，通過別人的市場，將經濟戰略的主動權交給別人，又怎能崛起？

　　第五次爭論是 20 世紀 70 年代中期由美國推動發軔於拉美諸國繼而蔓延於全世界的爭論。這就是新自由主義全球化的興起。其實，那不是一場真正的爭論，因為反對的一方在這次經濟危機以前幾乎完全被新自由主義的浪潮淹沒。這場爭論，催生並導致了 GATT 向 WTO 的轉變，導致了 IMF 的轉型，導致了全球化。不過三十多年來，新自由主義除了催生了拉美經濟危機、亞洲金融危機，期間還有許許多多的貨幣危機，以及目前 2008 年世界範圍的金融危機外，尚未真正催生一個新強權的產生。

　　幾百年兩種發展道路的大爭論表明，自由貿易和保護主義的爭論是一個國家經濟戰略的爭論。國家發展道路的選擇，需要爭論。握有真理的人，不怕爭論。沒有前五次爭論，有些國家也許會失去選擇正確的發展道路的歷史機遇。保護主

義是後起國家崛起的道路，而自由貿易是世界強權擴張經濟霸權的經濟戰爭的旗幟。對後起國家而言，爭論的焦點是要不要在較短的時期內建立完整的國民經濟體系，要不要迅速建立完整的產業體系，要不要搶佔技術和產業高峰，要不要在經濟上實現獨立自主，要不要建立一個充滿創新的經濟體系，要不要即使在經濟效益相對較低的條件下，為了國家的長遠利益，為了一個民族的崛起，去攀登那些我們尚未攀登過的高峰，去建立那些我們尚無競爭優勢的高端產業和技術，要不要在經濟上獨立自主、自力更生。歸根結底，是立足於自己，還是寄希望於他人？是囿於今天，還是放眼未來？

歷史上提倡自由貿易的強權們，從自己和別人的歷史，應當深知自由貿易是發展中國家經濟發展的誤區。那麼為什麼它們還要提倡自由貿易呢？

強者用自由貿易統治世界

自由貿易與全球化一脈相承，是強者統治世界的權杖。在當前這一輪經濟全球化的過程中，美國無疑是最強有力的推手。美國不僅為全球化提供了意識形態的支撐和宣傳，而且是當今世界新自由主義經濟體系的主要制定者。在世界全球化貿易體系經緯中，你不僅可以看見美國價值，還可以看見美國利益。美國不僅左右着新自由主義經濟體系的機構，還主導着許多國家的內外經濟選擇。全球化是美國統治世界的權杖。

這讓我想起了 19 世紀那一輪經濟全球化。當然「全球化」這個現代術語還未為那時的人們所聞。那是一次由大英帝國主導的自由貿易在全球範圍的興起。當時掌控世界軍事和金融霸權的大英帝國向世界各國推銷的是自由貿易的思潮。它的堅船利炮「傳播」的是自由貿易法則。處於大英帝國經濟體系以外的大中華帝國的大門就是被大英帝國以自由貿易為借口打開的，許多不平等條約在形式上也包含了與自由貿易有關的東西。只要你打開那一份份不平等條約，就會發現幾乎都與開放通商口岸等等有關。我不知道那些力圖通過改寫歷史教科書來改寫歷史的人，是不是會用他們今天奉行的全球化的觀念，去改寫帝國主義在自由貿易旗幟下把中國一步步推向殖民地或半殖民地的歷史。

那一輪全球自由貿易與今天的「全球化」儘管在形式上各異，但有兩點根本

的相似：一是其理論基礎都是自由主義或新自由主義；二是其背後推手都是當時最強大的國家，代表的是那個強國的國家利益。

　　許多國際自由貿易的支持者認為，國際貿易的自由化是放之四海而皆準的，似乎國際貿易的自由化和經濟的全球化對所有國家都意味着無條件的開放和融合，認為只要是自由的，那麼對所有國家就都是公正的。任何自我保護，任何發展自己獨立完整的產業體系的政府努力，都是作繭自縛。有些人看到經濟發達國家今天相對高的開放程度，於是不假思索地認定是自由貿易催生了這些國家相對發達的經濟；看到一些實行貿易保護的國家的經濟相對落後，於是就不容置疑地認為是貿易保護妨礙了這些國家的經濟發展；也有些人看到一些小國通過融入國際市場而致富，於是認定那些小國走過的路也自然而然是大國發展的戰略。

　　自由貿易對一個國家究竟起什麼作用是以該國家的物質基礎和實力背景為前提的。自由貿易提倡的是叢林法則，叢林法則是實力原則。**雖然狼和羊都能在叢林中自由地存在，自由地競爭，然而這種自由法則所體現和強化的事實是狼可以吃羊，狼可以永遠吃羊；它所維護和導致的叢林分工是狼永遠是狼，而羊則永遠是羊。**

　　自由貿易是強國的戰略。而強國是通過保護而發展起來的。

　　自由貿易必須與一個國家的國情、經濟發展的水平、競爭的能力相適應。

　　強國的發展歷史表明，是否推行、什麼時候推行國際自由貿易這些戰略選擇的背後有着深刻的國家經濟實力背景和利益動機。

　　強國發展的歷史還表明，其強大的經濟不是自由貿易的結果，恰恰相反，是精心保護的結果。英國和美國都曾經以貿易保護為自己的經濟發展撐起一片天空，使民族產業免受自由貿易的急風暴雨的摧殘。

　　為什麼大英帝國在 19 世紀而不是更早才如此熱衷於推行這種自由主義？為什麼曾經不惜用武力推行自由貿易的大英帝國後來竭力關閉國門，竭力反對自由貿易的風雨吹進帝國的殖民地或托管國？

　　自由貿易的理論雖然誕生於大英帝國，但是大英帝國並不是一開始就是自由貿易的倡導者。恰恰相反，它是保護主義的滋生地。

　　在第一次工業革命以前，在相當長一段時期內，英國實行的是保護主義的政策。第一次工業革命就是建立在保護主義的基礎上的。1699 年，為了保護羊毛業和紡織業，英國禁止從國外進口羊毛；1700 年基於同樣的原因禁止從印度進口棉

布；為了保護尚在搖籃中的幼小工業，英國通過高關稅對幾乎所有的製造品的進口實行限制。這種保護主義政策持續到第一次工業革命，有些直到19世紀60年代才最後終止（我們將在後文論及）。1660年大英帝國的議會通過了《航海條例》（Navigation Act）。這是一個典型的保護主義法案。它要求殖民地的海外貿易必須由僱用英國水手的英國船隊運輸。所有從歐洲運往北美及其他殖民地的貨物都必須先運到英國（英格蘭或威爾士）。在英國卸貨，通過海關檢查，繳了關稅以後，再重新裝船；所有從殖民地出口的貨物都必須先運到英國，在繳了關稅以後才能運往目的地。法案保護了大英帝國的利益。皇家艦隊壟斷了殖民地的海外貨運，英國壟斷了殖民地的對外貿易，而大英帝國的關稅則為英國有效地保護了殖民地市場。

這一法案有力地促進了倫敦的發展，使其逐漸成為世界的金融中心；極大地推動了「皇家艦隊」的迅速擴張。英國逐漸發展成全球範圍的「超級大國」。

這項保護英國利益的法案直到19世紀中葉才被廢除。

這項法案增加了殖民地對英國的依賴，強化了英國與殖民地之間的不平等分工，加深了殖民地經濟的單一化和畸形化，因而遭到殖民地的強烈反對，從而成為導致美國獨立戰爭的重要原因之一。

貿易保護培育了英國工業，有利於第一次工業革命。這是歷史事實。

到了19世紀，英國通過第一次工業革命其生產能力和效率得到極大提高；規模經濟極大地降低了生產成本。以1860年為例。這一年僅佔世界人口2%、歐洲人口10%的英國生產了全世界53%的鐵、50%的煤，消費了全世界50%的棉花。英國的現代工業能力，相當於全世界潛力的40%~45%，歐洲的55%~60%。作為世界的製造中心，英國亟須為其大量的製成品尋求國外市場，與此同時，英國也亟須為日益增長的工業尋求進口原材料。保護主義已經成了英國利益的障礙，而自由貿易更加符合英國的國情和國家利益。

實施自由貿易政策的物質條件已經成熟，而大英帝國的軍事霸權為其開拓世界市場、推行自由貿易提供了有力的手段和堅實的保障。

在這個時候，保護主義對大英帝國而言，就是其他國家保護自己的民族工業免受英國的挑戰，就是限制帝國利益的海外擴張，就是聽任其他國家的市場對大英帝國的工業關閉。這當然不是大英帝國的利益所在。大英帝國的利益是讓世界

上其他國家開放自己的國內市場，讓其與大英帝國最先進的工業進行自由競爭，讓大英帝國的產品自由進入，讓大英帝國成為世界所有國家的工廠，讓所有國家成為大英帝國的市場和原料產地。所以，自由貿易而不是保護主義是大英帝國的利益所在。就是在這樣一種情況下，大英帝國放棄了保護主義而把自由貿易當做實現國家利益的戰略手段。

這就是大英帝國貿易政策戰略性轉變的歷史前提，這就是大英帝國成為自由貿易的歷史旗手的前提。在大英帝國理想的國際分工藍圖上，大英帝國是世界工廠，而其他國家是原材料產地，而連接兩者的是自由貿易體制。自由貿易體制是大英帝國謀取最大國家利益的手段。

更重要的是大英帝國本身放開的是其擁有競爭實力、擁有比較利益的產業，是一種選擇性開放。對其沒有競爭力的產業和產品依然保護。在推行自由貿易的同時，大英帝國為了保護自己的某些產業利益，毫不猶豫地啟用保護主義政策。其中著名的就是英國歷史上的《玉米法》。雖然《玉米法》早在 12 世紀就有人提及，但《玉米法》真正變得意義重大是在拿破侖戰爭以後。戰後，由於歐洲小麥的大量進口，導致英國麵包價格下降，玉米價格下降，玉米種植業主利潤下降，英國玉米種植業面臨巨大打擊。當時的英國面臨是通過國際貿易由歐洲養活自己，還是通過貿易保護發展自己的玉米種植業，自己養活自己的選擇。英國選擇了自己養活自己的戰略。大力推行自由貿易的英國通過了一系列立法保護玉米業。最初的 1819 年《玉米法》規定，在英國玉米價格上漲到一定水平以前不許從歐洲進口小麥。儘管這項法案受到許多不同人士不同角度的反對，但它在相當程度上卻有效地保護了英國的玉米業，推動了玉米業的發展。由於這項法案保護了麵包的高價格，是一個在政治上受到多方批評的法案，但直到 1846 年才廢除。我們不打算介入這項法案的政治性評論，我們只想指出，這個例子表明，在需要的時候，大英帝國不會為自由貿易束縛手腳。

《玉米法》的廢除表明英國放棄了自己養活自己的戰略。到了第二次世界大戰開始的時候，英國食品需求的 70% 需要從海外進口。戰時的嚴重食品短缺使英國認識到一個國家的食品自給和保障是何等重要，戰後英國政府用優惠的補貼來鼓勵農場主最大限度地提高土地產量。

此為題外話。

　　後來，法國、德國相對崛起，大英帝國國力相對衰落，當自由貿易不再能最大化它的國家利益時，它就逐漸從自由貿易上向後退。到了 20 世紀的前十幾年，大英帝國雖然還頂着超級大國的光環，然而其工業在全球範圍內的競爭實力大為下降，自由貿易變成了一把雙刃劍，於是它逐步放棄或改變了全球範圍內的自由貿易政策，自由貿易被裁減成了一項僅適用於大英帝國內部的政策。在帝國內部，英國工業依然獨步天下，無人能望其項背。於是大英帝國將自由貿易政策局限於它和殖民地之間，而對外實行的是保護主義政策。

　　選擇在自己相對強大的範圍內實施自由貿易。這是多麼精心的戰略選擇！

　　到了第二次世界大戰期間，丘吉爾更是不遺餘力地要保護衰落疲憊的大英帝國在殖民地、托管國的經濟利益，保護殖民地市場，從而極力抵制在全球範圍內自由貿易的觀點。為此，他與美國總統羅斯福發生了多次針鋒相對的爭吵，以至於羅斯福曾經對核心顧問憤然地說：「（二）戰後，美國的主要對手不是蘇聯而是大英帝國。」

　　第一次世界大戰以後，尤其是第二次世界大戰期間，世界權力格局發生了巨大變化。儘管曾經做過世界霸主的大英帝國很難改變自己的心態，很難適應二流角色，頑固地堅持對帝國屬地的市場保護，然而實力之手已經把自由競爭這把矛從帝國傳遞給了新的強權，並對準了帝國自身。

　　這時候美國取代英國成為世界最大的經濟實體和軍事強國。和當年大英帝國一樣，美國急於為其產品尋求海外市場，從而取代英國成了自由貿易的主要倡導者。

　　第二次世界大戰結束時。美國的國民生產總值約佔世界的 3/4，當時的財政部部長說：「美國不到世界人口的 1/10，卻生產了 3/4 的產品。美國必須尋求海外市場」。

　　打開美國經濟發展歷史，你會吃驚地發現，和早期英國一樣，早期美國奉行的也是保護主義政策，其民族工業就是在這種保護下發展壯大的。由於美國是當今世界推行全球化的主要倡導者，幾乎很少人知道，**美國不僅是當代保護主義學派的發源地，還是現代保護主義實踐的發源地**。在美國獨立後一百多年的歷史裡，除了極短暫的雜音外，美國經濟發展的主旋律是保護主義。

　　在美國歷史上，貿易保護主義的院外遊說集團是如此強大，以至於有位議員曾經調侃地說：「人是一種善於做關於關稅的演講的動物」。

只是當美國成了世界最強大的經濟軍事強權以後，當自由貿易已經成為實現國家利益的工具時，為了取下其他國家民族工業頭上的那把保護之傘，才高舉起自由貿易的旗幟。

從那以後，美國取代英國成了自由貿易的主要倡導者。

今天，美國對自由貿易全球化的努力遠遠超越了為其產品尋找市場的階段。全球化的國際市場強化了美元作為世界貨幣的地位。

所以，自由貿易和全球化只是一種達成國家利益的手段，它們的適用性取決於一個國家經濟發展的階段。強權不是通過自由貿易而崛起，而自由貿易是強權崛起後擴張自己利益的手段。強權推行自由貿易，就是推行國家利益。

全球化是強者統治世界的權杖。

通過全球化和國際貿易而崛起注定是一個大國發展的誤區。想通過融入讓自己產業支離破碎、讓自己走上低水平數量擴張道路、讓自己經濟依賴強權、讓自己喪失經濟獨立性、讓自己輸出資本實物的世界經濟體系而崛起的想法，想通過融入一個強化自己落後現實的世界經濟體系而崛起的戰略，是我們崛起的誤區，是任何後起國家崛起的陷阱。讓我們聽聽幾百年前一位外國政要的大聲疾呼：

> 要從無到有建立一個產業的難以戰勝的障礙是那些已經建立並完善了這類產業的國家所已經享有的優勢；要在一個剛建立的國家和一個早已成熟的國家間維持一種基於平等的關於質量和價格的競爭是不可行的。沒有政府的巨大支持和保護……成功的競爭是不可能的。[1]

言下之意，沒有貿易保護，後起國家的經濟崛起是不可能的；貿易政策必須與國情相適應。

這個人是誰？他就是美國第一任財政部部長，美國奉行了一百多年保護主義發展戰略的奠基者——漢密爾頓。美國通過實施一百多年的保護主義政策而坐上了世界霸主的寶座，深知自由貿易對強權和後起國的不同意義。自己成功的歷史

---

[1] Alexander Hamilton, *Report On Manufactures,* Presented by MR. Smoot, August 30, 1913, Ordered to be Printed, p.19.

經驗，提供了防止對手崛起的重要思路。過河拆橋，是博弈中的常用手段。

　　縱觀世界歷史和我們自己的歷史，貿易政策影響國家的獨立，貿易戰略影響國家安全。自由貿易是強者的遊戲。貿易戰略必須與國家的發展階段、國家的綜合實力、國家的實際情況相結合。所謂普遍適用的貿易戰略是不存在的。全球化、國際分工、自由貿易，不是什麼「普世價值」。一旦一個國家陷入「普世價值」的發展誤區，它就偏離了自己特定歷史環境的現實。失去了堅實基礎的戰略、抄襲「普世價值」的戰略注定要給國情這位老師交學費。這種戰略也許會帶來短期的、表面的繁榮，但是，它將導致長期的、實質的衰退。

第二篇

美國──
在博弈中走向帝國

經濟上的保護主義、外交上的門羅主義歷史性地宣告，美國將告別聽任歐洲
強權控制的自由貿易戰略，將告別聽任歐洲介入新大陸事務圍堵美國的戰略，
將走一條獨立的經濟發展道路。美國開始叩擊新時代的大門。

歷史長河，興衰更替；潮漲潮落，強權迭起。

18 世紀 70 年代末期，一個幾乎沒有歷史的共和國在太平洋和大西洋中間的那塊大陸北邊誕生了。在此之前曾經在人類歷史上光彩奪目的許多強權和古代的文明，大部分都已經消失在歷史的煙塵裡。歐洲的君主們為了自己的利益忽敵忽友，合縱連橫。英法兩國為了爭奪霸權的歷史接力棒而長期刀兵相向。這個尚不為歐洲君主們看重的國家，在遠離傳統大陸的海外孤域開始了自己的崛起過程。歐洲那些有歷史眼光的預言家們，做夢也沒想到，在一百多年以後，這個被歐洲的宮廷排斥在外的國家，將成為一個比羅馬帝國、比大英帝國更為強盛的帝國。

在人類進入 20 世紀以後，人類歷史的地平線上崛起了一座新的金字塔，誕生了一個新的帝國。這個帝國憑藉人類歷史上前所未有的實力，像拿破侖一樣，將帝國的皇冠加冕到自己頭上。

美國是如何在群雄逐鹿的世界上登上權力頂峰的？

在獨立後的一百多年裡，美國通過保護主義的階梯而建造了人類權力場上最大的金字塔。保護主義和擺脫英國的控制是貫穿美國一百多年發展歷史的主線。連接這兩條主線的是民族主義。通過保護主義實現經濟的獨立和強大，從而達到「不戰而屈英國」的目的是數代美國人的夢想。美國走向帝國的道路是艱辛的，美國一誕生，就必須與超級大國拔劍相向。

美國在獨立以後，選擇了自由貿易的道路，希望游弋在大西洋上面的商船能承載美國繁榮的夢想。在這種夢想面前，美國第一任財政部部長——漢密爾頓所提出的保護主義的政策，無奈地消逝在自由貿易的沙漠之中。自由貿易的夢想最終被大英帝國皇家艦隊的鐵拳無情地擊碎，美國開始認真考慮保護主義的戰略。與大英帝國的衝突最後導致了美國閉關自守的政策和 1812 年戰爭。閉關自守和戰爭帶來的一個意想不到的結果就是民族工業的迅速發展。同大英帝國的衝突和民族工業的發展讓過去那些倡導自由貿易的人逐步改變了立場。隨着 1812 年戰爭後英國對美國實施的掠奪性競爭戰略，美國朝野的保護主義的呼聲開始高漲。1816 年，美國通過立法，開始實施部分的保護主義政策。1819 年美國第一次嘗到了世界經濟危機的寒冷。工業凋敝，失業上升。保護主義的浪潮進一步高漲。在 19 世紀 20 年代，美國南北方達成共識，實施了以保護主義為特色的「美國體制」。

1812 年戰爭後，美國走上了內向發展的道路，開始了國家崛起的孤獨之旅。美

國沒有從歐洲列強和舊式君主那裡尋求自我價值和承認，而是一心一意從實力發展中尋求自己的戰略價值。信奉實力的美國相信，信奉實力的世界，必須以實力去交往。美國在此後的一百多年中，專注內向發展，專注綜合實力提升。

美國關於發展戰略的爭論，開始為利益集團所左右。發展戰略與南北關係交織在一起，與蓄奴和廢奴交織在一起，引發了許多政治危機。這種爭論是導致內戰的原因之一。內戰以後（1860 年），美國國內再也沒有出現過倡導自由貿易的強大利益集團。美國從此走上了保護主義道路，開始了把美國推向世界強權的工業革命。

在美國走向帝國的道路上，大英帝國一直是美國經濟獨立的最大威脅，一直試圖在戰略上限制美國的發展。大英帝國對美國進行了數次經濟戰爭。第一次是美國獨立以後開始的自由貿易戰略，到後來英法戰爭中對美國海外貿易的限制。這次禁運徹底打破了美國依靠自由貿易發展自己的想法。第二次是 1812 年戰爭中對美國的全面封鎖。第三次是 1812 年戰爭後自由貿易對美國經濟的打擊。第四次是大力介入美國南方和北方關於開放和保護主義的利益爭論，出於國家利益的需要大力支持尋求自由貿易的南部，力圖達到分裂美國的目的，並在內戰中站在南部一邊。第五次是內戰以後，再次訴求自由貿易的經濟戰略。

面對大英帝國的這些接連不斷的經濟戰爭，美國就實行什麼樣的發展道路開展了激烈的爭論。先是基於理念的意識形態之爭，後是基於利益的利益集團之爭。其間由於利益集團的綁架，導致貿易戰略的幾次偏移，但是從 1812 年以後，美國經濟發展的主線是通過保護主義戰勝英國對美國的經濟控制和限制。內戰以後，美國更是實施了長達六十年的保護主義，而最終成為世界最先進的經濟實體。

美國通過保護主義，在國家博弈中脫穎而出，成了 20 世紀的冠軍，向歷史交出了一張漂亮的成績單，最後成為把大英帝國從帝國寶座上推下來並取而代之的新的強權。

第五章
從自由貿易到閉關自守
（1775-1808 年）

　　1808 年是美國經濟發展的分水嶺，美國開始了自己的發展道路。這一年，美國實行了閉關自守的政策。

　　1776 年獨立以後，美國的遭遇頗似 20 世紀許多新獨立國家的遭遇。大英帝國的戰略和國內對自由貿易的迷信，使原有的國際分工和世界秩序，像兩條加在未來巨人身上的鎖鏈。從獨立以後到 1808 年這三十多年間，美國奉行的是自由貿易。藍色的大海把美國豐富的自然資源和農業資源帶到世界各地尤其是英國，再把英國的製成品帶回美國。締造美國的那一代人，有許多熟讀亞當·斯密的《國民財富的性質和原因的研究》（即《國富論》），崇尚自由貿易，希望按照國際分工的原則，把美國建設成一個沒有現代工業的農業國家。美國幾乎沒有試圖建立自己的製造業。

　　這種自由貿易使獨立後的美國和英國繼續處於世界產業鏈的兩個極端：一極是作為世界工廠的英國，一極是作為原材料基地和製成品市場的美國。其間雖然有漢密爾頓提倡保護主義，但是他超前而孤獨的聲音要在幾十年以後才得到迴響。美國是世界上最開放的國家，幾乎沒有關稅。假如歷史只根據這三十多年來檢驗這種貿易戰略，真理將在自由貿易一邊。這三十多年給美國帶來了前所未有的商業繁榮。

　　然而，歷史不會只根據這三十多年的實踐來檢驗一種發展戰略。

　　隨着歐洲戰爭的發展，美國商業規模的擴張和商業船隊的迅速擴大使大英帝國感受到海洋霸權的威脅。大英帝國開始打擊美國海洋力量的上升，大肆侵犯美國的海洋權利和主權。自由貿易帶來的這種商業繁榮遭遇了大英帝國霸權的挑戰。當時美國的聯邦黨和民主共和黨在對英政策上發生了嚴重分歧。傑弗遜和其他民

主共和黨人面對霸權的挑戰，逐步改變了他們幾十年的自由貿易的立場而傾向於保護主義。然而有些曾經提倡保護主義的聯邦黨人則基於親英立場而從保護主義立場後退。美國公眾對英國種種侵犯主權的行徑相當憤怒。英國的霸權行為，最後導致了 1807 年美國的《禁運法案》。

經過三十多年的演變，在劍與火的較量中，美國從完全開放走向了閉關自守。

海盜般的歐洲各國

國家博弈，利益至上。十五、十六世紀的歐洲，文藝復興後，人性甦醒，物慾上升，群雄並起。誰能在群雄逐鹿中脫穎而出，成為歐洲的霸主？歷史花了近兩百年的時間，通過劍與火、進攻和防衛，通過不同國家發展道路的選擇和差別，才把這個謎底告訴了人類。

人們在財富的刺激下，鋌而走險，重商主義盛行。商業和貿易為控制着商業和貿易的人們和君主帶來了無盡的財富。海外的探險、海外關於財富和金銀的傳說，刺激了歐洲的探險家們遠走世界各地，許多探險家迅速暴富，海外貿易幾乎成了財富的主要源泉。當時的歐洲，誰控制了海外貿易，誰就控制了財富。而誰控制了海上交通，誰就控制了海外貿易。為了控制海上貿易，有的國家建立了強大的海上艦隊，試圖成為海上霸主；而有的國家則通過支持海盜行為干擾海上霸權。歐洲和世界各地的海上貿易線上，海盜頻出，私人海盜和國家海盜混雜在一起。

國家的海盜行徑是當時歐洲的普遍現象，是許多歐洲國家奉行的國家博弈戰略。

在歐洲的政治舞台上，為了國家利益，國與國之間忽敵忽友，合縱連橫。有時候化敵為友，有時候反目成仇。叢林法則支配着歐洲的國家博弈。當時歐洲國家之間的分合就像海盜間的聚散一樣，只為了一個目的，那就是財富。

在 16 世紀，歐洲的海上強權先是葡萄牙，後是西班牙。到了 16 世紀中後期，在伊麗莎白一世的統治下，英國開始建造強大的皇家艦隊，專門在西班牙帝國範圍內從事遠距離的海上強擄。這種海盜行徑受到英國宮廷和貴族的大力支持，利潤豐厚。後來由於西班牙加強了自己的艦隊並改善了情報體系，英國的這種海盜行徑出現了一系列成本昂貴的失敗。這種失敗為英國與西班牙戰爭提供了藉口。1585 年伊麗莎白一世開始支持西班牙內部 17 個低地省份的叛亂（1568-1648 年），

這場叛亂導致了荷蘭的誕生。

在兩場英國與西班牙戰爭期間，荷蘭後來居上，成為歐洲最強大的海上霸權。它擊敗了西班牙的海上霸權，取代葡萄牙控制了東印度公司，成了歐亞主要的交易者。權力的改變導致了遊戲的改變。英國在幾乎長達一百年（1533-1628 年）的海上霸權爭奪中，卻看到荷蘭的崛起。英國的不平可想而知。它開始與西班牙修好。1631 年查理一世與西班牙簽訂了一系列針對荷蘭的秘密條約，同時大規模建造皇家艦隊。但是，英國同西班牙的聯盟是脆弱的，查理一世一方面與西班牙秘密聯盟，另一方面與強大的荷蘭維持友好關係。1636 年，他曾要從荷蘭手中奪回北海道捕魚權。1639 年，他不敢保護向他尋求保護的西班牙船隊。在隨後的海戰中，荷蘭摧毀了西班牙的海上力量，也摧毀了查理一世的聲譽。

後來的十幾年，英國陷入了內戰，國家分裂，實力衰退。歐洲無人可以與荷蘭爭雄。作為陸地和海上的超級大國，荷蘭大規模地吞食英國利益，甚至搶奪了英國與其北美殖民地的海上貿易。

導致荷蘭盛極而衰的是兩大歷史事件。

1648 年荷蘭終於與西班牙簽訂了和平協議。荷蘭擠走了葡萄牙，打敗了英國，屈服了西班牙，打遍歐洲無敵手。新興而強大的荷蘭，感到了沒有對手的孤獨。通過實力獲得的強權與和平，需要實力來維護，然而荷蘭忘記了這一點，開始了裁軍的過程。裁減陸軍，遣散海軍。結果導致許多國內衝突，幾乎引發內戰。

與此同時，格倫威爾重新統一了英國，開始了臥薪嘗膽，大規模地建造海軍，重新武裝自己。

英國已經準備挑戰荷蘭。1651 年，英國議會通過了第一個《航海條例》。1660 年通過了第二個《航海條例》，與荷蘭的海上爭奪戰正式開始。接下來兩國進行了多次戰爭，最後荷蘭完全屈服。隨後英國在保護主義政策下，發生了第一次工業革命。第一次工業革命為大英帝國建立世界一流的軍事力量提供了物質基礎，大英帝國從而崛起為歐洲無可爭辯的霸權。大英帝國皇冠上有兩顆璀璨的明珠：金融和霸權。而幫助大英帝國攫取這兩顆明珠的是帝國的一紙自私的法案——《航海條例》。這是一個典型的保護主義法案。這個法案是後來英美衝突的導火索之一。

從伊麗莎白一世 1558 年繼位，尋求海上擴張開始，到 18 世紀末期成為超級大國，英國走了兩百多年。

　　國際關係，既分合無常，又分合有道，利益原則是綱。1756-1763 年，歐洲發生了七年戰爭。曾經在英荷相爭中聯手的英國和法國在歐洲為爭奪霸權大打出手，血流成河，國竭民窮。

　　美國就是在這個時候登上歷史舞台的──一個崇尚實力、海盜和國家並存的歷史舞台。這個新興的共和國面對的是海盜一般的列強。

英國對美國的貿易控制

　　18 世紀中葉歐洲經歷了七年戰爭，歐洲的大陸霸權和海洋霸權進行了一場生死搏鬥，結果兩大霸權都筋疲力盡。戰後的大英帝國出現了財務危機，帝國的領袖們為了解決財務危機，絞盡腦汁，最後決定走傳統帝國的老路──讓殖民地輸捐。為此，帝國的決策階層通過了一系列針對殖民地的稅法。

　　1765 年，大英帝國的議會通過了第三個《印花稅法案》，也是第一個直接向殖民地徵稅的法案，是一個典型的掠奪殖民地的法案，是對殖民地的經濟宣戰。支持這項法案的議員們沒有想到，**在帝國的議會大廳裡，催生了一個強大的未來對手。這個對手將是把大英帝國從帝國的寶座上推下來的國家，是一個最終顛覆大英帝國並讓大英帝國俯首稱臣的國家。**

　　歐洲戰爭導致帝國財枯力竭，帝國財枯力竭導致印花稅，印花稅導致了美國獨立戰爭。

　　戰爭中誕生了美國，從而大英帝國踏上了衰亡的歷史。

　　歷史事件環環相因。

　　新生的美國是大英帝國國際分工政策的直接受害者。在殖民地時期，通過對殖民地的直接控制，帝國對殖民地實施了長時間的經濟戰，限制殖民地在經濟上的獨立。大英帝國通過《航海條例》，嚴格控制殖民地對外貿易的運輸和市場，並通過對市場的直接控制達到對北美殖民地經濟的控制。在大英帝國直接控制的國際分工體系中，北美殖民地只不過是原材料和農產品的出產地。在殖民地時期，大英帝國嚴禁在北美殖民地興建煉鋼高爐和軋鋼廠；不允許殖民地居民哪怕為自己消費而從事任何真正意義上的製造業；英國還有效地防止殖民地居民為建立以遠距離銷售為目的的日用品製造業的種種努力。在帝國經濟政策的支配下，美國

的「製造業」基本上是家庭作坊。當時美國的主要職業是木匠、鐵匠、鞋匠等。如果美國還有什麼「製造業」的話，按英國的話說，那就是為英國「製造鐵坯」。

　　帝國用盡一切辦法保證殖民地既是英國的原材料提供基地，又是英國工業品的傾銷市場。

　　在殖民地時期，北美殖民地沒有自由貿易，帝國的政策制定者也不允許殖民地有自由貿易。所有的貿易都在帝國的掌握之中。國民經濟的關鍵環節都在帝國的世界分工體系內：殖民地的產業結構、國際貿易的運輸、國際市場等。

　　在獨立戰爭前和戰爭之中，自由貿易不是英國而是北美殖民地的旗幟。美國獨立的主要要求之一就是擺脫大英帝國控制，實現自由貿易。自由貿易在美國獨立初期非常流行，是當時居於支配地位的發展戰略。而大英帝國為了自己的目的也開始向美國推銷自由貿易。

　　獨立以後，美國國門大開，殖民地經濟體系和國際經濟關係幾乎原封不動地延續下來。英國對美國的種種產業歧視政策這隻看得見的手尚未消失，自由貿易這隻看不見的手則開始強化着原有的分工格局。自由貿易現在成了大英帝國對前殖民地的經濟訴求，成了大英帝國對新生共和國的經濟戰爭手段。一方面，大英帝國大量向美國傾銷製成品；另一方面，又嚴格限制美國的海外貿易，尤其是美國與英國殖民地的貿易。大英帝國控制着幾乎所有主要的海上運輸。

　　走上自由貿易的道路的美國希望英國廢棄殖民時期的《航海條例》，使美國能自由地與世界各國各地通商。但是，大英帝國還依舊頑固堅持《航海條例》，限制美國與英國殖民地之間的自由貿易，把美國和英國殖民地的貿易控制在自己手中。美國獨立後，就要不要廢除《航海條例》，與英國有巨大的爭論。1783 年謝菲爾德伯爵（Earl of Sheffield），大英帝國著名政治家，就此寫道：

　　《航海條例》，我們偉大的海洋強權的基礎，為我們帶來了全世界的貿易。假如我們改變了這個法案，允許任何國家和我們的殖民地進行貿易，或者允許其他國家把非其自己製造的產品帶到英國，我們就犧牲掉了英國的海洋權利。[1]

---

[1] http://www.napoleon-series.org/research/government/british/c_ordercouncil.html.

帝國決定維持《航海條例》的效力。推行自由貿易的英國，念茲在茲的是保護帝國自己的利益。

大英帝國與美國的自由貿易是由大英帝國的國家利益界定的自由貿易。帝國有人希望通過控制製造業和金融，通過壟斷高端產業（當時是製造業）和提供長期信用的方式（類似於投資），控制美國。[1]

隨着自由貿易的實施，一方面美國對英國工業品的進口大大擴張，以滿足美國日益擴大的國內市場的需要；另一方面，英國對美國的農產品和原材料的需求日益加劇，以滿足英國日益發達的工業生產的需要。

面對強大而先進的英國製造業的競爭，獨立後的三十多年裡，美國幾乎沒有出現自己的製造業。在自由貿易的競賽中，強者和弱者的競爭在本質上是不平等的。**英國完善的工業體系、富裕的資本、大量的機器和熟練的工人、價廉質優的產品，像貪婪的羊一樣溫和而從容地啃食着美國民族工業的幼芽。美國在國際分工中出現了畸形的商業繁榮。**

三十多年沒有發展的增長。

美國的強國之夢

一個缺乏訓練的選手和一個久經沙場的冠軍之間的自由競爭，是一場沒有懸念的比賽。不僅如此，大英帝國的殖民統治和獨立後的自由貿易，還給美國帶來了巨大的貨幣金融混亂和對大英帝國這一金融中心的依賴。倫敦是當時世界的金融中心，英鎊是世界貨幣。美國幾乎沒有自己的貨幣、自己的金融體系、自己的銀行、自己的信用市場。大英帝國的金融體系控制着美國。美國不斷繁榮的進出口業務，主要由歐洲，尤其是英國資本資助。

美國在財政上則更是雪上加霜。公共財政幾乎破產。在獨立戰爭期間，殖民地武裝一無所有，一邊要打仗，一邊要籌錢。許多士兵必須自己花錢武裝自己，許多軍官變賣家產以裝備自己的部隊，而美國政府則主要依靠舉債來籌措軍費。

---

[1] Bernard Semmel, *The Rise of Free Trade Imperialism,* Cambridge University Press, p. 30.

獨立後的美國外債內債一大堆，聯邦政府負債 5600 萬美元，各州總計負債 2500
萬美元，總共 8100 萬美元。

　　獨立戰爭時期政府發不了軍餉就許下很多承諾，諸如關於軍餉、退休金的承
諾等。獨立以後，政府由於財政困難，只能繼續用新的承諾來支付舊的承諾。欠
餉問題十分複雜而棘手，當士兵們不願再接受新的承諾時，就爆發了騷亂。最嚴
重的一次，騷亂的士兵結隊向費城浩浩蕩蕩地進軍，欲圖包圍國會索取欠餉。

　　當時費城是美國的首善之地。國會被迫移駐普林斯頓。

　　可見聯邦政府窮到了什麼地步。

　　貨幣秩序則類似於中國的戰國時期。美國剛獨立時，由於自由貿易、市場開
放和金融開放，十幾個州流通着大約五十來種貨幣，英鎊、法郎、西班牙貨幣和
各州的貨幣。美國成了世界貨幣的逐鹿地，成了貨幣投機者的天堂。而且通貨膨
脹嚴重，戰爭期間發行的大陸貨幣幾乎不值一文。

　　美國沒有自己的金融自主權，幾乎沒有自己的銀行體系，沒有自己的證券市
場，沒有現代意義上的公司。美國除了擁有獨立外，其他什麼都沒有。

　　經濟上如此不振，政治上也十分脆弱。美國 1776 年宣佈獨立，1781 年獨立
獲得英國承認，1788 年美國《憲法》得到批准，1789 年美國第一屆國會和總統才
就職，此時距美國宣告獨立已經長達十三年。美國政府體制的探索經歷了漫長和
艱難的過程。

　　當時世界上幾乎只有美國實行的是共和制和聯邦制。歐洲幾乎都是君主制。
年輕的美國幾乎沒有現成的樣本可以學習借鑒，必須依靠自己的探索走出一條自
己的路來。立國初期，聯邦權威不振，州權和聯邦權在實際運作中界定不清。聯
邦幾乎沒有國防，沒有常備軍。聯邦各部間的職責劃分不清。第一任財政部部長
的職權不僅涉及財政、金融、信貸，還涉及外交、軍事等。國會與行政部門的互
動方式尚在摸索，而國會自身則幾乎成了爭吵的場所，當時國會主要代表各個州
的利益。在國會中常常可以看到這種情況：當國會就某一問題的討論進行不下去
的時候，有的州就揚言要退出聯邦。從獨立以後直到內戰結束，時有州權對抗聯
邦權的現象。聯邦的權威、法律常常受到自發的和有組織的蔑視和挑戰，聯邦政
府在經濟中的作用不明。

　　在國際上，歐洲的君主們幾乎沒有認真看待美國，沒有認真對待美國關於主

權的要求。當時的世界霸權英國、法國都曾經有侵犯美國主權的行為。外交似乎並不十分重要，弱國無外交，早期的美國對此一定深有體會。國務院在今天無疑是美國最重要的部門之一，然而華盛頓統治下的國務院只有國務卿外加一位臨時工。

美國作為一個民族一個國家正在尋求自己的政治經濟的生存方式。

與這種現實形成巨大反差的是美國的勃勃雄心，是在《獨立宣言》中表現出來的優越感和使命感，是美國的民族主義夢想。創建美國的那一代人，在落後的現實上揮灑的卻是浪漫的夢想。早期的政治家，如傑弗遜等，強調美國民族的獨特性，認為美利堅民族將走出一條屬於自己的獨特的路。這種優越感後來發展成「美利堅民族的優越性」（exceptionalism）。在美國早期政治家的國家藍圖裡，未來的美國是一個橫跨兩洋的大國。富蘭克林，美國締造者之一，希望把美國建設成大西洋經濟圈的經濟中心。

落後沒有成為美國喪失民族自尊的借口，也沒有成為自暴自棄的借口，沒有成為盲目崇拜別人的借口。**當時的美國是一個落後但充滿自豪感的民族。只有一個充滿自豪感的民族才可能崛起。落後並不意味着軟弱，先進也不意味着強大。**軟弱和強大首先是民族意志的區別，**先進而軟弱的例子比比皆是。**中國 20 世紀 50 年代初期也許比幾十年以後相對落後，但是誰敢說中國軟弱？

一個後起的落後的國家，如何才能托起強國之夢？

美國將債務變成權力

大英帝國在製造業和（通過長期信用的方式）金融上對美國的控制，是美國經濟獨立的最大障礙。獲得金融上和產業上的獨立，成了美國實現真正政治獨立的兩件大事。這也是漢密爾頓想做的兩件大事，也是理解美國崛起的鑰匙。

當時，美國面前有兩條路：是實行自由貿易還是保護主義，是走依賴之路還是走獨立之路。

欲瞭解美國經濟發展道路，必須先瞭解漢密爾頓的經濟政策，美國後來一百多年中的發展戰略和經濟政策幾乎都可以在那裡找到雛形。

亞歷山大‧漢密爾頓是美國第一任財政部部長，美國締造者之一，經濟學家，美國學派的創始人。在美國獨立以後，面對百廢待興的國家，面對在經濟、技術、

軍事上都居壓倒性優勢的英國，面對英國事實上的貿易壟斷，他發現美國必須發展工業，強化聯邦的權威，走保護主義的發展道路。漢密爾頓的經濟思想和政策建議，詳細闡述在他給國會的三個報告裡，這三個報告奠定了「美國學派」的基礎。

作為美國的第一任財長，他所面對的是千頭萬緒的現實，應當從何處着手？漢密爾頓在建立美國經濟秩序的過程中沒有選擇讓市場自己孕育自己的道路，而是動用了政府這隻看得見的手，強化聯邦權力的運作。他認為只有強有力的中央權力的存在，才能實現美國的經濟崛起。

他做的第一件事是奪回金融自主權，通過政府主導的金融革命在短期內實現金融和貨幣上的獨立。其中最大的創新是讓債務變成權力。

他的第一個報告是《關於公共信用的報告》。這個報告的主要目的是解決美國政府的債務，建立聯邦的信用信譽，強化聯邦政府，振興公共財政，同時刺激經濟發展。漢密爾頓認為，如果不承認和解決獨立戰爭中遺留的各種債務問題，美國政府的信用將會極差，公共財政將無法改善，聯邦政府將無法吸引內外投資者。但是聯邦政府窮得叮噹響，要錢沒錢，要銀行沒銀行，用什麼還債？漢密爾頓提出了一個不花錢的解決方案：聯邦政府將承接所有州政府的債務，然後以發行新債券的方式按票面價值將所有舊債務一次付清。這些新債券有 4% 的利息，這4% 的利息將由關稅和酒的營業稅支付。持有這些債券的人可以用它作抵押貸款，而達到刺激經濟發展的目的。聯邦債券的這種市場流通開啟了美國的信用市場。

由於聯邦承接了州的債務，這些建議雖遭到反對，但最終獲得了國會的支持。特別是聯邦酒稅一項，美國《憲法》只賦予聯邦政府徵收關稅的權利，獲得徵收酒稅的權利無疑是聯邦政府的一大勝利。

這項創新不僅解決了債務危機，還強化了聯邦權力，在一定程度上平抑了州權。聯邦承接州的債務無疑加深了州對聯邦的依賴，顯示了聯邦政府高於州政府的優勢。聯邦用新債償還了所有舊債，包括外債。聯邦政府的信用和債務能力在國內外空前看好，而各州的信用則幾乎破產。聯邦債券在全美國和海外的流通，無疑加強了債券持有者與聯邦和美國的利益關係。漢密爾頓自己就不無爭議地指出，這些債權人出於利益動機是不會希望美國分裂的。

通過債務控制了債權人，讓債權人承認美國利益。債務成了一種無形的權力和武器。

在漢密爾頓這項改革以前，美國債務無人問津。改革以後，這些債務成了國內外投資者追捧的對象。頗有一百多年以後，人們追逐美元（另一種債務）的勢頭。漢密爾頓的這種不花錢的政策和策略，開創了美國將債務變成權力，通過債務來征服世界的傳統。在一百多年後的「尼克松震盪」中聽得到這種傳統的歷史迴響。

漢密爾頓不花一分錢，既解決了債務問題，又強化了聯邦權威，一石數鳥。難怪華盛頓讚他是「最有才華」的人。

《關於公共信用的報告II》是他的第二個報告。在這個報告裡他想解決的是貨幣混亂、金融管理和信用市場的培育問題。為此他提議成立「國家銀行」。該銀行實際上是美國當時的中央銀行，由財政部控制。它將發行和穩定國家貨幣，提供貸款，代管政府財務，發行金融票據，幫助聯邦政府有效控制金融體系，推動製造業和工業發展。這家銀行是私人機構，但聯邦政府要佔 20% 的股份。國庫空虛的政府，怎麼買這 20% 的股份？他又提出了一個不花錢的建議：由這家銀行發行 1000 萬美元的股票，然後借 200 萬美元給聯邦政府，聯邦政府再用這筆錢買下這 20% 的股份。這筆債務將在 10 年內以 10 次付清，每年一次。這種讓聯邦政府通過債務而達到控制該銀行的手段，還是體現了「將債務變成權力」的思路。作為交換，這家銀行將為聯邦政府管理稅收款項，是聯邦政府的存款機構，也就是說，政府稅收將為該銀行提供源源不斷的流動性和資金來源。創建國家銀行的另一個目的是解決政府的財政問題，該銀行將成為購買和銷售政府債券為聯邦籌資的手段。這家銀行的一個重要職能就是發行美國貨幣，一種紙幣。有的歷史學家認為，發行紙幣是美國的一種發明，甚至可以追溯到獨立以前。

上述建議尤其是「國家銀行」的建議遭到傑弗遜的民主共和黨的激烈反對，但由於華盛頓的堅定支持被國會批准。

在美國建國之初，政府這隻看得見的手在培育金融信用市場中起了重要作用。這些措施降低了美國對海外資本的依賴，啟動了美國的信用市場，建立起了國內的金融體系，培育了美國的「金融革命」。漢密爾頓做第一個報告時是 1789 年。到了 1795 年，美國擁有了自己的「中央銀行」、自己的銀行體系、自己的貨幣和充裕的國庫，理清了自己的債務，聯邦債務在國內外信譽日盛。假如沒有這場金融革命，美國將受歐洲金融資本的控制，將成為歐洲尤其是英國金融資本的附庸。

只有有了金融上的自主才可能談論經濟上的自主發展。用今天的話講，漢密爾頓，不僅是遠見卓識的政治家，還是資本運作大家。不花一分錢，就不僅解決了美國政府的債務問題，還完成了一場金融革命。

漢密爾頓的經濟政策

在這兩個報告的基礎上，他的注意力轉向了實體經濟發展方面，他提出了第三份報告。這是他想做的第二件事。

正是這篇報告奠定了美國以後一百多年實施保護主義的理論和政策基礎。

1791 年，他在給國會的《關於製造業的報告》中詳細闡述了保護主義的經濟思想。在這篇報告中，他向自由主義佔壓倒優勢的美國公眾和國會論述了保護主義對美國經濟發展的必要性。漢密爾頓孤獨的聲音雖然在美國歷史上迴盪了一百多年，但在當時卻沒有獲得共鳴。我想漢密爾頓當時拿定主意要憑一己之力向不可能挑戰。

首先，他從國家利益的角度深刻地洞察到保護主義對發展中國家的必要性。他這樣寫道：

> 要從無到有建立一個產業的難以戰勝的障礙是那些已經建立並完善了這類產業的國家所已經享有的優勢。要在一個剛建立的國家和一個早已成熟的國家間維持一種基於平等的關於質量和價格的競爭是不可行的。沒有政府的巨大支持和保護⋯⋯成功的競爭是不可能的。[1]

可見漢密爾頓不是一個天真的自由貿易和市場經濟學家，不認為自由貿易市場經濟可以自然地把美國引向繁榮。他的這段話有兩層含義：一是在國際貿易方面，提倡貿易保護；二是在國內經濟方面，提倡政府支持和干預。

---

[1] Alexander Hamilton, *Report On Manufactures,* Presented by MR. Smoot, August 30, 1913, Ordered to be Printed, p.19.

其次，他從國家政治獨立的角度洞察到經濟完整和經濟獨立的必要性。雖然這是一篇政策報告，但卻是以理論討論開始。他的報告是一篇完整的經濟理論、經濟形勢、經濟政策的報告，融經濟理論、理論辯論、政策建議於一體，文風雅致，邏輯嚴密，結構完善，論點鮮明，是一篇經濟報告的範文。在他的報告中，他詳細論述了一個平衡發展的經濟體系的好處，把經濟體系的完整性和經濟獨立聯繫起來。認為沒有經濟獨立就沒有政治獨立，而經濟獨立的關鍵是經濟體系的完整。

再次，他論述了國內市場和國外市場的關係。他認為國外市場比國內市場有着更多的不確定性，美國經濟發展應當建立在國內市場的基礎上。國外市場有許多的不確定性，不能把自己的經濟建立在這種不確定性上面。假如在今天，他一定是一個反對「出口導向」的經濟學家。他認為，在內外兩個市場之間，應當優先選擇國內市場。

最後，他從美國的國情出發，從當時國際經濟現實出發提出了如何發展製造業的政策建議。他把國民經濟的完整性提到關乎國家獨立的高度，認為要確保美國的獨立，美國必須有完整的製造業。而要在當時的情況下建立這樣一個製造業體系，美國政府必須有一整套完備而深思熟慮的政策。他認為這個政策的基礎就是：關稅保護，以政府推動和政府補貼的方式促進製造業和基礎設施的發展，推動科技創新；建立國有銀行，發行國債以推動產業和基礎建設。關鍵是貿易保護主義。

漢密爾頓和「美國學派」認為，政府必須以高關稅來保護幼小的民族工業，用關稅收入來補助支持製造業的發展，並用作政府開支。他認為美國政府必須補助和資助工業的發展。他認為以關稅收入補貼工業發展的政策，既可以刺激工業發展，又可避免因關稅而導致的供給減少以至於價格上升；政府補貼可以刺激民族企業家精神，創新發明的精神；補貼可用於推動交通運輸系統的建造以促進國內貿易；關稅和補貼可以把美國的幼小工業建立在國內市場的基礎上，特別是國防產品的基礎上，從而使之發展成為製造業的中心。這種政府的直接資助將增加美國經濟和美國作為國家的競爭力和獨立性，降低對外部強權的依賴。

漢密爾頓的經濟政策概括起來就是：對外的保護主義，對內的政府干預。他的一系列金融、貨幣、經濟政策都帶有強烈政府干預的色彩。政府這隻看得見的手一開始就在美國經濟發展中扮演着重要的角色。

漢密爾頓提倡強勢政府，他的政策建議還包括建立強大的陸軍和海軍，強化聯邦政府。在他的領導下財政部迅速擴大，成為美國最大最有影響力的機構。以至於有些歐洲的政治家誤認為漢密爾頓就是華盛頓的首相。

漢密爾頓是美國保護主義和影響美國發展進程的「美國學派」的創始人。他所提倡的保護主義後來成為美國國策，持續到 1930 年。但是在當時，漢密爾頓的保護主義呼聲並沒有為國會接受。

在自由貿易思潮風靡的美國公眾和國會面前，漢密爾頓關於保護主義的呼聲猶如堂吉訶德對風車的挑戰。漢密爾頓能以一己之力扭轉美國貿易政策和發展道路嗎？

傑弗遜主張「把我們的工廠留在歐洲」

漢密爾頓的經濟理論和政策受到了傑弗遜及其民主共和黨的激烈反對。

華盛頓總統有兩位重要顧問，一位是國務卿托馬斯·傑弗遜；一位是亞歷山大·漢密爾頓。他們雖然都從民族主義出發，然而卻由於重點不一樣而為美國提出了自己的選擇。一條是自由貿易，一條是保護主義。在美國建國初期自由主義是既定國策。

傑弗遜和他所創立的民主共和黨主張把美國建成單一的農業社會，他認為獨立的小農場主是「上帝的選民」；提倡國際分工，極力反對建立現代工業和商業。他的一個著名的口號是，「把我們的工廠留在歐洲」。在國際事務上，他提倡自由貿易，反對國家間的政治聯盟。

這種自由貿易戰略從靜態上看，符合美國國情。美國土地豐富且肥沃，自然資源豐富，擁有「資源紅利」；獨立後大量歐洲移民湧入美國，擁有「人口紅利」。假如從單純的數量增長角度看，這兩種「紅利」有利於美國走出口導向的增長戰略。

傑弗遜提倡開放經濟。他指出，與世界各地進行自由貿易是人們的一種自然權利，別人無法剝奪。「在道德法則下面，與鄰國交換剩餘和需要是一種權利和責任」。他認為，政府在國際貿易中不能妨礙自由貿易，「政府沒有什麼可做，他要做的就是不要妨礙自由貿易」；「政府與其用繁複的法律、關稅和禁止來妨礙貿易，不如讓全世界從政府干預的枷鎖下解脫出來，讓每個國家從事自己最合

適的生產，然後相互交換剩餘和需要。假定如此，那世界上最大的財富可能將被創造出來，而有益於人類和人類的幸福」。①

他這種關於自由貿易、反對政府干預的政策選擇，來源於他的政治理念。他認為農業社會簡單，有利於個人獨立自由，而工業化會導致強有力的商業利益集團，這種利益集團會導致腐敗，並最終與聯邦權力結合而威脅美國的民主。基於他對英國的觀察，他認為大商業利益集團、大工業集團會導致等級制度或貴族階層，而成為君主制度的溫床，危害共和價值。基於這種政治哲學，他堅決反對發展工業，提倡通過把美國建成農業社會，通過自由貿易來獲取製造品。他反對政府干預經濟，反對任何強化聯邦權威的舉措，反對英國所代表的君主制，反對英國體制可能帶給美國的種種影響。

傑弗遜這些主張告訴你，他是一位清醒的自由貿易推行者。他清醒地認識到，自由貿易不會使美國在製造業上趕上英國，自由貿易將通過自然的國際分工使美國繼續成為農業國。然而，他的理想就是要把美國建設成農業國和原材料輸出國。

假如說自由貿易是後起國家的陷阱的話，傑弗遜是看清了這個陷阱而往裡面跳的人。所以，一旦當他發現美國必須在經濟上獨立時，他很容易地放棄了自由貿易。

在這一點上他比後來那些希望通過自由貿易、國際分工來發展自己，來提升產業的人要清醒。

但是清醒的傑弗遜也有不清醒的戰略誤區。美國的這種低端分工，美國對海外市場的依賴，美國對英國製成品的依賴，最終將不利於美國綜合國力的提高，從而使美國在與霸權的競爭中處於戰略劣勢。

美國的歷史進程將以自己的邏輯讓傑弗遜在這個問題上清醒過來，而他也的確是美國決策者中最早清醒過來的人之一。這是後話。

基於這種自由貿易的理念，在貿易政策上，他提倡「對等或互惠」和「公平貿易」的貿易政策。這種自由貿易的戰略導致了外交中立政策。他認為美國要與世界

---

① Thomas Jefferson, *first inaugural address*, 1801, http: //www. lewrockwell. com/vance/vance 17. html.

各國實行自由貿易，就必須在國際上保持中立，和世界上所有的國家交往，從事商業往來。這條中立外交政策成為美國介入歐洲事務以前的長期國策。對英國頻繁干預美國「自由貿易」的霸權行徑，他堅決反對，甚至不惜與英國一戰。而對歐洲的另一強權法國，他則力主修好。

他堅決反對政府干預，崇尚州權而反對強化聯邦權威；崇尚個人自由而反對政府干預；崇尚共和國而反對君主制。

基於他對農業社會偏好的政治理念，他提出了另一項政治主張，那就是美國的領土「擴張主義」。他認為要建立起理想的農業社會，就必須提供大量廉價的土地以滿足源源不斷湧入的移民。而提供大量土地的唯一途徑就是擴張領土。這種領土擴張的要求在美國歷史上具有十分重要的作用，它使美國從東岸的 13 個州的狹小地域擴大成橫跨大西洋、太平洋的大國。其實在美國早期政治家的藍圖上，未來的共和國還應包括今天的加拿大。他不僅這樣說，而且還付諸實施。他和其他民主共和黨人在執政期間，從法國手中買下了路易斯安那，極大擴大了美國領土。他推動了 1812 年（與英國的）戰爭。美國的戰略目的之一就是合併英國在今天加拿大領土上的殖民地，可見領土的需求在傑弗遜的民族主義中佔有多重要的地位。正是這種民族主義的基因，使美國不斷向西擴張，最後建成了跨越兩大洋的幅員遼闊的國家。

兩個政黨的路線之爭

細心的讀者不難發現，漢密爾頓和傑弗遜的路線之爭都源於民族主義，源於對美國特殊性的不同解讀。

傑弗遜提倡州權，漢密爾頓提倡聯邦權。

傑弗遜反對政府干預，漢密爾頓提倡政府干預。

傑弗遜提倡自由貿易，漢密爾頓提倡保護主義。

傑弗遜主張把美國建設成產業單一的農業社會，漢密爾頓主張建立完整的經濟體系。

傑弗遜要建立一個自由貿易基礎上富裕的美國，漢密爾頓則想建立一個強大的美國。

傑弗遜反對英國甚至不惜一戰，漢密爾頓則主張與英國修好。

傑弗遜認為任何政府資助都會帶來腐敗，漢密爾頓則建議政府為工業發展提供補貼。

他們幾乎在所有方面都嚴重對立，這種對立導致了個人的彼此對立，但是二者都有相同的出發點：美國民族主義。

如果說，傑弗遜的主張着重於美國政治建設的特殊性，從個人自由、農業社會的理想得出自由貿易的結論，那麼漢密爾頓的主張則着重於美國經濟發展的特殊性，從建立完整經濟體系、實現經濟獨立以確保政治獨立的理想得出保護主義的結論；**如果說傑弗遜希望美國從政治上擺脫英國體制的影響，那麼漢密爾頓則希望美國從經濟上擺脫對英國的依附；如果說傑弗遜代表的是政治民族主義，那麼漢密爾頓則代表的是經濟民族主義。**

與這種路線之爭相對應的是兩黨的政爭：聯邦黨（漢密爾頓）和民主共和黨（傑弗遜）。

這種基於共同的民族主義的路線之爭，最後走向了融合。民主共和黨最終轉向保護主義而全盤接受了漢密爾頓的主張。細心的讀者也許不會為這種融合而吃驚。因為這種融合的根本原因，是他們背後民族主義的共同根基。區別在於聯邦黨是精英的民族主義，不太信任公眾，而民主共和黨是草根的民族主義，不太相信精英；聯邦黨有華盛頓的支持，而民主共和黨有許多州和許多平民的支持；聯邦黨人在北方大城市有大商業利益的支持，而民主共和黨則在南方有大批的擁護者；聯邦黨人致力於保護和發展美國自己的製造業和工業，民主共和黨致力於建立以個人自由為核心的美國獨特的政治體制和價值體系。他們各自認為自己的主張有利於美國，並認為對方的主張有害於美國。

民主共和黨幾乎全盤接受了漢密爾頓的所有主張，但是卻摒棄了漢密爾頓與英國修好的主張。傑弗遜認為當時的超級大國英國是美國發展道路上的最大敵人，而這種看法後來幾乎主導了美國一百多年的歷史與發展。

美國早期政治領袖的這種探索否定了英國政治體制和自由貿易的普遍適用性，主張根據美國當時的特殊國情探索美國政治經濟發展的道路，從而建立了適合美國自己特殊條件的政治經濟體制。然而，這些探索後來被人們賦予了普世價值而加以推廣，甚至被有些人「照抄學習」，這可能是那些探索者本人都始料不

及的。

漢密爾頓所創立的「聯邦主義者黨」和傑弗遜所領導的「民主共和黨」是美國當時的兩個主要政黨。由於彼此的經濟主張、政策着重點、權力基礎和行事風格不一樣，它們是兩個針鋒相對的政黨。

這兩種民族主義者的對立程度可以從以下兩件事反映出來：

第一件事：漢密爾頓和民主共和黨的伯爾因政治觀點的對立而成了敵人，「主義」之爭演變成了個人之爭，最後漢密爾頓死於與伯爾決鬥的槍傷。

第二件事：民主共和黨對聯邦黨強化聯邦政府權威的種種努力極力反對。他們懷疑聯邦黨想走君主制的道路。他們指責華盛頓、漢密爾頓、亞當斯，說他們都是英國的朋友，是秘密的君主主義者，是共和國價值的敵人。有人甚至在國會散佈謠言說漢密爾頓想發動政變立華盛頓為君，建立君主制。許多人由此懷疑漢密爾頓對美國共和制的忠誠度。

這種自由貿易和保護主義，州權和聯邦權威，對大英帝國戰還是和的爭論，一直延續到內戰。這種意識形態之爭，後來演變成了利益之爭。理解這種爭論是理解美國早期政策的關鍵。

霸權下美國的繁榮

開始扭轉美國貿易政策辯論方向的是大英帝國的霸權行徑。

1792 年歐洲爆發「英法戰爭」，歐洲君主們想通過暴力干預來打斷法國大革命的進程，這場戰爭一直持續到 1802 年。接下來是十幾年的拿破崙戰爭。法國的軍事創新、歐洲君主的聯手圍堵，將戰爭規模和慘烈推到前所未有的程度。交戰雙方，來回廝殺，橫掃歐洲。歐洲農業一片凋零。戰爭對資源的巨大需求和嚴重破壞，導致歐洲農產品和原材料的嚴重短缺，價格攀升。交戰雙方都把目光投向遠離戰場的美國，美國是交戰雙方的資源後方。

美國資源豐富，面臨一個通過貿易和商業而增長的歷史關頭。信奉自由貿易戰略的美國，在戰爭中對英法均保持中立，對兩國同時實行「中立貿易」。游弋在大西洋上的裝載美國貨物的商船隊，成了交戰雙方的生命線。美國中立國的貿易政策使美國出口迅速增長，利潤豐厚的對外貿易（其中有相當大一部分是轉口

貿易）創造了空前的商業繁榮。

　　歐洲的戰爭給美國帶來了空前的商業繁榮。但是，大英帝國的海上霸權卻威脅着這種繁榮。

　　「中立貿易」幾乎成了法國的生命線。英國的一項長期國策就是通過限制貿易來摧毀敵國的經濟。戰爭一經爆發，英國就決定打擊法國的經濟，利用絕對的海上優勢限制對法國的貿易。為了打破英國的海上禁運，法國把許多戰前未曾開放的殖民地港口對「中立貿易國」大量開放。這種「中立貿易」不僅為法國提供了經濟支撐，而且挑戰了帝國的海上霸權。從 1793 年開始大英帝國就下決心擊垮這種「中立貿易」。

　　打擊「中立貿易」的關鍵是按帝國的利益來界定中立貿易。大英帝國決定用國內法律來解決國際爭端，用自己的法律來界定美國和其他中立國的海洋權力。

　　這似乎是古今霸權的特點。

　　它重申了《1756 年條例》（ _the Rule of 1756_ ），大英帝國在英法七年戰爭中頒佈的一項法案。這項法案規定，在戰時中立國不得與英國的敵人從事貿易；假如大英帝國敵人的港口在和平時期沒有在商務上開放，中立國在戰時不得與之通商。

　　邏輯就是與敵人通商者就是敵人。

　　開戰初期大英帝國就開列了一大堆禁運名單：

　　1793 年 6 月，食品被加進到禁運名單內。

　　同年 11 月，帝國發佈敕令譴責任何向法國殖民地運輸違禁品的船隻。

　　同月，帝國頒發敕令對法屬加勒比殖民地實行禁運。

　　1795 年，帝國頒發秘密敕令要求帝國機構「不要對向法國運輸糧食的船隻的官方文件的性質過分禮貌和小心」。言下之意，不必承認這些船隊的主權歸屬，可任意處置。

　　1796 年法國開始採取相應的反制。

　　美國的商業繁榮受到了歐洲兩大霸權相互禁運政策的挑戰。雖然英法兩國在禁運中都侵犯過美國權益，但由於英國至高無上的海洋實力，對美國中立貿易的干預和打擊主要來自英國。帝國打擊「中立貿易」的政策，使美國面臨國際市場萎縮的壓力。美國的繁榮第一次感受到霸權劍鋒上逼人的寒氣。

　　屈從於這種壓力將給美國經濟帶來沉重的打擊，美國依賴海外市場的繁榮

模式受到了挑戰。為了美國利益，美國重申自己中立國和中立貿易的合法性，並提出針鋒相對的口號：「中立的船隻載的是中立貨物」（free ships make free goods）。美國反覆申訴自己的海洋權力，要求英國尊重自己的這種權力。但是，國家博弈是實力的博弈。美國認為合法的東西，只要不符合大英帝國的利益，在大英帝國看來就是非法的。

當時的美國還沒有界定自己權力的自由。倡導自由貿易的大英帝國，依靠實力推行 1756 年條例的自由限制了美國從事「中立貿易」的自由。英國皇家海軍無視美國的主權和海洋權，在以下諸方面毫無顧忌地侵犯美國利益：一、破壞美國與法國和法屬殖民地的貿易；二、經常攔截扣押美國海上的商船，沒收美國貨物；三、強行攔截美國船隻，登上美國商船逮捕美國船員，強迫他們成為皇家艦隊的水手，以緩解皇家艦隊在戰時迅速擴張而導致的水手不足的困境。當時的英國皇家海軍雖然是世界上最強大的艦隊，但是英國海軍軍艦上的船員的生活卻相當困苦，許多水手逃往美國商船，並加入了美國國籍。急需大量水手的英國皇家艦隊，經常攔截美國船隊，強行搜捕和扣留逃亡水手。美國政府反覆重申這些加入美國國籍的水手是美國公民，希望英國尊重美國的主權。

此外，英國還支持和挑動美國西面的印第安人不斷侵擾美國，防止美國向西擴張；不允許美國與加勒比海一帶的英國屬地通商，等等。

英國憑藉其軍事霸權罔顧美國的抗議，僅在 1793-1794 年間，就沒收了幾百艘美國商船，逮捕了大量水手。美國與法國、法屬殖民地的貿易，其他與法國有貿易關係國家的自由貿易，不再能自由地進行下去。美國的商業利益和主權遭到霸權的蔑視。

英法兩國之戰，對美國而言，變成了大英帝國對美國的一場海上經濟戰。沒有實力保護自己利益的美國，自由貿易的夢想在海洋強權的衝擊下開始破碎。英國海洋霸權的行徑不僅激起了美國公眾的公憤（尤其是民主共和黨），也讓美國許多人第一次認識到自由貿易不自由的現實，意識到自由貿易必須以國家實力為後盾的現實。那些提倡自由貿易的人士第一次開始了對自由貿易的反思，美國國會甚至投票決定對英國禁運兩個月。

美國關於自由貿易的辯論方向開始發生轉變。漢密爾頓關於保護主義的聲音雖然依然孤獨，但是已經有了零星的迴響。

自由貿易下的不平等貿易條約

　　英國的這種霸權行徑激起了美國各階層的憤慨，美國政府面臨對英國戰與和的選擇。傑弗遜希望並主張與英國一戰，華盛頓和漢密爾頓則主張與英國修好，希望推遲與英國的戰爭。圍繞霸權的外交之爭，是當時美國政治鬥爭的中心。

　　戰還是和？

　　按當時美國公眾的憤怒情緒，美英兩國大有開戰的可能。在這種情況下，兩國都有人開始考慮如何避免一戰。從英國的角度看，當時英國忙於與法國的戰爭，不想開闢第二戰場，而且英國還擔心美國會改變中立國的立場而站在法國一邊。美國的聯邦黨和華盛頓也害怕與英國開仗。

　　在漢密爾頓的建議下，華盛頓派傾向英國的大法官約翰‧傑伊（John Jay）到倫敦與英國談判。傑伊臨行前問計漢密爾頓，漢密爾頓告知傑伊，談判的目的是，增加雙邊貿易，穩定兩國關係。

　　為什麼提倡保護主義的漢密爾頓，現在要尋求以開放雙邊貿易的方式來穩定兩國關係以避免戰爭？

　　美國建立在自由貿易基礎上的外向型發展戰略，使美國的商業繁榮暴露在海上霸權的威脅下。搞好與世界上超級大國的關係是美國的第一優先。也許漢密爾頓還認為貿易會增加雙方的利益相關，從而能有效避免戰爭，保證美國的商業繁榮。

　　漢密爾頓還授計傑伊，假如英國不讓步就威脅它，美國將加入丹麥、瑞典等國的中立國聯盟，用武力對抗英國沒收中立國船隻的行為。作為弱國的外交使節，向超級大國尋求共同語言，這種威脅是傑伊手中唯一有用的談判籌碼。然而，漢密爾頓出於急於表達誠意的原因，率先告訴英國：美國不會加入中立國聯盟。

　　但是，**霸權在爭奪自己利益時，除了利益，沒有誠意，也不會看重對手的誠意，除非誠意的後面是彼此相當的實力。**漢密爾頓的誠意使英國看清了美國的底牌。

　　兩手空空的傑伊，幾乎失去了和英國討價還價的籌碼。

　　1794 年 11 月，雙方最終達成了《傑伊條約》（Jay's Treaty）。彼此各有讓步和所得。根據這個條約，英國將在 1796 年 6 月撤走依然駐紮在美國大湖區領土上的六個要塞；英國將給船隻被沒收的船主提供經濟補償；英國允許美國與印度和

加勒比海英屬殖民地通商。兩國相互給予對方「最惠國待遇」，英國依然限制美國對英屬加勒比海地區的貿易。

英國在侵犯美國主權和海洋權這一核心問題上沒有讓步，美國實際上接受了英國 1756 年的霸權條例。美國默許英國對法國禁運有關的海洋政策。傑伊甚至讓步同意只要英國付了錢就可以攔截美國運往法國的船隻，假如船上運輸的是法國貨，英有權沒收。

這是一個典型的希望以兩國貿易的正常化和利益融合來淡化主權爭執、來避免戰爭的條約，一個典型的重視商業而出讓主權的條約，這也是美國第一次把最惠國待遇作為國家博弈的武器。但是，美國對英國的市場全面開放並沒有為美國換回海洋權和主權的不受侵犯。

當華盛頓將這個條約提交國會批准時，公眾輿論嘩然，傑弗遜和他的追隨者們極力反對。傑弗遜等人對聯邦黨和華盛頓的疑慮進一步加深，認為他們是英國利益的代表。他們在國會中提出了一個相對立的法案，要建立一個「與英國對立的直接的商業體系」，為此「不惜冒戰爭的風險」。許多地方出現騷亂和抗議，人們的憤怒是顯而易見的。漢密爾頓在紐約被憤怒的人群砸石頭，傑伊從最高法院辭職，華盛頓本人受到激烈的批評。在一次公眾的抗議中，人們高呼「譴責傑伊！譴責所有不譴責傑伊的人！」（William Weeks, Building the Continental Empire）

正是在反對這個條約的基礎上，傑弗遜創立了民主共和黨。從這個角度講，《傑伊條約》催生了美國的「第一次兩黨制」，而兩黨一開始就嚴重對立。

《傑伊條約》雖然由於華盛頓的大力支持而獲通過，卻埋下了黨派嚴重對立的種子。英國問題成了國內政治風暴的中心，與英國的關係從此成了美國國內政治的一條涇渭分明的紅線。

美國歷史上就如何評價這個條約可謂眾說紛紜，莫衷一是。這個條約為英國打開了美國市場，它不僅以默認英國對美國海洋權和主權的侵犯為代價，而且損害了美國作為中立國的商業利益。從談判的角度看，美國做出了實質性讓步，卻沒得到實質問題的回報。對美國而言，這是一個失敗的不平等的條約。

這個條約從內政與外交的關係來看也是失敗的。在沒有國內共識的前提下簽訂這個條約，加劇了國內的反英情緒，實際上為後來傑弗遜實行一邊倒政策和再

後來與英國的戰爭做了情緒上的準備。在這種歷史條件下，雖然保護主義作為發展戰略還遠沒有形成歷史潮流，但後來自由貿易戰略的主要推手——傑弗遜和民主共和黨開始在原有的自由貿易觀點上動搖，而傾向於關閉國門。

不瞭解這個協議，就無法瞭解美國後來的一邊倒政策、關閉國門的政策，更不能瞭解 1812 年的戰爭。而那場戰爭是保護主義在美國第一次興起的誘因。

美國貿易政策的轉變

外交是內政的延續，內政決定外交。1798-1800 年，聯邦黨在華盛頓的授意下，沒知會國會而在海上同法國展開了「半戰爭」（Quasi-War）；而民主共和黨則逐漸傾向對英國禁運。美國國內對於大英帝國的分歧越來越大。

儘管有《傑伊條約》，英國對美國主權和海洋權的蔑視和侵犯仍在繼續。事實證明沒有實力作為基礎，想依靠利益融合的方式來處理和霸權的關係，將國家利益建立在不平等的條約基礎上，只是一種幻想。

帝國對美國的態度因它在戰爭中的相對實力而變化。門羅的傳記作者哈里·安蒙（Harry Ammon）指出，門羅認為，英國（對美）政策帶有機會主義特點，隨戰爭形勢的改變而改變；當它的實力相對衰弱時，它就採取比較妥協的態度；但是當它強大時，就毫不猶豫地對「中立國強加更嚴厲的限制」。[1]

這大概是古往今來所有霸權的特點。軟弱時友善，強大時強硬。對霸權在衰弱時期的承諾不能太認真。

為了捍衛美國的主權，第二任總統傑弗遜於 1803-1806 年間試圖與大英帝國通過談判達成一項新的條約來解決海洋權力問題。但是，英國當時的外交部部長不無輕慢地告訴傑弗遜，雙方在這個問題上存在的差異「對彼此都不是迫切的問題」。[2]

沒有實力，傑弗遜在大英帝國那裡連談判的權利都沒有。

大英帝國出於自身利益而無視美國主權和海洋權的傲慢態度激怒了美國。當時美國許多政治家認為，為了捍衛美國的獨立主權必須堅定地反擊帝國的侵犯。門羅當時指出：假如美國屈服於英國的這種侵犯，

假如他們不會因此而受懲罰的話，那麼世界上哪怕最無力最脆弱的國家都將羞辱我們，蠶食我們的權力，都會搶奪我們。③

歐洲戰爭在繼續。雙方的海禁在繼續，兩國間生與死的較量在繼續，兩國彼此對對方進行的經濟封鎖在繼續，美國的中立貿易在擴張。儘管有英國的限制，但這種中立國政策使美國出口迅速增長。美國出口從 1790 年的兩千萬美元迅速上升到 1807 年的 1.389 億美元。尤其是在歐洲二十幾年的英法戰爭中，美國的出口和船隊都得到了迅速增長，美國出現了空前的商業繁榮。在 1802-1810 年間，美國的船隊幾乎翻了一番，成為世界上最大的中立海上船隊。

這種用主權換來的商業繁榮，儘管沒有現代工業的支持，依然引起了英國的極度不安。海洋控制權是大英帝國霸權的基礎，大英帝國政府和民間普遍認為美國船隊的這種擴張挑戰了帝國的海上霸權。在此以前，大英帝國是出於對法戰爭而限制美國的中立貿易，現在帝國開始出於自己的霸權地位而把美國當成潛在的海洋和商業對手。

限制潛在對手的產生是所有霸權的憂慮。在英國政府的支持和默許下，英國開始出現大量激烈的反美言論。

英國商人詹姆斯·斯蒂芬（James Stephen）出版了一本極有影響力的小冊子——《偽裝下的戰爭；或者中立旗幟的虛假》（*War in Disguise; or, The Frauds of the Neutral Flags*）。這本小冊子是在政府提供資料的基礎上並經由政府最後修改後出版的。約瑟夫·馬里亞特（Joseph Marryat）出版的另一本小冊子更具煽動性——《對美國的讓步就是英國的消亡》（*Concessions to America the Bane of Britain*）。他們提倡對美國採取更強硬的措施。在這種歷史條件下，大英帝國對美國海洋權的侵犯更加明目張膽，兩國間的對立越來越激烈。

進入 19 世紀，英法兩國的經濟戰爭從禁運升級為封鎖。與此同時，帝國開始把打壓美國海洋實力的上升列為自己的戰略目標。英法兩國不僅在戰場上拚殺，也在經濟戰中逐鹿。

1806 年 5 月的帝國指令（the Orders in Council of 1806）宣佈對法國實行封鎖。

同年，拿破崙宣佈了更嚴厲的反封鎖（Berlin Decree），要求法國、其盟友、中立國停止與英國的商業往來，希望以此打擊英國的工業擴張和信用。

次年（1807 年），英國以更加全面的封鎖報復。英國頒發了 1807 年 11 月的帝國指令（the Order in Council of November），強迫所有中立的商船要麼不與法國通商，要麼必須到英港受徵用或接受官方檢查交了關稅再到法國。這種指令旨在把所有海上貿易掌控在英國手中，剝奪了其他國家從事自由貿易的權利。

同年，拿破侖發佈了米蘭敕令（Milan Decree），宣佈所有利用英國港口、支付英國關稅的中立國船隻將被視為英國船隻。

由於大英帝國的海上霸權，拿破侖對英國的封鎖實際上是無效的，對美國的干涉是微不足道的。在英法之間，大英帝國是美國海洋權和貿易的主要侵犯者。大英帝國利用其海上霸權對法國進行了有效的經濟封鎖，並肆無忌憚地侵犯美國主權，毫無顧忌地沒收美國船隻，沒收美國貨物，炮擊美國商隊，抓捕美國水手。在這種歷史條件下，美國公眾對英國的反感和憤怒越來越嚴重，越來越同情法國，越來越傾向與大英帝國一戰，希望同法國聯手打擊大英帝國。

歷史走到這一步，美國長期實施的中立外交的基礎，在英法間保持中立、實施自由貿易的基礎已經不復存在，那些帶來商業繁榮的歷史條件不復存在，那些似乎相當成功的戰略已經喪失前提。美國貿易政策改變的歷史條件已經具備。

和任何國家重大政策的歷史性轉變一樣，美國的這種必然轉變的完成需要一隻偶然事件的手來推動。

歷史在 1807 年伸出了這樣一隻偶然的手，歷史在大英帝國對美國的一次海盜般的進攻面前開始改變了。這就是切薩皮克 - 里奧帕德事件（Chesapeake-Leopard Affair）。1807 年 6 月，停泊在美國弗吉尼亞州諾福克港的美國軍艦切薩皮克號受到了英國皇家艦隊里奧帕德的侵犯。皇家艦隊的里奧帕德號軍艦在美國的大門口，向美國軍艦切薩皮克號提出無理要求，要在美國軍艦切薩皮克號上面搜查英國逃亡水手。這種要求遭到了美方的堅決拒絕。

在美國家門口的無理要求，在超級大國看來有着天經地義般的合理性。因為這種合理性的基礎是實力，有實力的一方就能自由地界定合理性。

「合理」的英艦向美艦發起了「合理」的攻擊。在強大的英艦炮火打擊下美艦死了三名船員，傷了十八名，包括艦長詹姆斯。在整個過程中，美艦倉促之中只發了一炮作為回報。最後，詹姆斯掛出白旗表示投降。但是，英方拒絕投降的請求，粗暴地派出一支搜查隊，以征服者的方式，登上美艦大肆搜查逃亡者。英

方在美艦上發現了四名曾在皇家艦隊服務的水手，兩名白人，兩名黑人。兩名白人中，一名出生英國，一名出生美國，他們都已經是美國公民。里奧帕德馬上逮捕了這四人，並將他們運往今天加拿大的哈利法克斯受審。那名出生英國的水手被判處死刑而被絞死，其他三名分別判處 500 鞭刑。

這個帶有必然性的偶然事件，成了美國貿易戰略和中立政策轉變的催化劑。而利用這個催化劑實行這種轉變的不是別人，正是昔日自由貿易的堅定倡導者和支持者，是曾經希望通過國際分工把美國建成農業社會政策的設計者，是美國中立外交政策的奠基者：托馬斯·傑弗遜。

這個催化劑，點燃了美國公眾憤怒的火藥桶。傑弗遜總統說：「自從列克星敦戰役以來（Lexington，美國獨立戰爭的第一仗），我第一次看見我們的民族如此憤怒」。[1] 許多人要求與英國一戰，但是，傑弗遜最初尋求以外交和經濟壓力報復英國。

在傑弗遜的運作下，美國國會於 1807 年 12 月 22 日通過了《第一禁運法案》（1807 Embargo Act）。1808 年又先後通過了《第二禁運法案》和《第三禁運法案》。這些範圍廣泛、懲罰嚴厲的禁運法案頗類似中國清朝時的海禁。它的精神是禁止美國進口和出口，禁止美國船隻在沒有總統授權的情況下在外國港口停泊，禁止任何海陸通道的進口。違禁者將被處以各類處罰，包括沒收貨物和船隻、處以罰款、禁止通關等。而總統和授權的港口當局擁有廣泛的權力權宜行事。授權的港口當局可以任意搜尋可疑船隻，不需要獲取搜尋證；可以隨時起訴有犯禁嫌疑的船主和商人。

從自由貿易到閉關自守，美國走了三十多年。這一天把美國歷史分為了兩段，美國發展現代工業的努力就是從這一天開始的。雖然，這只是美國一系列歷史事件的開始，但是發軔於此的這些歷史事件最後改變了美國的發展道路，進而改變了世界歷史，並改變了今天的歷史。

基於英國的海上霸權和世界工廠的地位，**美國 80% 的棉花出口的目的地是英國，50% 的所有出口貨物的目的地是英國。而且，美國市場是英國許多新型製造品的主要市**

---

[1] http: //en. wikipedia. org/wiki/Chesapeake-Leopard_Affair.

場。**傑弗遜自信，全面的海禁足以摧毀英國經濟**。傑弗遜的自信是許多國家在類似情況下的自信。傑弗遜自信經濟手段將改變歐洲的實力對比使英國屈服，自信離開了美國提供的大量原材料、離開了美國市場，英國經濟將受到巨大打擊。

　　美國對大英帝國的市場、對大英帝國製造業的依賴，是美國的戰略武器還是戰略陷阱？

第六章
從民族主義到保護主義（1808-1816 年）

　　1808 年的禁運不僅沒有達到美國的戰略目的，而且極大地打擊了建立在貿易上的商業繁榮，暴露出美國對海外市場和海外製造業的過分依賴。這種依賴危及國家的經濟獨立乃至政治獨立。經濟上的依賴和軍事上的無能，使美國在大英帝國的霸權下倍感無奈。

　　禁運戰略的失敗，大英帝國對美國主權的持續侵犯，大英帝國對美國的戰略圍堵，為美國的民族主義推波助瀾，導致草根民族主義的勃發。美國最終與英國開戰，導致了 1812 年戰爭。這場戰爭徹底打破了英國對美國的既定的戰略圍堵，美國獲得空前的解放。戰爭的勝利使美國進入民族主義高漲的時代，草根的民族主義和廟堂之上的民族主義結合了起來。

　　禁運和戰爭帶來的一個意外的結果就是民族製造業的飛速發展。歷史第一次用事實為美國提供了另外一條發展道路——一條不同於自由貿易的發展道路，一條脫離大英帝國經濟控制的發展道路。為了打斷美國脫離其經濟控制的進程，大英帝國開闢了另外一個戰場，對美國製造業開始了一場經濟圍攻，對美國實施大規模的出口。在大英帝國先進工業的自由競爭下，美國幼稚的製造業面臨覆滅的危險。為了保護自己的製造業，美國在開國那一代人的思想中找到了保護主義的盾，產生了 1816 年《關稅法案》。戰爭和貿易的雙重教訓，使美國開始走向保護主義。

　　1816 年，年輕的美國在榮譽和夢想的引導下，開始叩擊新時代的大門。這一年，為了保護在孤立中產生的製造業，美國通過立法，將關稅提高 25%。

　　從禁運到保護主義立法，在歷史這隻手的引導下美國只走了不到 10 年。

　　歷史還通過戰爭中不同利益集團的選擇，表明自由貿易催生的國內利益集團，由於其利益與海外市場和海外強權的直接關係，在商業利益和國家利益之間，有

可能選擇商業利益。利益集團的驅使使聯邦黨走上了消亡的道路。美國進入了一黨制度時期。

戰後的美國在重大的國家政策上空前團結，民族主義情緒高漲，激情澎湃，自信自強，顧盼世界，提出了不容許列強討論的「門羅主義」。「門羅主義」以不容置疑的口氣要求歐洲列強自律，不要把自己的體制搬到美洲大陸來，不要借搞「橘色革命」來圍堵美國。

經濟上的保護主義、外交上的門羅主義歷史性地宣告，美國將告別聽任歐洲強權控制的自由貿易戰略，將告別聽任歐洲介入新大陸事務圍堵美國的戰略，將走一條獨立的經濟發展道路。美國開始叩擊新時代的大門。

那扇大門的後面，是一條通往帝國的道路。

英美逐漸走向戰爭

歐洲陸地海上的兩大霸權在進行生死決鬥。作為歐洲大陸霸權的拿破侖帝國在歐洲所向披靡戰無不勝，而作為世界海上霸權的大英帝國在海上稱雄世界無人能及。遠在大洋另一邊的美國，卻不得不在兩大霸權的戰火中，尋求自己的貿易通道。大英帝國的海上霸權是美國以貿易主導的商業繁榮的主要障礙，為了反制或打破英國的這種海上壟斷權，美國最終走向了 1808 年的全面閉關自守。

幾十年的自由貿易雖然給美國帶來了商業繁榮，但也給美國經濟帶來了許多問題：

一、美國經濟一直在低水平循環，在低技術上擴張，沒有建立起完整的獨立的經濟體系，在高端產業方面長期受制於英國。

二、美國出口對海外市場，尤其是英國市場的依賴越來越嚴重。

三、美國建立在海上貿易基礎上的繁榮，脫離了美國的海上實力，受到海上強權的嚴重挑戰。

四、英國開始感受到美國對其海上霸權的挑戰，千方百計地打擊和侵犯美國的海上利益。

從單純的比較利益來看，兩國間的這種分工符合各自的國情：一、美國資源豐富，（新移民導致）勞動力豐富，成為歐洲尤其是英國的原材料基地似乎是一

種符合美國國情的選擇。二、英國在第一次工業革命後逐漸成為世界的工業中心，繼續成為美國的「工廠」，似乎也是一種符合英國國情的選擇。但是，符合前殖民地分工遺留下來的國情和資源決定的國情，卻不符合國家利益，不符合國家的長遠發展。被動接受不公平的歷史現實帶來的國情，被動接受這種建立在殖民地分工基礎上的發展戰略，無法創造輝煌的歷史。

為了推動商業繁榮，美國在相當長的時期內，實行低關稅乃至零關稅政策。關稅主要出於解決聯邦財政的需要，而不是出於保護產業的需要。1789 年的關稅立法是美國歷史上第一個關稅法案。該法案規定美國的關稅利率為 5%～10%。在此後的二十幾年裡，美國再也沒有過大規模的關稅立法。隨着第一次工業革命的發展，這種兩極化的國際分工越來越嚴重。美國從英國進口的製成品種類越來越多，美國原材料出口越來越依賴英國市場。

美國經濟對英國市場和製造業的依賴在禁運中表現了出來。

作為英國主要的原材料基地，美國希望這種貿易禁運摧毀帝國的經濟，從而達到打擊英國海上霸權的目的。但是，全面的海禁既沒有給大英帝國帶來預期中的經濟打擊，也沒有迫使英國放棄霸權行徑，反而給美國自身帶來了嚴重的經濟困難。美國進出口的急劇下降給美國海運業和商業帶來了極大打擊。美國的進口從 1807 年的 1.38 億美元下降到 1814 年的 1300 萬美元，出口從 1.08 億美元下降到 700 萬美元。[1]

尤其是新英格蘭地區，備受打擊。

美國經濟進入了嚴重衰退，許多利益集團不斷抗議。《禁運法案》不得不不斷地修改。《禁運法案》雖然受到了大商業集團的強烈反對，但推行這項政策的民主共和黨依然受到草根人民的支持。傑弗遜兩屆任滿，他一手選拔的繼任者麥迪遜以壓倒多數當選，代表商業利益反對禁運的聯邦黨在競選中失敗。和傑弗遜一樣，麥迪遜也曾經是自由貿易的堅定支持者和推行者。麥迪遜不僅是傑弗遜職位的繼承者，也是其哲學理念和方略的繼承者。他繼承了傑弗遜對霸

---

[1] Murray N. Rothbard, *The Panic of* 1819: *Reactions and Policies,* Ludwig Von Mises Institute, http: //mises. org/Books/panic 1819. pdf. pp. 3-4.

權的憎惡,也繼承了傑弗遜對自由貿易的反思。

1809 年 3 月 1 日傑弗遜離任。三天以前國會通過了《通商禁止法案》（Non-Intercourse Act）取代《禁運法案》,該法案把禁運只限於英法兩國,而解除了對其他所有國家的禁運。但是,大英帝國和以前以後的所有帝國一樣,霸權的既定戰略不可能隨弱國的政策而改變。雖然美國的禁運舊法為新法取代,但是英帝國霸權政策依舊,美國的全面閉關自守依舊,美國商業繁榮的嚴重衰退依舊。

就打擊英國海上霸權而言,禁運是失敗的。帝國依然傲慢,霸權依然盛行,美國利益依然受到毫無顧忌的損害。到了 1812 年,英國一共抓走 12000 名美國水手。[1]

就打擊英國經濟而言,禁運也是失敗的。傑弗遜在國家實力較量中再一次認識到實力的重要,再一次感受到低端產品的出口大國在實力較量中的無力,並變為後來 1812 年戰爭的堅定支持者。

美國的這段歷史經驗表明,向發達國家出口大量的低端產品的行為,在與強國的博弈中不是一種有用的武器。發達國家對這類產品的依賴並不像人們想像的那樣嚴重,他們對外部經濟震盪的抗衝擊能力遠比落後國家強。這種大量依賴海外市場的戰略,損害的首先是發展中國家自身的經濟獨立和安全。

美國後來的發展歷史進程,折射出對這段慘痛經歷的歷史反省。

禁運雖然沒有達到直接的戰略目的,卻對美國未來發展方向產生了意想不到的戰略影響:**禁運及後來的戰爭催生了美國第一批現代工業,讓美國決策層發現,保護主義果然是國家發展的利器,孤立的環境有利於催生民族工業。**

從國家經濟發展的角度和國家崛起的角度看禁運又功在美國。國門關上以後,從此很難再原樣打開。美國自由貿易的大門從此被關上。美國的歷史開始向不同的方向發展。

和平談判(《傑伊條約》)和經濟手段(閉關)的相繼失敗,嚴重傷害了美國的民族主義榮譽感。而美國是一個在同超級大國的較量中誕生的國家。與歐洲那些散發着陳腐氣息的宮廷不一樣,這是一個處於上升時期,一個在榮譽和夢想引導下的國家。而榮譽和夢想是一個國家崛起道路上的兩顆幸運之星。外交、軍

---

[1] http: //american_almanac. tripod. com/warhawk. htm.

事、經濟上的一連串失敗，像海嘯一樣一波又一波地推動着美國戰爭呼聲。華盛頓曾經依靠《傑伊條約》來避免與英國的戰爭，傑弗遜曾經希望依靠禁運避免與英國的戰爭。歷史走到現在，美英之戰從美國民意的角度看已不可避免。

1810 年在美國和歐洲發生的兩件事催生了戰爭的來臨。

面臨禁運失敗和兩難，美國急於打破這種困局。美國決定有條件地重新開放對英法的貿易，只要它們不再阻撓中立國的貿易，美國將解除禁運。美國認為，一旦歐洲兩霸解除彼此的經濟封鎖，不再干預中立國的貿易，美國的中立國貿易就會繼續進行，美國萎縮的商業繁榮就會再現。

1810 年，鑒於法國對英國經濟封鎖流於形式的事實（法國海上勢力遠不如英國），以及美國的遊說，拿破侖宣佈撤銷所有封鎖英國的敕令。美國總統麥迪遜以此作為法國政策改變的證據，要求英國取消類似的對法國的禁運，從而廢除對中立貿易的干涉，並以此作為恢復美英貿易的條件。麥迪遜再次重申掛有美國國旗的船隻享有美國主權，英國必須尊重。美國的這些要求被英國拒絕。英國繼續搜查美國船隻，沒收貨物，抓捕水手。英國的這項政策無疑是在世界舞台上對美國的公開羞辱。在經歷了漫長的霸權和反霸權的對立以後，美國公眾忍無可忍，反英情緒火上澆油，戰爭壓力陡然上升。

許多美國人開始認識到向英國宣戰是捍衛美國榮譽和利益的唯一手段。

與此同時，1810 年是美國國會選舉年，這次選舉的主要議題就是民族主義。一大批新議員通過民族主義的選舉訴求而進入國會，新當選的議員中有許多來自於西部和南部的民主共和黨人。這是一群在美國獨立以後成長起來的政治家，他們與英國幾乎沒有絲毫的聯繫。美國向西北的大力擴張、美國獨立以後的繁榮、美國對世界各地移民的吸引等，帶給他們巨大的民族主義榮譽感。他們繼承了美國開國那一代人的許多夢想。他們是民族主義的戰爭鷹派，極力主張與英國一戰。他們認為與英國一戰，是最後終結英國對美國的政治和經濟控制的必要手段，是使美國完成最終獨立的戰爭，是第二次獨立戰爭。在這群年輕的政治家中，最有影響力的是亨利·克萊。他出生於美國宣佈獨立的第二年，1777 年，是真正生在新美國、長在星條旗下的政治家，有着強烈的民族主義情緒。他自學成才，沒有受過正規大學教育。在文憑至上的時代，他可能連自己的處境都改變不了，更別說創造歷史了。他在一生中創造了許多奇跡。他曾經是參議員，但是為了對美國

政策發生更大的影響而競選眾議員，從而辭掉參議員。他的競選主題是戰爭，是美國的榮譽和美國的夢想。在這次競選中，許多候選人接過克萊競選的主題，在民族主義的平台上競選。結果大量具有民族主義情緒和選民基礎的新議員當選，而克萊也就成了這一批政治新星的領袖。史稱這屆議會為「戰時議會」。

1811 年夏季，作為新當選議員出席國會的第一天，克萊就被選為議長（Speaker）；他一當選為議長，就把這個禮儀性的角色，改造成國會的權力中心；他是 1812 年戰爭的主要推動者，又是停戰協定的簽訂者；他是和英國達成停戰協定後開放美國市場的貿易協定的談判者，又是後來保守主義政策的主要推手；他曾經強烈反對建立國有銀行，後來又大力提倡建立「第二國有銀行」；他是民主共和黨成員，後來卻又成了漢密爾頓（聯邦黨領袖）保守主義的主要倡導者。

從克萊政治立場的這種複雜轉變可以看出美國探索發展戰略道路的曲折，也可以看到當時美國政治領袖審時度勢、不囿於成見、善於修正自己的風格。

從漢密爾頓到林肯之間，克萊是推動美國保護主義發展戰略形成的關鍵人物，是歷史上著名的「美國體制」的主要倡導者和提出者。

但是，在 1812 年夏天，這位 34 歲的政治家的主要目標是要推動與英國的戰爭。他利用議長的優勢將許多戰爭鷹派的朋友安排在重要的委員會，將這些人團結在自己周圍，從而有效地控制了國會。在要求英國停止破壞美國中立貿易被帝國拒絕以後，美國總統麥迪遜於 1812 年 6 月 1 日要求國會宣戰。國會迅速通過了宣戰。

克萊是戰爭的主要推動者，有尚未證實的資料顯示，他曾經威脅總統麥迪遜，如果他不對英國宣戰，他將無法贏得總統候選人的再次提名。[①] 他的戰爭鷹派同盟者是國會得以通過宣戰的主要因素。

美國總統麥迪遜於同月 18 日簽署了對英國宣戰的法案，史稱該法案為「第二個獨立宣言」。

克萊在推動戰爭中結下的這些政治盟友，後來將改寫美國發展戰略的歷史。

正是這一批鷹派戰後成為「美國體制」的推動者。在早期美國那些鷹派人士

---

① http://american_almanac. tripod. com/warhawk. htm.

往往都從戰爭國防的戰略高度，從國家綜合實力的高度來看待經濟獨立和經濟的完整性，他們往往主張發展現代工業，主張以強大的政府干預推動產業的迅速發展。他們認為沒有獨立的高端製造業美國的國防將會崩潰。保護主義戰略對他們而言，不是 GDP 的問題，不是財富增加的問題，而是為強大國防提供經濟基礎的問題。克萊的這種思想早在 1810 年 3 月 26 日的一次講話中就流露了出來。

自由貿易無法托起他們的強國夢想，克萊和他的鷹派盟友在後來就站在這種高度上。

克萊在世界上不是孤獨的。在現代人類歷史上，有許多偉大的戰略家都推行這種政策。許多偉大的戰略家，往往又是推動國家經濟獨立和現代化的保護主義者。

美國和英國終於走向了戰爭。1812 年 6 月 18 日美國正式向英國宣戰。美國居然敢向大英帝國宣戰！全世界都為美國的行為所震驚，這就是 1812 年戰爭。戰爭持續了三年，到 1815 年結束，但是停戰條約卻於 1814 年簽訂。

沒有輸家的博弈：第二次獨立戰爭（1812 年戰爭）

當時許多支持戰爭的政治家和公眾，把這場戰爭稱為「第二次獨立戰爭」，是讓美國擺脫英國實現最終獨立的最後一戰。

為什麼這一仗對美國這麼重要？

英國在簽署了 1783 年的條約承認美國獨立以後，一直對美國實行經濟和軍事上的全面圍堵。經濟上力圖通過自由貿易和海上霸權控制美國，軍事上則在美國周圍建立了一道圍堵牆：一、在大西洋游弋的帝國皇家艦隊控制着美國的出海通道。在美國的東海岸築了一道堅實的海上防線，隨時可以對美國實行全面的海上封鎖，切斷美國的海上通道。二、在獨立戰爭中，保皇黨人士大規模逃到加拿大，使加拿大成為英國在北美的一個堅實據點。帝國在美國北部的軍事存在使美國面臨北部的潛在危險。而且，英國在美國獨立後的相當一段時間還佔據着美國大湖區的幾個重要要塞。三、在美國西部是印第安部落，英國通過出售軍火等方式，長期鼓勵美國西部的印第安人向美國進攻，阻止美國的西擴。四、美國南邊是希望壓縮美國戰略空間，防止美國擴張的西班牙殖民地。當時的美國，面臨着前宗主國全面的圍堵和壓縮。

英國的戰略是既要防止美國成為海上強權，還要防止美國向西北擴張成為北美的大陸強權。簡而言之，英國從美國獨立以後就力圖壓縮美國的戰略空間，防止美國的擴張，防範美國成為另外一個霸權。英國這種戰略態勢為美國的發展帶來了巨大的安全問題。

美國的戰略意圖十分明顯。戰爭鷹派想通過這一仗徹底解除英國的威脅，徹底解決國家安全問題，徹底打破英國的圍堵。具體地講，就是除了用軍事力量重申美國的主權和海洋權力外，還想乘英國在與拿破侖交戰而無暇他顧之機拿下英國在北美的另一塊殖民地——加拿大，一勞永逸地把英國從北美大陸趕出去。另外，美國還想通過戰爭解決西邊的印第安部落這個問題，為實現建立跨大陸的大國掃平障礙。當然加拿大是今天的名字，把加拿大併入新生的共和國內，是那一代美國人的夢想。他們曾經在獨立戰爭期間（1778 年）做過不成功的嘗試。在相當長的一段時間內，許多人認為，加拿大這顆櫻桃遲早要掉在美國的後院中。戰爭的硝煙裡折射出的是「大美國」的夢想，是擺脫霸權控制的民族自由的夢想。

這是對美國發展進程意義非凡的一戰。

戰爭在大海上進行，在美國的海岸線進行，在美國西部進行，在加拿大進行。在戰爭後期，美國對英國本土和殖民地發起了進攻。大英帝國依靠強大的海上霸權對美國實行嚴格的經濟封鎖。

戰爭中的大忌是高估自己低估敵人，而美國恰恰犯了這種錯誤，對戰爭的艱巨性估計不足。傑弗遜在給總統詹姆斯·麥迪遜的信中宣稱，佔領加拿大不過是一場簡單的行軍。總統麥迪遜也認為，美國將輕易攻下加拿大，而迫使英國進入談判。

低估敵人和高估自己是並存的。這場戰爭一開始就暴露出美國長期以來貿易立國的戰略失誤，沒有強大的工業支撐、沒有必要的後勤支撐系統、沒有先進的裝備等，使美國遇上了所有經濟落後國家面臨的問題。加上美國在幾十年的商業繁榮中，雖然面臨超級大國的戰爭威脅，卻知戰而不備戰，不修武備，常備軍弱小，戰爭在相當大的程度上依靠新募的陸軍和從各州徵召來的民兵。然而這些軍隊和民兵薪水低下，缺乏訓練，缺乏協調。頗有些像我們宋朝的軍隊：兵不知將，將不知兵，將帥不和，抗命逃跑現象時有發生。加上美國的貿易經濟在英國的封鎖和美國自己的封鎖下，迅速崩潰，導致政府財源枯竭，軍費不足。

這場戰爭暴露了貿易立國的另一個弱點：那些建立在貿易基礎上的商業利益集團，在商業利益和國家安全之間大都選擇了前者，反對向商業夥伴——英國開戰。因為它們的利益是與大英帝國連在一起的，因為戰爭影響了它們與大英帝國的「自由貿易」。以那些商業銀行為例，它們普遍反對戰爭，即使美國軍費極度短缺，也不願出資助戰。這類建立在貿易基礎上的利益集團，在美國後來的歷史中發展到了不惜分裂國家的地步。

美國面臨工業、軍火、軍費、裝備、後勤運輸、動員能力、軍隊素質，以及特殊利益集團的反對等等問題。

當時，由於英國深陷拿破崙戰爭，據稱正規軍，加上民兵在加拿大只駐紮了6034人。而美國最初有大約12000名常備軍，加上國會授權擴充的35000名自願兵，共47000人。再加上從各州抽來的民兵，在數量上遠遠超過加拿大的英軍。

但是，戰爭沒有向美國預期的方向發展。進軍加拿大不是一次簡單的行軍，美國沒能實現其戰略目的——佔領加拿大。戰爭初期，英國幾乎無力增援加拿大。帝國戰爭和殖民地部長給加拿大最高軍事首長的命令是，防禦。生性謹慎的加拿大軍事首長普雷沃斯特（Prevost），在美國進攻面前放棄上加拿大，收縮部隊，集中防守下加拿大。英國一邊防守加拿大，一邊對美國進行海上封鎖。英國的海上封鎖進一步摧毀了美國的貿易，威脅了美國經濟，使美國漫長的海岸線都暴露在英國的打擊之下。

在獨立戰爭中由於保皇黨人逃亡加拿大，這些人和美國有着許多歷史關聯，美國以為一旦美國打入加拿大，這些人就會迎接王師。過低估計別人的民族主義幾乎是美國的傳統（兩百多年後，美國在打伊拉克時又有過類似的戰前評估）。除此以外，獨立後三十多年不曾用兵，又缺乏足夠訓練，為戰爭帶來了意想不到的困難。1812年，美國分三路開往加拿大。原以為大軍一到英軍將望風而逃，加拿大指日可定。沒想到三路大軍一路投降，一路戰敗，一路拒絕進攻。拒絕進攻的一路是東北路——新英格蘭地區。這個地區的商業集團堅決反對戰爭，結果是，民兵們拒絕執行進攻的命令。而投降的那一路則是西北路。這個地區戰爭熱情十分高，是這場戰爭的主要民意基地。然而，這一路為美國戰爭歷史留下了令人捧腹的笑話。該路的指揮官是威廉·赫爾。1812年7月12日，赫爾率領2500名民兵從底特律進攻加拿大。事實證明赫爾不是一個善於攻心用謀的指揮官。在進入

加拿大以後，他發佈了高姿態的佈告要求英國臣民馬上投降，否則的話，「戰爭
的榮譽和災難將降臨在你們頭上」。他同時還宣佈所有與土著一起對抗美軍的英
國人被抓獲後將格殺勿論。這些佈告激起了英國人抵抗的決心。後來由於孤軍深
入運輸線暴露在敵人的威脅之下，赫爾不得不把 2500 人撤到底特律要塞。當時追
擊他的英軍只有 1200 人，不足他的兵力一半。但是，英方指揮官布拉克是個足智
多謀的傢伙。他派了一個傳令兵送一份假情報，並讓這份假情報落入赫爾之手。
在這份情報中，布拉克告訴土著說，我們要求你們只派 5000 人協助我們攻打底特
律要塞。赫爾根據這份情報而斷定英軍在數量上處於壓倒優勢，而且他害怕落入
土著手中，於是率眾投降。

　　2500 人向 1200 人的對手不戰而降。由此可見，美國當時武備不振到了什麼程度。

　　1814 年，英國在贏得了歐洲的勝利後，轉過身來全力對付美國。英國從海上、
大湖區和南方對美國全面開戰。在陸地上，英國也分三路。在東北部英國派重兵
插入美國，切斷新英格蘭與美國的聯繫，力圖將新英格蘭從美國分裂出來；在西
北部英國同加拿大和土著一起進攻美國；英國為了策應其他戰略進攻，在強大海
軍的掩護下，以 2500 人在切薩皮克灣（Chesapeake Bay）發起了進攻。由於美國
抵抗無力，戰爭部長判斷失誤，英國軍隊得以順利登陸。美國由於交通不便，通
信不暢，戰爭的動員能力和支持能力非常弱。倉促之中，只調動了一些民兵來阻
止英軍的進攻，保衛首都。這些缺乏訓練、沒有經驗的民兵在訓練有素、南征北
戰的英軍打擊下，潰不成軍。英軍一路勢如破竹般迅速佔領了華盛頓。英軍佔領
華盛頓前，美國幾乎沒有組織起像樣的抵抗，官員們紛紛逃亡。在這個危急時刻，
只有一位女性留在了白宮，收集文件和其他重要的東西，其中包括著名的華盛頓
肖像。這位女士就是當時的第一夫人。在別人的勸說下，她和她的衛士在英軍進
入白宮前離開。

　　入侵華盛頓的英軍，在吃過美國總統來不及享用的晚餐後，縱火燒了總統官
邸和其他公共建築。賓夕法尼亞大街一片火海。美國總統倉促出走，逃到鄉下。
大有後來英法聯軍打進北京，慈禧太后逃亡熱河，火燒圓明園的味道。英國縱兵
強擄，白宮被洗劫一空。

　　英軍攻擊華盛頓的目的是為了迫使美國訂立城下之盟，簽署對英國有利的條
約。由於戰場上的優勢，英國提出了許多土地要求，要求美國割讓新英格蘭，並

要在美國與加拿大之間建立一個土著為主的國家。當這些要求被談判代表傳回華盛頓的時候，美國總統麥迪遜將其公之於眾。美國公眾非常憤怒，戰爭情緒再度高漲。戰爭打打談談。隨着美國戰爭經驗的增加，軍隊素質的提高，最終美國在幾個關鍵戰役上戰勝了英國，使戰爭進入相持階段。雙方不得不坐下來認真談判。

美國由於貿易受阻，國庫空虛，政府債台高築，幾乎破產；英國由於歐洲戰爭，軍費開支龐大，導致國內對高負稅的不滿。更重要的是 1814 年拿破崙從流放地逃回法國。我想英國還有另一個沒有言明的原因，是為英國製造業重新打開美國市場。

雙方都不願戀戰。同時由於拿破崙的失敗，英法戰爭結束。英法戰爭結束後的英國對中立貿易國的侵犯已經不復存在，結果雙方於 1814 年簽訂了協議。

這就是《根特條約》（Treaty of Ghent）。這是一個非常有趣而複雜的條約。有趣的是它既沒有提及戰前大英帝國的種種霸權主義行為，也沒有提及戰爭。它主要強調戰前「現狀」，強調要回到「現狀」，似乎戰爭從沒發生。所以這個條約沒有戰勝者和戰敗者，可以說顧全了雙方的面子。不僅如此，美國還要回了被英國佔領的約四萬平方公里的土地。更重要的是英國除了保有加拿大外，幾乎默許了美國向西擴張的政策。美國至少同英國打了一個平手。

美國的最終崛起

1812 年戰爭是美國歷史上的一場非常重要的戰爭。它對美國有着非常深遠的影響。它是新生的美國對超級大國的第一仗，並迫使超級大國走到談判桌前，簽訂了和平協定。戰前歐洲國家可以說很少認真地對待美國，戰後美國奠定了軍事強國的地位。美國開始以一種強權的身份在美洲大陸上講話。

這場戰爭一方面暴露了美國的許多弱點：沒有強有力的聯邦政府，沒有發達的基礎設施，沒有強大的軍隊，更重要的是沒有支撐這一切的完備而強大的現代工業。所有這些使執政的民主共和黨轉向了當初聯邦黨的立場，接受了美國學派的經濟主張。保護主義、政府干預、政府資助、聯邦權威幾乎成了朝野共識。另一方面，這是新生代美國與超級大國的第一戰。美國在與無比強大的軍事強權的較量下，尤其是在與世界上最優秀的海軍的較量下生存了下來，不僅如此，還取得了一些海上和陸地上的勝利。美國的海軍居然橫跨大西洋在愛爾蘭海岸擊沉了

三艘英國船艦。這些勝利極大增強了美國的民族自豪感，戰後的榮譽感推動着民族的自豪感。

戰前，美國的民族主義情緒高漲。戰爭中，美國的政治家、媒體對戰爭做了廣泛的有利於美國的宣傳和解釋。尤其是媒體的選擇性報道，使美國的民眾看到了一個被裁剪了的鼓動美國民族主義情緒的一面。美國在戰爭中動員了許多的民兵，實際上民兵是戰爭的主要力量，使得美國的這場戰爭有一點像普通人的戰爭。美國千千萬萬的普通人捲入了這場戰爭，使之成了他們自己的戰爭。戰爭的進程、戰爭的得失、戰爭的最終「勝利」，與這些普通人聯繫在了一起。戰爭使民族主義在草根中蔓延，又使草根的民族主義在權力結構中得到反映。戰後的美國進入了一個民族主義十分高漲的時期，戰後的十年左右被歷史稱為「感覺良好的時代」（The Era of Good Feelings）。這是美國實行一黨制的十年。掌權的民主黨，在民族主義的訴求下，幾乎壟斷了政治資源。這種草根的民族自豪感和民族主義對權力的控制，為美國學派被選民接受提供了民意基礎，為重新考慮美國發展戰略提供了歷史條件。

這一仗使美國完全從英國的影子下解脫出來，贏得了完全的政治獨立；這一仗徹底解決了美國西部印第安人問題，為美國西部擴張掃平了道路；這一仗徹底打碎了英國壓縮美國戰略空間，阻止美國擴張的戰略企圖；這一仗使美國有識之士認識到建立強大、完整、獨立的經濟是國家強大的基礎；這一仗為美國最終放棄貿易立國的戰略奠定了歷史前提；這一仗使美國認識到在國家博弈中，批判的武器在武器的批判面前的軟弱無力；這一仗為美國軍隊防務建設提供了許多正反兩方面的經驗。

這一仗標誌着美國作為一個大國的崛起。從此世界上沒有什麼力量能夠阻止美國擴張為一個橫跨兩大洋的大國。以美國的資源市場，加上後來的保護主義戰略，這個國家在未來什麼時候取代英國成為世界霸權只是時間問題。

最重要的是這一仗激起了美國前所未有的民族主義，而正是這種民族主義成了推動美國最終登上帝國寶座的基礎。

國際政治是講究實力的。可以說沒有這一戰，就沒有後來的「門羅主義」；即使有了「門羅主義」，歐洲強權也不會認真對待它，從而美國就不會有長達一百多年的時間全心全意處理內部事務，發展經濟，並守好其美洲後院。這一戰

導致了民族主義高漲，最終完成了兩種民族主義的結合，第一次開始使保護主義和美國學派成為美國的主流，成為廣為接受的民族主義的經濟戰略，使美國在漫長的時間裡得以用保護主義把國門守護起來，依靠國內市場、政府推動而發展自己的經濟體系。

這一仗以後，美國走上了強化聯邦權威、提升經濟、振軍備武的道路。

戰爭的勝利，草根和精英在民族主義上的結合，戰爭中暴露的許多問題引發的對發展戰略的反思，為美國的崛起提供了歷史前提。

商業利益和國家利益

這場戰爭的另一個後果就是聯邦黨的解體。聯邦黨人在議會投票反對對英國宣戰，漢密爾頓於 1804 年去世後，聯邦黨似乎與大商業利益結合得更緊密。1812年的戰爭受到聯邦黨和北部大商業利益集團的反對，原因是傑弗遜和麥迪遜對英國的禁運損害了新英格蘭地區的商業利益。禁運政策受到了北方，尤其是新英格蘭地區的強烈反對。在商業利益和國家利益發生衝突時，許多與自由貿易有密切利益聯繫的集團選擇了商業利益。

美國在與大英帝國的博弈中，飽嘗自由貿易之苦。其中之一就是，大規模的自由貿易在國內培育了一個利益集團。這個利益集團的利益與海外資本和海外強權（大英帝國）建立了直接的利益聯繫，出於自己的利益考慮，在關鍵時候有可能站在（國家的）強大的對手一方。 在美國發展戰略的歷次大規模的爭論中，在美國國家的幾次政治危機中，這種商業利益幾乎都是為了自己的利益與大英帝國結成了利益共同體。在 1808 年的禁運中是這樣，在 1812 年戰爭中是這樣，在後來的南北方的爭論中也是這樣，在內戰中還是這樣。依賴海外貿易的利益集團在國家面臨危機的時刻綁架國家利益，是自由貿易發展戰略產生的一種歷史現象。這種歷史現象不僅在美國歷史上出現過，在拉美經濟危機中也出現過，甚至在亞洲金融危機中也出現過。更重要的是，與獨立自主發展戰略相比，在自由貿易的戰略下，這樣的利益集團成長最快，往往是實力最大的利益集團，往往大到想左右國家戰略的地步。弱國與強國的自由貿易不僅導致強權對主權的侵蝕，還導致強權及其資本通過這種利益集團對主權的蠶食。

　　在 1812 年的戰爭中，新英格蘭地區的商業利益及其代表聯邦黨人，開始對國家利益作出錯誤的判斷。新英格蘭的民兵拒不執行進攻加拿大的命令，商業利益大規模抗議禁運和戰爭，不願支持這場對外戰爭。美國歷史中，最難以忘記的就是這種商業利益對國家的帶有背叛性質的行為。在戰爭艱難時期，英軍佔領了華盛頓，英國在談判桌上對美國提出了大量的領土要求，其中之一就是分裂美國，割裂新英格蘭地區。在這種存亡之時，聯邦黨人於 1814 年 12 月和 1815 年 1 月之間在康州首府舉行了一次「全國會議」（Hardford convention）。在會議上有人提出退出聯邦、接管聯邦海關等。該地區有些媒體，公開呼籲從美國獨立。在英國佔領華盛頓時期，聯邦黨人的馬薩諸塞州州長，派出三名「大使」前往華盛頓欲與英國展開就馬薩諸塞州與英國單獨停戰的談判。此事由於傑克遜在新奧爾良的巨大勝利而作罷。聯邦黨在戰時的行為似乎喪失了民族主義立場，從而失去了公眾的信任，進而逐漸失去了政治影響力。其經濟民族主義的旗幟由民主共和黨人接了過來，而完成了兩個民族主義的結合。

　　美國的第一次兩黨制到此結束，繼之以長達十年的一黨時期，並迎來了保護主義的第一次浪潮。

　　聯邦黨人走到這一步是歷史的必然。在讀到這段歷史時我曾經一直不解，為什麼希望通過保護主義而實現經濟獨立的聯邦黨人會走到自己歷史的反面？從《傑伊條約》開始，聯邦黨人就將與超級大國的關係放在第一位，希望通過穩定與超級大國的貿易關係來穩定雙邊關係，來穩定美國的經濟外交局面，將希望寄託在了霸權的身上。為什麼要把明知彼此實力不相稱而注定不平等的修好當成一項重要國策？為什麼要把自己的發展和繁榮建立在霸權的仁慈之上？為什麼不目光向內，不依靠自己廣闊的國內市場而謀求發展？為什麼要將自己的發展和繁榮建立在別人市場的基礎上？在研究美國這段歷史時，我發現原因可能有二：一、華盛頓和漢密爾頓都反覆談及要避免與英國的戰爭衝突。出於多種原因而害怕大英帝國也許是原因之一，但是害怕戰爭並不能阻止戰爭，最後兩國關係還是走向了 1812 年戰爭。二、也許是利益綁架。**大商業利益需要一種暢通的海上貿易渠道，從而希望不計代價地和英國修好，希望實現不計代價的和平。這種利益綁架，最終使聯邦黨完全和草根脫離，走向了政治自殺的不歸路。**其實，草根不是別的，草根是離離原上之草，是人民，是土地。脫離草根，脫離土地的任何利益集團終究脫離了堅實的

基礎。歷史是建立在草根之上的。脫離草根的「精英」之路，沒有未來。

　　在美國早期政治中有一種十分有趣的現象。傑弗遜出身名門而代表草根；漢密爾頓出生寒門卻代表豪門。聯邦黨當時代表的是大商業利益。也許正是這種利益使聯邦黨成了推動《傑伊條約》這種不平等貿易航海條約的原因；也許正是這種利益背景導致聯邦黨的部分人在 1812 年的戰爭中，失去了民族主義立場，而逐漸失去了民意基礎。

　　失去民族主義立場的聯邦黨從美國的政治舞台上消失了。一個與大商業利益、與大英帝國有難以理清的聯繫的政黨的消失，使美國在對外政策上聯合起來，使美國為了自己的利益得以對大英帝國和歐洲強權採取強硬的立場，使美國結束了立國早期兩黨政治彼此帶有個人攻擊特點的苦澀。美國聯合在一個政黨的背後。在 1820 年的總統選舉中，門羅僅以一票之失而幾乎全票再次當選總統。這個新生民族在政治上空前團結，民族主義空前高漲。在這段時間，關於保護主義政策的激烈辯論暫時消失。在這段時間裡，美國從衰微的西班牙手中獲得了佛羅里達。美國從東南西北，從大陸，從海洋，徹底打破了所有潛在的戰略圍堵，這個新的民族似乎已經掌握了自己強大的未來。這種民族主義不僅表現在門羅宣言的精神中，還表現在門羅宣言自信決斷、不容置疑的語言風格中。美國總統門羅於 1823 年 12 月 2 日宣佈：

　　鑒於我們與（歐洲）強權業已存在的坦誠和友善的關係，我們有義務宣佈，我們將把歐洲列強將自己的體制向本半球擴展的企圖視為對我國和平和安全的威脅。[1]

　　門羅宣言表明，美國堅決反對歐洲將自己的制度在美洲延伸。換句話說，不僅堅決反對歐洲在美國搞「橘色革命」，也堅決反對列強在美洲大陸搞「橘色革命」。門羅宣佈，歐洲以任何借口，對美洲其他新獨立國家的任何干涉，都被視為對美國的直接干涉。在門羅宣言中，美國以單邊主義的方式來界定美國同歐洲

---

[1] President Monroe's seventh annual message to Congress, December 2,1823, http: //www. ourdocnments. gov/doc. php? flash=true&doc=23&page=transcript.

列強的關係，來捍衛自己的利益，為美國後來的擴張提供了基礎，霸氣地不容歐洲商量。從《傑伊條約》到門羅宣言，美國在捍衛自己利益的方式上邁進了一大步。**在國家博弈中，捍衛自己利益的決心必須是單邊的決心。這個決心不可能產生於同霸權的雙邊或多邊協商或妥協中。這是美國的歷史經驗。**

大英帝國開關的經濟戰場

從傑弗遜宣佈海禁到 1815 年戰爭結束，美國幾乎處於與外界隔絕的狀態。除了美國自己的海禁以外，還有英國在戰爭中對美國的嚴屬封鎖。美國漫長的海岸線幾乎完全封閉。對外進口從 1807 年的 1.38 億美元降低到 1814 年的 1300 萬美元。大英帝國的許多人預計美國的經濟將從此崩潰。

美國的經濟的確發生了崩潰，但是，崩潰的是舊體系下的經濟。在以自由貿易為基礎的商業繁榮的廢墟上，許多人驚奇地發現，一種前所未有的經濟正在美國勃然興起，那就是現代製造業。在與外界隔絕的狀態下，美國人被迫拋棄對英國的經濟依賴走向自足。美國政府要求工商界發展自己的製造業。一方面，他們開始建立自己的工廠，開始從事以前從來沒有從事過的、沒有比較優勢的高端產業；另一方面在進口匱乏的情況下，他們被迫消費本土生產的產品，他們「被迫」用自己價高質次的本土落後產品來代替大英帝國價廉物美的先進產品。自傑弗遜禁運開始到 1815 年戰爭結束近十年間，進出口幾乎停頓，美國製造業得到了長足的發展。到戰爭結束時，已經有了重要的和實質的進步。美國的鐵幾乎可以自足，棉紡織達到五十萬錠，使用原棉高達九萬擔（Bales）。[1] 其他產業也相當繁榮。許多富有的商人，開始把國際貿易萎縮而閒散下來的資本投資於工業。製造業、現代企業如雨後春筍般出現。[2]

與禁運有關的立法和政策就其本質而言是極端的保護主義措施。這種保護主

---

[1] F. W. Taussig, Henry Lee Professor of Economics in Harvard University, *The Tariff History of the United Sates*, Part I, Fifth Edition, pp. 10, 17.

[2] Murray N. Rothbard, *The Panic of 1819: Reactions and Policies,* Ludwig Von Mises Institnte, http: //mises. org/Books/panic 1819. pdf, p. 12.

義措施就這樣催生了一大批新型產業——製造業。當時美國可以說既沒有開放的願望，也沒有開放的條件。你說美國封閉也罷，自守也罷，這就是當時的現實。而這一現實之樹結下的諸多果實之一就是美國製造業的飛躍式的發展。

運行了三十幾年的沒有發展的增長體系崩潰了，而新的以經濟發展推動增長的體系誕生了。一種舊的信念消亡，一種新的信念正在升起。

在自己選擇和別人強加的與世隔絕狀態下，美國的製造業得以迅速發展並迅速多樣化。從此美國走上了發展高端產業、實現經濟完整獨立的道路。在當時的歷史條件下，新生製造業的持續存在和進一步的發展，依賴於保護主義政策的繼續存在。所以，新生產業的發展為進一步有效限制國外競爭的全面的保護主義運動提供了基礎。

如前所述，美國早期的經濟發展歷程可以分為兩個階段：第一階段是在 1808 年以前。那幾乎是殖民地經濟的延續，美國沒有表現出任何建立現代製造業的國家意志，沒有為此提供必要的產業和市場保護。第二階段是 1808 年以後。正是在這段時期，美國通過保護主義保護現代產業，體現了發展完整現代經濟體系的強大的國家意志。在第一階段，美國經濟在前殖民地經濟體系上滑行，走的是符合其自然資源優勢和勞動力優勢的道路。隨着第一次工業革命的擴張，美國這種低端分工的特點日益嚴重，對英國製成品的依賴日益嚴重。這種殖民化經濟模式在英法戰爭中得到強化。美國在戰爭中保持中立，中立貿易催生了前所未有的漫長的商業繁榮。在二十多年戰爭中，美國雖然受到英國海上霸權的打擊和侵犯，無發展的經濟依然創造了二十多年的增長奇跡。戰爭導致歐洲農業凋敝，農產品等產品價格上升；造船和航運利潤豐厚，如此等等，增加了國際貿易的吸引力。而進口產品的價廉物美抑制了美國國內自我生產的動力。

短期的商業繁榮，不是檢驗一個大國長期發展的尺度。這種貿易帶來的繁榮，海外市場帶來的繁榮，如夏日的玫瑰，一場冰雹就會使它零落成泥。

美國現代產業在 1812 年戰爭中產生了，美國幾十年的經濟增長模式被打破了。在自由貿易理論盛行的歷史背景下，這種新的經濟發展道路能成為美國的主流嗎？

這是美國戰後面臨的主要問題。大英帝國開闢的另一戰場，為美國提供了問題的答案。

　　1815 年，軍事力量上的戰爭結束了，然而經濟上的戰爭開始了。隨着戰爭的結束，禁運也結束了，國門再次打開了。《根特條約》規定要回到戰前狀態，也就是說要回到自由競爭的狀態。《根特條約》為大英帝國實施經濟戰爭提供了基礎。一方面大英帝國在戰爭中積累了大量的產品，另一方面美國公眾十分喜歡物美價廉的英國產品，結果大批廉價而高質量的英國產品像洪水一樣湧入美國。相比之下美國的製造品可以說是價高質次，無法在競爭中立足。使問題更為複雜化的是美國的工資比英國的工資相對要高。正如自由競爭理論所推理的一樣，大批的美國製造被自由市場的法則摧毀了，而倖存者則面對着極大的生存困難。

　　戰爭強化了政治上的獨立，而戰後的自由貿易現實卻加深了經濟上的依賴。

　　大英帝國的國策是通過大量的產品傾銷摧毀在戰爭中建立起來的美國工業，達到戰爭所沒有達到的目的，甚至不惜實施犧牲自己短期利益的傾銷政策。只有摧毀美國的民族製造業，才能從經濟上持續控制美國，進而在政治上持續控制美國。布魯厄姆（Brougham）在帝國議會中宣稱：

　　為了將美國那些在戰爭中（1812 年戰爭）而不是在自然過程中產生的新興製造業扼殺在搖籃裡，在最初的出口中出現虧損是值得的。[1]

　　戰爭結束以後美國再次出現了前所未有的商業繁榮。進口從戰前（1811 年）的 540 萬美元，迅速上升到 1815 年的 1.13 億美元，1816 年的 1.47 億美元。英國的傾銷極大地降低了進口價格。美國費城的價格指數在一個月間從 231 下降到 178（1815 年 3 月）。[2] 在大英帝國的這種以自由貿易為旗號的經濟戰爭面前，美國剛誕生的許多民族工業要麼紛紛倒閉，要麼在倒閉的風險下苦苦掙扎。在大英帝國先進工業的打擊下，大量工人失業，工資下降。抗議浪潮不斷上升，以保護主義政策幫助民族工業的呼聲逐步高漲。

　　民族主義極度高漲的美國，不可能眼看着自己在戰爭中發展起來的工業在一

---

[1] Victor Selden Clark, *History of Manufactures in the United States*, New York, 1949, p. 240.

[2] Murray N. Rothbard, *The Panic of 1819: Reactions and Policies*, Ludwig Von Mises Institute, http: //mises. org/Books/panic 1819. pdf, p. 6.

場大英帝國以自由貿易旗號進行的經濟戰爭中消亡。

　　民族工業備受打擊與戰後極度高漲的民族主義結合起來，催生了強烈的保護主義浪潮。其實隨着民族製造業的發展，在戰爭沒有結束以前，保護主義的潮流已經開始升起。傑弗遜和麥迪遜的立場逐漸轉向保護主義。而新一代政治家，如克萊，在許多講話中已透露出以保護主義推進美國經濟的想法。

　　在與大英帝國這場經濟戰爭中，推行保護主義的歷史條件已經形成。有時候一個民族的歷史性轉折，是歷史通過對手的推動而完成的。歷史的這種曲折的自我表述，只對一個清醒的、敢於修正自己、聞過則改、不固執己見的民族有效。

　　美國已經臨近一個新的歷史時期。

美國的保護主義

　　美國面臨歷史性的再選擇。它在獨立後選擇了自由貿易。在 1812 年戰爭後，又選擇了自由貿易。大英帝國的經濟戰爭迫使美國面臨放棄三十幾年自由貿易道路的再選擇。

　　要不要堅持自由貿易，要不要推行保護主義，是歷史擺在美國面前的兩個問題。能否正確回答這兩個問題決定着美國以後一百多年的歷史走向。

　　這不只是美國遇到的問題，也是許多後起國家必然要遇到的問題。這不是一個理論問題，而是關係一個民族昌盛或衰落的現實挑戰。任何國家面臨這種挑戰都有兩種選擇。

　　一種選擇是書本至上，從理論出發。從市場理論、自由競爭理論、全球化出發，讓民族工業在競爭中被拖垮、被兼併、被收買；提倡什麼問題都要通過更深的市場化、更大的開放來解決，好像自由市場競爭是解決所有問題的靈丹妙藥；從短期財富增長的角度步入沒有發展的增長陷阱。

　　一種選擇是實事求是從實際出發。把發展擺在第一位，把建立完整的國民經濟體系和現代化擺在第一位，通過發展實現經濟增長。什麼有利於產業發展，就幹什麼。讓自己的發展戰略而不是競爭對手的市場，來左右經濟發展。國家博弈，不能走一條資助對手的發展戰略。

　　歸根結底，一個民族正確的發展道路的選擇，必須推動自己民族的發展，而不是別人的利益。

美國當時選擇了發展，而放棄了沒有發展的增長。

保護美國工業，使其免受國際競爭的打擊，變得必要且緊迫。民主共和黨的許多人順時應勢，採納了保護主義立場。國會裡，曾經大力推動 1812 年戰爭的鷹派人物，希望以關稅培育在禁運年代成長起來的美國工業，降低對英國製造業的依賴性，發展美國自己的現代工業基地。

1816 年國會通過了美國歷史上第一個以保護民族工業為目的的保護主義法案，即 1816 年《關稅法案》（Tariff Act of 1816），將平均關稅提高到 25%。

這只是一個溫和的保護主義法案，然而它卻是第一個以保護民族工業為目的的關稅法案。它昭示了一個新時期的來臨，一個用保護主義、用關稅來打一場捍衛民族產業的經濟自衛戰的新時期。

美國對政治獨立性的追求和對經濟獨立性的追求終於結合了起來。

當時的國會匯集了三種不同的利益：西部和新英格蘭地區的製造業、南部各州的農業，以及東北部的商業和航運業。當時美國西部和新英格蘭的製造業希望更高的關稅保護。對南部而言，雖然高關稅提高了工業產品價格，有損農業利益，但是，由於南部希望發展製造業，希望推進基礎設施的建設，決定轉而支持保護主義。保護主義第一次在南部找到了支持。東北部的商業和航運業則出於自己的利益反對保護主義。

至此經濟上的保護主義和政治上的民族主義，政治獨立的訴求和經濟獨立的訴求，精英的民族主義和草根的民族主義，北方的商業利益和南方發展基礎設施的要求終於結合了起來。這種結合為保護主義成為美國的一項國策奠定了堅實的基礎。

而且，這種保護主義的訴求不僅停留在國會。自由貿易往往伴隨着工人工資的下降，因為為了在國際競爭中牟利，許多廠商不得不以降低工人工資為主要手段。高關稅保護了美國工人的高工資。保護主義有了選民的支持，有了更多的草根支持。

這一年離漢密爾頓離世大約十二年。漢密爾頓當初孤獨地播下的種子，在前政敵的培育下開始發芽。

不過由於製造業利益在國會中的實力還沒有達到商業和航運業利益在國會的實力對等的地步，保護主義還不是一種強有力的潮流。

然而潮流的方向已經確定，新的時期已經來臨，美國已經站在了新時代的大門口。

推動保護主義的是曾經反對保護主義的人

在美國早期的發展政策爭論中，漢密爾頓提倡保護主義而民主共和黨提倡自由貿易。自由貿易是他們大力推動了三十幾年的政策。

然而，扭轉三十幾年的自由貿易政策潮流的正是這些人。在同大英帝國的較量中，他們認識到，經濟獨立是政治獨立的基礎，而經濟獨立必須通過保護主義獲得。1812 年戰爭以後，大力推動保護主義的就是這些民主共和黨人。

美國最早的保護主義措施發生於 1806 年。這一年，漢密爾頓去世已有兩年。在這一年，美國第三任總統，《獨立宣言》的起草者托馬斯‧傑弗遜宣佈實行對英國的禁運。曾經激烈反對過聯邦黨保護主義政策的傑弗遜的禁運政策，開啟了美國全面的保護主義政策的先河，成了一個新的時代的起點。

在接下來的 1812 年戰爭期間，美國實施了嚴格的禁運。這種主動的和被動的禁運，使美國的進出口基本停頓，美國事實上處於與外界「隔絕」的狀態。

1816 年，作為美國唯一的政黨，民主共和黨推動了 1816 年關稅立法。

在探索中自我矯正，聞善則從，問過則改，敢於挑戰自己，是國家博弈的基本素質。正如一個拳擊選手，在博弈場上，不能因為暫時的勝利，更不能自信擁有絕對優勢而固守曾經「一招得勝」的同一個招數。一個不斷調整自己和善於調整自己的拳擊家，才可能在博弈場上勝出。

「三執政」的政治分合

在美國國會的會客大廳裡懸掛着幾幅巨幅畫像，他們都是在美國歷史上對美國進程有巨大影響的議員。其中三位，來源於同一時代。他們從對手走向盟友，又從盟友分裂為對手。他們之間的這種聚散離合，是對美國有深遠影響的一段歷史的寫照。他們是 19 世紀前半期，美國歷史上同時產生的三座高峰。他們推動了1812 年戰爭，推動了隨後的保護主義，推動了美國體制。後來由於利益的分裂，他們捲入了美國南北之爭，分別站在自由貿易和保護主義兩大陣營。他們代表不同的利益集團，而捲入了幾乎導致美國分裂的幾場政治危機中。他們成了美國記憶中的標誌性人物。從美國建國那一代人淡出政治舞台到美國內戰以前，幾乎所

有的重大歷史事件都帶有他們個人的烙印。1957 年，參議院組建了一個特殊委員會，專門負責推薦美國歷史上最傑出的參議員，他們的畫像將掛在參議院的會客大廳裡。肯尼迪任該委員會的主席。在廣泛徵集學界和政治界意見的基礎上，他們一共推薦了五人。最有影響力的依序是克萊、韋伯斯特（Webster）、卡爾霍恩（Calhoun）及另外兩位。

前三位就是 19 世紀的那三座高峰。他們於 1813 年第一次在國會中見面，分別代表美國西部、東部和南部地區。他們進入美國政治舞台宣告了一個新時期的來臨。而他們於 40 年後的相繼辭世，宣告一個時代的結束。他們是演講語言的大師。他們的人格魅力，充滿激情和煽動性的演講，對自己代表的地區利益的準確把握，使他們擁有廣泛的近乎崇拜的忠誠追隨者，使他們成為他們時代最有權勢和影響力的政治家。1832 年，當他們共同出現在參議院對抗總統安德魯·傑克遜時，「三執政」的提法就誕生了。這種提法一直延續到 19 世紀 50 年代初他們辭世時。有歷史學家如此評論他們：

> 儘管他們如此偉大，他們都沒有實現自己最大的理想。選擇二三流人物作為總統是對共和國責難的根源……（有人甚至認為）美國人在進入政治生活的逐鹿場以前必須使自己變矮。克萊、韋伯斯特、卡爾霍恩，作為華盛頓、亞當斯、傑弗遜的正當繼承人，卻沒有獲得總統職位。當第二代巨人中的最後一位在 1852 年逝去以後，再也沒有人來挑戰這種矮人國的遊戲。共和國失去了她的榮耀，失去了偉大國家王公般的高貴。[1]

他們三人間在政治上的聯盟和對立，反映了理想和利益在美國那段歷史時期中的作用，是瞭解一系列改變美國歷史走向的事件的線索。**利益的分歧可以讓具有共同政治理想的人在經濟政策上分道揚鑣；而政治理想不同的人，可能因為共同的利益轉而支持同一種經濟政策。**國家發展戰略的選擇，有時候不可避免地被某些利益集團左右，經濟戰略之爭，可以是理念之爭，也可以是利益之爭。**當利益之爭綁架國家**

---

[1] Merill D, Peterson, *The Great Triumvirate,* Oxford University Press, New York, 1987, p. 6.

戰略，不能在國家利益下取得平衡時，國家將面臨巨大的政治經濟危機。

他們三人的政治分合關係，可以分為兩個階段。

第一階段是 1812 年戰爭到 19 世紀 20 年代後期。這一階段是克萊和卡爾霍恩在民族主義基礎上的政治聯合，與韋伯斯特在政治上對立。他們在 1812 年的選舉中，和七十多名新議員一同當選，而走上了全國政治舞台。他們三人中，來自西部的克萊和南部的卡爾霍恩，基於共同的民族主義，是戰爭的堅定推行者。而來自於東部的韋伯斯特，是聯邦黨人，基於利益相關，反對戰爭。不過他在戰爭開始後 11 個月才進入國會。

克萊和卡爾霍恩二人同那些來自於南方和西部的議員一起，形成了戰爭「鷹派」，並成了他們的靈魂。克萊以議長的身份，任命卡爾霍恩為外交關係委員會的主席。卡爾霍恩認為，他們正在開創美國政治的新時期。他指責以前的當權者「通過商業、外交和政治手段迴避困難」。在英國的威脅面前，他宣稱：「我們已經講過，我們將會改變。我們將用武力來捍衛自己」。「今天的美國人……將向世界證明，我們不僅繼承了國父們給我們的民族自由，而且將有意志和力量來捍衛這種自由」。[1]

戰後二人基於同樣的民族主義，為了發展國防，為了解除美國對英國的經濟依賴，為了發展美國的製造業，又聯手推動保護主義，包括 1816 年的關稅立法、後來的「美國體制」等。這種保護主義受到聯邦黨人，受到作為東北部商業集團代表的韋伯斯特的堅決反對。他的堅決反對是導致 1820 年保護主義立法失敗的原因之一。

第二階段是 19 世紀 20 年代後期以後。這三人的政治立場發生了顯著的變化。克萊和韋伯斯特基於共同利益上的聯合，支持和提倡保護主義。而當初堅定的民族主義者卡爾霍恩，基於南部利益要求的變化，轉而反對保護主義。為了捍衛南部利益，甚至到了無視聯邦法律、提倡國土分裂的地步。地區和利益集團的因素，使卡爾霍恩和南部許多政治家，走上了當初聯邦黨人試圖分裂國家的地步。

導致韋伯斯特政治立場轉變的是，東部製造業在保護主義政策下獲得了巨大

---

[1] Merill D, Peterson, *The Great Triumvirate,* Oxford University Press, New York, 1987, p. 4.

發展。韋伯斯特的權力基礎發生了變化，保護主義成了製造業的利益訴求，代表東部地區利益的韋伯斯特轉而支持保護主義。

　　而堅定的民族主義者，1812 年戰爭「鷹派」的核心人物，保護主義的堅定支持者，卡爾霍恩的立場卻發生了相反的轉變。[1] 卡爾霍恩代表的南方是黑奴經濟，主要生產棉花、大米等農產品。南方認為高關稅損害了南方利益。基於他在全國政治舞台上的巨大聲譽，他成了倡導州權的「區域主義者」的領袖。而正是他的這些反對聯邦權威、崇尚州權的政治訴求，使美國走上了通向內戰的不歸路。更重要的是，當他從事這一切的時候，他都真誠地認為真理在他的一邊。

　　在局部利益的迷宮裡，有時候連最有遠見的政治家也會迷失方向。超越局部利益之上的國家利益，應當是政治家的基本信仰。

---

[1] http://www.tax.org/Museum/1816-1860.htm.

第七章
通向帝國之路

　　1816 年的立法使美國站在了新時代的大門口。然而，要最終開啟這扇大門，而踏上通向帝國之路，美國要走漫長而艱苦的道路。

　　1816 年的保護主義立法是不充分的。美國製造業在大英帝國製造業的衝擊下艱難掙扎。戰後的商業繁榮導致了二元經濟：一邊是商業繁榮和資產泡沫，一邊是民族製造業的凋敝。這種二元經濟結構，在 1819 年世界經濟危機的衝擊下，出現了嚴重的金融危機和經濟危機。這場危機使美國再次嚴肅地思考保護主義。

　　隨着製造業的發展，歷史開始為保護主義提供利益基礎。剛經歷過戰爭和經濟危機的民族，開始擁抱保護主義。1828 年保護主義法案，將平均關稅提高到 50%。美國迎來了保護主義的第一次浪潮。

　　保護主義帶來北方和南方的利益差別，利益集團開始介入發展戰略的爭論。自由貿易和保護主義不再是理念和信仰之爭，成了利益之爭。在這場利益之爭中，有些曾經提倡保護主義的政治家轉而支持自由貿易；而有些支持自由貿易的政治家轉而提倡保護主義。利益法則改變了這場發展戰略之爭的政治版圖。這種利益之爭引發了一系列政治危機，甚至國家分裂危機。利益之爭，加上有關奴隸制之爭，美國從 19 世紀 30 年代到內戰，這幾十年中，經歷了其歷史上最不確定的時期。

　　美國就是帶着這種爭論而走進內戰的。內戰的一個客觀後果就是，徹底摧毀了自由貿易的利益基礎。失去利益基礎的支持，自由貿易從此在美國國內成了非主流聲音。美國在與大英帝國的博弈中，在國內利益集團的爭論中，終於打開了那扇歷史的大門，從此走向了保護主義的道路，一條最終把美國推向帝國寶座的道路。

　　保護主義把美國自己的未來放到了美國自己手中。只有掌握自己命運的民族，

才能在強者博弈中勝出。

貿易基礎上的二元經濟結構

1816年的《關稅法案》是各方利益集團當時達成的最佳共識。然而事實證明，它對保護美國自己的工業是遠遠不夠的，遠遠不能有效反擊大英帝國的經濟戰爭。

經濟政策的辯論常常需要經濟自身的邏輯來裁定。有時候一次慘痛的教訓勝過許多理論的雄辯。

25% 的平均關稅，未能有效地保護美國的製造業。大英帝國對美國的經濟戰爭還在繼續。**美國經濟在自由貿易的推動下，呈現出二元經濟結構，一方面是凋敝的民族工業，另一方面是盛極一時的商業繁榮和資產泡沫。**

1. 盛極一時的商業繁榮和資產泡沫

從戰後到 1819 年間，由於大英帝國的經濟戰略，由於國際貿易導致的信用擴張和資產泡沫，美國出現了短暫的極度繁榮和經濟泡沫。

（1）帝國的經濟戰爭以前所未有的創新方式進行。英國資本家喜歡上了一種叫「進口貨物拍賣」的銷售方式。這種方式不是通過正常的銷售渠道出售進口產品，而是通過一種「拍賣」的方式來迅速出售進口產品。具體來講，就是進口商將從英國進口的產品，通過拍賣而迅速套現，馬上進入新一輪的進口。英國資本對這種銷售方式提供條件優越的價格和貸款。[①] 這種拍賣方式導致進口產品價格的進一步下降，進一步打擊了美國本土製造業。由於這種拍賣方式的運作成本大為降低，完全補償了英國資本家因低價格帶來的損失。簡而言之，這是一種對英國資本家沒有利益損失的有效打擊美國競爭者的手段。而且，拍賣方式導致銷售週期縮短，投資回報加快。這種進口拍賣方式進一步推動了進口的增長，有效地摧毀着美國本土製造業。

為了迅速佔領美國市場，英國的出口商為美國進口商提供數目巨大的短期貸

---

① Murray N. Rothbard, *The Panic of 1819: Reactions and Policies*, Ludwig Von Mises Institute, http://mises.org/Books/panic 1819. pdf, p. 67.

款。美國進口從 1814 年的 530 萬美元，陡然上升到 1815 年的 1.13 億美元，1816 年的 1.47 億美元。[1]

進出口貿易的迅速發展帶來了美國戰後的商業繁榮，這種繁榮甚至超過了禁運之前，前所未有。許多自由貿易的信奉者似乎又看到了自由貿易的生命力。這種沒有發展的增長模式經受了戰爭考驗而重新煥發生機，似乎自由貿易有效地推動了美國的財富增長，是歷史的必然道路，是美國應當堅持的方向。

（2）重回出口老路。由於進口產品對民族工業的沉重打擊，美國的農產品、原材料等面臨國內市場萎縮的困境，從而再次走上了出口的道路。隨着進口的迅速增加，出口也相應增加。由於歐洲在拿破侖戰爭以後進入了一個相當長的繁榮時期，歐洲農業在拿破侖戰爭中備受打擊，戰後連續幾年農業歉收，這導致歐洲對美國農產品的需求量大增，價格大漲，尤其是棉花和煙草。國內需求的萎縮導致美國農業和原材料對海外市場的依賴。歐洲渴望美國的農產品，尤其是英法兩國。出口價格指數從 1815 年 3 月的 93 上升到 1817 年 3 月的 138，累計上升了 50%。[2]

（3）信用擴張與資產泡沫。戰爭期間，美國終止了美國貨幣和黃金的兌換，導致戰時和戰後貨幣發行量的大量擴張。僅 1815 年一年，流通中的貨幣量就增加了 48%（Rothbard）。隨着貿易的發展，美國出現了前所未有的信用擴張。美國政府和英國資本為美國進口商提供的大量貸款，導致了信用的迅速擴張。而出口價格的大幅度上升，使農場主財富大增，催生了財富進一步增加的預期，導致農場主大量舉債，從事土地和資產投機。這導致了美國戰後的資產泡沫，導了不動產投資，隨着農場投資的大幅度增長，導致價格上升。[3]

（4）不動產泡沫與基礎設施建設擴張。與此同時，美國聯邦政府為這種繁榮泡沫不斷注入空氣。為了解決政府收入問題，政府通過對購買土地者提供慷慨貸

---

[1] Murray N. Rothbard, *The Panic of* 1819: *Reactions and Policies,* Ludwig Von Mises Institute, http: //mises. org/Books/panic 1819. pdf, p. 6.

[2] 同上書，p. 9.

[3] 同上書，pp. 9、10、11.

款的方式大量出售西南部和東北部的土地。政府的土地出售在1815-1816年平均約200萬美元，到了1818年上升到1360萬美元。[1] 政府的這些行為催生了土地價格的大幅度上升和大規模的土地投機。由於不動產價格的急劇上升，通過銀行貸款而進行城鄉土地投資的現象非常普遍。這種投資增加了財政部的收入及其在銀行的存款，增加了貨幣發行量。同時，由於貿易的急劇發展，運費急劇上升。運費的上升導致了交通建設的繼續擴張。聯邦政府的建築投資也進一步推動了這種泡沫繁榮，政府建築投資從1816年的70萬美元上升到1818年的1400萬美元。

（5）股市高漲。具有象徵意義的是，在經濟泡沫的擴張過程中，紐約證券交易所於1817年3月成立。在此之前美國股票買賣雙方是在華爾街的街上買賣股票。那些在國際貿易或其他領域中賺了大錢的商人們，開始大宗購買股票然後小宗賣出。美國的股市進入了前所未有的繁榮。

2. 民族工業的凋敝

進口的迅速擴張沉重地打擊了民族產業，使美國民族製造業備受打擊。民族製造業沒有分享戰後的這種商業繁榮。戰後，在突然像潮水一樣湧入的英國製造品的衝擊下，商品價格急劇下降。費城商品價格指數（包括燃料、化學、金屬、紡織品、食糖、肥皂、玻璃）在戰爭中從141上升到214，在1817年3月下降到127。價格的下降說明了民族產業面臨的痛苦，大多數民族產業受到沉重的打擊。以每年新註冊民族企業為例，在美國經濟發展程度高的地區（新英格蘭、紐約、費城等）在戰爭中高達64家，在戰後迅速下降到9家。[2]

民族工業除了受到外國資本自由競爭的威脅外，還受到本國資產泡沫的打擊。商業繁榮如此鼎盛，資產泡沫如此鼎盛，大多數投資者將自己的資本投資於進出口和資產投機，進一步推動了進出口的繁榮和資產泡沫。這種所謂的繁榮，將大量的資源和資本吸走，導致國內製造業資金短缺，投資不足，出現進一步相對衰退。英國先進製造業的競爭，國內資產泡沫的競爭，給美國製造業帶來了雙重擠壓。

當你讀到那段美國歷史時，你會為美國迅速出現的二元經濟而吃驚。這種建

---

① Murray N. Rothbard, *The Panic of* 1819: *Reactions and Policies,* Ludwig Von Mises Institute, http: //mises. org/Books/panic 1819. pdf, pp. 15.

②同上書，pp. 12-13.

立在二元經濟結構基礎上的繁榮能持續嗎？這種建立在二元經濟結構基礎上的泡沫將在何時破滅呢？

第一次世界性經濟危機

戰後美國的繁榮在繼續擴張。假如沒有後來的世界性經濟危機，美國也許會從此走上貿易立國的道路，也許今天的世界就沒有美國這個超級大國。美國的強國之夢，也許會黯然破碎在自由貿易的陷阱裡，和其南邊的許多國家一樣。

但是，歷史沒有放棄美國。歷史似乎有些偏愛美國，每一次都是在美國貿易繁榮鼎盛的時期，無情地打碎這種繁榮，而迫使美國重新思考、重新選擇自己的發展道路。

美國這次商業繁榮的持續期極為短暫。仁慈的歷史沒有讓美國在錯誤的道路上走得太遠。

貿易立國面臨兩種經濟安全威脅：強權的軍事威脅和海外的市場威脅。

表面上美國的商業繁榮在繼續。出口在高速增長，出口（包括轉口貿易）在1817年達到8800萬美元，1818年危機前夕達到巔峰，為9300萬美元，其中國內出口達7400萬美元。農業出口從1817年的5700萬美元，上升到1818年的6300萬美元（Rothbard）。

對進出口的這種依賴，再一次為美國經濟帶來安全問題。在英法戰爭期間，美國的商業繁榮主要受到大英帝國的海上霸權的威脅。美國在1815年打敗軍事強權以後，大英帝國的軍事霸權雖然不再威脅美國短期的經濟安全，對海外市場的這種依賴卻將從另一個角度威脅着美國的經濟安全。接下來的世界經濟危機，將從市場角度為美國演繹貿易立國帶來的經濟安全問題。

美國戰後短暫的商業繁榮，即將為發生在歐洲尤其是英國的兩件事所打斷：一是1818年歐洲出現了農業豐收；二是1819年歐洲出現了經濟危機和經濟收縮。這兩件事導致美國海外市場的嚴重萎縮，歐洲市場對美國農產品和原材料需求的大幅下降。美國農產品出口和價格急劇下降，食品出口價格指數從1818年8月的169下降到11月的158，到1819年6月的77；出口從1818年的7400萬美元下降到1819-1820年的5100萬美元，下降了31%，其中90%是農產品。如果扣除價格

因素，出口的數量持續上升。由於美國收入降低，進口下降更快。進口從 1818 年的 1.22 億美元下降到 1819 年的 8700 萬美元，再下降到 1820 年的 7450 萬美元。[①]

歐洲尤其是英國在 1818 年，為了減少存貨開始大量向美國傾銷製造品。美國進口在 1815-1816 年急劇增加以後 1817 年下滑。[②] 但是，1818 年驟然增加到 1.22 億美元。進口的大幅度增加嚴厲打擊了美國的製造業，工廠在外國競爭下大規模破產。

1819 年，歐洲出現了經濟危機。海外的經濟危機通過自由貿易傳遞到了美國。農產品價格的大幅度下降，導致美國農場主收入驟然降低。在泡沫時期，美國農場主在海外市場不斷上升的需求和價格的刺激下，大規模向銀行舉債，從事農場改良或土地投機。在驟然來臨的經濟危機中，美國大量的農場倒閉、商業企業倒閉、工業企業倒閉，失業迅速上升。這種經濟困難導致了金融危機。企業倒閉導致銀行呆賬壞賬增多，導致信用收縮，利率上升。信用收縮又反過來加劇了經濟危機。資產泡沫終於破滅。一家企業的倒閉，通過極度擴張的資金鏈，導致一連串的倒閉。資產泡沫的破滅，進一步加劇了信用萎縮。

這種經濟危機因美國銀行的收縮政策而急劇惡化。在戰後美國銀行推行了信任擴張政策，導致信用擴張，資產泡沫，物價上漲。到了 1817 年危機前夕，美國銀行沒有預料到即將來臨的世界經濟危機，實施了收縮政策，開始大規模向州銀行和私營銀行回收貸款。而州銀行和私營銀行轉而大規模向投資者回收貸款。在資產泡沫中許多人依靠信用支撐資產投資，在信用收縮的情況下，許多投機者面臨破產壓力。美國銀行的這種信用政策，加劇了金融危機。金融危機和經濟危機相互作用，將美國經濟拖入了前所未有的災難之中。許多投機者紛紛破產，許多銀行紛紛破產，資產嚴重貶值，物價急劇下降，通貨緊縮。

這是美國的第一次金融危機。工廠大量倒閉，失業率大幅度增加。1819 年，紐約大約有 12 萬人，受救濟的人高達 8000 多人，1820 年，上升到 13000 多人。經濟學家馬修·凱里（Matthew Carey）估計大約有佔人口總數的 1/3 的人口（900

---

① Murray N. Rothbard, *The Panic of 1819: Reactions and Policies,* Ludwig Von Mises Institute, http://mises. org/Books/panic 1819. pdf, pp.19-20.

②同上書，pp.14。

萬）受到危機的影響。1820 年卡爾霍恩指出：「在過去兩年，在我們國家的每一
個角落裡，都發生了財富的逆轉；數不盡的人被徹底毀滅；大量的人在痛苦中掙
扎。」[①]

　　美國的行政當局（門羅總統）採取了被動干預的政策。當時的國會在反危機
中發揮了主導作用。國會通過立法降低土地價格，通過立法允許投資者在資不抵
債時用土地抵債，雖然土地價格已經下降。

　　這些措施無法阻止危機的深化和延續。

　　危機一直持續到 1821 年，經濟才開始復甦。

「美國體制」和保護主義的第一次浪潮

　　危機使許多美國人認識到，對海外市場的過度依賴導致經濟安全度的降低。
保護主義浪潮大幅度高漲。如果說 1816 年的立法只是溫和的保護主義的話，現在
保護主義的倡導者開始認識到更嚴厲的保護主義措施對美國經濟發展的必要性。

　　那是保護主義激流揚波的一年。許多失業的人走上街頭抗議，許多利益集團
極力推動保護主義政策，許多人指責英國的危機轉嫁行徑。1819 年是美國貿易戰
略發展的關鍵一年。在 1819 年以前，美國還沒有發展出持續而強大的保護主義基
礎。但是，1819 年以後美國發展戰略的版圖已經改變，保護主義開始與強大的利
益基礎結合。

　　保護主義不再是理論爭論，不再是政治家的爭論，對許多人而言，保護主義
開始與他們的利益結合。這些利益集團包括新英格蘭地區的製造業、西部地區的
農業，以及與製造業有關的小業主和工人等。這些人的切身利益與保護主義聯繫
在一起。而反對保護主義的則主要是南方的棉花種植主。他們認為保護主義提高
了進口品的價格和國內製造品的價格，出於自己的利益動機，他們主張自由貿易。

　　1820 年眾議院通過了新的保護主義法案，把關稅平均再提高 5%，有些產品
還會更高。

---

① http: //www. digitalhistory. uh. edu/database/article_display. cfm?HHID=574.

這一法案被參議院否決。韋伯斯特（「三執政」之一）就是堅定反對保護主義立法的領袖。

1820年的保護主義立法歸於失敗。但是，卻成為後來的保護主義政策的出發點。

接下來的幾年似乎是保護主義聲音沉寂的幾年，然而，保護主義的政治版圖在悄悄改變。一方面，美國的製造業在關稅保護下的飛速發展為保護主義的興盛提供了經濟基礎，在中西部製造業發達的地區，保護主義盛行；另一方面，製造業自身的發展加深了其對保護主義的依賴，開始尋求政治上的支持。在新英格蘭，那些曾經反對保護主義的人們開始支持保護主義。有人估計，如果沒有關稅保護，在價廉物美的英國布匹的衝擊下，在新英格蘭地區的紡織業有一半要破產。

如果美國打開國門，不加保護，美國十幾年建立起來的民族產業在先進的歐洲工業的衝擊下，將零落凋敝。也許由於自由貿易帶來的商業發達，由於美國廣大的市場，美國可以成為一個裝配基地，美國可能依然會有商業繁榮。但是**沒有民族工業支撐的商業繁榮是一種依賴性的繁榮，一種不可持續的繁榮**。很難設想，在這種商業繁榮的基礎上美國會發展成今天這樣的超級大國，一個有強大而先進的高端工業支撐的超級大國。**在近代歷史上那些以商業繁榮為基礎的強權，都是曇花一現，像西班牙、荷蘭。**

1820年提高關稅立法的失敗，使保護主義者認識到，沒有政治權力保障的經濟發展訴求是蒼白無力的空談。保護主義者訴諸選民，一大批保護主義的支持者被選進了參眾兩院。保護主義的核心人物，眾議院議長克萊（「三執政」之一），重新任命了一大批委員會主席，尤其是任命了激進的保護主義者、賓夕法尼亞州議員，約翰·托德（John Tod）為製造業委員會主席。與此同時，許多南方的政治家，前戰爭鷹派開始尋求通過保護主義發展南方製造業，從而加入了保護主義的行列。這種政治版圖的變化為保護主義高潮的到來提供了條件。

保護主義者在沉寂中，蓄勢待發。

1824年，輝格黨的創建人，參議員克萊正式提出了以「美國體制」命名的經濟發展計劃。輝格黨由一部分前民主共和黨人、一部分前聯邦黨人等組成。這項計劃建立在漢密爾頓的保護主義思想上，它有三個基本點：一、提高關稅以保護美國的產業。二、政府資助基礎設施建設，如興建運河和陸路系統，開發國內的農產品市場。資金來源於關稅和出賣土地，所以他提議高地價政策。三、為穩定

貨幣，發展信用，建立國民銀行（第一國民銀行已被傑克遜總統終止了）。他的建議為國會批准，這項經濟計劃的有些部分已經反映在 1816 年的立法裡。美國體制同時還包括提高軍備、擴充陸軍和海軍等。

「美國體制」的歷史意義，不僅在於它推動了美國經濟的發展，還在於以下三點：一、擺脫英國的經濟控制，尤其是「英國體制」的控制；二、建立國內不同產業化地區的平衡；三、走一條不同於「自由放任」的市場經濟道路。美國參議院的網頁上這樣寫着：

　　亨利·克萊在 1812 年戰後民族主義爆發時期提出的美國體制，是歷史上由政府資助經濟發展的最成功的例子。這種經濟發展計劃有利於和諧和平衡農業、商業和工業的關係……克萊宣稱，一個精心維護的國內區域間的相互依賴，將減少美國對自由放任的「英國體制」的屈服。①

顯然，「美國體制」的提倡者，沒有希望完全由市場這隻看不見的手來支配資源在國內產業和區域間的配置。

和漢密爾頓一樣，克萊認為美國新建的工廠和「嬰兒工業」，根本無法與歐洲尤其是英國的工業競爭。關稅保護不僅有利於美國的民族工業，還會保護美國相對的高工資。這項經濟政策在工業地區相對有吸引力。克萊同時認為，保護主義會推動美國經濟的發展，而美國經濟的發展將會導致國內對農產品需求的增加。保護主義對南方有利。

漢密爾頓的經濟思想第一次變成了系統的經濟政策。

1824 年，國會通過法案對進口鐵、羊毛、棉花等貨物徵收 35% 的關稅。自由貿易的堅定支持者韋伯斯特開始無條件支持保護主義。

1828 年，國會進一步提高了進口製造品的關稅，使之達到 50%！

保護主義的第一次浪潮達到了巔峰。在這段時期，韋伯斯特從堅定的自由貿易者，轉換成了一名同樣堅定的保護主義提倡者。不僅如此，他比一般的保護主

---

① http: //en. wikipedia. org/wiki/American_System_ (economic_plan).

義者走得更遠。與早期反對 1812 年戰爭不一樣，他現在是一個民族主義者。在後來「（聯邦法律）無效」的危機中，他是聯邦權威和美國整體的堅定捍衛者。

此時距傑弗遜「閉關」禁運已經二十多年。

現在保護主義者提出的不再是單純的貿易保護主義政策，他們提出了一套完整系統的經濟發展計劃，而這項計劃的核心是貿易保護和政府干預。保護主義者不再把提高聯邦政府收益當做提高關稅的掩護，不再羞羞答答地藏在增加政府收入的面紗後面，保護主義成了發展經濟的直接訴求。保護主義者關注的不再是單一的製造業的成長，而是經濟的總體發展和增長。保護主義的支持者不再局限於某些製造業發達的地區，而且得到了以農業為主的南方的支持。保護主義不再將這種政策辯論局限於國會，他們把這項計劃直接訴諸選民。美國體制不再只是經濟發展的一種選擇，而是美國的民族主義精神的一面旗幟。總之，它對美國的經濟發展有深遠的影響。然而，克萊所倡導的「美國體制」有一個歷史性的局限，它是建立在南北雙方的利益妥協的基礎上的。歷史表明，這種妥協是暫時的。而且，克萊所倡導的保護主義最後終結在南北不可調和的對立中。

大約四十年以後，林肯在談及他自己的經濟思想時曾說：「我們都是輝格黨」。

英美的利益之爭

一項有生命力的經濟政策既是一個國家長遠利益的體現，又是不同利益短期妥協的結果。長遠是由短期構成的。長遠的經濟政策失去了短期的民意基礎，也就失去了其長期存在的基礎。所以，當符合國家根本利益的經濟戰略確定以後，如何妥善處理不同利益集團的當前利益，從而將他們凝聚在這面旗幟下，常常是長遠戰略存續的關鍵。古今中外，有許多長遠戰略被短期利益衝突打斷的故事，留下許多令人扼腕歎息的遺憾。

不能因為一項長遠政策符合國家發展的根本利益，就希望不同利益集團的人們會自動地集結在這面旗幟下。人們持續支持一項長遠政策，是因為它不僅代表了他們的根本利益，也代表了他們的當前利益。人們希望在這項戰略裡尋求到自己的利益和價值。如果一項戰略的具體政策持續偏好一部分人的當前利益而忽視甚至有意犧牲另一部分人的當前利益，這項戰略將面臨嚴重的後續力不足的問題。

基於認知和利益的不同，爭論是必然和必須的。不爭論的結果，往往是弱勢群體的訴求被壟斷政治資源的強勢群體所排斥，所忽視。

　　一項有生命力的長遠戰略，應當不斷尋求不同利益間的最大利益公約數。美國的保護主義政策在達到第一次浪潮的高峰以後，自 1832 年起就面臨這種最大公約數的困境。

　　這個挑戰起源於美國南北關係，也終於南北關係。

　　保護主義者在 1816 年得到了南部的支持，然而隨着時間的推移、利益的分化，這種支持不斷減弱最後變成反對。

　　南部的許多政治家開始是強力的民族主義者，曾經竭力推動支持 1812 年的戰爭，在與英國的戰爭中深感美國經濟落後、基礎設施落後對國家防衛能力、主權獨立帶來的挑戰。戰後他們與其他的民族主義者一樣竭力主張發展美國製造業。有的政治家，如南卡州的約翰·卡爾霍恩，積極支持保護主義，因為他相信南方的前途在於工業化，他想在南方發展製造業基地。南北方的政治家在民族主義的基礎上找到了最大公約數，這就是 1812 年戰爭後一系列保護主義法案能得到南北方共同支持的基礎。1812 年克萊在國會提出《關稅法案》時，約翰·卡爾霍恩是堅定的激烈的支持者。

　　隨着時間的推移，關稅帶來了利益分化。

　　針對美國的關稅保護，英國作為報復大量降低了對美國的棉花進口。而南方的主要產業是棉花，棉花出口的降低極大地損害了南方種植場主的利益。與此同時，關稅保護減少了價廉物美的英國製成品進入美國，保護了美國製造業，提高了產品價格。南方認為他們在出口銳減和購買質量低劣、價格昂貴的美國產品時，犧牲了自己的利益。這種利益的分化導致了對保護主義政策的態度變化。

　　其實從某種意義上講，關稅保護在一國經濟發展的初級階段，不僅是保護民族產業的手段，在某種歷史條件下，還可能是資本原始積累的一種方式。

　　美國獨立以後由於政治經濟體制的原因，其資本原始積累不可能走當年「羊吃人」的英國之路。然而資本的原始積累是任何國家經濟發展的必經之路，它的原始積累走上了美國特色之路：其一是向西部擴張，向土著要土地（要素的剪刀差）；其二是保護關稅導致的價格剪刀差。

　　高關稅一方面提高了美國產品的價格，導致製造業利潤增高；導致了政府收

入的增加——政府用這些收益來刺激製造業的發展；另一方面由於棉花出口的減少，導致國內市場上棉花價格下降。一高一低導致的價格剪刀差，實質上是棉花種植業向工業的利益轉移。

剪刀差的出現，使關稅保護政策面臨長遠和短期的矛盾。這項政策作為一項長期國策有利於美國工業的發展，卻損害了南方的當前利益。南方認為棉花和工業品價格的剪刀差的根源是關稅保護政策。南方對關稅政策的態度從積極支持轉到了堅決反對，卡爾霍恩也從堅定的民族主義者變成了堅定的州權主義者。關稅保護作為長期國策面臨收入分配不公的挑戰，從而面臨着短期生存的困境。

這是一個經典的長遠和短期關係的例子。短期的利益衝突可能會影響長遠的戰略，這種利益衝突使許多以前支持保護主義的南方政治家轉而反對保護主義。從反對保護主義到反對聯邦權力，到區域主義。這次關稅政爭的關鍵，不是關稅能否保護美國工業，而是關稅帶來的利益分配的不公。所以，它不是關於關稅保護本身的爭論，而是對其帶來的衍生問題的爭論。

是利益之爭。

要重新獲得南方對關稅保護政策的支持，聯邦政府必須解決這種剪刀差的問題，解決棉花業與製造業之間收入不公的問題。比如，可以實施對南方棉花業的價格保護，幫助南方提高生產效率、降低產棉成本，也可以幫助南方發展工業等，還可以加快南方交通運輸的建設，降低產品（商品）流通的成本，縮短流通時間。而關稅保護帶來的政府收入的一部分可用於這些開支。

然而當時的南北方這場爭論，僅僅局限於聯邦權和州權的政爭。

政爭導致了總統和副總統的公開分歧。為了緩和南方的激烈情緒，聯邦通過了 1832 年《關稅法案》，旨在降低關稅。然而一方面降低幅度太小，另一方面南方的預期又太大，導致了南方進一步的不滿。1832 年來自南方的副總統卡爾霍恩，1812 年戰爭中堅定的民族主義者，因反對關稅而辭去副總統職務。同年，總統傑克遜簽署了這項立法。

南北方的關稅對立加深。

南方確定反制。同年 11 月，南方，尤其是南卡州，根據州權高於聯邦權的理論，宣佈 1828 年和 1832 年《關稅法案》違憲，而在南卡州作廢（nullification），不予實施。卡爾霍恩甚至威脅從聯邦分裂出去。關稅之爭，變成了國家體制之爭，

國家統一和分裂之爭。美國陷入了一場政治危機，這就是史稱的「（聯邦法律）無效危機」（Nullification Crisis）。

這場源於關稅而演繹成政治危機的爭論，顯示了早期美國政治體制的不成熟。如果南卡州使聯邦法律在其州內無效的努力得以實現，那就開啟了一個州法高於聯邦法、各州根據自己利益選擇性實施聯邦法的時代。聯邦的權威將喪失殆盡，美國必將面臨分裂的危機。千里之堤，潰於蟻穴。關係國家根本體制的所有問題都是原則問題，而原則問題是不能讓步的。

總統傑克遜和國會在這場危機中站在了一起，採取了強硬的態度與靈活的辦法相結合的策略。一方面，國會通過了《強制執行法》（Force Bill），授權總統以軍事力量迫使各州服從聯邦法律。總統派遣美國海軍艦隻前往南卡州的港口，以武力彰顯聯邦權威，防止危機的進一步深化。另一方面，派出參議員亨利‧克萊與南方就《關稅法案》進行談判。素以「偉大的妥協者」著稱的克萊，再次在國家危急關頭站在了聚光燈下，力圖挽狂瀾於既倒。談判主要是在政治上分道揚鑣的兩位老朋友間進行。克萊和卡爾霍恩這兩位曾經聯手推動對大英帝國戰爭、推動美國保護主義的昔日盟友，由於利益分歧而成了兩個政治陣營的代表，為拯救美國而再次走到一起。談判結果是 1828 年和 1832 年的《關稅法案》將在南北生效，而聯邦關稅將從 1833 年始在十年裡降低到 20%。聯邦權威在南部諸州得以維護。

這就是 1833 年《關稅法案》。這項法案由克萊和卡爾霍恩聯合提出。他們曾經具有相似的熱情和理想，聯合推動了 1812 年戰爭，推動了隨後的保護主義，推動了「美國體制」。現在他們一個要捍衛聯邦的權威，一個要推動州權；一個要實施保護主義，一個要推行自由貿易。他們當初推動戰爭的激動人心的、彼此唱和的民族主義演講，還在歷史的天空中迴響，他們的政治主張卻將兩人分開。不過，他們早期的合作，為今日的妥協奠定了基礎。這種利益差別上的政治分歧，導致了這個妥協法案的產生。

這場危機終於落下了帷幕，保護主義政策被短期利益衝突所困。

妥協不是爭論的解決，這種爭論是往後 20 多年美國政治的主線。

美國的反分裂法①

　　1833 年的這場政治爭論對美國有長遠的影響。

　　它可以說是內戰的前奏。

　　也可以說為美國的長期統一奠定了法制基礎。

　　它導致了《強制執行法》的產生。該法不僅就事論事保障了聯邦的《關稅法案》得以在各州施行，還前瞻性地否定了各州從聯邦分裂出去的權利。更重要的是它授權總統在聯邦法律受阻的情況下，可動用包括軍事力量在內的一切必需手段來保障聯邦法律的實施。該法的關鍵是授權美國總統可以動用軍事力量來處理內政問題，捍衛聯邦法律至高無上的地位。

　　該法第五條規定：一旦某州的當局，或美利堅合眾國在該州的地區和大區法官告知總統，在該州的範圍內，美利堅合眾國的一項或所有法律，以及這些法律和美利堅合眾國法庭發出的執行程序的實施，受到武裝力量或其他非法手段的阻礙，而且這種阻礙如此強大，以致不能通過司法程序的普通過程，或既存法律效力所賦予的權力而克服，美利堅合眾國的總統將有法律賦予的權力立即發佈他的公告，公佈上訴事實和信息，並要求上述所有的武裝力量及其他力量立即解散；而且在發佈公告後的任何時間裡，假如遇有以上述手段或方式從事的反對和阻礙，總統將被自動授權，立即運用相應的（軍事和其他）手段鎮壓這些反抗，並達成相關的法律和法庭程序得以及時實施的目的。

　　這項授權廣泛的法律可以看做美國的反分裂法。比如，當任何州宣佈聯邦某項或所有法律在該州無效時（事實上的分裂），總統將被自動授權運用包括軍事手段在內的力量來保證聯邦法律的實施（統一）。

　　這項法律表明美國在對待國家統一和聯邦權威問題上的堅定意志、嚴肅性和現實感。沒有統一的國家，沒有強有力的聯邦和中央權威，就沒有強國的崛起。而統一國家和聯邦權威是建立在堅定的意志和壓倒性的實力基礎上的。

　　這讓我想起了自 1833 年算起大約 150~160 年後的某個超級強國的改革。這項

---

①本節所有引文均出自該法。

改革以各種方式弱化中央權威，助長地方勢力，甚至以各種方式培育縱容地方離心離德的主體意識，形成尾大不掉的局面。當某幾個小加盟共和國首倡獨立時，中央當局意志軟弱，不能果斷處理，最後聽任其變成國家解體的多米諾骨牌的第一張。相較之下，**美國則在 150 幾年前就為國家統一、聯邦權威劃了一條不容模糊的紅線，一條以國家軍事機器為後盾的紅線。**

這項法律還適用於其他阻礙聯邦法律實施的內政問題。

1954 年，美國最高法院在一項有歷史意義的決定（Brown v. Board of Education, 347 U.S. 483）中宣佈，所有關於學校種族隔絕的法律都是違憲的，並要求全國所有學校廢棄種族隔絕。1957 年，在阿肯色州首府小石城有 9 名黑人學生被以前的白人學校接受，然而種族隔離者以各種方式阻撓該 9 名學生就學，州長奧瓦爾・福伯斯（Orval Faubus）甚至動用州國民自衛隊阻止該 9 名學生上學。該州的行為顯然是以武力挑戰聯邦法律。有此先例，後患無窮。有鑒於此，艾森豪威爾總統根據《強制執行法》頒佈了 10730 號行政命令，將阿肯色州的國民自衛隊置於聯邦的控制之下，並指令美國陸軍的第 101 空戰營開進小石城，並執行護送黑人學生到白人學校上學的任務。

其實美國以軍隊介入內政的傳統可追溯到華盛頓。1791 年國會通過了《酒稅法案》。由於該稅是向威士忌的出售者徵收，它直接影響到西部許多農場主的利益，因而遭到西部農場主的普遍反對，認為該法案不公正，帶有歧視性。集會、抗議、騷擾聯邦徵稅人員的事件頻頻發生。到了 1794 年，匹茲堡爆發了「威士忌叛亂」。叛亂者佔領法庭，威逼聯邦官員，變成了一場從北到南涉及整個西部的抵抗。當時的情景與導致美國獨立戰爭的反抗《印花稅法案》的運動十分相似，除了這場危機的關鍵是如何維護聯邦權威。表面上是對一項稅法的不滿，實質上是對聯邦權威的藐視。華盛頓對此似乎洞若觀火，他認為平息叛亂的過程必須表明聯邦權威不可侵犯，為此他親自統帥 15000 人的軍隊向匹茲堡進軍。

保護主義的基礎是強有力的中央權力。在長期實行自由貿易以後，許多利益集團和地區與國外市場和資本有很深的聯繫。沒有強大的中央權力，無法實施保護主義。

南北方就貿易政策的激烈爭論導致了反分裂法的產生，可以說是美國的幸事。

自由貿易再次遇到危機的挑戰

1833 年的關稅妥協沒有根本解決貿易政策的爭論。恰恰相反，美國貿易政策的政治版圖因此而變得鮮明而簡單起來：北方和西部的保護主義，南方的自由貿易。政治經濟相對落後的南方是美國自由貿易的旗幟！

南北雙方的政爭因為奴隸制的爭論而變得十分複雜。這是一種既基於利益又基於不同信念和價值的政治經濟的對立，一種深刻而全面的對立。這種對立就像一座火山，短期的妥協只不過推遲了火山的爆發。

時間在迅速工業化的北方一邊，而不在堅持奴隸制反對工業化的南方一邊。

南北的這種對立，使保護主義的第一次浪潮在達到頂峰以後進入了一個大約 10 年的防守和退讓時期。

根據 1833 年的妥協，美國進口關稅從 1833 年開始，逐年遞減，到了 1842 年大部分的進口貨物關稅將達到 20% 的水平。在這 10 年中，關稅的降低，使美國製造業在歐洲尤其是英國產品的競爭面前再次面臨打擊。美國製造業面臨的嚴峻現實，使保護主義在工業區域再度高漲。到了 1842 年，在關稅平均水平即將達到而尚未達到 20% 之時，工業利益、工會團體和輝格黨再次大聲呼籲，要求提高進口關稅。結果催生了 1842 年《關稅法案》，平均關稅再次上升到 40%。有些產品，如鐵（鑄鐵和鐵製品）的關稅達到進口價格的 2/3，而鐵錠、鐵圈等產品的關稅則超過 100%。更重要的是，這項法案大範圍擴大了關稅覆蓋的產品範圍，關稅覆蓋的進口品種佔全部進口品種的百分比從 50% 上升到 65%。

這是保護主義第一次浪潮的最後一搏，也是竭盡全力的一搏。

在這 10 年中，美國的利益格局發生了巨大變化：保護主義培育了本土工業，政府主導了許多基礎設施的建設，西部開發導致穀物種植業飛躍式的發展，第三種變化悄悄改變了保護主義者的權力基礎。西部的農場主開始希望開放美國市場以換取穀物的海外市場，他們不再是堅定的保護主義者。

關於貿易政策的爭論，由於南北方對奴隸制的不同態度和政策而變得極為複雜。

當時保護政策的主要推手是輝格黨。然而，圍繞美國—墨西哥戰爭的一系列的政治事件極大地限制了輝格黨強烈推動關稅保護的能力和願望。1837 年得克薩斯共和國打敗了墨西哥軍隊，宣佈從墨西哥獨立出來。它的領土包括今天美國的

得克薩斯、亞利桑那、新墨西哥三州。獨立後的得克薩斯共和國立即要求併入美國，而被美國拒絕。此後得克薩斯以獨立共和國的形式存在，受到美國、英國、法國、荷蘭、墨西哥等國的外交承認。1845 年得克薩斯正式併入美國。在此之前，墨西哥政府警告美國，合併得克薩斯就是對墨西哥的宣戰。1846 年美國—墨西哥戰爭爆發。戰爭給輝格黨帶來嚴重的內部分歧。1848 年，戰爭以美國贏得加利福尼亞而告終。新併入的州要不要准許奴隸制存在？《逃亡奴隸法案》要不要實施？從戰後到 1856 年的數年裡，輝格黨內部的南北分歧由此加劇，逐漸達到不可調和的地步，最終導致輝格黨的解體。

從 1846 年到 1856 年，政治上的困難使輝格黨不再有能力推行保護主義。

從 1846 年到 1856 年，再到 1861 年，美國處於兩個保護主義高潮間的低潮。

那是美國少有的一段保護主義出現真空的十幾年。

美國部分歷史學家認為那是自由貿易的十幾年。

這段「自由貿易時期」起於 1846 年《關稅法案》。該法案將平均關稅降低到 25%。25% 的平均關稅，實際上有效地保護着美國工業。25% 的平均關稅還被稱為「自由貿易」，不是歷史學家的無知，而是美國歷史上實在難以找到比這還自由的「自由貿易」時期。這項立法公開放棄了保護主義的旗幟。就這 25% 的關稅也是基於聯邦政府收入的考慮，而不是基於保護民族工業的考慮。從動機的角度看，這不是一個保護主義的法案。

這項法案一直持續到 1857 年。1857 年參議員羅伯特·亨特（Robert Hunter）起草的關稅法案被國會通過，該法案將平均關稅進一步降低到 17%。

因此，美國成了 19 世紀關稅最低的國家。這項法案是南北關稅之爭的產物，是自由貿易在與保護主義之爭中取得的一個短暫但巨大的勝利。它的支持者主要來自於南部那些提倡自由貿易的地區，使羅伯特·亨特本人在內戰時期歷任南部聯邦的國務卿、參議員等。

1857 年《關稅法案》通過後立即生效。

幾個月後，美國發生了重大經濟危機。**歷史又一次偏愛美國，又一次通過危機打斷了自由貿易的道路。在美國發展的重要關頭，危機都轉化為機會。**

美國工業製成品大量積壓，工人大批失業，國際熱錢迅速流出美國，導致通貨嚴重萎縮，價格（包括穀物價格）急劇下降，許多金融機構破產或面臨破產的

威脅。在一年內美國大約有 5000 家企業倒閉。抗議集會、城市騷亂時有發生。這場危機蔓延到歐洲、南美和亞洲。

危機往往是轉折的開始。在這場危機中，保護主義者在經濟學家亨利·查爾斯·凱里的領導下重新集結，發動了絕地反擊。他們指責新關稅導致了這場經濟危機，他們反對自由貿易，反對英國體制，反對自由貿易堡壘——南方的奴隸制。他們甚至認為，要徹底解決貿易政策的爭論，就必須廢除南方的黑奴制。保護主義終於發現要徹底解決自由貿易問題、自由貿易的基礎，就必須解決南方問題，解決自由貿易的利益基礎。

凱里是美國著名經濟學家，美國學派的領袖，林肯的經濟顧問。他對美國經濟學的貢獻是多方面的。鑒於自由放任經濟帶來的衝突和矛盾，他提倡在美國建立一種不同於自由放任經濟的「和諧經濟」。在 1851 年出版的《利益和諧》（*The Harmony of Interests*）一書中，他認為，美國不應當走英國之路，把經濟建立在階級對立的基礎上，他主張「利益和諧」——南方與北方，工業與農業，僱主與員工間的和諧。他反對「工資鐵律」和「馬爾薩斯人口論」，認為它們都是英國體制即市場經濟的產物。用今天的話說，他主張工人分享經濟發展的成果。他堅定地反對自由貿易，認為自由貿易使美國成為英國製造業的市場，導致階級和地區對立。

凱里是一個非常值得研究的經濟學家。當我閱讀凱里的歷史時，有一點讓我非常驚訝。凱里作為經濟學家是從自由貿易的倡導者開始的，然而卻成了保護主義的主要理論家和旗幟。他在談及自己的這種轉變時，歸結於他對自由主義和保護主義對美國繁榮的不同影響的觀察思考。他認為保護主義能使美國經濟從企圖控制美國財富的英國「資本家」手中解放出來。在閱讀凱里有關時政經濟的文集時，你能強烈地感覺到他的歷史責任感和對美國的愛國心，他經常談及的是如何使美國經濟擺脫英國的控制。1865 年凱里出版了一系列他和眾議院議長的信，這本文集的題目是：「通向不戰而屈英國之路」（*The Way to Outdo England Without Fighting Her*）。

林肯、內戰與保護主義的第二次浪潮

自由貿易的法案只存在了三年。

1857 年危機以後，關稅問題變得越來越尖銳。到了 1858 年秋季，整個北方的共和黨人強烈要求修改《關稅法案》。在這個大背景下，來自於佛蒙特州的眾議員賈斯汀・莫里爾（Justin Morrill）於 1859 年在凱里建議的基礎上提出了新的關稅法草案。新草案的主要目的是保護美國經濟。為了獲得廣泛的支持，該草案建立的保護延伸到幾乎所有的產業，除了製造業外，還包括農業、礦業、漁業等。糖、羊毛、大麻籽、牛肉、豬肉、玉米、穀物、礦物品（煤炭、鉛、銅、鋅）等都在保護之內。這項草案既保護了北方的利益，又保護了南方的利益、西部的利益和東部的利益。這項草案力圖解決歷史上關稅保護帶來的利益不均問題。正如莫里爾在介紹該草案時所說的：「在調整關稅細節方面，我將像對待我們整個人民一樣，將農業、製造業、礦產業和商業當成一個家庭的不同成員，每個人都應當受到平等的對待，沒有人天生就應當成為替他人負重的動物」。[①] 該草案在國會經過了激烈的辯論。辯論雙方陣線分明：北方支持，南方反對。該草案於 1861 年通過，成為法案。

該法案對共和黨 1860 年的選舉非常重要。林肯支持保護主義的歷史記錄和對該法案的支持使他贏得了重要的選舉團的支持。

美國的這項法案，集中在國內的產業保護，因而受到以英國為首的自由貿易倡導者的激烈反對。當時的英國出於自己的利益正在積極推行自由貿易的世界體系。超級大國的利益受到了美國保護主義的極大挑戰，大英帝國在美國市場的利益受到了極大挑戰，大英帝國對該法案表現出了天然的憤怒。這種憤怒導致英國的政治家把它與黑奴制相提並論。英國首相帕默斯頓（Palmerston）對南部邦聯的總統亞當斯（Adams）說：「我們不喜歡奴隸制，但我們需要棉花，而且我們非常不喜歡你們的《莫里爾法案》」。[②]

新稅法的稅率，在 1861-1862 年兩次上調。

---

①② http://en. wikipedia. org/wiki/Morrill_Tariff.

當時的世界輿論對美國的保護主義出現一邊倒的譴責，大英帝國對此項立法更是堅決反對。在內戰中大英帝國站在南方一面，希望看到美國分裂的後果。

許多人預言美國經濟將會破產，美國通過保護而成長的產業將無法面對國際競爭。當人類進入 20 世紀時，美國在保護主義中成長為了世界第一大經濟體，擁有最強大的製造業、最有競爭力的公司。面對這一現實，英國的主要經濟學家艾爾弗雷德·馬歇爾（Alfred Marshall）在 1903 年不得不承認：

> 對外貿易對美國不是必需的。當它獲得獨立使它的國內市場大於整個西方市場，貿易保護不可能對它有多大損害。它給予急需幫助的產業以必要的幫助（帶來的好處）有可能沖銷了保護政策帶來的其他經濟損失。[①]

在今天，美國也有歷史學家用新思維來看待歷史上的這場爭論。有人乾脆認為這項立法導致了美國內戰。尤其是那些新自由主義者，在論及自由貿易的時候更是如此。他們認為保護主義導致了內戰，因而美國為此付出了極大代價。但是，歷史事實是，奴隸制是南北戰爭的關鍵，保護主義不是戰爭的主要原因。南方為了爭取弗吉尼亞加入邦聯，而承諾將提供關稅保護使之取代北方的新英格蘭而成為南方的製造業中心。邦聯期間關稅提高了 17%。馬克思認為，自由貿易導致了 1857 年的經濟危機，導致了內戰。

> 在美國誰都知道自由貿易在 1846-1861 年間佔主導地位。莫里爾議員的保護主義提案產生於 1861 年，在（南方）暴亂以後。分裂不是由《莫里爾法案》導致，相反《莫里爾法案》得以通過是由於叛亂已經產生（Biographies）。[②]

1861 年，內戰終於爆發。南部邦聯和其總統，傑斐遜·戴維斯（Jefferson Davis），一開始就把獨立的希望寄託於歐洲強權的干預，尤其是英國的干預。他

---

① Alfred Marshall. Official Papers ed by John Maynard Keynes. London: Macmillan and Co., 1926. p. 398.

② Karl Marx, *The North American Civil War*, October 20, 1861, http: //www. aotc. net/Marxen. htm.

認為，英國出於自身的利益，一定會居中調解和干預，從而導致南部的獨立。**寄望於外部的干預是分裂主義的共同特點。**南部的外交使團到歐洲到處活動，不斷進出歐洲的宮廷，希望得到承認，尤其是英國的承認。

美國的態度是非常明顯的。林肯總統明白無誤地告訴歐洲，內戰完全是美國的內部事務，堅決拒絕任何外部的調解；任何外部的干預，對南部的任何外交承認就意味着戰爭。與此同時，美國重申不干預的外交政策——美國不干預其他國家的事務，也不允許其他國家干預美國和美洲國家的事務。美國還在歐洲，尤其是英國，大力揭露南部的黑奴制度，爭取公共輿論的支持。更重要的是，在避免與英國直接宣戰的情況下，對大英帝國的干預實施嚴厲的打擊，讓意志和實力在這場外交角逐中說話。

英國當時在歐洲面臨拿破侖三世的興起和俾斯麥德國的崛起。歐洲權力格局的變化，使帝國在美國的這場內戰中頗感力不從心，大英帝國希望美國從此一蹶不振。在內戰期間，不斷打破美國對南部的戰爭封鎖，為南部提供軍火，製造軍艦，護送南部派往歐洲的外交官。英國為南部建造的軍艦，曾經在海外為美國製造了許多麻煩。有一段時間，大英帝國和美國幾乎交戰。但是，在整個內戰期間，帝國沒有敢公開承認南部的獨立，沒有正式挑戰美國對南方的禁運。英國的策略是通過不宣而戰的方式，非正式地支持南部的獨立。

為了支持南部、打破美國的禁運，大英帝國還專門建造了一種體積小、速度快、運量小的貨船。這些船隻並不由英國海軍直接控制，而由皇家艦隊的那些正在「休假」的軍人們操作。為此英國還在古巴和該地區的其他英屬殖民地建立補給基地。這些船隻將這些供給運輸給南部邦聯。

大英帝國的政策是隨着美國內戰的局勢變化而變化的。美國要想制止英國對內戰的干預，必須通過戰爭的勝利來說話。1862 年，當北方在戰爭中受挫時，帝國曾打算介入，打算承認南部。1862 年夏季，美國進攻南部首府的戰役失敗，南部在西部和東部向北方發起攻擊。帝國開始想進行調解，打算承認南部邦聯。英國首相曾一度想把這項調解計劃提交內閣，讓內閣批准。所謂調解就是變相地承認南部。美國告訴英國，對南部的承認就是兩國間的一場全面戰爭。加上美國在戰場上的勝利，英國才放棄了干預的打算。

在內戰中，英國不是不想介入。為了決定是否介入，他們對介入後的風險進

行了詳細的評估。最後得出結論，介入意味着同美國的全面戰爭，而這樣一場全面的戰爭，將導致帝國海上霸權衰落，其代價遠遠高於所獲。阻止別人干預，有賴於意志和實力。只要讓對方認識到干預帶來的邊際成本預期，高於干預帶來的邊際效益預期，干預就會卻步。英國雖然沒有干預，但是分裂美國的戰略意圖是不加掩飾的。它對交戰雙方保持「中立」。由於美國英國間既存的外交關係，所謂「中立」，就是對南部分裂行為的「中立」，這種「中立」本身是一種變相的承認。作為「中立」的表現，歐洲國家，尤其是英國同時與雙方的外交使團接觸（與南部邦聯的接觸是「非正式」接觸）。這種「中立」使南部看到了被承認的潛在希望，鼓勵了南部的分裂行為。英國不僅「中立」，而且根據國際法的準則，還進一步承認美國和南部邦聯為「交戰雙方」。這種不偏不倚的外交政策，將交戰雙方放到了平等的地位上，為大英帝國將來干預奠定了法律基礎。

大英帝國的種種試圖分裂美國的陰謀，終於因為美國在戰場上的勝利而破產。

內戰徹底摧毀了當時美國國內最強大的自由貿易利益集團，英國大規模干預美國國內事務的利益基礎被全部打破，自由貿易從此失去了堅實的利益基礎。自由貿易的利益基礎暫時消失了，強烈的保護主義、美國學派、美國體制成了美國的長期國策。美國迎來了保護主義的第二次浪潮。

美國對歐洲的關稅高達 49%。內戰以後的美國空前統一，國內市場受到嚴格保護，愛國熱情空前高漲，美國進入了大規模的重建。美國用關稅收入推動工業發展，推動科學技術的研究，推動基礎設施的建設。關稅保護使美國的平均工資遠遠高於實行自由貿易的歐洲，尤其高於英國。歐洲的許多優秀人才開始大量移居美國，美國開始享受免費的「人才紅利」。

南北之爭，也是體制之爭。內戰以暴力的形式，在非常短的時期內，摧毀了南方的黑奴制，從生產關係上使南方和北方統一起來。那種依賴海外市場、依賴自由貿易的舊的經濟關係不復存在。這種經濟關係的變化，是美國後來迅速工業化的原因之一。

美國終於打開了那扇歷史之門，踏上了門後面的歷史道路——一條通向帝國的道路。這個時候的美國已經佔據了歷史賜予的最佳位置。**在經歷了幾乎一百年的探索和搖擺之後，在經歷了一百多年和超級大國的博弈之後，美國終於走上了以保護主義為特色的發展道路。高關稅為美國提供了第二次工業革命的國內市場環境，使美國得以在**

嚴格的保護下完成工業革命的進程。

在經過幾十年的博弈以後，大英帝國無可奈何地看到，美國已經掌握了自己的未來，走上了通向帝國的道路。

從 1861 年到 20 世紀 30 年代，除了 1913 年以後的短暫幾年，美國的關稅長期高達 49%。在這期間美國沒有跟在英國後面學習模仿，而是以跨越的方式進入新一輪工業革命，把大英帝國拋在了後面，進而成為世界上最先進、最強大、最完整、最繁榮的經濟體系。

假如美國走上自由貿易的道路，處處向先進的歐洲，尤其是向英國學習，歷史會是什麼樣子？假如美國按照國際分工，安於低端產業，實施兩頭在外的輕鬆戰略，歷史會是什麼樣子？假如美國在幾次經濟危機以後還墨守成規，讓自己的民族工業在自由貿易的暴風驟雨中自生自滅，歷史會是什麼樣子？假如美國安於商業繁榮而不思進取，美國會是什麼樣子？

歷史不能假設。美國不是通過假設而是通過保護主義而崛起，而成了超級大國。在它成為超級大國以後，和昔日的大英帝國一樣，它開始試圖把競爭對手關在那扇通向強國之路的大門外面。

第三篇

拉丁美洲——
失落在全球化中的奇跡

智利當時改革的基本思路是拿社會公正開刀,由市場和資本來確定財富的分配。當時智利的主流媒體充滿了對新自由主義的讚頌,誰也沒有預料到,智利在這些所謂的改革中正滑向毀滅性的經濟災難中。

從北美沿着加勒比地區的狹窄帶南下，就是拉丁美洲。

保護主義的潮流被堵在了加勒比海北部，沒有像美國的金融資本一樣成功南下。拉丁美洲，除了第二次世界大戰以後到 20 世紀 70 年代中期的幾十年，長期處在自由貿易和全球化的暴風驟雨中。

歷史是通過選擇完成的。拉美的經濟發展的戰略選擇發生了幾次歷史性的轉折：第二次世界大戰以後，從自由貿易到以保護主義為核心的進口替代戰略；20 世紀70 年代中後期，再度回到以自由貿易為核心的出口導向戰略。

最初推動拉美全球化和新自由主義的，主要是精英集團和軍人獨裁者。這場改革最終導致了拉美的金融危機。20 世紀 80 年代的金融危機期間及其後，經濟體制選擇的主導權，轉移到了發達國家、IMF 和世界銀行、國際金融資本手中。更廣泛的新自由主義和全球化浪潮開始席捲拉美大陸。在全球化浪潮的衝擊下，拉美長期在危機和低迷中徘徊。

全球化是作為征服世界的經濟戰略而提出，從 20 世紀 80 年代開始在世界範圍內盛行。**在美國的推動下成為風靡世界的經濟模式，成為美國按自己的利益和面貌改造世界的戰略武器。**這種武器最早的實驗場就是美國的後院——拉丁美洲。這場實驗表明，全球化改變着國家之間的權力、財富和安全格局。全球化的結果往往是權力和財富更加集中，經濟安全嚴重傾斜。一場幾乎打翻拉美經濟航船的債務危機表明，發展中國家在全球化中失去的不僅是財富，失去的還有掌握自己經濟命運的主權，得到的是長期的停滯和更加脆弱的經濟安全。在全球化浪潮中，世界經濟的發展是一個現代版的雙城記：一方面美國在全球化浪潮中，獲得全世界的財富以支撐其前所未有的霸權；另一方面，許多發展中國家由於誤入全球化陷阱而陷入低產業低技術陷阱，甚至幾十年的發展成果毀於一旦。全球化托起了帝國的權力金字塔，卻拒絕托起發展中國家致富的夢想。拉美國家付出了慘痛的代價。

拉丁美洲是一塊美麗的土地，有豐富的礦藏和智慧的人民，有長期的反殖民統治的傳統。在第二次世界大戰以後曾經創造過讓世界驚異的經濟奇跡——拉美奇跡。在 20 世紀 80 年代以前的 20 多年中，拉美經濟得到飛速的發展。以巴西為例，在20 到 30 年中，其經濟以 10% 的速度增長。拉美當時的這些經濟奇跡甚至超過後來的亞洲「四小龍」。**遺憾的是曾經為人稱道的拉美奇跡，後來為全球化的浪潮席捲而去，消失得無影無蹤。**以至於今天許多拉美人自己都不知道，他們的前輩在幾十年

前曾經創造過這種奇跡。對大多數人而言,那場奇跡真是一場遙遠的舊夢。

　　拉美奇跡是如何消失在歷史的煙塵裡的? 拉美經濟危機對我們有什麼啟示?中國要不要避免全球化陷阱?在世界經濟危機和金融危機進一步深化的今天,我們有必要重新打開似乎與我們不太相關的歷史,重新理解我們也許誤解了的歷史,撥開掩蓋住那段歷史事實的歷史浮雲,探究歷史的真諦。在研究這段歷史時,我們一定要拋開所有的陳見,暫時不要讓那些也許我們曾經認為是正確的東西左右,抱着對國家民族負責的態度,在歷史老人面前,虛心求教,在歷史的真理面前,甚至不惜局部矯正自己。歷史是永恆的,而個人是短暫的。在無垠的歷史面前,矯正我們短暫的偏頗,是一項值得我們和我們的後代們驕傲的壯舉。為了我們民族的崛起,我們有什麼理由不站在歷史一邊?為了我們不走別人的彎路,我們有什麼理由不從別人的歷史教訓中吸取經驗?歸根結底,我們是歷史主義者。

　　讓我們打開那一段歷史吧!雖然是別人的歷史。

第八章
拉美是如何走向全球化的？

　　拉丁美洲和其北方鄰居一樣，在獨立後選擇了自由貿易。位於加勒比海兩邊的兩個次大陸，在獨立初期，都將自己的未來寄託給遼闊的大海。然而，當美國在與霸權的博弈中逐步走上保護主義道路時，拉美國家依然在自由貿易的叢林裡徘徊。拉丁美洲依靠資源優勢，走上了資源出口的道路。自由貿易帶走了拉美的礦產，也帶給了拉美債務魔咒。債務加深了拉美國家對國際資本和市場的依賴。為了擺脫這種結構性危機，第二次世界大戰以後，拉美國家放棄了自由貿易，走上了具有保護主義特色的「進口替代戰略」。這種戰略使拉丁美洲在較長的時間內贏得了長足的經濟發展。由於舊的土地制度的制約，拉美面臨嚴重的貧富懸殊、二元經濟問題，這些問題為拉美帶來長期的社會動盪。為了解決這些問題，拉美國家相繼推動了大規模的社會政策，依靠公共支出來解決貧富懸殊問題。由於社會財富高度集中在少數人手中，這種社會政策沒有觸動既有的利益格局，導致政府支出大幅度增加，出現了嚴重的財政赤字和通貨膨脹，導致新一輪的社會動盪。在這種情況下，像智利這樣的國家選擇了公平，選擇了社會主義。但在內外資本的夾擊下，智利的公平選擇在軍事政變中破滅。軍人獨裁政權在智利大力推行新自由主義的改革，包括金融開放、外匯外貿的改革。拉美國家重新回到了自由貿易的叢林裡。

拉美的債務危機

　　19世紀初葉，許多拉美國家獲得獨立。大多數新獨立的拉美國家和美國剛獨立時一樣，採用了自由貿易的國策。那是自由貿易思潮開始興盛的時期。亞當・斯密的國際分工理論，通過世界經濟霸權大英帝國的傳播開始到處流傳。獨立後

的拉美自願當了一次自由貿易理論的實驗場。

這種政策使拉美門戶洞開。**當時的拉美是世界上最為開放的經濟體。**為了推動國際貿易，實施了市場開放政策；拉美資源豐富，為了吸引外國資本，開放了自己的投資領域，為外國投資提供極為優惠的稅收條件。這種發展戰略，為其北方鄰居和大英帝國創造了一種將拉美融合於世界分工中的歷史性機會。通過這種機會，美國和大英帝國成了支配拉美經濟的主要投資者和出口者；而**拉美則成了原材料產地和出口市場。拉美被成功編織進 19 世紀版本的全球化體系中。**不僅許多一般產業，甚至拉美的經濟命脈都掌握在外國資本的手中。

雖然獨立後的拉美和美國都是從自由貿易開始，但是美國後來成功拋棄了自由貿易而走上了保護主義的發展道路，而拉美則長期在自由貿易的陷阱裡徘徊。

這種自由貿易政策，摧毀了拉美民族工業產生的基本條件。拉美從 19 世紀初葉獨立到 20 世紀 30 年代，幾乎沒有產生自己的有現代意義的工業。嚴格地講，拉美的自由貿易、開放國門的政策抑制了民族產業的發展。拉美在獨立後的一百多年裡，在自由貿易的道路上，陷入了沒有發展的增長陷阱。歷史最終告訴人們，沒有發展的增長，最後是沒有增長。

雖然時下有許多人把發展和增長混為一談，甚至用增長取代發展，用經濟增長的數字來代替發展的內涵。似乎只要經濟增長了，也就發展了；似乎 GDP 增長了百分之幾，經濟也就發展了百分之幾。其實，真正的經濟學家，都知道增長和發展的差別。

拉美經濟長期在無發展的增長中徘徊。讀者也許要問，這麼簡單明瞭的問題為什麼拉美國家當時沒有發現？答案很簡單。拉美當時選擇了經濟增長的國策，而不是發展的國策。自由貿易推動了商業的發展，推動了進出口的發展，拉美經濟在自由貿易的國策下取得了令人滿意的增長（不是發展）。以智利為例，雖然經濟總體上比較落後，但是智利在 19 世紀後期一躍而成為世界第 13 大經濟體。

假如你用經濟數量來衡量拉美的經濟政策，那無疑是正確的。假如歷史是用短期的經濟增長來檢驗經濟政策，那自由貿易無疑是正確的。不正確，為什麼能成為世界第 13 大經濟體？

但是，歷史進程似乎不是這樣來檢驗經濟政策的。

歷史對拉美發展道路的挑戰，是從經濟結構開始的。

這種沒有發展的增長和長期的自由貿易，給拉美帶來了獨特的結構性問題。這些結構性問題又導致了債務問題。這種結構性危機是怎麼產生的？

一、外貿赤字

自由貿易帶來的直接後果就是，經濟質量和產業結構沒有得到提升；經濟長期扁平化單一化。拉美經濟主要集中在農業和礦產業這些「符合其資源國情」的初級產業，幾乎沒有產生自己的工業體系，沒有建立多樣化的經濟體系，經濟不能獨立，製造品完全依賴進口。

在國際資本控制下的國際市場，初級產品和製成品價格，低端產品和高端產品價格之間存在長期的剪刀差。由於拉美經濟長期處於國際分工的兩極，這種剪刀差導致拉美國家的國際收支長期惡化。隨着人口的增加，需求的增加，進口大量增加。進口大量增加的結果使拉美長期國際收支進一步惡化，面臨嚴重的外貿赤字。

簡而言之，這條自由貿易之路使拉美一方面成了別國的原材料和農產品基地，另一方面成了別國高端產業（當時是製造業）的銷售市場。國際市場的價格剪刀差，通過市場交換，實現了發達國家對拉美國家的掠奪。這種不公平的市場掠奪導致拉美國際收支的進一步惡化。

這種經濟結構自身形成了一種惡性循環。由於沒有國內製造業，原材料只好外銷（市場在外）；原材料大規模外銷的結果又抑制了民族製造業的發展。由於沒有國內製造業，拉美諸國只好大量進口發達國家的製成品；製成品的大量進口又進一步抑制了民族工業的發展。這種惡性循環，強化了畸形的經濟結構，使拉美陷入外貿赤字陷阱而難以自拔。這種市場和製造業兩頭都在外的經濟戰略，是拉美經濟惡性循環的內因。

二、財政赤字

為了吸引外資開發礦產，拉美國家紛紛推出許多優惠政策，對外資減稅。減稅的結果導致了政府收入的下降。與此同時，由於沒有完整的民族製造業作為獨立的稅收基礎，政府稅源枯竭。外資優惠、民族工業的缺乏，外加龐大的國防和公共支出（政府為土著提供必要的經濟支持），導致拉美國家長期出現財政赤字。

自由貿易產生了長期困擾拉美的雙赤字問題。

美國在 20 世紀 80 年代以後，也面臨着雙赤字問題。但是由於美元是世界貨幣，美國可以通過發行鈔票的方式來解決自己的問題。當時的拉美貨幣不是世界

貨幣（後來也不是），不能像美國一樣，靠發行鈔票來解決雙赤字問題。

拉美的唯一出路就是：借債。雙赤字被轉變為外債，雙赤字問題演變成了拉美的外債問題。

三、外債

到了 1822 年，迫於外貿和財政雙重赤字的壓力，拉美國家開始向外國銀行借債，用外債解決財政和外貿赤字問題。這就是邁入債務陷阱的開始。隨着財政赤字和外貿赤字的大幅度增加，外債也隨之增加，國際資本對拉美經濟的控制從此加強。國際資本對拉美的掠奪不再局限於通過操縱國際市場上初級產品和製成品的價格剪刀差來實現，而且通過操縱國際資本市場來實現。在自由貿易的口號下，國際資本通過國際市場的價格機制和國際市場的資本運作，實現國際財富的再分配，實現對拉美大規模的、長期的歷史性財富掠奪。債務從此成為長期籠罩在拉美經濟天空上的烏雲，使拉美經濟長期處於不穩定狀態。

外債和雙赤字相互作用，加劇了拉美經濟的內在不穩定性。外債增加到一定程度，使拉美的國際收支進一步惡化，對出口市場的依賴進一步加深。大規模的外債，使拉美面臨償還能力的挑戰；而大規模的外債利息支出，又加劇了政府的赤字和國際收支的困境。這種經濟結構增加了拉美經濟對國際經濟變化的敏感性，降低了宏觀經濟的穩定性。國際市場價格的些微變化，就會導致拉美國家外匯收入的變化，導致其還債能力的變化，導致其在國際市場上融資能力的變化。

外債強化了拉美經濟對初級產品出口的依賴性，是國際資本為拉美經濟掘下的債務陷阱。國際經濟的某些震盪，往往會催生拉美的債務危機。比如國際市場上原材料價格的大幅度下降，會使拉美國家的出口收入銳減。而出口收入的銳減又會導致債務償還能力的降低；又比如國際金融形勢的惡化會導致信用收縮，而信用收縮又會導致拉美國家無法實現債務滾動，從而出現債務危機。**自由貿易就這樣為拉美經濟準備好了一副沉重的債務枷鎖，一旦套上了這個枷鎖，拉美國家的經濟穩定、經濟安全就完全交給了別人。**

經濟安全一旦完全掌握在別人手中，宏觀經濟穩定就往往取決於外生因素。外部的擴張和蕭條帶來拉美的擴張和蕭條。當世界經濟擴張時，拉美政府往往過度舉債；而當世界經濟萎縮時，又往往出現債務危機。在這種情況下，很難說拉美擁有完全的經濟主權。

　　從 19 世紀 20 年代以後，拉美經濟長期在擴張和持續的衰退交替產生的歷史進程中徘徊，而每一次這樣的震盪和危機的高潮都是債務危機。這種以債務危機為特點的擴張—蕭條的經濟走向成了拉美經濟的重要特色。

　　這種債務危機的循環往復使拉美國家認識到經濟獨立和完整是解決債務危機的關鍵，而要實現經濟獨立就必須從國際分工的陷阱中跳出來。進入 20 世紀以後，拉美國家為了擺脫這種債務循環，開始放棄自由貿易的增長戰略，轉而實施進口替代的發展戰略，力求建立比較完整的國民經濟體系，實現經濟自立，從而在根本上解決外貿赤字和財政赤字的問題，為經濟的持續發展和增長創造一個穩定的宏觀經濟環境。

　　在這種歷史背景下，拉美走上了保護主義道路，開始謀求發展。

　　在完成從自由貿易到保護主義的歷史轉變的同時，拉美還完成了從完全依賴「看不見的手」向依賴「看得見的手」的歷史轉變。

　　在 20 世紀 30 年代大蕭條後，自由放任的資本主義江河日下，而以政府干預為特色的凱恩斯主義在西方日漸盛行。大蕭條帶來的漫長、廣泛、巨大的災難和痛苦，向人類演繹了自由放任資本主義黑暗的一面。從此以後到 20 世紀 70 年代這一段時間，以政府干預為特色的計劃經濟體系在世界範圍內迅速擴張並取得了巨大成功，創造了驕人的成績。蘇聯曾在短短的二十幾年內建立起了完整而強大的工業體系，正是這個體系為蘇聯打敗法西斯提供了物質基礎。假如蘇聯沒有迅速完成工業化，假如蘇聯的經濟體系不能在戰爭中將現代化的重型軍火源源不斷地輸送到前線，第二次世界大戰一定不會是後來這種進程。第二次世界大戰後，蘇聯迅速從戰爭中恢復過來並得以與美國競爭。

　　蘇聯在短短二十幾年內走過了發達國家一兩百年走過的歷程，為許多發展中國家提供了另一條迅速實現工業化的道路。許多發展中國家在獨立後紛紛採用政府干預的體制，拉美尤其如此。在 20 世紀 50-70 年代這二十多年裡，拉美經濟體制的主要特徵是部分國有化和政府干預，政府在經濟發展中實行強大的政府干預和價格管制。為了保證進口替代戰略的順利實行，政府通過貿易保護和政府支持等手段來支持和發展民族工業，對民族工業實施大量補貼；在對外貿易方面實施外匯管制，實施高幣值政策，並以高關稅和許多非關稅手段保護國內市場。

　　在歷史老人的指導下，拉美實現了兩個轉變：從自由貿易到保護主義；從市

場至上到政府干預。這兩個轉變說明，拉美原先的門戶開放和市場至上的道路選擇，被歷史老人打了個不及格。

土地集中導致二元經濟結構

美國在第二次工業革命前，通過內戰打破了南方原有的社會經濟結構。拉美卻不一樣，新道路的選擇是在幾乎全部接受原有社會經濟結構的基礎上進行的，沒有經歷一場打破原有社會經濟結構的變革。而社會經濟關係的變革是經濟發展道路再選擇的必要前提。這是拉美選擇新道路的根本誤區和後來走回頭路的原因，正是這種舊的社會經濟結構打亂了拉美社會經濟發展的進程。

在相當長的一段時間內，拉美的新戰略似乎是成功的。拉美在 1935 年的債務危機以後，幾乎沒有再發生大規模的債務危機。拉美似乎擺脫了自獨立以來的債務宿命。在二十幾年的時間裡，整個拉美的 GDP 以 3% 的年增長率持續增長，許多拉美國家建立了大量新興產業，經濟結構開始呈現多樣化和獨立性。在 20 世紀50-70 年代，拉丁美洲的主要經濟體系的經濟增長幾乎可以與亞洲新興工業國家和地區相媲美。

但是，拉美原有社會經濟結構開始制約經濟的發展。第二次世界大戰以後，拉美面臨嚴重的貧富懸殊問題，經濟發展是以社會弱勢群體的利益為代價的。社會財富大量集中在少數人手中。經濟的發展沒有改變原有的社會不公，反而使其加深，**當時拉美收入分配不公的程度在世界上是最高的，其基尼係數在 20 世紀 60 年代高達 0.5。**

貧富懸殊問題為拉美帶來了許多社會經濟問題，這是理解拉美 20 世紀 60 年代以後經濟發展的鑰匙。

到了 20 世紀 70 年代，拉美國家先後出現了通貨膨脹、社會動盪等社會問題，而這些問題的根源就是收入分配不公。雖然導致收入分配不公的原因是多方面的，但其核心是土地制度。

由於歷史原因，拉美的土地尤其是優質的可耕地高度集中在少數人手中，許多農民沒有或少有土地。其土地分配在質量和數量上是世界上最不公平的。這種土地制度是制約拉美經濟發展的長期結構性要素。

在經濟尚不發達的時期，處於經濟、社會和政治底層的那一部分人口，大多集中在農村。土地是這一部分人最重要的生存條件。在社會保障機制缺乏或不健全的情況下，土地為農民提供了吃、住等基本生存條件，土地制度是一項必不可少的農村社會保障制度。在缺乏其他社會保障的情況下，失去土地的農民不可避免地淪為赤貧狀態。

拉美國家的政府早就意識到土地制度不公已經成為阻礙經濟發展的重要結構性因素，並進行了長達幾十年的土地改革。由於這種改革觸及了既得利益集團的利益，阻力很大，往往人去政息，反反覆覆，一直到了 20 世紀 70 年代都沒完成。隨着工業的發展、城市化的啟動，沒有土地或失去土地的農民大批湧進城市。這些教育程度低下、技能缺乏的城市新居民，很難在所移居的城市找到合適的工作，而且城市也沒有能力為這些新增加的農民提供充分的就業機會。結果，這些人中的大部分被迫淪為社會的底層。

這就是著名的拉美二元經濟結構問題。

而當時政府的政策傾斜加劇了這種二元經濟。當時拉美政府的政策力度主要偏向資本密集型產業，投資於與加工工業和自然資源開發有關的產業。這種政策偏好不利於勞動密集型產業的發展。這些優惠大資本利益的政策進一步導致了收入分配的不公。與此同時，政府沒有採取措施為這些剛剛湧入城市的人們提供必要的就業培訓和輔導。

這種收入分配不公，還延伸到社會經濟的其他方面。例如，教育和醫療衛生資源分配兩極分化。一方面醫療衛生資源主要向高收入階層傾斜；另一方面，大部分貧窮人口缺醫少藥。一方面教育呈現精英化傾向，偏重大學教育；另一方面，基礎教育資源缺乏，忽視普及教育的推廣。在基礎教育方面，資源大量流向精英學校，窮人學校條件很差。20 世紀 60 年代，拉美人均受教育年限約為 3.06 年。許多窮人的孩子由於多種原因進的是質量較差的學校。

使情況進一步惡化的是，窮人還缺乏足夠的社會福利和社會保險。

新的發展道路，雖然使拉美暫時去掉了嚴重債務危機的枷鎖，而土地制度的不公卻使拉美依然籠罩在貧富懸殊的陰影下。這種不公正成了拉美經濟發展中的典型結構性問題，導致拉美社會矛盾加深、長期動盪。在相當長的時期內暴亂頻繁、內戰不斷，嚴重阻礙了經濟的持續發展。

利益集團綁架國家利益

這種歷史條件導致民粹主義十分盛行。20 世紀五六十年代的拉美大部分是民粹政治加權威統治，這些權威的民粹政府的主要承諾是解決嚴重的貧困問題。為了解決這種不平等問題，政府開始大力增加社會福利支出。政府希望依靠大規模的社會福利支出來改變這種社會不公正現象。拉美通過公共財政先後建立起了基本的社會保障體系，如醫療、保健、教育等，實行了帶有義務性質的社會保險體系，提供了大量的經濟住房。

這項計劃極大地增加了政府的支出，使拉美政府財政支出發生根本性轉型。在 20 世紀 60 年代以前，拉美政府支出主要集中於大規模的經濟投資、興建工業基礎設施；到了 1960 年代，就轉型為大規模增加社會支出。

由於分配不公，社會財富的極大部分為少數精英集團所攫取。解決收入分配不公的根本措施應當是通過公權力調節社會財富的分配，通過收入再分配來籌集資源以支持上述公共支出。佔有絕大部分社會財富的精英集團應當為公共支出承擔相當大一部分成本。但是，拉美政府要麼迫於既得利益集團的壓力，要麼擔心政策成本的上升，選擇了不損害精英集團利益的方法，在不改變現有利益格局的情況下由政府承擔所有成本。一定時期的社會資源是一個定量，在不改變現有的財富分配和再分配的前提下，大規模增加政府支出，必然意味着政府赤字的增加。

這種不觸動集中大量財富的少數人利益的公共政策選擇帶來了深刻教訓，並具有世界性意義。

這種政策選擇的結果使這些公共支出失去了長遠的資源基礎。**在一定時期內社會財富是一塊定量的蛋糕，財富的高度集中和這種公共支出的並存超越了拉美經濟蛋糕的承受力**，成了拉美國家宏觀經濟不穩定的新的主要因素，**催生了急劇惡化的財政赤字和通貨膨脹。利益集團綁架了國家利益。**

由於不觸及社會財富再分配問題，政府沒有充足的資源和財政收入，只好依靠赤字來支撐這種公共支出。赤字財政是拉美的基本特點。拉美國家的許多政府早在 20 世紀 40 年代就依靠赤字來支撐大規模的基礎設施建設和福利開支，後來財政赤字更加嚴重。財政赤字主要依靠中央銀行發行貨幣來支撐，大規模的貨幣發行，導致了通貨膨脹。以智利為例，到了 1970 年，中央政府支出中的 30.4% 為

社會福利支出。

　　與公共資源嚴重不足、政府赤字急速上升形成鮮明對比的是私人資本的大量積累。假如政府有足夠的政治決心動員和利用這些閒置的社會資源，將極大減少政府的赤字壓力，增加宏觀經濟的穩定性。

　　拉美在實施進口替代戰略時期，社會結構沒有根本變化。許多重要的經濟資源被控制在少數人或外國資本手中，這些人通過各種方式攫取社會資源。在國有和私有並存的情況下，國有企業資產以各種方式被轉移到精英手中。拉美進入 20 世紀 70 年代後，由於經濟增長放慢、就業機會進一步減少、社會不公進一步加劇，政府進一步加大了社會支出，但卻導致了更高的通貨膨脹。那時的拉美，通貨膨脹居高不下，國有企業虧損嚴重，社會急劇動盪。

　　貧富懸殊這個黑洞，把進口替代的經濟戰略吸進了惡性循環的怪圈。

阿連德政策的失敗

　　出路在哪裡？在這種情況下，人民通過投票選擇了公正和社會主義。

　　1970 年，智利人們投票選舉社會主義者阿連德為總統。在阿連德當選前，智利面臨嚴重的經濟困難，低增長率、高通貨膨脹率、收入分配不公和經濟權力的高度集中等問題困擾着整個社會。智利人口中的大多數處於社會經濟的下層，面臨邊緣化的威脅。阿連德在這種情況下當選。就職以後，阿連德實施了一系列命名為「通向社會主義的智利之路」的政策，其主要目的是解決社會不公、貧富懸殊的問題，其中包括進一步國有化、實施全民衛生保健、逐漸實施免費教育、為兒童提供免費牛奶、實行農村改革等。農村改革被阿連德列為政策重心，他的政府力圖沒收地主過多的土地而分配給窮人。智利的土地改革始於 1960 年，阿連德總統加快了這個進程。與此同時他還力圖改善最貧窮人口的社會經濟福利，其方式是通過擴大國有企業和公共產業，為窮人提供更多的就業機會。阿連德的另一項政策是資源的國有化。銅是智利的主要出口品，佔其出口總額的 50%。在阿連德以前，智利政府控制了大型銅礦 51% 的股權。阿連德就任總統後，不顧美國股東的強烈反對，將銅礦全部變為國有。在經濟政策方面，實施了擴張的貨幣政策。阿連德執政的第一年，工業增長 12%，GDP 增長 8.6%，失業率降低到 3.8%，通

貨膨脹率則從 35% 降低到 22%。

　　阿連德的政策核心是社會公正。但是，阿連德的這些政策受到了國內外許多勢力，尤其是右翼勢力的反對。

　　阿連德首先受到了國際資本的打擊。許多國家斷絕了對智利的援助。美國在阿連德當政前幾乎每年為智利提供 10 億美元的援助。在阿連德當政後，美國對智利的援助完全中斷。美國在克林頓年代解密了一批有關智利的文件，從解密的文件看，在阿連德就職後美國曾尋求推翻阿連德政府。

　　阿連德的失敗其實還是因為他繼承了一個過分依賴國外市場的經濟體系。

　　銅礦是智利的主要出口產品，是智利出口創匯的主要來源。在某些集團的操縱下，國際銅價急劇下降。1971-1972 年，國際市場上的銅價從 1971 年的 66 美元／噸下降到 1972 年的 48 美元／噸。銅價的降低和外援的斷絕給智利經濟帶來了極大的困難，使智利經濟迅速惡化。阿連德的經濟再造計劃建立在政府支出的基礎上。經濟的惡化使阿連德的政府面臨巨大挑戰，右翼政黨開始挑戰政府權威。儘管如此，金字塔底層的人民依然選擇了阿連德。阿連德的聯合陣線在 1973 年上旬的議會選舉中增加了席位，阿連德與右翼政黨的矛盾進一步尖銳。

　　在這種情況下，議會中的右翼政黨利用經濟困難的局面與阿連德對抗，並公開要求以軍事政變的方式將阿連德推翻。

　　在這種大背景下，皮諾切特於 1973 年 9 月 11 日發動了軍事政變。阿連德在政變中不屈抵抗，戰鬥到最後一刻，最後自殺身亡。隨着阿連德一同死去的是他的「新政」。

　　民選的政府被軍事獨裁者推翻。

大資本利益推動智利改革

　　這是一場精英集團的政變。民選的阿連德為軍事獨裁者皮諾切特所取代。在皮諾切特漫長的統治下，智利失業率上升，實際工資下降，社會不公和貧富差異擴大。

　　政變後的頭兩年裡，智利經歷了嚴重的危機。這個時候，智利的精英集團把希望和出路寄託在新自由主義上，開始探索改造既有經濟體系、實行經濟自由化

的道路，而且把目光投在了弗里德曼身上。1975 年，智利的一個由精英集團支持的私人基金會邀請弗里德曼訪問智利，講授經濟自由的基本原則。弗里德曼應邀而至。在講學過程中，弗里德曼會見了智利的軍事獨裁者皮諾切特。在經濟理論中指責政府干預妨礙個人自由的弗里德曼，與通過暗殺、監禁等手段大規模迫害左翼人士的軍事獨裁政府的這種交流，反映出新自由主義經濟理論提倡自由是假，提倡資本是真。

弗里德曼沒有正式擔任智利政府的官方顧問，但是**一大批芝加哥大學經濟學院的畢業生進入了新政府，擔任關鍵的職務。這些年輕人被媒體稱為「芝加哥男孩」。新政府認為，這些人瞭解經濟自由主義的精髓，是指導智利改造凱恩斯體系、學習美國市場經濟的最好人選。**這些人也不負所望，竭力按芝加哥學派的經濟信條為政府出力。這些政策基本上就是：國有企業的私有化、政府管制的自由化、貨幣與資本市場的開放化。**這是一次典型的在弗里德曼經濟思想指導下的新自由主義實驗。這次實驗具有極大的國際意義，因為這場以失敗告終的實驗是人類在 20 世紀末葉大規模私有化的開始。**

美國早在 20 世紀 50 年代初期就為輸出改革埋下了伏筆。

美國芝加哥大學經濟系為智利培養學生始於 1956 年。1953 年，時任芝加哥大學經濟系主任的西奧多·舒爾茨（Theodore Schultz）在一次與美國政府官員的會晤中提出了這種想法。具體做法是由美國政府和其他私有機構（如福特基金會）出資在芝加哥大學經濟系為智利培養經濟學者。芝加哥大學經濟系當時是嚴格傾向自由市場或純粹市場經濟的堡壘。舒爾茨說他希望「第三世界國家通過向我們傾斜並通過我們的道路來獲取其經濟發展」。[①] 在 1971 年，該校已經累計培養了一百多名獲有高級學位的學生，他們中許多受教於弗里德曼。

阿連德剛就任不久，大資本集團就開始籌劃政變以及在政變後應當推行什麼樣的經濟體制。1971 年，智利全國製造業協會主席就與各類商業主管進行了許多秘密的討論。討論的中心是如何推翻阿連德，並代之以他們認為恰當的統治集團等問題。在這一連串的商討後，他們組織了一個十人小組，其中八名是芝加哥大學畢業生。這個小組的目的是「為政府準備一套具體的替代政策」。這個十人小

---

① http://en. wikipedia. org/wiki/Chicage_Boys.

組花了三年寫出了 500 頁的報告，因為太厚被人們稱為「磚頭」。政變以後，這份報告被提交給皮諾切特，最後被軍人政府採用。

所以，智利的改革政策一開始就受到大資本利益的推動。

弗里德曼在推銷新自由主義時可謂不遺餘力。大家都知道冰島這個國家，這個國家 2008 年曾是國際上的焦點，主要不是因為它聞名於世的溫泉，而是因為這個國家的財政面臨破產的邊緣。而導致這一後果的是一系列新自由主義經濟政策。1984 年弗里德曼訪問了冰島，會見了冰島的精英人士，並做了題為「現狀的統治」的演講。他對冰島「獨立黨」的年輕知識分子產生了極大的影響。後來獨立黨執政並實施了一系列激進政策，其中包括私有化、降低稅率、削減政府對不盈利企業的補貼等，確立了被人們稱為「海洋私有化」的漁業排他權。這一系列改革使冰島於 2008 年在世界上最自由的經濟體排名中名列第五。但是，最自由的經濟體卻面臨破產的挑戰。

智利的新自由主義之路

讓我們回到政變後的智利。

新自由主義對智利的輸出具有重大的歷史意義。它是歷史潮流迴流的最早信號，它開啟了世界範圍的以貨幣主義政策、市場化改革及金融開放為特點的新時期，是新自由主義在世界實踐的開始。從某種意義上，1973 年智利政變的第一槍是為新自由主義而鳴的。

在 20 世紀六七十年代，拉美先後出現了多次軍事政變，包括巴西、阿根廷、烏拉圭等。而且，政變後的政府幾乎都走向了新自由主義的道路。

在這群受教於芝加哥大學的「芝加哥男孩」的推動下，智利的經濟自由化開始了範圍廣泛的變革。首先，他們把傳統的經濟體制和戰略定義為效率低下的戰略，把所有的經濟問題都歸結為這個體制。其次，他們將傳統的進口替代戰略劃歸為「封閉經濟」。認為這個經濟體制的根本弊端就是政府干預太多、市場太不健全、國門太封閉。他們改革的目的是為了提高效率。在實踐中他們放棄了公平，逐步放棄、拆散業已建立起來的社會保障體系。所以，智利開始的這場新自由主義的改革帶有一切新自由主義實踐的基本特徵：私有化，市場化，放棄政府干預，

削減社會開支，開放對外貿易，開放金融體系、資本市場，開放外匯市場。在發展道路上放棄了進口替代，而走上出口導向的道路。**這個改革的基本思路不是要解決社會不公、貧富懸殊這個基本的社會問題，而是拿社會公正開刀，由市場和資本來確定財富的分配。**以下是這場現代市場化實驗的基本特點：

（1）保護產權，私有化。這場改革是在保護產權的口號下開始的。在短短的幾年裡，大批的國有企業被私有化。不僅如此，連退休金、醫療衛生等業已形成的社會福利也部分私有化。例如，退休金從保障支出變為由私人管理的個人退休賬戶。

（2）放開價格、工資和外匯的管制。放棄政府干預，政府在經濟生活中開始僅扮演輔助的角色（a subsidiary role of the state），而把主角讓給市場。

（3）大幅度削減社會公共產品，將某些傳統上由政府提供的公共服務，轉移給私人企業，轉移給市場；大幅度削減政府的福利開支，讓窮人負擔更多的責任，享受更少的公共產品。

（4）激進的外貿和金融體系改革。迅速降低關稅，基本廢除非關稅壁壘；開放資本市場，允許資本自由流動；開放外匯市場，把經濟發展的希望寄託在大量的外資上；放棄對民族工業的保護，關稅被普遍降低到10%。

（5）廢除工人的基本就業工資保障。在改革前，工人工資和辭退不掌握在單個企業手中，智利實施的是全國工會和企業間的集體談判制度。政府在這種談判中起了重要作用。在那個時候，企業尤其是國有企業，不能任意裁減工人和削減工資。改革後這些權力被賦予了單個企業。

（6）皮諾切特在政治上進一步把弱勢群體排斥在政治程序之外。他全面再造了政府系統，實施了大規模的裁員和規模削減，推行了所謂的專業化（professionalize）。所謂專業化，就是把沒有受過多少教育的人排斥在外。當時的智利大部分下層人民平均只受了不到五年的教育。在這種情況下，大多數人被「專業化」排斥在各個層次的政治程序之外。「專業化」必須以平等的教育機會為前提。

（7）將國有銀行私有化。銀行的私有化導致了後來的資產和信貸泡沫。

在經濟發展戰略上，放棄進口替代，而走上出口導向。經濟發展的目的不再是追求經濟上的獨立，而是單純的 GDP 的數量。而洞開國門就是要「請進來」

和「走出去」。所謂「請進來」，就是讓國際資本得以自由地進來摧毀民族工業；所謂「走出去」，就是在國際市場上充當廉價產品的輸出國。在這一過程中，在進口替代戰略時期建立的許多工廠被廉價賣給資本，尤其是國外資本。長期積累的民族產業被迅速肢解和摧毀。

這種新自由主義改革的標準版本，是弗里德曼開出的新自由主義處方，是「芝加哥男孩」按貨幣主義處方的原本照抄。這些政策建議，你不難在弗里德曼的文章中發現它們。

這一系列改革，着眼於所謂的經濟效益，放棄了解決社會不公的問題。它是一種明顯的以損害弱勢群體的利益來換取資本利益（效益）的思路。這一系列的改革當然受到了強烈的反對。智利的皮諾切特依靠絕對的軍事權力，對反對者實行大規模的監禁、暗殺和折磨。與經濟上的不公平相應的是政治上的不公平。社會精英控制了政治程序和話語權；社會底層的聲音不僅不能在決策程序中反映出來，甚至無法充分在社會上反映出來。關鍵的是，社會精英不僅擁有正式的權力，而且還有巨大的非正式的權力，對決策和財富分配發揮着巨大的非正式作用。**當時智利的主流媒體充滿了對新自由主義的讚頌，誰也沒有預料到，智利在這些所謂的改革中正滑向毀滅性的經濟災難中。**

其實，這種改革只不過是拉美國家早期的經濟模式在新條件下的復辟。拉美重新走上了自由貿易、國際分工的老路，而自由貿易的債務魔咒也悄悄地再次回到拉美經濟體中。

後來的歷史表明，**這場改革為智利帶來了極大的經濟災難，使智利幾十年的發展成績毀於一旦。**

拉美其他許多國家在 20 世紀 70 年代中期先後走上了這條變革之路，所以智利之路成了拉美之路。智利開啟了拉美的第一輪改革。

第九章
金融全球化帶來的新債務陷阱

　　拉美在 20 世紀 70 年代先後放棄了保護主義，重新選擇了自由貿易，希望通過開放來發展經濟。拉美曾經的歷史證明這是一條危機重重的路，拉美後來的歷史還會證明這是一條佈滿陷阱的路。然而，在歷史作出自己的裁決以前，這似乎是一條鮮花簇擁的道路，一條點石成金的道路，一條發現財富、追逐財富的道路，一條狂歡的道路。

　　20 世紀 70 年代發生的兩件事，對拉美國家的命運有重要影響：石油危機和 IMF 等削減對拉美的貸款。這兩件改變 20 世紀後期世界經濟格局的事件，都有國際金融資本的背景。**石油價格的成倍上漲，使拉美的出口導向戰略面臨着如何支付不斷上漲的石油賬單的問題；IMF 的貸款削減進一步加劇了這個問題。這兩件事把拉美推向了金融全球化的陷阱。**拉美開始成為國際金融資本的捕獲對象。出於國家戰略的需要，美國政府大力推動商業銀行對拉美發放貸款。拉美的短期債務不斷積累。由於大量熱錢湧進拉美，拉美出現了前所未有的泡沫繁榮。然而，泡沫破裂的危險正在逼近拉美。

金融資本如何將拉美推向國際資本市場

　　如前所述，美國推倒了布雷頓森林體系，為世界資本市場、匯率市場的重新崛起掃除了體制障礙，為金融體系的全球化提供了平台。而石油危機又為美國提供了大量的閒置資本，為國際資本的自由流動提供了必不可少的「自由資本」，為金融全球化提供了彈藥。但是，資本市場的發展、金融市場的全球化還需要市場參與者或市場主體。在這種情況下，美國和受其控制的國際金融組織開始了一系列精心佈局而不露痕跡的資本市場和市場主體的培育過程。而拉美成了這項戰略佈局的重要部分。

拉美的新自由主義改革，為國際金融資本的「制度尋租」提供了歷史性機會。

國際資本佈局的第一步，是把拉美國家推向金融全球化。這項佈局的關鍵是把拉美推向美國商業銀行，把拉美推向國際金融市場、推向國際商業銀行。這項政策的目的是將拉美改造成國際金融市場的主體，或國際金融市場的主要舉債者。在布雷頓森林體系崩潰以後，一些國際金融組織開始改變對拉美國家的貸款政策。在 1950-1969 年，大多數流入拉美的國際資本都是政府對政府的貸款，或者由一些國際金融組織作為正式中介的貸款。以 1961 年為例，拉美的外債總額中有一半來自於外國政府和像世界銀行這類國際金融機構。

來自於外國政府、IMF、世界銀行、OECD 等的這類貸款有許多優勢。雖然這類貸款往往帶有許多政治的、經濟的附加條件，但是大多具有貸款期長、利息較低的特點。

但是，到了 20 世紀 70 年代，世界銀行、IMF、OECD 等這類國際金融機構開始改變對拉美的貸款政策，開始大規模削減對拉美的官方貸款。它們的正式口號是──拉美經濟已經取得了長足的發展，有限的資本應當投向世界上更貧窮的國家和地區。IMF 或世界銀行開始把官方貸款轉移到亞洲國家和地區，其中大部分都是後來的亞洲「四小龍」們。

這些控制國際金融體系的組織的這種貸款政策的轉變，使拉美的政府間或準政府間貸款陡然下降。到了 1970 年，這類貸款下降到 36% 以下；到了危機爆發的一年──1982 年不到 12%。[1] 我們在前面已經提及，控制 IMF 和世界銀行的是美國。美國通過程序控制，使美國的金融戰略和國際戰略在這些機構的政策裡得到實現。美國金融資本對這些機構同樣有巨大的影響。戴維·洛克菲勒與 IMF 以及世界銀行的高官有很深的歷史淵源和廣泛的聯絡，他每年都要在自己的私宅宴請這些官員。在 IMF 和世界銀行對拉美的政策轉變中，大國背景和大國戰略十分明顯。

20 世紀 70 年代，由於美元和黃金脫鉤，石油價格陡然上漲。石油由美元定價，

---

[1] Robert A. Pastor, *Latin American Debt Crisis: Adjusting to the Past or Planning for the Future?* Boulder, Colo: L. Rienner, 1987, p. 7.

大量的石油美元流入美國商業銀行。由戴維‧洛克菲勒控制的銀行和與其有歷史淵源的另一家大銀行，成了石油價格上升和大量石油美元的最大受惠者。大量的石油美元流進了這些商業銀行，這些商業銀行開始為石油美元尋找出路，在全世界尋租。他們的眼光自然落在了急需資本的第三世界國家身上，這些窮國成了他們最佳的捕獲對象。就如同 21 世紀初期的次貸熱中，金融資本把目光投向美國的窮人，把窮人當做他們的最佳捕獲對象一樣，**資本在捕獲獵物過程中總是尋找最脆弱的對象下手。這是金融資本的本性，20 世紀 70 年代是這樣，21 世紀初期還是這樣。**要讓拉美國家成為捕獲對象，就必須把拉美國家推向國際金融市場。而 IMF 和世界銀行切斷對拉美的官方貸款就是這個目的。這些政策把拉美推向了金融全球化的陷阱。

拉美經濟發展長期依靠引進外資，依靠舉借外債。IMF 和世界銀行大幅度減少貸款的結果，迫使拉美國家尋求新的債務來源。這種政策轉變之所以對拉美國家打擊沉重，還因為當時正處於美國一手導演的石油危機時期。美國一手導演石油危機，一手推動拉美實施出口導向戰略。石油價格在短期內幾倍地上漲，導致拉美國家的國際收支進一步惡化；而出口導向戰略迫使拉美國家需要大量美元購買石油。拉美實際上走上了依靠舉債來支撐出口導向戰略的道路。

在這種情況下，急需外部資本的拉美國家不得不把目光投向美國的國際商業銀行，開始走上了尋求短期商業貸款來彌補國際金融組織貸款轉移後留下的資本空缺的道路。美國商業銀行開始成為拉美主要貸款提供者。由於石油美元大量流入美國，美國的許多跨國商業銀行有許多流動美元，正苦於找不到回報率高的投資出路。在這一番國際金融佈局以後，現在機會來了。這些商業銀行迅速入場填補國際金融組織留下的空缺，為拉美提供大量利率很低的短期貸款。一般而言，和政府間貸款相比，這些貸款既沒有附加的政治、經濟條款，利息又比較低，對拉美國家而言似乎是天賜良機。石油危機以及 IMF 和世界銀行等政策轉變帶來的國際收支問題居然迎刃而解。

美國商業銀行這隻手把拉美國家從國際收支困境中拉了出來。唯一的缺點是，這些貸款一般都是短期貸款，貸款一般會很快到期，到期以後必須以新債務滾動。但是，在金融全球化的時代，在石油美元熱錢急於找出路的時代，在美元短期利率較低的時代，誰會關心這個問題？有人認為，拉美和美國商業銀行的這種商務關係是典型的雙贏關係：拉美得了美元，銀行賺了利息。

國際資本為了捕獵拉美到了瘋狂的地步。

當時的國際金融組織和美國的許多人十分關心拉美國家的金融改革和匯率體系改革，對那些走到改革前沿與國際金融接軌的國家給予高度評價和道義支持。他們積極鼓勵和支持拉美國家貨幣主義經濟政策和經濟改革，支持它們放開外貿、放開國內金融市場、放開國際資本流動的改革。他們歡呼拉美（如智利、阿根廷、烏拉圭等）國家解除資本控制和其他經濟控制的措施，**對匆忙放開而監督管理缺位的金融體系改革表現出極大熱忱。**

在這種雙面夾攻下，拉美國家的金融體系門戶洞開。開放的金融體系為拉美國家在國際上進一步融資提供了有利的條件。這一系列的金融改革，為拉美金融全球化提供了體制條件。

債務泡沫下的大國戰略

不僅美國商業銀行出於利潤動機，急於把石油美元發放給拉美和其他發展中國家，發達國家的政府迫於國內失業的壓力，也急於把石油美元發放給發展中國家。當時的發達國家經濟正處於「滯脹」階段，國內失業率不斷上升，出口對發達國家顯得尤其重要，發達國家的政府急於向發展中國家推銷自己的產品。通過貸款刺激發展中國家大量進口發達國家的產品，成了一種刺激經濟的戰略。在這種歷史條件下，美國的「石油美元大循環」政策出台。而這項政策加速了拉美金融的全球化。

由於資本市場的開放，由於出口導向政策的實施，由於國際油價的大幅度上漲，智利的出口導向戰略一開始就依賴國際資本。油價的上漲導致國際收支不平衡，出口導向戰略需要進口石油來支撐。怎麼解決這種國際收支不平衡問題呢？拉美新自由主義的政策把目光投向了國際資本。石油價格的上漲給石油輸出國帶來數目巨大的美元。為了使美國成為石油漲價的最終受益者，基辛格在 20 世紀 70 年代中期與沙特阿拉伯簽署了一個秘密文件。文件規定，美國的投資顧問們將為沙特阿拉伯的石油美元尋求投資出路。文件簽署後，美國華爾街的投資銀行的顧問們紛紛來到沙特阿拉伯。大批的石油美元最終流入了美國，進入了美國的金融體系和資本市場。當時美國經濟不景氣、投資潛力不大、利率低下，這些美元

進入美國後，大部分停留在大銀行的賬上。

如何為這些美元尋求出路？**基辛格提出了「石油美元大循環」戰略。具體來說，石油購買國（如拉美）將為石油支付大量的美元，石油輸出國從而獲得大量的石油美元，然後把這些石油美元輸送到美國，美國的跨國銀行再把這些美元以短期債務的形式借給石油購買國（如拉美）；石油購買國（如拉美）再把美元支付給石油輸出國。在這個「石油美元大循環」中，美國既得到了美元又得到了利潤，還刺激了對拉美的出口，拉美則欠下了大量債務。**

要理解「石油美元大循環」戰略，就必須瞭解美國對拉美政策的長期歷史。美國自「門羅主義」以來，一直把拉美當成自己的勢力範圍和產品市場。在自己後院培養一個競爭對手不符合美國的長期戰略利益。通過「石油美元大循環」戰略讓拉美國家融入美國主導的金融體系，符合美國國家利益。在實施「石油美元大循環」戰略時，美國儘管面臨長期的通貨膨脹，依然實施了低利率政策和擴張的貨幣政策。這種低利率政策導致大量廉價資本湧入拉美，極大地刺激了拉美的經濟發展。廉價的資本、增長的出口還為拉美經濟抹上了一層危機前的迴光返照。「石油美元大循環」戰略實施的結果，是拉美國家的經濟發展、出口導向戰略終於完全建立在美國的石油美元的基礎上。拉美完全喪失了經濟獨立。

要理解「石油美元大循環」的戰略意義，還必須理解美元與黃金脫鉤後美國所面臨的戰略挑戰。在美元與黃金脫鉤後，美元變成了一種簡單的債務，不再是黃金的代表。許多國家當然不願意為美國買單，為美國的軍事、經濟戰略買單，從而威脅退出美元體系。歐洲、日本曾有這種暗示。美國則威脅，假如這些國家退出美元體系，美國將撤銷對其歐洲和亞洲盟國的軍事保護。結果，這些國家乖乖地接受了與黃金脫鉤後的美元為世界貨幣。美國需要更多的國家接受美元的統治。在這種情況下，「石油美元大循環」戰略應運而生。**「石油美元大循環」，使拉美經濟牢牢地套在了美元體系上面。拉美經濟成了漂在石油美元上的船——美元的支撐下隨時可能沉沒的船。**

在資本和政府的雙重推動下，國際商業銀行開始競相向發展中國家發放貸款。許多大宗貸款的決定在極短的時間內做出，許多拉美國家的政府不斷接到國際資本家的電話。這些電話的目的大同小異：要不要錢。墨西哥前財政部部長戴維·伊瓦拉（David Ibarra）回憶說：「許多銀行家在追逐我，想方設法要借更多的錢

給我」。[1] 這種情形，就像 21 世紀初期美國資產泡沫年代一樣。許多消費者受到金融資本信函的地毯式轟炸，這些信函幾乎都是一個調子：希望你借錢，借更多的錢。為了吸引你借更多的錢，為你提供極低的利率。

國際資本一方面貪婪地捕獲發展中國家；另一方面，還扮演了救世主的角色。由於石油危機，許多發展中國家如拉美國家等，無法支付日益高漲的石油賬單，經濟面臨破產的困難。「石油美元大循環」使這些國家得以支付石油賬單。國際資本以此認為自己是發展中國家的救世主，因而要求發展中國家政府予以回報，要求發展中國家政府對所有債務進行擔保。這種做法將商業銀行的債務及其風險間接地轉嫁給發展中國家的政府，極大地降低了商業銀行本身的風險。**國際資本既要賺錢又要避免風險的做法，反映出國際金融資本對發展中國家的金融主權侵蝕到了什麼程度。**

國際金融資本認為，發展中國家政府擔保債務，極大降低了債務風險，於是他們更加瘋狂地向發展中國家發放貸款。與此相應的是一系列金融創新。催生 21世紀次貸危機的是金融資本的創新，而推動令人眼花繚亂的創新的是資本的貪婪本性。催生 20 世紀 80 年代初拉美債務危機的是同樣的原因——創新和創新後面的貪婪。各種創新的目的就是增加發展中國家的債務。拉美國家的外債因此而一路攀升，一發不可收拾。

債務陷阱就是這樣逐漸設下的。曾經如夢魘一般纏繞着拉美的債務陷阱，再次出現在拉美的發展道路上，只是上面多了一層全球化的掩護層。

美元的雙向流動

拉美國家非常歡迎他們發現的新的國際資本來源，為似乎沒有限制的廉價的外國資本而歡欣鼓舞。這真是一個奇跡。石油危機帶給拉美國家的困境居然迎刃而解！

---

[1] Patricia Adams, *Odious Debts,* Chapter 10, http: //www. threegorgesprobe. org/probeint/OdiousDebts/OdiousDebts/chapter 10. html.

這真是一個依靠外資謀求財富的良好時機，一個千載難逢的時機。

隨着出口的增加、石油進口的增加，拉美的短期債務迅速增加，大批熱錢通過石油美元大循環而源源不斷地流入拉美，拉美的外債越築越高。**為了吸引外資，拉美國家還在不同程度上給外債以各種優惠，其中最主要的就是政府為其提供擔保。結果私人外債變成了政府外債，資本家的外債變成了公眾的外債，少數人的外債變成了納稅人的外債。**這種優惠措施極大地刺激了私人部門舉借外債的積極性，導致了外債的迅速上升。

從 1975 年到 1982 年，拉美國家欠下商業銀行的貸款平均每年增長 20.4%。這種貸款的瘋狂使拉美國家的外債從 1975 年的 750 億美元，上升到 1983 年的 3140 億美元，達該地區 GDP 的 50%！[1]

拉美國家每年還本付息的支出增長更快。從 1975 年的 120 億美元，迅速上升到 1982 年的 660 億美元，約為 GDP 的 10%！[2]

在這幾年中，出口增長平均大約為 12%，而外債還本付息則增長達 24%。也就是說，出口創匯的收入和還債支出的差距每年都在不斷擴大。拉美國家的還債能力逐年下降，幾乎到了無以為繼的程度。儘管還債能力已經喪失，拉美國家淨資本的流入還是以 17%~20% 的速度上升，直到 1982 年才戛然而止。[3]

細心的讀者也許已經發現了問題。為什麼在這種情況下，美國商業銀行還要大開錢櫃，不斷向拉美國家發放貸款？我想讓讀者自己來尋求這個答案。

以上還只是拉美外債故事的一半，講的是外債的流入。現在我們要講述故事的另一半，美元的大量流出。**與外債急劇上升形成鮮明對比的是，拉美在同一時期經歷了資本的大規模外逃。它的最富有的公民在這段時間大規模投資於國外，主要是美國，購買數目驚人的國外資產。**

從 1973 年到 1987 年，從拉美流出的資本總量高達 1510 億美元，這個數目相

---

[1] [2] Alexander Theberge, *The Latin American Debt Crisis of the 1980s and Its Historical Precursor,* April 8, 1999, p. 6.

[3] Alexander Theberge, *The Latin American Debt Crisis of the 1980s and Its Historical Precursor,* April 8, 1999, p. 6.

當於同期外債總額的 43%。[1] 換句話說，在這段時期有大約 43% 的外債又改頭換面逃到了國外。資本能夠合法地大量流出的主要制度條件，就是資本流動的開放。這就是為什麼金融開放受到了別人的高度讚揚。假如拉美金融體系的管制沒有取消，假如拉美的金融體系沒有開放，資本的這種大規模的外逃是不可能的。

商業銀行對拉美的貸款，在這種金融全球化的運作下，其中大約一半又回到了這些銀行。不一樣的是，拉美國家的政府通過擔保，欠下了 100% 的債務。

金融開放只是提供了資本外逃的體制條件，那麼資本外逃的原因是什麼呢？許多人解釋，資本外逃（假定都是合法的）的原因是因為與美國相比，拉美國內的投資環境不好、投資回報不高。但是持這種看法的人不能回答，假如拉美投資環境不好，為什麼外債大量湧進？顯然，發放這些外債的商業銀行並不認為拉美的投資環境不好，否則就是明知不好還要把債務往拉美身上套。

其實，拉美資本大量外逃的一個主要原因是政府對內外資的區別對待。對內資歧視，對外資優惠，優惠方式又主要是政府的債務擔保。這種優惠政策為拉美最富有、最有能力獲得國際貸款的人所利用，他們一手通過政府擔保借外債，另一手把錢轉移出去，結果導致外債和資本外逃並存的現象。大量的外債轉化成了對外投資，大量的內資在政府的歧視下紛紛逃亡。

當人們談論拉美的債務危機時，往往忽視了資本外逃。正是這種資本大規模的外逃加劇了拉美的債務危機。假如，沒有債務美元向美國的這種迴流，拉美的外債將會減少 43%！即使拉美依然會發生債務危機，其程度也要輕得多。

資本的大規模外逃，除加劇了拉美的債務負擔以外，還帶來了其他的經濟問題：一、阻礙了經濟發展；二、資本流向國外導致稅收的減少；三、稅收減少導致公共支出的降低，增大了社會的貧富差距。

泡沫破裂以前的繁榮

拉美改革剛開始的幾年裡，由於大幅度削減社會福利開支、削減政府規模、

---

[1] Manuel Pastor, Jr., *Capital Flight and the Latin American Debt Crisis*, p. 1.

減少貨幣發行，結果政府赤字大量減少、通貨膨脹率降低。同時，由於放棄了對勞工在就業和工資方面的傳統保護，工人為提高效率承擔了主要成本，結果在工人收益降低的情況下，資本效益得以提高，效益上升。從資本效益的角度，也就是從資本的角度看，改革的最初幾年似乎是成功的。

尤其是**大量石油美元通過外債的形式流入了拉美，拉美如同發現了一個取之不盡、用之不竭的外債源泉。**這些外債通過美國商業銀行不斷地大規模流入拉美。拉美經常賬戶下的赤字，為資本賬戶下的巨大盈餘所掩蓋。**這種不竭的外國資本的流入，像洪水一樣托起了拉美國家的資產價格。**

改革初期的這種資本繁榮伴隨着資產泡沫的出現。由於財富高度集中，大量的社會財富集中在少數人手中。社會儲蓄沒有轉化為實物資本的積累，而變成了金融資本。與此同時，銀行的私有化推動了信用擴張。在危機爆發前的一兩年（1980-1981 年間），智利出現了前所未有的資產泡沫，不動產、股票、匯率等大幅度上升，**拉美的經濟進入了一個「奇跡」的狀態。**

拉美的出口替代戰略，是建立在資本流動的自由化上面的，是建立在「石油美元大循環」上面的。然而，漂在美元基礎上的這條船注定是要沉的，因為拉美國家無法控制美元政策。這個出口導向的經濟戰略是建立在對別國的資金、技術和市場的依賴上，拉美出現了虛假的繁榮。在這種繁榮下是民族工業的大面積凋敝、產業結構嚴重的出口傾斜、經濟完整性和獨立性的基本喪失。在這種情況下，一旦國際市場有變，拉美將如何應對？這種繁榮是以犧牲經濟安全換來的。

歷史表明，在這種繁榮下是深不可測的陷阱。

第十章
1979年秋，新自由主義小試牛刀

歷史發展到這一步，拉美國家離債務危機只有一步之遙，拉美經濟離全面危機只有一步之遙。外部世界一個輕微的金融衝擊，就會引起拉美經濟的劇烈震盪，就有可能導致拉美的經濟危機。

激起這種衝擊波的石頭就握在大力推行全球化的人手中，那是一塊可以激起千層浪的石頭。而這千層浪足以衝垮拉美經濟，捲走拉美的社會財富。這塊石頭就是美元。

1979年拉美債務危機

發展中國家融入發達國家貨幣體系的一個最大的問題就是，發達國家的金融政策對發展中國家的金融經濟穩定有着巨大的影響。然而，這些國家在制定貨幣政策時不必也不會與發展中國家合作協商。以美國為例，美國金融政策從20世紀30年代開始就由法律規定必須以國內優先。在這種情況下，美國的金融政策，不能也不可能優先考慮其他國家的利益。由於國家博弈的關係，由於在國際金融競爭中常常是零和博弈，美國的這種國內優先的金融政策，有可能給融入美元體系的國家帶來巨大的災難。美國有可能利用金融政策手段，使融入美元體系的發展中國家的利益和財富發生有利於美國的流動。

1979年8月6日，美國發生了一件似乎與智利暫時沒有關係的事：保羅·沃克爾被任命為美聯儲主席。但是，後來的歷史進程表明，這一天是拉美奇跡終結的開始。

當時美國面臨着長期的失業和通貨膨脹，美聯儲被通貨膨脹和失業兩個問題所困擾。凱恩斯主義在這個兩難的困境面前幾乎崩潰。尼克松政府在20世紀70

年代早期試圖通過控制工資和物價解決通脹問題，但是在整個 70 年代，通脹成了困擾美國經濟的主要問題。到了 1979 年通脹變得更為嚴重。在 1979 年頭 9 個月，年通脹率高達 10.75%，而失業率降低到 5.8%。沃克爾出掌美聯儲後，決定採用新自由主義的貨幣政策即弗里德曼的貨幣政策，放棄就業目標，把政策重心放在治理通貨膨脹上，通過緊縮貨幣供應量來達到抑制通脹的目的。充分就業不再是主要政策目標。這種政策轉換與幾乎所有的新自由主義的政策變化一樣，勞動者必須為經濟問題的解決付出代價，失業率升高。

為了控制通貨膨脹，美聯儲決定把重點放在貨幣供應量上。在貨幣供應量和美聯儲基準利率這兩個直接政策目標之間，沃克爾選擇了前者。美聯儲的政策目標是控制貨幣增長，通過控制貨幣增長達到控制利率的目的。沃克爾的這項典型的貨幣主義政策建議，在 1979 年 10 月 6 日的會議上為美聯儲接受。

這項政策實施的結果是貨幣供應得到有效控制。貨幣增長的放慢導致利率的極大上升。基準利率從 1979 年 9 月的 11.25%，上升到 1979 年底的 14%、1980 年 4 月的 17.6%、1981 年 6 月的 19%。

美國利率的大幅度上升和信用的收縮給漂浮在石油美元上的拉美經濟帶來沉重的打擊：一、拉美國家的大量短期美元債務在這種情況下，無法到期滾動（以新債還舊債）。許多到期債務無法償還，從而出現債務危機。二、導致債務利率的上升。利率的大幅度上升，導致債務成本大量升高，從而也導致債務危機。

美國貨幣政策的決策者，作為「石油美元大循環」的促進者，當然知道拉美國家的巨額外債，當然知道高利率對拉美諸國的打擊。雖然我們不能斷定收緊貨幣供應的目的是為了把拉美推入債務危機，但是美聯儲不可能不知道拉美諸國的債務困境；不可能不知道美元利率的大幅度上升、信用的大幅度收縮會給拉美帶來嚴重債務危機；不可能不知道手中的政策工具實際上是足以摧毀拉美經濟的「大規模殺傷性武器」。**控制着拉美繁榮還是衰退的不是拉美國家的政府，而是美聯儲。**

實際上美聯儲的直接政策目的，就是為了通過收縮貨幣供應量而防止美元的大幅度貶值。收縮貨幣供應量的目的就是為了收縮流動性，而收縮流動性的關鍵，就是收縮信用。收縮信用對那些依賴信用的國家打擊最大，而拉美諸國就是這樣的國家。從這個角度講，美聯儲的政策目標就是要收縮對拉美和世界其他第三世界國家的信用。

1979 年，美聯儲按了一下金融「按鈕」，拉美經濟在毀滅性的衝擊波下開始滑向深淵。

從 1979 年底開始，拉美開始出現債務困難。但是由於拉美債務都是政府擔保，拉美國家政府一直努力依約還債。但是，這種情況到了 1982 年再也無法持續下去了。這年 8 月，墨西哥財長宣佈自己的國家無力還債。這種消息一出，商業銀行紛紛凍結對拉美的貸款，並要求償還貸款。由於貸款的枯竭，拉美國家無法依賴新貸款支付利息。而沒有支付的利息又被加到貸款總額中，導致貸款總額越滾越大。拉美從此掉進了債務危機。在危機爆發的 1982 年，拉美國家的債務佔 GDP 的 46.9%，並在反危機過程中逐年上升，到了 1987 年達到 66%（Latin American's Debt Crisis 90p）。

在這種情況下，拉美國家被迫壓縮進口，改善國際收支。拉美作為一個整體，從 1981 年的 20 億美元外貿赤字，變成 1984 年的 310 億美元貿易盈餘。但是，大多數盈餘都變成了利息而流到發達國家去了。在 1982-1985 年間，拉美一共支付了 1060 億美元的利息。[①]

拉美改革後的經濟依賴性由此可見一斑。新的發展戰略使拉美完全喪失了經濟上的獨立和自主，這種依賴性終於使拉美諸國陷入了嚴重的經濟危機。

這場危機將拉美幾十年的發展成果毀於一旦。

格林納達效應

國際金融資本一手導演的金融危機只是劇本的一半，另一半則掌握在拉美國家手中。假如拉美國家拒絕配合，這齣劇就演不下去。當初，國際金融資本迫使拉美政府擔保所有債務，現在這些債務必須由政府來還。假如拉美政府選擇無力償還，國際金融資本的所有努力都將是「賠了夫人又折兵」，美國金融體系就可能破產。拉美國家最終會做出什麼選擇呢？

---

① Alexander Theberge, *The Latin American Debt Crisis of the 1980s and Its Historical Precursor,* April 8, 1999, p. 10.

在拉美經濟危機方興未艾時，美洲發生了一件震驚世界的大事。

1983年10月20日深夜，拉美經濟危機爆發的次年，太平洋上行進着一支龐大的艦隊，向黎巴嫩行進。這支艦隊是美國特混艦隊，由1900名海軍人員組成，艦隊由「關島」號兩棲作戰艦為先導，「獨立」號航空母艦居中，其餘8艘艦艇緊隨其後，逶迤數海里。

後來五角大樓的一道急電令，要艦隊駛向格林納達。

10月25日，當地時間凌晨5時40分，美國在強大的海上力量支持下，同加勒比其他國家的300名軍人一道，在格林納達登陸，並佔領了首都聖喬治的機場。入侵軍隊同格林納達軍隊發生過短暫的戰鬥，最終美國以壓倒性多數而迅速平定局勢。

美國總統雷根同一天宣佈，美國「應東加勒比國家的一致要求」而出兵，幫助格林納達「恢復民主制度」和「保護」僑民。

這次行動是美國自越南戰爭後最大的一次軍事行動。美國軍方人士透露，在這次入侵過程中，至少有3名美國軍人、3名格林納達軍人、12名古巴派駐格林納達的工作人員在戰鬥中被打死，23名美國軍人和22名古巴人受傷，32名蘇聯在格林納達的軍事顧問和兩百多名武裝的古巴人員被俘。

格林納達位於小安的列斯群島南端，原是英國殖民地，1974年2月7日宣告獨立，成為英聯邦成員國。1979年成立了以畢曉普為總理的新政府。畢曉普的政黨「新寶石運動」有社會主義傾向。1983年10月12日，格林納達發生政變，畢曉普被軟禁。19日，支持畢曉普的一派在首都組織了千人的示威，同軍隊發生衝突，畢曉普和3名內閣部長被軍方打死。軍方於10月20日成立了新軍事委員會，接管政權。

格林納達，總面積不過344平方公里，人口不過11.1萬，為什麼美國要出重拳打擊？美國為什麼要在債務危機中，通過格林納達事件充分展示自己的意志、鐵腕和力量？

債務危機削弱了拉美國家的經濟主權

債務危機為發達國家剝奪拉美國家的經濟主權、在拉美進行進一步的新自由

主義實驗提供了歷史性機會。

危機發生後，發達國家最初主要關心的問題有四個方面：

一、如何讓拉美政府承諾債務。

二、如何防止拉美國家在解決債務危機上協調行動。假如拉美國家在債務談判問題上共同行動，確立聯合談判的優先順序，也許可以迫使發達國家做出必要的讓步，也許債務危機的發展進程將會是另一個樣子，甚至世界金融秩序都可能是另一個樣子。但是，在美國的努力下，這種情況沒有發生。

三、發達國家尤其是美國在面臨拉美債務危機時的主要政策核心是「保護國際金融體系」。外行人也許不明白其中含義。**這句話的含義就是要維護債權人的利益。**什麼是國際金融體系？誰是國際金融體系的主體？用白話講所謂保護國際金融體系，就是要保護美國銀行，保護那些債主們的利益。而債主們就是發達國家，尤其是美國。假如拉美諸國紛紛賴賬，發達國家尤其是美國的那些商業銀行都將面臨破產的危險。美國和 IMF 的反危機措施的核心，就是讓拉美諸國承諾債務責任。

讓拉美國家欠債還錢是所有的政策建議和援助的條件的出發點。如果按照凱恩斯共識，危機中政府應當加大支出、提高總供給。但是，在貨幣主義指導下，為了讓拉美國家有還債能力，政策目標變為穩定貨幣。所謂穩定貨幣，就是要削減政府支出。穩定貨幣的目的是為了提高還債能力，這就是為什麼拉美諸國在危機中被迫削減政府開支、大幅度提高利率、進一步削減社會福利支出、進一步向能賺取外匯的產業傾斜、進一步私有化、進一步拍賣國有資產。在金融體系上為了保障債權人的利益，讓匯率資本反映市場供求狀況，更大幅度地開放金融體系、開放資本市場、開放貨幣匯率市場，這就是所謂「華盛頓共識」的核心。這些措施不僅導致了危機的步步深化，還導致債務負擔的進一步加重。在債務危機中，IMF 和世界銀行的計劃強行讓拉美國家的貨幣大量貶值，指責危機前拉美諸國的幣值高估。強制性貨幣貶值的結果固然增加了國際競爭能力，導致出口增加、外匯收入增加，但是對於擁有大量美元或其他貨幣外債的國家而言，同樣的外債必須用更多的物質財富來償還。

拉美諸國在危機中幾乎完全喪失了經濟和金融主權。經濟和金融政策、體制改革、貨幣改革等，全部由 IMF 和世界銀行掌控。而這些機構背後站着的是超級大國的利益。拉美從而成了某些國家乘機謀利的場所。

　　四、危機成為推行新自由主義的機會。拉美經濟危機為美國提供了一個很好的機會來重新設計世界金融體系。在這個新體系中，跨國銀行、美國金融機構通過擴張和兼併成為金融全球化的基礎和核心。這個過程始於 IMF 對拉美債務危機的介入，反危機初期，美國主要利用 IMF 來推行自己的利益。IMF 是如何得以介入這一過程的呢？拉美國家由於無力償還商業銀行的債務，需要和商業銀行的債主們重新談判債務。美國金融資本和 IMF 等有着很深的歷史淵源，有默契。美國商業銀行對拉美諸國說，沒有 IMF 入場商業銀行不願談判，結果 IMF 就作為中心角色出場了。而 IMF 的出場費就是，拉美諸國必須按它的藥方來吃藥。從此 IMF 成了拉美國內經濟政策的主宰，成了操控拉美經濟主權的太上皇。IMF 的這種地位，還來自於它掌握了拉美國家急需的資源——美元貸款。

　　發達國家和那些國際金融機構，在危機中通過各種方式凌駕於別國的經濟主權之上。主要的**反危機政策和措施不是由拉美國家提出，而是由某些發達國家和 IMF 這類國際機構提出**。這些措施的動機、目的和出發點，不是發展中國家的利益，而是通過危機進一步改變權力財富的分配格局。**發達國家在拉美經濟危機中為拉美國家先後開了三個藥方：**

　　第一，「穩定計劃」。IMF 在反危機初期推行的是 IMF 的穩定計劃。這項計劃的目的是通過反危機來推行新自由主義的經濟體制，讓拉美國家進一步推行市場化導向的經濟改革。如前所述，整個計劃是建立在貨幣主義的理論基礎上的。一系列政策建議的中心是如何穩定拉美的金融形式、提高拉美國家的還債能力、保證拉美成為資本的淨輸出國。為此，拉美諸國與 IMF 分別簽訂了「意向書」（letter of intent）。IMF 的這項計劃被稱為「穩定計劃」。「穩定計劃」是一個深思熟慮的名稱，它表明 IMF 對拉美地區的政策中心不是經濟發展和充分就業，而是控制通貨膨脹，實現宏觀經濟的穩定。表面上看似乎非常合理，但是 IMF 的穩定計劃，使拉美國家經濟政策的重心從發展變為穩定。其結果自然就是放棄工業化和現代化努力，而將經濟、金融政策的中心和着眼點放在金融穩定上面。為什麼金融穩定比經濟發展更重要？許多人也許會說，沒有穩定就沒有發展。其實這項政策的用心是維持拉美國家的還債能力，捍衛的是國際金融資本的利益。

　　IMF 的這項穩定計劃包括市場化改革，進一步私有化，大量裁減國有企業的

工人，進一步減少政府開支，進一步削減公共開支和公共福利，進一步放開金融銀行體系，進一步放開外匯、資本市場，放開國際貿易，放開資本流動，降低工資，提高利率，貨幣貶值，等等。簡而言之，IMF 要通過危機把拉美進一步納入全球化和新自由主義體系中。實施這些改革是獲得國際貸款的前提。

IMF 的計劃顯然是不成功的。不僅沒有解決危機，還使危機進一步加深。拉美失業率高升，貧富差距加大，出現了大規模的抗議和騷亂，IMF 的穩定計劃受到了不同程度的抵制。在這種情況下，雷根政府開始走到前台，介入危機過程。這就產生了「貝克計劃」。

第二，「貝克計劃」。1985 年 10 月，世界銀行和 IMF 在韓國首都召開了聯合會議。在這個會議上美國雷根政府的財政部部長詹姆斯·貝克（James Baker）提出了「貝克計劃」。貝克計劃的核心還是 IMF 的計劃，不同的是它包含由私人銀行向拉美提供另外 290 億美元的貸款。但是，為了獲得貸款，拉美國家必須推行 IMF 開出的自由市場導向的經濟改革。由於許多銀行拒絕參與這項計劃，拒絕提供貸款，而拉美國家則反覆強調沒有足夠的財政支持難以推動這類改革，貝克計劃最後流於形式。

第三，「布雷迪計劃」。1989 年布殊政府的財政部部長布雷迪（Brady）宣佈，只要拉美國家願意推行市場導向的改革，債務可以重新組合。重組後的債務將低於原有的債務額。

以上計劃的核心都是市場和開放。這些改革加深了拉美經濟危機，拉美經濟危機愈演愈烈。上述改革還進一步導致了資本大規模外逃。到了 1984 年，在美國的拉美私人投資高達 1600 億美元！

從經濟角度看，IMF 和發達國家的這一系列的新自由主義實驗必然會加深危機。在危機來臨時，在信用收縮時，在總需求不足時，政府反危機政策應當是反其道而行之：力圖擴張信用，力圖提振需求，力圖提高就業，力圖提高工資。制定「華盛頓共識」的專家們不可能不知道這些簡單的道理。那為什麼要通過經濟的、政治的、外交的壓力，推行一系列注定要使危機惡化的政策呢？要回答這個問題，你只要看看這一系列政策的結果：財富流向誰家？所形成的新的經濟秩序對誰有利？

從國家博弈看，失去了經濟主權，就為強權的「制度尋租」提供了一個絕佳的條件。

拉美危機的後果

這場危機和相關的改革，使拉美國家的經濟、金融體系幾乎完全融入了美元金融貨幣體系。而世界金融體系的全球化通過這場危機而奠定了基礎。這場危機中形成的「華盛頓共識」也成了新自由主義的教條。

危機導致財富的大量流失。到了 1984 年，在美國的拉美私人投資高達 1600 億美元。在 1982-1985 年間，拉美一共支付了 1060 億美元的利息。兩項一共是 2660 億美元，相當於拉美 1982 年外債總額的 84.4%！財富的大量流失給拉美帶來了慘痛的後果：

第一，巨大的不能拒付的美元債務，迫使拉美國家為還債而追求美元。

第二，不僅許多國家的貨幣直接與美元掛鉤，而且有的國家還放棄了自主的貨幣政策，其貨幣發行量直接由美元儲備決定。

第三，拉美金融體系完全開放，成為美國主導的金融體系的一部分。

第四，拉美貧富差距擴大。許多財富大量流入美國，尤其是美國的投資領域。

新自由主義在拉美小試牛刀的結果，為美國解除了在南半球任何可能的挑戰者，將拉美諸國牢牢地套在美元體系內，拉美幾十年的發展成果毀於一旦。在 1980-1985 年，實際 GDP 只上升了 2.3%，而人均 GDP 則下降了 9%。從 1982 年到 1992 年，是拉美「失去的十年」。拉美在「失去的十年」中，絕對貧困急劇擴大，貧困人口急劇增加，貧富差距擴大，社會總需求嚴重不足，資本市場更加動盪。拉美的主要經濟和社會指標在 20 世紀 90 年代初期和中期，遠遠低於危機前水平。拉美從此陷入了長期的社會經濟衰退。

以「華盛頓共識」為特點的新自由主義改革給拉美帶來了持久的消極影響。約瑟夫·斯蒂格利茨（Joseph Stiglitz），IMF 前首席經濟學家曾經反覆指出：

由於沒有對（與金融自由化）相稱的政府監管體制的設計和運作給予必要的重視，資本和金融市場的自由化改革更多的是源於意識形態而不是經濟科學。[1]

---

[1] http://www.twnside.org/sg/title/twr122f.htm.

金融體系的自由化不僅沒有解決拉美的債務問題，反而使這個問題進一步延續。金融自由化和全球化使短期金融資本得以在世界範圍內大規模迅速移動。金融資本這種追逐短期利潤的行為，常常為發展中國家帶來巨大的災難。在20世紀90年代初期，大量投機性的熱錢開始流入部分拉美國家。這些熱錢固然在一定時期推動了拉美國家的經濟增長，但由於熱錢的投機性、漂移性和不確定性，又為新一輪拉美經濟危機埋下了伏筆。

1997年的亞洲金融危機導致大批熱錢從拉美流出，結果導致了拉美新一輪經濟危機。在1998-1999年間，拉美國家又進入了嚴重的經濟衰退。在20世紀90年代和21世紀最初幾年，拉美許多國家面臨貨幣金融危機。智利雖然被IMF列為新自由主義實驗的樣板國，但是智利的經濟社會發展長期處於停滯時期，社會不公十分嚴重。

從1982年以後，拉美國家為償付外債的本息付出了巨大的國民財富，但是拉美的債務狀況並沒改善。2004年，全球大約有2.94萬億美元的拉美和加勒比地區的債務，佔新興國家外債總額的63.2%。[①]

「拉美奇跡」為新自由主義和全球化所擊碎。在一場以全球化為旗幟的經濟戰爭中，拉美備受創傷，拉美曾經的經濟奇跡從此變成了歷史中的一段往事。這種歷史背景成就了拉美的「左派」，目前拉美許多國家都是左翼當權。我們希望並相信拉美國家能夠再造奇跡。

拉美反危機教訓

拉美反危機的教訓值得我們吸取，最主要的教訓是金融改革和經濟自主權：

一、對危機的嚴重性認識太晚。從1982年墨西哥債務危機開始一直到1984年，IMF和許多拉美國家都認為這只不過是一場通常的週期性波動，沒有認識到這是一場全面的、深刻的、由20世紀70年代中後期一系列改革開放政策所導致的危機。這種判斷失誤，無疑加深了危機。當時，拉美各國不是沒有實施反危機

---

① *Emerging Market Trade Association survey.*

政策，只是由於判斷失誤，政策力度不夠。

二、反危機和新自由主義。在危機爆發以後，拉美國家沒有從政治上解決新自由主義的問題，沒有認識到新自由主義、全球化是危機發生的根本原因。許多人還依然迷信新自由主義，迷信新自由主義的教條，把新自由主義當成不容置疑的意識形態。IMF 的關於新自由主義的一攬子政策最後都為拉美接受，這可能是一個重要原因。拉美依然有一種內部的政治決心要推行新自由主義改革。

三、反危機和金融開放。在危機爆發以後，拉美出現更大規模的資本外逃。資本的衝動就是追逐利潤，當拉美出現危機時，資本的內在衝動當然是大逃亡，這是資本的本性決定的。要制止這種大逃亡，必須實行資本控制。但是，拉美國家卻進一步實施了大規模的金融開放和金融改革，導致金融體系更加脆弱。試圖以一系列更深刻、更全面的新自由主義的改革來對付危機的戰略思路，被歷史證明是危機持續深化的根本原因。假如拉美在危機爆發以後果斷終止新自由主義的改革，結果一定會不一樣。

四、反危機和經濟主權。拉美國家一開始就沒有掌握反危機的主導權，IMF一類的國際金融組織幾乎控制了拉美國家的經濟主權，主導拉美國家的反危機進程。這種受控於人的反危機政策，不可能反映拉美國家自己的利益，反映的是別國的利益。一旦反危機政策受到別國利益的操控，反危機很難不給自己國家帶來災難。

五、反危機和經濟安全。在反危機中，最重要的是捍衛經濟安全。經濟安全是解決危機的基本條件。

拉美危機的起源和發展，及反危機措施都對發展中國家有深刻的借鑒意義。拉美的教訓表明，國家之爭，是權力財富和安全利益之爭。權力和財富的分配和再分配，永遠是國家博弈的主題。無論這種爭奪是在殖民地的旗幟下，還是在全球化的旗幟下，其實質都是一樣。

第四篇

日本——
來自盟友的全球化戰爭

為了維護美國在這一產業中不可挑戰的領先地位,美國着眼於廢除日本經濟中的那些曾經推動電子產業發展的體制性基礎。只要這些體制性條件被廢除了,日本電子產業的敗落只是時間問題。

20世紀的人類歷史有許多會被未來的歷史學家們反覆研究的奇特現象。日本經濟在第二次世界大戰以後迅速恢復，然後強勁發展，創造出曾經讓盟友都深感畏懼的「日本奇跡」。在那些視自己為人類經濟體制的完美化身的國家裡，有人開始談論日本是「另一類資本主義」、「日本威脅」、21世紀將是「日本的世紀」。正當日本經濟在世界範圍內的讚譽和警惕中高歌猛進的時候，日本經濟列車驟然降速，進入低速度甚至零速度的狀態。日本從20世紀90年代以來進入了長期的通縮。日本政府和金融當局頻施重拳力圖把日本從漫長的通縮中拉出來，但通縮就像一個巨大的黑洞，把日本所有的反通縮政策吸納得無影無蹤。十幾年過去了，日本依然在通縮中徘徊。

　　日本的奇跡，就像夏日夜空的流星，燦爛而短暫。

　　日本發生如此漫長的通縮原因在哪裡？日本曾經非常強勁的經濟發展勢頭為什麼在20世紀90年代戛然而止，而難以重新啟動？通過日本現象，歷史想給我們什麼樣的啟示？

　　假如你揀起「日本奇跡」的歷史碎片，反覆磨洗，仔細辨認上面的歷史基因，你會發現，日本經濟的忽然衰退乃至以後漫長的通縮，源於一場來自盟友的經濟戰爭。那是一場曠日持久的在自由貿易或全球化旗幟下的經濟戰爭。這場戰爭的前哨戰發生在20世紀50年代中期，日本經濟剛剛起飛的時候。這是一場從產業、體制、金融、貨幣等各個方面發起的全面的經濟戰爭，這是一場盟友間的不平等的戰爭。戰略上的依賴、經濟上的依賴和價值體系上的依賴，注定了日本在這場戰爭中進退失據；注定了日本在軟弱的抗拒以後，只能按對手的要求出牌，按對手的要求進入指定的陣地，按對手規定的動作進行反擊。一方是凌厲的進攻，一方是規定動作的抵抗，這是經濟依賴帶來的宿命。日本想說「不」，結果不得不說「是」。在這場戰爭中，日本體制失守，高科技失守，財富失守，金融失守，產業失守……「日本奇跡」在國家博弈中轟然倒下。在它的廢墟上，是一個財富不斷外流的二元經濟，一個負債纍纍的企業體系，一個幾乎破產的銀行體系，一個將日本經濟捲入通縮的經濟體制，一個不斷膨脹的債權賬號。

　　美國對日本的這場全球化戰爭主要集中在產業、貨幣和金融三方面，而核心就是推動日本進行新自由主義改革，拆散曾經推動日本經濟起飛的經濟體制。

日本經濟體制改革的核心是日本銀行體系的改革。在人類經濟思想史上，人類有兩種銀行體系。法國經濟學家聖西門（Henri de Saint-Simon）曾經提出，銀行的作用是為工業化（經濟發展）動員資金。而歐洲曾經長期存在兩種銀行體系：大陸體系和英格蘭體系。在歐洲大陸銀行體系中，銀行為經濟發展服務；而在英格蘭體系中，銀行獨立於工業資本。前者的金融資本從屬於工業資本；後者發展到金融資本統治工業資本。歐洲大陸銀行體系對後來的許多實施計劃體制的國家有巨大影響，日本改革以前的銀行體系同樣受大陸體系的巨大影響。銀行是推動經濟發展的工具，金融資本的營利動機同經濟發展一致。但是，這種思想和體制在受芝加哥學派統治的美國大學中被徹底排除。日本銀行體系的改革，導致金融資本與工業資本分裂、金融資本的逐利動機同經濟發展分裂。結果金融資本在追逐利潤的同時，嚴重抑制了經濟的發展。在內先是催生資產泡沫，後是緊縮對實體經濟的貸款；對外則在追逐利潤的動機下大量對外投資，資本大量外流。結果導致了日本的外向經濟繁榮和內向經濟萎縮的困境。

考察新自由主義下的金融資本主義我們發現，這種世界範圍內的金融資本主義，只有美國出現資本流入，其餘世界作為一個整體，呈現資本流出。日本也沒有避免這一宿命。

金融資本的營利衝動同經濟發展的需要背離，導致資本大量外流，導致對內貨幣供應不足，導致日本內向經濟的空心化，導致內需不足，導致 GNP 的繁榮和 GDP 的萎縮並存，是瞭解日本經濟長期衰退的關鍵。金融資本異化帶來的虛擬增長和內向發展抑制，是日本最大的結構性危機。假如日本不對這種以金融資本主義為特點、以尋求虛擬增長為目的的改革進行改革，日本在可預見的未來很難走出困境。

2008 年第四季度與第三季度，日本 GDP 下跌 3.3%，年下降率達 12.1%。儘管日本經濟在第二季度出現穩定的徵兆，但是在世界經濟進入長期的緩慢增長期的背景下，如不改弦更張，日本難以進入持續增長。

日本在國家博弈中將權力和財富送給了盟友，將漫長的停滯留給了自己。日本的教訓表明，經濟戰略或貿易戰略只是國家大戰略的一部分。一個國家經濟博弈的勝負，取決於這種大戰略下的戰略格局。對他國的戰略性依賴、對他國的經濟依賴，也許會在短時間內帶來某種財富以及由財富帶來的對權力的幻覺，但是，這樣的財富和權力的感覺完全建立在別人的仁慈之上，這樣的國家最終要在國家博弈中

失敗。

　　大戰略，大博弈。總體戰略態勢的優劣，決定一個國家經濟競爭的成敗。日本對美國的挑戰，以失敗而告終。國家博弈的這種歷史演義，不能不給我們帶來深刻的思考。

第十一章
盟友之間的權力和財富競爭

誰托起了「日本奇跡」？

1989 年 10 月 31 日，美國各大報紙爭相登出一條牽動美國人神經的消息：「日本三菱財團購買洛克菲勒中心」、「日本買下了紐約的風景」，等等。這一天日本三菱集團宣佈以 8.46 億美元的巨資收購洛克菲勒中心 51% 的股權。1939 年 11 月 1 日洛克菲勒中心正式開張。差一天，就是 50 年。1930 年代，對處於大蕭條漩渦深處的美國人來說，這座建築的成功是美國信心的標誌。它位於紐約最豪華、最昂貴的地段，是紐約的標誌性建築，於 1987 年被宣佈為美國國家歷史性標誌，是現代建築風格和資本主義精神結合的產物，是美國人的驕傲。這座建築現在落入躲在美國保護傘下的日本手中，這對具有民族主義精神的美國人來說，是一件難以沉默的事。這項交易是一連串日本購買美國企業的高峰。日本的這些購買行為，使許多美國人驚呼「日本購買美國」。

「日本購買美國」是美國在日本攻勢凌厲的經濟進攻面前，發出的民族主義口號。

1989 年是日本在國家經濟博弈中盛極而衰的轉折點。盛極一時的日本，在進入 20 世紀 90 年代以後就迅速黯然失色，風光不再。然而 1989 年卻是日本極盛的一年。這一年，有人預測日本經濟將在二十年間趕上美國；這一年，有人認為日本將在未來幾十年中以 4% 的速度增長。儘管這些預言成了禪語，當時的日本經濟的確已經是資本主義世界的第二大經濟體。

日本經濟是如何在第二次世界大戰的廢墟上迅速崛起的？誰托起了「日本奇跡」？

日本經濟崛起的過程帶有強烈的保護主義色彩。市場保護、政府干預、匯率管制是日本經濟現代化過程的基本特色。由於自然資源的匱乏，日本一方面選擇

了出口導向的發展戰略，另一方面又實施了保護主義政策；一方面積極開拓海外市場，另一方面高度保護國內市場。**日本長期實施了不對稱的發展戰略，開放和保護並存，矛和盾並用。一方面高舉出口的矛，在世界上四面出擊；另一方面豎起保護的盾，捍衛自己的市場。日本在現代化的過程中得益於三大因素，分別是產業保護、金融服務和企業制度。三者相互依賴，核心是保護主義。**

一、日本的產業保護

第二次世界大戰以後，日本的經濟一片凋敝。許多產業無論是在規模上還是在效率上遠遠遜於歐美的競爭對手。從汽車到電子產業，許多後來在世界上獨樹一幟的產業還處在搖籃階段。假如沒有保護主義，這些幼小工業將會被外國競爭扼殺在搖籃裡。日本在 1953 年實行過短期的自由貿易，像洪水一樣湧進日本的外國汽車，幾乎把日本的汽車工業全面摧毀。為了推進民族產業的發展，日本最終從自由貿易後退，選擇保護主義發展戰略。通過高關稅、非關稅壁壘、大規模的政府補貼、推動產業聯盟等方式實行民族產業的趕超。日本的這些經濟政策成就了日本的經濟奇跡，使日本經濟以世界上前所未見的方式迅速起飛。1973-1979 年，石油危機沉重打擊了日本的基礎工業，日本實施了更嚴格的保護主義。

20 世紀 90 年代以前，日本的產業保護，尤其是對高科技和金融產業的保護相當嚴格。日本對許多關鍵產業實施嚴格的政府控制，嚴防外國資本進入。例如，日本在相當長的時期內對高科技產業，如電子芯片產業，實施強硬的保護政策：一方面日本不允許外國資本獨立進入相關產業；另一方面，又運用進口許可、進口指標等方式限制外國相關產品進入日本市場。在生產和市場兩個環節上實施保護。與此同時，日本政府通過政策推動、財政銀行支持等方式，大力促進相關產業的研發和發展。這些保護和政府干預極大地推動了日本電子產業的發展，形成了日本電子產業的縱向產業鏈和橫向多樣化。日本電子產業在相當長的時期內是一個獨立於美國電子產業的產業群體。它既不是美國電子產業的組裝地，也不是美國電子產業的直接或間接市場。正是由於日本電子產業的成功，挑戰了美國電子產業的世界霸權，美國才要運用市場開放的武器來打擊日本電子產業，並最終使日本電子產業從昨日之星而淪為明日黃花。就此我們將有專門敘述。

二、日本的企業制度

與其他發達國家相比，日本企業制度有一個鮮明的特點：它是以銀行為中

心的體系。在日本經濟崛起的年代，日本沒有所謂的「現代金融體系」，銀行居於主導地位，資本市場極其不發達。日本企業主要是以銀行貸款的方式籌集資本（美國企業主要是在資本市場上籌集資本）。日本的銀行在日本企業體制中居於中心地位，在企業管理體制上起着舉足輕重的作用。日本的企業集團（銀團）是以大銀行為中心的企業群體。這些企業集團一般是「大而全，小而全」的產業群。這個產業群體往往覆蓋一個或幾個產業鏈條裡面的所有環節，有時甚至包括某些橫向的關係。這就是所謂的「財團」。在企業集團內，銀行作為企業主要的資本來源，是企業的主要監督者。而其他企業集團成員則自動協調彼此的關係。同一集團內的企業間呈現高度的交叉持股，形成錯綜複雜、相互制約的利益關係，一種合作而不是競爭的關係。在這種企業體制下，管理層面臨一個嚴密的監督網。

這種企業體系與美國的以股東為主導的企業體制不同，它避免了美國企業體制的一個致命弱點——「代理人衝突」。美國企業有兩大利益主體：管理層和股東。二者利益上的差別不言而喻。美國企業雖然名義上歸股東掌控，但是股東分大小，千千萬萬的小股東對企業管理層的監督，既缺少時間和資源，又缺乏必備的知識訓練。就算是大股東，除非大到能控制企業日常管理的地步，否則其對公司的監督也力不從心。有些持股達 10% 以上的大股東，為了改變管理層，常常在耗費巨資以後，不得不與管理層妥協，這樣的例子比比皆是。所謂產權軟約束，在美國上市公司是一個普遍現象。所謂董事，基本都是管理層提名（除名）由股東大會通過。許多董事和管理層有很深的歷史淵源，作為董事又享有許多優越的報酬。在許多情況下，董事會實際上是橡皮圖章。所謂股東大會，基本都是由管理層掌控。管理層不控制議題，而控制投票權。千千萬萬的小股東，從成本效益的角度看，由於股份少，沒有多少利益衝動詳細研究企業的發展和管理，往往不會參加股東大會。這些股東要麼通過書面投票，要麼事實上「棄權」。許多公司規定，只要股東不反對就是支持。這些股票就因而被管理層控制。千千萬萬的小股東加在一起，有時候份量很大。美國企業的股權軟約束問題，隨着新自由主義的推行更加嚴重。由於這種軟約束，美國企業往往出現違背股東利益、過度追求風險的現象。美國在 2000 年出現了高科技泡沫，不到 10 年又出現了金融危機。股份制不是解決「產權虛擬化」和「產權軟約束」的成功之道。在這場金融危機和上一次的

高科技泡沫中，股東損失數以萬億計。管理層欺騙股東、炮製假賬虛賬、追求過度風險的案例時有發生，例如世界通信公司、安然、貝爾斯登等。上市公司的管理、股東利益的保護在美國是一個公認的亟待解決的問題。如何監督和控制管理層，是美國企業體制的一個嚴重問題。股市和股票不是解決這個問題的萬能鑰匙。

日本的財團制度，也許提供了不同的思路。

日本的財團還是一個多樣化的企業聯合體。以購買洛克菲勒中心的三菱銀行為例，它是日本三菱集團（財團）的成員。三菱財團是日本一個龐大的企業集團，由許多企業組成，這些企業分享三菱品牌和商標。三菱集團的企業間，有廣泛的交叉持股、人員交換和戰略合作。集團裡最大的 25 家企業還成立了一個「星期五俱樂部」，每月聚會一次。三菱集團還分享共同的網頁，以方便集團內部之間的交流。三菱集團的中心是三菱銀行。三菱集團橫跨許多產業，集團的企業群就是圍繞不同產業而形成的一個個完整的產業鏈。以三菱汽車為例，三菱集團包括一個完整的汽車產業鏈，從零配件到整車。三菱財團同時是一個產供銷結合的財團，它還包括三菱貿易公司。

日本的這種企業體制的優點是：一個龍頭企業的發展，能夠帶動集團內部整個產業鏈的發展，有利於建立和形成完整的經濟體系。日本在經濟發展過程中，有產業縱深，沒有出現產業「扁平化」，沒有成為別人的加工廠，在很大程度上要拜這種企業體制所賜。這種企業制度在國際競爭面前尤其具有強大的生命力。集團內部基本實現「自給自足」，具有強大的排外性。外部企業尤其是外國企業，很難打入集團內部。企業集團的這種內在的、基於利益關係的保護主義，加上日本政府的產業政策和保護主義，在日本經濟崛起的過程中，為日本經濟築起了一道嚴密的保護牆。在這道圍牆面前，許多歐美企業深感無奈。為了打開日本市場，最後不得不運用破解日本企業體制的政治手段。

為了培育國內競爭，日本政府在同一產業內支持和培育幾個相互競爭的財團，從而在一個產業內部形成幾個相互競爭的產業鏈。如汽車產業的三菱、日立、馬自達、日產等；電子產業裡的松下、東芝等。由於這些財團的中心是大銀行，日本政府往往可以通過控制一家這樣的銀行，達到控制整個企業群、控制一個或幾個產業鏈的目的。在實際操作中，日本政府往往就產業政策與這些銀行進行密切的協商，並通過對這些銀行下達指導性意見的方式，推動產業政策。這樣的企業

體系為日本政府干預經濟提供了體制性基礎。

三、日本的金融服務

20世紀90年代以前，日本的銀行體系是以服務於實體經濟為中心的。整個金融體系以銀行為基礎，銀行和產業間有密切的聯繫。金融資本和金融體系還沒有異化為完全獨立於實體經濟、佔支配地位的主宰，金融資本還沒有統治實體經濟。日本銀行歸屬於大藏省，在大藏省的指導下為經濟發展服務。日本的銀行不是西方意義上的利潤中心，它的目的不是創造利潤，而是服務經濟，利潤只是日本銀行許多目的之一。實現政府的經濟政策、推動財團內部的技術進步、支持財團的發展等，都是日本銀行的目標。在日本金融改革以前，銀行和財政都是政府調動資源、實現產業政策和發展目標的經濟手段。日本在明治維新以後通過一百多年的發展，到了1964年才實行日元的自由兌換。與此相對應的是亞洲和拉丁美洲的許多國家，用短短的二三十年時間走完日本一百多年的路，在20世紀70年代或80年代相繼開放貨幣兌換，並最終滑入貨幣危機的陷阱。日本所謂現代中央銀行或中央銀行的獨立性則來得更晚，日本現代中央銀行是「改革」的產物。1997年6月，日本迫於美國和其他發達國家的壓力，通過了《日本銀行法》。該法第一次規定日本銀行獨立於內閣大藏省。該法於1998年4月生效後，才有了所謂的中央銀行。在日本經濟現代化的過程中，市場保護和政府介入是保護主義政策的兩個側面。日本政府的介入並不止於宏觀干預，還充分運用微觀管理介入資源配置。在20世紀90年代以前，不僅日本的經濟戰略和經濟政策是政府和企業互動的結果，而且政府還通過資源的微觀配置來實現其戰略目的。這種微觀介入主要是通過政策偏好和財政金融手段來實現的。

在金融改革以前，日本資本市場很不發達，金融體系相當封閉，企業籌資主要依靠銀行而不是資本市場。在這種體制下，金融資本的自由受到極大限制，國際國內的游資不能在日本大規模自由流動，華爾街對日本金融體系的影響處於最低限度。國際金融資本，尤其是美國金融資本，很難伸進日本金融體系。這種不符合金融自由化和全球化的經濟體系，曾受到華爾街利益集團的不斷指責。這種金融體制把金融風險降低到了最低限度。

日本的保護主義體制和保護主義政策，保護了日本的產業發展，托起了日本的經濟奇跡。日本開始了與美國的競爭。

在 20 世紀 70-80 年代，西方發達國家尤其是美國面臨漫長的「滯脹」，日本經濟一枝獨秀。美國感受到的日本威脅就是在那時達到高峰。

「日本在購買美國」。

「不一樣的資本主義」。

「日本威脅」。

「日本奇跡」。

「日本經驗」。

「日本體制」，等等。

這些是那段時間在美國媒體上出現頻率很高的詞彙。

70-80 年代是日本雄心勃勃趕超美國的年代。日本不僅在經濟上、技術上成為或正在成為美國的競爭對手，而且在經濟體系、企業制度、發展道路上也正在成為美國體制的競爭者。美國人開始談論日本威脅，談論日本體制的威脅。美國人開始以為，日本的經濟模式優越於美國的經濟模式。經濟實力的變化開始讓有些美國人感到，國家間的權力分配將會發生變化。「日本奇跡」開始影響到日本和美國間的權力結構。美國經濟學家、美國總統奧巴馬的經濟顧問勞倫斯‧薩默斯（Lawrence Summers）曾於 1989 年 12 月寫道，「今天日本是世界第二大經濟體……所有這些增加了這種可能：感到日本對美國的威脅比蘇聯對美國的威脅更大的大多數美國人是對的。」[1] 在許多美國人眼中，美日的經濟競爭成了制度之爭（所謂日本體制和美國體制之爭），威脅到了美國的霸權。

日本轟轟烈烈的挑戰對美國無疑構成了威脅。日本的挑戰會成功嗎？

美國大戰略下的日本

第二次世界大戰以後，貿易戰略是美國全球大戰略的一部分，從屬於其全球大戰略。美國在控制盟友的條件下實行市場開放戰略，並通過市場開放來獲得更

---

[1] Richard Katz, Japan, *The System That Soured: The Raise and Fall of Japanese Economic Miracle*, New York, 1998, p. 9.

大的權力。美國在成為超級大國以後，把市場開放當成一種戰略武器，獲取對世界的支配權。

第二次世界大戰以後，美國作為世界最大的軍事和經濟強權，主導了西方戰後世界秩序的構建。通過一系列的討價還價，美國和西方盟國利益交換的結果是，美國為西方國家提供安全保障和經濟援助，換取對安全和貨幣方面的控制權。在這種新的世界格局裡，西方國家在一個開放的世界中獲得美國的市場和技術。作為交換，西方國家對美國在與蘇聯對抗中提供軍事、外交、經濟等方面的全面合作，同意接受美國的霸權領導。

在兩霸對抗時期，為了全面整合西方的安全聯盟，美國以自己的市場開放來推動西方的市場開放和整合。這種開放市場的戰略是美國總體戰略的一部分。市場開放和整合的目的是強化安全和軍事上的聯盟，也就是強化美國的控制權。美國作為軍事、經濟、貨幣霸權，在市場開放中獲得了更多的支配權和控制權。一個開放的霸權的存在，是開放的國際秩序存在的前提，而開放的國際秩序是帝國和霸權存在的基礎。走向封閉，要麼是霸權衰弱的表現，要麼是霸權衰弱的開始。在國家博弈中，開放總是強者的戰略。

市場開放和經濟整合的結果形成了一個以美國為首的事實上西方國家的聯盟。這是一種全方位的聯盟，包括安全、外交、軍事、經濟、市場、貨幣和金融等。而美國是這個聯盟的中心，其他國家都是小夥伴。美國作為一個全新的帝國就產生在這種聯盟的基礎上。美國不僅是軍事帝國，還是貨幣帝國、金融帝國和經濟帝國。其盟國在總體上從屬於美國。這種聯盟在分享共同的戰略目標、共同的價值的同時，每個國家都有追求自己利益的空間。美國與蘇聯的權力平衡，是世界權力結構的支點。

由於歐洲和日本經濟的恢復和崛起，美國 GDP 在世界總 GDP 中佔的份額下降。但是，由於西方對美國在安全等方面的依賴和業已形成的權力結構的剛性，美國的帝國權力遠遠高於第二次世界大戰剛結束以後。這種在冷戰中形成的權力結構，一直持續到今天。

日美關係是美國這種世界戰略的一部分，帶有這種戰略格局的基本特性。為了圍堵蘇聯，美國最初打算在亞洲建立一種類似於北約（NATO）這樣的多邊聯盟組織。由於新中國的誕生，由於日本第二次世界大戰時期在亞洲許多國家犯下

的罪行，美國的這種多邊安全聯盟的構想無法實現。美國在亞洲的安全戰略從此就建立在雙邊安全聯盟的基礎上。在東亞，美國的安全支柱是美日雙邊聯盟。美國和日本在 20 世紀 50 年代初簽署了《日美安全條約》，**這個條約作為日本和美國兩國雙邊聯盟的基礎**，反映了兩國對建立這種聯盟關係的風險和成本的估計。日本結束了戰略狀態，放棄了重新武裝，也免除了軍費的負擔。**美國為換取日本在安全、外交、軍事、後勤等方面的合作，為日本提供安全保障、市場進入和技術交流。**市場進入對日本的崛起非常重要，因為隨着新中國的誕生，日本失去了中國這個巨大的市場。美國市場的進入為日本的經濟起飛提供了前提。日本經濟的發展取決於美國是否持續對日本開放自己的市場，取決於美國是否願意用貿易逆差來支撐從日本的進口。

美國的安全擔保和市場開放，使日本能夠在國內實施一種系統的快速發展和趕超戰略，而在軍事和外交方面維持較為低調的姿態。在相當長的時期內，日本基本追隨美國確定外交政策。為了扶持日本，美國通過不對稱的市場開放、提供直接投資（這些直接投資不像對其他發展中國家一樣，要求許多優惠條件）、大規模的低成本技術轉移等，全面幫助日本發展。日本是美國防衛技術轉讓最多的國家之一，而且這些轉讓都是通過技術轉讓的方式給日本廠家，由日本廠家生產，日本可以生產美國許多主要的武器系統。

在這種雙邊關係中，美國以市場開放換取了安全上的主導權，換來了權力。這種雙邊關係有許多特點，其中有一點就是所謂的「非關聯性」（no-linkable）。所謂非關聯性，就是一項雙邊議題和另一項雙邊議題是彼此獨立的，不發生交叉影響。例如，把經濟和安全關係（包括外交）分開，經濟摩擦和安全合作並存。美國作為「和藹的帝國」在相當長的時間盡量維持了這種「非關聯性」特點。這種「非關聯性」使美日關係特別複雜。在某些次要議題上美日有利益紛爭，在關鍵問題上由美國主導。由於將經濟和防務分開，才有日本後來敢於在經濟上挑戰美國，才有美國在有些情況下採取單邊行動，而不必擔心影響總體關係。這種「非關聯性」為雙方帶來了追求各自利益的空間。由於美國處於支配地位，由於日本依賴美國提供的安全保障和市場，對日本而言，這種空間是非常有限的。總體上講，美國盡量讓經濟問題從屬於整體的防衛外交問題。

這種雙邊關係的另一個特點就是：承認多樣化，允許「不同資本主義」的存在。在不涉及美國霸權利益的前提下，美國在相當長的時期內默許日本的政府干預和

保護主義。

這種雙邊關係的特點是不對稱、不平等。美國是世界霸權，日本最多是地區性經濟強權。日本是小夥伴，美國處於支配地位。日本依賴美國。日本的行為為許多複雜的雙邊條約鎖定，而美國則相對自由。美日就調整和改革這種不平等雙邊關係有過許多討論，然而，日本要求的是如何更加平等，美國要求的是如何分擔負擔。雙邊關係中的這種不平等，使得在國家利益博弈中美國時有單邊主義出現。

例如，20世紀60年代中期以後，由於兩霸對抗、越戰升級、軍費開支大幅度上升，美國出現大規模的貿易赤字和財政赤字，逐漸感到財力不支。為了建立前所未有的超級帝國，美國大量透支國力，迅速開動印鈔機。在全世界四處氾濫的美元或美元儲備，就像羅馬帝國的稅收官一樣，將世界各國（主要是布雷頓森林體系的盟國）的財富徵集到美國。美國的霸權建立在盟友的財力之上。作為回報，美國有條件地開放自己的低端市場。美國窮盟國之力建立自己霸權的行為引起了盟友們的不滿，這種不滿是多方面的。

布雷頓森林體系是固定匯率體制，其他國家將自己的貨幣錨在美元身上。美國出現大規模外貿赤字，大量濫印鈔票，導致其他國家美元過多，使美元有貶值的壓力。為了維持布雷頓森林體系下的官方匯率，其他國家的政府不得不大規模購買美元，同時實行低利率，這讓其他國家面臨巨大的通脹壓力。這就是1960年代困擾西方的「美國輸出通貨膨脹」現象。

到了1960年代中後期，聯邦德國、日本手中擁有了大量的美元儲備。美國的黃金儲備已經不足以兌換世界上所有的美元儲備。美國為了捍衛手中不斷減少的黃金，指責這些國家操縱匯率，導致美元幣值高估，從而強烈要求聯邦德國和日本貨幣升值。換句話說，美國要求盟國讓美元貶值。美元貶值，同樣數量的美元代表的黃金量就減少了。在金本位下，美元貶值是掠奪盟國財富的最佳戰略之一。這種所謂的貨幣升值，實際上是要盟國為美國的霸權買單，為兩霸競爭買單。盟友們當然不願就範。面對盟國的反抗，美國甚至有人公開提出，要使霸權「貨幣化」（monetize）。言下之意，霸權是一種商品、一種服務，得到美國霸權保護的盟友，必須支付「保護費」。美元與黃金脫鉤的白條化實現了這種戰略。在安全和市場上都依賴美國的日本，除了忍受「尼克松震盪」的衝擊以外，就只能在口頭上表達不滿。儘管有「非關聯性」，但在西方和日本威脅放棄美元為世界貨

幣時，美國暗示，一旦如此美國將不再提供安全保障。盟國別無選擇，只好就範。

國家博弈遵循的是強盜邏輯。關鍵時候你必須讓人知道誰是主宰。「溫良恭儉讓」一概行不通。關鍵時刻的這一招單邊主義，帶給日本心理上的負擔是可想而知的。

日本就是在這種依賴型的權力結構中崛起的，也是在這種依賴型的權力結構中挑戰美國的。

日本經濟：跑在別人軌道上的火車

日本經濟對美國的依賴有多深？

第二次世界大戰後日本經濟的崛起，是建立在美國市場上的崛起，建立在美元上的崛起。高速運轉的日本經濟火車，在別人的軌道上行駛。看似轟轟烈烈的日本經濟，實際上離開美國寸步難行。日本在經濟崛起的同時，失去了經濟獨立。美國可以通過控制火車軌道而控制日本經濟。它既可以讓日本經濟火車高速前行，也可以讓它迅速停滯。表面上看，日本經濟高歌猛進，大有取美國而代之的勢頭。實際上，日本經濟的命運盡在美國的掌控之中。

如前所述，第二次世界大戰後日本與美國的政治經濟關係一直是不平等的。美元作為世界貨幣的事實加劇了這種不平等。日本作為島國，資源極度缺乏，必須大量進口資源。對進口原材料的依賴，導致了對美元的依賴，日本需要依靠出口換取美元以支撐進口。日本的經濟發展戰略是以貿易為中心，以出口導向為重點。國際收支在日本經濟戰略裡舉足輕重。

第二次世界大戰以後，美國憑藉美元作為世界貨幣的戰略優勢，將自己的市場變成一種具有高度殺傷力的戰略武器。由於美元是世界貨幣，美國市場具有其他市場不具有的吸引力。尤其是在20世紀50年代，歐洲、日本在經濟重建時期（美元）流動性比較匱乏，美國市場對許多國家具有磁鐵一般的吸引力。美國出於世界戰略佈局的需要，為了把日本納入西方的經濟體系，將日本融入美元主導的國際貨幣體系，將其國內市場對日本大規模開放。用美國的市場推動日本經濟的恢復和發展，逐步把日本經濟轉移到美國市場這個軌道上來，最終使日本經濟成為美國經濟的附庸。美國的這種戰略在一定時期內促進了日本經濟的恢復和發展，

成就了日本出口導向的經濟戰略和經濟模式。日本對美國的輸出從紡織品到電子產品，再到汽車，依靠美國市場逐步提升了自己的產業。然而，這種模式加深了日本對美國市場的依賴和對美元的依賴。日本對美國的依賴是多方面的。根據美國國會研究中心 2007 年提交給國會的研究報告，日本對美國的依賴表現在以下幾方面：**日本在國家安全上依賴美國；日本的製造業在市場上依賴美國；日本的改革家們依賴美國的壓力而推進改革。**

　　這種模式一方面加深了日本對美國市場的依賴和對美元的依賴，另一方面導致了日本國民財富的大量流失、美元儲備的大量上升。

　　日本經濟對美國的依賴究竟有多深？**這種發展戰略導致了二元經濟結構：日元經濟和美元經濟。日元經濟是以日元定價的經濟成分，它主要是以國內市場為主，輔以日本對發展中國家的出口；美元經濟是以美元定價的經濟，它主要是以美國市場為主。**日本的出口導向政策和美國的市場誘敵戰略，極大地推動了美元經濟的發展。隨着日本對美國市場出口的增加，美元經濟的規模越來越大，日本經濟越來越依賴美國市場。在日本進行大規模改革以前，美元經濟的發展和出口的增加，通過企業內部的傳導機制帶動了日本國內有關產業鏈的全面發展。出口成了產業發展的火車頭。那個時候二元經濟結構的缺陷還不太明顯。後來的一系列新自由主義改革，人為撕裂了這種二元經濟，導致長期衰退。

　　超級強大的出口產業和超級虛弱的內需產業並存的二元經濟，犧牲的是內需產業的發展。出口產業吸納走了大量的資源，導致內需產業長期面臨資金不足和需求不足的困境。出口衝動導致內需產業的相對萎縮，而內需產業的相對萎縮又強化了出口衝動。這種自我循環的機制，導致二元結構越來越嚴重，對美國市場的依賴越來越大，經濟發展對出口的依存度越來越高。日本的經濟繁榮建立在美國市場的基礎上。我們將會看到，這種二元結構對日本後來漫長的通縮和經濟停滯起了決定性作用。

　　這種二元經濟結構是日本的一種戰略失誤。日本是資源極度短缺的國家，應當盡量減少對進口資源的依賴。然而，由於無法抵抗美國市場帶來的誘惑，日本走上了出口導向的經濟戰略，以出口拉動經濟發展，形成了以出口美國市場為主的美元經濟。出口導向加深了對資源的依賴性。對美國的大量出口和順差意味着日本必須進口大量的資源來滿足美國的需要。資源短缺的日本卻要在國際市場上大量買進資源，然後將它們輸往美國。對資源短缺國來說，美元經濟無疑是一種

巨大的資源浪費或資源壓力。這種發展戰略使日本進入了一種惡性循環：對美國輸出越多，對進口原材料的依賴越大；對進口的依賴越大，對美元的依賴越大；對美元的依賴越大，對美國市場的依賴越人。

美國用市場這把溫柔的剪刀，剪掉了日本經濟得以獨立自主的所有羽翼。日本經濟變成一個由美國市場牽線的風箏，無論它飛多高，都受到美國市場的控制。日本經濟成了美國市場的附庸。**這種依賴性和任何經濟結構一樣，有一種剛性。要改變這種關係，就必須改變日本的產業結構、發展戰略、消費方式和企業行為等，不能一蹴而就。**

這種發展戰略的另一個誤區就是將國民財富放在別人的口袋裡，進一步加大了對美國的依賴。日本在相當長的時期內享有對美國的貿易盈餘。在1971年以前，美元與黃金掛鉤，日本的美元儲備是黃金的記賬符號。當美元在1971年8月與黃金脫鉤以後，日本數目巨大的國民儲備一夜之間變成了美國政府的白條。日本基於以下幾點不得不接受財富「白條化」的苦果：

第一，美元與黃金脫鉤，霸權成了一種有償服務。在冷戰時期，日本依賴美國提供的保護傘。這種白條實際上是日本付給美國的保護費，是日本對美國軍事霸權買單的一種方式。

第二，美元與黃金脫鉤，加大了日本對美元的依賴。美元依然是西方金融體系裡的世界貨幣。日本為了支付原材料進口、為了穩定日元、為了防範金融風險等，依然要不斷積累美元。在美元與黃金掛鉤的年代，日本還可以在黃金和美元之間選擇。把美元儲備當成一種戰略武器，用美元儲備索取美國的黃金，無疑是一種有用的外交籌碼。當美國單方面將美元與黃金脫鉤後，日本的美元經濟除了換取美國的白條外，幾乎沒有別的選擇。不過美元與黃金脫鉤後，解放了美國，美國支付的所有美元都變成了白條，變成了純粹的記賬符號，美國匯率和金融政策得以更加自由地追求美國的國家利益。日本巨額外匯儲備的價值，從此完全掌握在美國手中。從理論上講，美國可以輕而易舉地摧毀日本所有的美元儲備的價值。日本在與美國博弈中更加脆弱。

第三，美元與黃金脫鉤，加大了日本經濟對美國市場的依賴。美元與黃金脫鉤，美元貶值，石油價格飛漲，日本石油支出大幅上升。國際收支的這種變化，使日本有了更大的美元衝動，對美國市場的依賴性增加。

　　美元白條化的結果加大了日本對美國的依賴，使日本處於更加軟弱的戰略位置。這是一個與常識相悖的現象。日本免費為美國提供產品和服務，免費將國民儲備的一大部分輸出到美國，免費支撐美國的軍事霸權，日本還通過以美元儲備購買美國債券的方式對美國發放長期低息貸款。日本是美國的債主。在人類幾千年的歷史上，債權人對債務人都有一種契約權力。但是，在日美關係中，是債權人日本依賴債務人美國。龐大的債務帶給美國的是對日本的一種巨大的權力。

　　日本對美國的經濟依賴是美國市場戰略和美元戰略的結果。國家博弈，貿易戰略有非經濟目標。美國對日開放市場的非經濟目標，就是要製造日本對美國的依賴，犧牲日本的經濟安全。在經濟交往中，不能忽視非經濟戰略後果；在追求財富的同時，要追求安全。這種非經濟後果往往是國家權力分配的調整。在國家權力分配調整中獲益的一方，處於國際「制度尋租」的有利地位，能夠通過權力打擊競爭對手，從而獲得巨大國家利益。日本在進入美國市場和依賴美元的時候，就犧牲了經濟獨立和經濟安全，在權力博弈中已經輸了關鍵的一籌。

　　市場和美元如同火車軌道的兩根鋼軌，日本經濟就在這條軌道上運行。美國只要改變一下軌道，只要動用一下市場武器，只要動用一下金融武器，日本經濟列車就可能頃刻顛覆。**依賴別國的國家，無論有多富有，在權力上都是弱者，都不安全。依賴別國而同別國競爭，一定是跪着的競爭。無論日本曾經多麼激烈地挑戰過美國，在美國的壓力下，日本最後都不得不按美國的利益出牌。在國家博弈的競技場上，這就是依賴者的歷史宿命。**

跪着反抗的日本

　　隨着日本經濟的崛起、日本競爭力的加強、日本對美國相關產業的衝擊，日美之間經濟摩擦漸起。這種經濟摩擦成了日美經濟關係的主要特點。美國和日本的貿易爭端可以追溯到 1956 年，當時美國要求日本「自願限制」對出口美國的紡織品。從那時起，兩國貿易爭端不斷擴大和升級，涉及範圍越來越寬，從鋼鐵、電視、機械、汽車到所有日本出口產品。20 世紀七八十年代，美國面臨嚴重的經濟困難，經濟停滯，物價上漲。而日本經濟卻像一台「永動機」，開足馬力向國際市場進軍。日本開始全面挑戰美國。美國國內和世界許多其他國家，開始有人

懷疑美國體制的優越性。美國感到日本對美國經濟形成巨大威脅。日本對美國的威脅是全面的，包括高科技、體制和普通產業等。就高科技而言，日本在以芯片業為核心的電子產業領域，在質量和價格方面挑戰美國的芯片業。美國政府當時不得不從國家防務和安全的角度來處理這個問題。美國在日本的全面挑戰面前，有一種深刻的危機感。

在日本挑戰面前，美國出版了許多民族主義色彩濃厚的著作，諸如《日本第一》、《日本的全球出擊》、《出售美國》等。它們用有感染力的語言風格極力渲染日本崛起及其對美國的巨大挑戰和威脅。美國開始形成一種看法，日本的經濟體制、產業政策、保護主義、國際拓展政策、金融貨幣政策等，是一個完整的體系，這個體系在削弱美國經濟和美國霸權。儘管這是來自盟友的挑戰，來自一個被拔掉牙齒的盟友、一個躲在自己保護傘下的盟友、一個沒有國際政治人格的盟友的挑戰，美國出於維護自己霸權地位的戰略考慮，還是不能掉以輕心。和歷史上任何霸權一樣，出於國家戰略利益的考慮，美國無法容忍任何挑戰。歷史上的所有帝國都是建立在實力基礎上的，對至高無上的實力的挑戰，就有可能最後演變成對霸權本身的挑戰。任何挑戰美國實力、體制和價值的國家，都有可能成為美國的潛在對手。壓制潛在的挑戰者，不論這種挑戰者是來自對方陣營，還是來自自己陣營，是超級大國的正常反應。美國不願意在與強敵對抗的時候，用自己的翅膀在自己的陣營內培養一個潛在的對手。為了對付日本全球範圍內的、全方位的挑戰，美國開始全方位地考慮對日經濟戰略。

處於兩霸對抗中的美國，面臨一種艱難的選擇：既要面對戰略上的對手，又要面對潛在的對手；既要面對來自敵人的挑戰，又要面對來自盟友的挑戰。在當時的世界格局中，美國在戰略上既需要日本，又要限制日本；既要聯合日本，又要壓制日本；既要打擊日本，又不能失去日本。在這種兩難的處境中，美國是如何化解來自日本的競爭的？如何不戰而摧毀日本經濟的戰略競爭力？如何廢除日本體制的競爭力，讓美國體制成為唯一成功的體制？

美國當時把對日的爭論限制在經濟領域裡。戰略目的是成功摧毀日本對美國的經濟挑戰。對美國而言，「非關聯性」成功地幫助美國把經濟戰爭和國家安全分開；對日本而言，儘管有這種「非關聯性」，由於在安全上依賴美國，在許多時候不得不自我約束。從 20 世紀 70 年代開始，美國制定了特殊的「對日經濟政

策」。這是一系列非常獨特的經濟政策，是專門為日本制定的經濟政策。美國的「對日經濟政策」是美國從 20 世紀 70 年代到 21 世紀初的一項獨特的對外經濟戰略。到了 21 世紀以後，雖然美國「對日經濟政策」依然存在，但是由於日本的大幅度相對衰退，已經變得沒有意義。

美國的「對日經濟政策」是一項廣泛的經濟戰略。美國的目的不是一兩次貨幣或經濟戰役的得失，它的目的是如何使日本這個經濟上的戰略對手徹底屈服，使之完全喪失競爭能力。 在面對日本競爭力這個關係美國長遠利益的問題上，美國不局限於「一城一地」的得失，它謀的是戰略上的成功，而且是可持續的成功。美國對日的經濟戰略雖然涉及廣泛，但是**其核心部分可以用「一個中心，三路出擊」來概括。**

「一個中心」就是新自由主義的自由市場體制。在國家博弈中，一個國家向另一個國家推行一種主義的背後往往是國家利益。

新自由主義反對產業保護、政府干預，認為市場經濟和自由貿易是經濟體制上的「普世價值」。日本經濟發展道路和經濟體制充滿了保護主義色彩，它依靠政府推動催生了一大批新型產業的興起，正是這些極具競爭力的產業對美國構成了產業威脅。日本經濟現代化不是「開放」的結果，而是保護的結果。日本在經濟發展中形成了自己的經濟體制。正是這種經濟體制，使美國價值受到威脅。第二次世界大戰以後，美國出於世界戰略佈局的需要，大力扶持日本。在日本經濟崛起以前，對日本的這種帶有濃厚的東方文化特色的經濟體制和保護主義政策，聽之任之。隨着日本經濟的崛起，美國政商學界開始激烈批評日本的經濟體制，認為它有違市場經濟原則，違背新自由主義的原則，尤其是違背全球化的原則。**美國不僅批評日本的產業政策，批評日本的保護主義，批評日本的企業體制，批評日本的金融體系，還批評日本體制的價值核心——集團主義，認為日本經濟體制不符合自由市場的精神，必須重新構造。** 如果說在日本經濟融合進美國市場的過程中，美國基於戰略目的考慮不得不容忍日本經濟的這種封閉性和保護性的話，那麼隨着日本經濟的二元化形成、日本對美元和美國市場依賴性不可逆轉時，美國就開始了讓日本經濟體系「自由化、開放化」的過程。正是這種「開放」，是當今日本經濟衰退的始作俑者。

自 20 世紀 70 年代中期以來，新自由主義浪潮在西方日益高漲，新自由主義經濟體制被當做了不容置疑的經濟正統，當成了一種唯一有效率的經濟體制、一

種唯一的目標模式。以新自由主義為中心的戰略不僅可以為美國找到有效的戰略切入點，而且還為美國提供了道義制高點。美國明白搶佔道義制高點的重要性，這個道義制高點不僅使美國師出有名，而且還為美國贏得了國際、國內的許多同盟者，建立起廣泛的統一戰線。由於美國為自己奠定了這種道義上的優勢，日本一開始就處於道義上的劣勢。

市場體制的提出，表明美國已經最大限度地擴大了經濟戰爭的範圍，從貿易摩擦擴展到體制改革。美國事實上把日本體制界定為「非市場體制」，美國要迫使日本放棄這種正在挑戰美國的「日本體制」。只要日本接受新自由主義作為普遍的價值，日本就中了美國的乾坤掌，就否定了自己走過的道路，否定了自己的體制。鑽了進去就出不來。如果日本根據自己的國情，一開始就對新自由主義大聲說「不」，否定凡是新自由主義都是對的邏輯，那日本在道義上還可與美國一搏。儘管日本曾經有一本說「不」的書，卻沒有公開對這種原教旨的資本主義說「不」。不僅沒有說「不」，而且還高聲說「是」！

美國在推動日本經濟自由化的過程中採取了內外交攻的策略：一方面推動日本政府對其經濟體制、企業體制、金融體制實施內部改造；另一方面又通過國際金融貿易條約、多邊關係等從外部壓迫日本的經濟改造。通過改造實現開放，通過開放推動改造。在美日經濟關係中，美國認為許多貿易糾紛都與日本政府的體制、條例、政策和行為有關，改造日本的經濟體制和經濟政策，成了美日經濟戰爭的主要領域和手段。

新自由主義和全球化的訴求使美國師出有名，名正則言順，接下來的就是戰略重心的選擇。

美國知道全面出擊的弊端，而實施了「重點突破、中心開花」的戰術。日美間的經濟關係相當複雜，而且**美國對日本的壓力是多方面的。然而，從其戰略結果來看，其中有三大戰略重點：日元升值、金融開放和關鍵產業（如電子業）。而這三大戰略重點都圍繞着：體制改革、市場開放和政府轉型。**

日元升值：美國從全球化角度出發，它不是一般性地指責日本匯率太低，而是指責日本匯率體制違背市場原則，要求日本放棄匯率干預，讓市場力量決定匯率。由於日本在幾十年中無償向美國輸出了大量的國民儲備而積累了大量的美元，美元這種白條太多，在市場上自然難以賣出高價。所謂由市場力量確定匯率，無

疑就是讓美元貶值的同義語。日本是出口導向的經濟，匯率直接影響日本經濟競爭力，是打擊日本經濟的最佳途徑，以此突破可以收到全面開花的效果。美元對日元貶值近期還可以提升美國產業對日的競爭力，大幅度減免以日元計算的美國對日債務。

金融開放：美國還是從全球化角度出發，界定日本的金融體系不符合市場經濟。金融開放一箭三雕：一、金融開放的目的就是要破解日本的財團體制，將生產企業和銀行剝離開來，從而打破日本企業集團的「封閉性」，有利於外部競爭介入日本經濟；二、金融改革在破解日本銀行、企業一體化財團體制的同時，從根本上破解日本政府干預經濟的體系保障；三、金融體系改革的目的是金融自由化、金融開放和金融全球化。全球化金融體系的中心是美國，金融全球化的結果必然是日本金融體系依賴美國金融體系、日本的金融市場受到華爾街的控制。**日本的財團體制是日本經濟成功的秘密，攻破它就破解了日本經濟奇跡的體制性基礎。**美國強調的是金融開放，強調的是市場經濟的必然性，強調的是日本封閉的金融體系不僅對美國不公，而且對日本也不利。

關鍵產業：以電子產業為例，它關乎一個國家的技術地位，乃至軍事安全。電子產業的成敗可以說是決定一個國家綜合國力的重要指標。日本的電子產業在政府推動和市場保護下，曾發展到了讓美國畏懼的地步。**為了維護美國在這一產業中不可挑戰的領先地位，美國着眼於廢除日本經濟中的那些曾經推動電子產業發展的體制性基礎。只要這些體制性條件被廢除了，日本電子產業的敗落只是時間問題。**同樣，這個目的是不能公開的。美國的戰略立足點還是自由競爭。

日元升值、金融開放和關鍵產業可以說是日本經濟的三大命門。由於這三大戰略重點都是以自由市場為主題的，涉及廣泛的經濟體制改革。美國還在日本國內找到了許多自由市場的信奉者為自己的同盟者。美國在與日本的這場世紀較量中不是孤立的，它在日本政商學界有眾多的信仰相同的支持者。自 20 世紀 80 年代以來，日本和美國進行了長達幾十年的較量。這是美國步步逼近、日本節節敗退的幾十年，也是日本競爭力逐步喪失的幾十年。日本從美國的挑戰者，蛻變為被自身經濟難題困擾的二流角色。

在這場經濟戰爭中，雖然美國打着自由貿易的旗號興師問罪，其實日本一開始就對美國的戰略目的洞若觀火、心知肚明，並竭力推諉。國家博弈着眼於實力，

而不是願望。美國為什麼能夠讓日本在國家利益上做出那麼多的讓步？根源在於日本對美國在安全上的依賴、對美元和美國市場的依賴。失去經濟獨立的日本已沒有反抗的本錢。日本的推諉或反抗，猶如跪着反抗。在這場經濟戰爭中，美國不僅讓日本在依賴性上跪下來，還讓日本在道義上跪下來。

在這場經濟戰爭中，幾乎所有的議題都是由美國提出，由美國主導，最終都實現了美國的目的。戰爭的主動權完全在美國手中，戰爭的進程和範圍，在很大程度上取決於美國在什麼時候提出什麼議題。為了達成改造日本經濟體系的目的，美國同日本建立了許多雙邊工作框架或雙邊委員會。以這種雙邊框架作為討論兩國經濟問題的機制，是美國在這場經濟戰爭中的一個長期傳統。這種工作框架的特點就是「不戰而勝」，通過彼此的談判來實現美國主要的戰略目標。這些框架機制，是日本跪着反抗的典型寫照。

據美國國會研究中心的一份報告指出，這些特別的雙邊框架服務於幾重目的：界定影響雙邊關係的議題；確立解決問題的目標和手段；建立相應的機構和動量來推動和繼續談判過程。這些工作框架反映了在雙邊關係中美國的支配地位和問題的性質[①]：

它們的目的主要是單向的：日本必須廢除限制投資和貿易上的壁壘，而美國不必做出任何讓步。

它們被用來迫使日本放棄對貿易和投資帶來非正式壁壘的政府政策和行為。

它們帶有明顯的或不明顯的對日懲罰條款，例如，限制日本出口商對美國市場的進入。

它們一般在GATT和WTO框架以外，（後兩者）不覆蓋日本相關的政策和行為。

它們被設計為去影響那些為美國出口商和投資者帶來最大好處的領域。

從雷根開始，到布殊，到克林頓，到小布殊，幾乎每任總統都建立有這種不平等的工作框架。表面上看，這是一個對等的政府間的工作委員會，實際上這不

[①] CRS, U. S., *Japan Economic Relations: Significance, Prospects, and Policy Options,* 2007, p.13.

是一個討價還價的談判機制。它們是美國將日本政府拉進會議室、通過商談實現目的的方式。

在這些框架以外，美國歷屆政府還和日本就具體產業問題進行談判而獲得日本讓步。美國政府有一個委員會，每年秋季都要發表一份「年度改革建議書」。這種年度建議書涉及範圍非常廣泛，包括產業、金融、市場，甚至公共衛生體系的改革等。

美國實現戰略目的的主要戰略武器是市場，以限制日本對美國的市場進入，來迫使日本就範。日本對美國的依賴成就了美國，使美國既能把對日經濟戰爭控制在有限範圍內使其不影響雙方的總體關係，又能全面摧毀日本經濟競爭力。

成敗的結局早已孕育在戰略佈局之中。從 20 世紀 80 年代以後，日本迫於美國的壓力，開始走上了市場開放、金融開放的道路，逐步弱化銀行在其企業體制中的權力和地位，進行了一系列與國際準則接軌的改革。

第十二章
產業戰爭

從 20 世紀 80 年代雷根政府以來，美國對日本進行了廣泛的產業戰爭。產業戰爭有兩類：一類是直接針對某些關鍵產業；另一類是通過全球化手段（如市場開放、貨幣戰爭、金融戰爭等）間接打擊日本的產業基礎和產業結構。直接的產業戰爭涉及高科技產業、通信產業、金融產業、醫藥和生物工程產業等。其中最典型、最具戰略意義的是，美國成功地摧毀了日本高科技產業的競爭力。

美國是一個依靠科技霸權而獨霸世界的國家，科技霸權對美國具有戰略意義。從立國開始，在經歷了短暫的自由貿易以後，美國就把科技發展作為政府的基本國策，政府通過大量的資助推動科技發展。在一系列科技創新的基礎上，產生了「第二次工業革命」。這場工業革命使美國把英國遠遠地拋在後面，從而成為世界上最先進、最強大的經濟體。政府推動是美國科技發展的關鍵因素。從美國今天那些最先進的科技的發展歷史中，都可以看到政府的影子，如互聯網、微電子等。

美國電子產業發展的初期，得到政府的大力支持。美國國防部通過大量訂貨和提供發展基金等方式支持這些新興產業的發展。到了 20 世紀 60 年代，電子產品的應用開始從軍事擴散到商業，出現了個人電腦、消費者電子產品和由計算技術控制的工業設備等。在第二次世界大戰以後的前 30 年中，美國在幾乎所有的高科技領域及知識密集的產業上都領先世界，包括電子產業。但是，這種狀況在 20 世紀 60 年代中期到 70 年代開始發生變化。美國的科技霸權開始受到日本的挑戰，日本在消費者電子市場上開始逐漸與美國產業抗衡，相繼出現了日立、松下等電子廠商。日本電子產品質優價廉，深受消費者歡迎。隨着大量日本電子產品湧入美國，美國的電子產業受到嚴重打擊，尤其是美國的芯片工業利潤下降，甚至出現大量虧損。有人甚至預言，美國的電子產業將被日本取代。

在這種情況下美國決定反制，圍繞電子產業打了一場產業戰。

日本欲挑戰美國的高科技

在 20 世紀五六十年代，當美國的電子商向日本市場推銷電子產品時，日本幾乎沒有電子產業，從而決定趕超。**日本的電子產業不是通過開放自己的市場、通過成為美國電子產業的裝配廠、通過變成世界電子產品的裝配車間而迅速崛起的**，日本當年之所以能叫陣美國電子產業的秘訣在於：**嚴格的市場保護、培育大而全的電子財團、政府推動民族產業間的技術開發和合作。**

一、嚴格的市場保護

為了嚴格保護國內市場，為民族產業提供必要的發展條件，日本政府沒有讓市場主導電子產業的發展，沒有把發展的希望寄託在外資進入上。日本推動電子產業發展的保護主義措施有以下幾個方面：

第一，限制外國企業入場。為了發展民族電子產業，日本政府拒絕任何外國電子企業（無論有多先進）在日本開設任何形式的獨資企業。當時日本政府對所有這類申請一律格殺勿論，只允許建立合資企業。由於日本「自給自足」的企業體制，這類合資企業無法打入日本電子產業鏈，大部分無疾而終。

第二，保護國內市場。通過高關稅和非關稅壁壘保護國內市場。例如，長期實行低進口配額限制進口。

第三，禁止毀滅性「技術合作」。日本的外貿和產業部門對日本市場上的外國技術實施嚴格的控制，非常注意正確引導外國技術在日本企業的擴散，防止外國產業通過廉價的技術轉讓打擊甚至破壞日本電子產業自主技術的發展。日本電子產業政策的特點不是推動和引進別人即將淘汰的技術，而是防止這種廉價轉讓的衝擊。為此，日本政府從多方面嚴格限制在「技術合作」的借口下打擊本土技術和產業；對各種對外的商務和技術合作的申請，進行嚴格審批和檢查。

二、培育大而全的電子財團

日本的電子發展戰略不是要使自己成為世界最大的加工廠或組裝廠，而是要發展獨立、完整的電子產業。日本催生了幾家大而全的電子產業的龍頭企業，如松下、日立、索尼等。每一個這樣的企業本身都建立了一個完整的高科技產業鏈條，財團成員之間是一種縱向合成的商務關係。這個財團的關鍵是「全」，幾乎所有技術、所有配件都由自己成員提供，而不是向外購買，外部企業包括外國的

企業很難打進。這種大而全的企業體制有效地保護了日本電子產業的崛起，促進了日本的整個電子產業的發展。由於幾家電子財團的相互競爭，為技術進步提供了足夠的市場壓力。

由於這些保護措施，美國電子企業很難打入日本市場和日本電子產業。在 20 世紀 70 年代早期，美國電子廠商佔日本市場的 30%。以後一直下滑。到了 1977 年，美國電子企業在美國市場的佔有額達到 80%，在歐洲市場達到 60%，在日本則微不足道。所有外國企業（歐美）在日本電子市場的佔有率總共只有 10%。

三、政府推動民族產業間的技術開發和合作

到了 20 世紀 60 年代，隨着日本電子產業群體和產業鏈的興起，日本開始緩慢放鬆正式的貿易限制和外國投資。隨着日本企業在國內市場面臨不斷增加的外國同行競爭，日本政府開始強力主導民族電子企業在科技開發上面的通力合作。從 20 世紀 70 年代中期開始，日本通產省將彼此競爭的電子財團召集在一起，大量出資資助跨企業、全行業間的聯合科技開發和合作。這種共同開發的範圍涉及產品開發、市場開發和產品的合理化研究等。推動這種同行業不同企業間的合作，成了日本提升電子產業的鮮明特徵之一。這種合作有利於調動全行業的智力資源為民族產業的發展服務，有利於民族產業的標準化，有利於推動產品的升級，有利於避免民族產業間可能出現的以鄰為壑的惡性競爭。那時，美國有些研究機構預言，日本正向成本和質量上的領先地位進軍。

這一系列保護主義措施，推動了民族產業的飛速發展。日本形成了六大在國際、國內有極大競爭力的電子龍頭企業。這些企業控制了日本國內電子市場的 90%，而且在國際市場上的份額不斷上升。這六大企業都有自己的完整的縱向產業鏈，它們都是有日本特色的著名財團，背後有財力雄厚的大銀行支持。日本形成了完整的電子產業群和完整的電子產業鏈。這種產業的完整性為日本電子產業帶來了高度的獨立性，使其不依賴於美國的電子產業，不受美國電子產業的支配，甚至對美國的電子產業構成了挑戰。

由於日本企業成功的世界市場戰略，日本電子產品開始走向全世界，開始從美國電子企業手中奪走市場份額。日本的電子產業開始在全世界挑戰美國。20 世紀 70 年代中期以後，日本電子產業大有超越美國的勢頭。日本的電子產品風靡世界，橫掃歐美；日本的消費者電器價廉物美，成為全球追逐的對象。日本在電子產業方

面宣示了雄心勃勃的計劃。日本要開發最先進的人工智能，要開發最先進的計算機，甚至要挑戰美國的計算機技術。

美國電子產業對日本的反擊

日本的電子產業對美國電子產業上的霸權提出了全面的挑戰。美國不僅無法打開日本的電子市場，而且連美國本土市場和世界市場都感受到日本的威脅。這種廣泛的威脅，覆蓋最終產品和生產領域。美國電子廠商開始在世界範圍內失去大量的零配件訂貨。到了 20 世紀 70 年代中後期，日本電子廠家已經取代美國電子廠家，成為美國消費者電子市場主要廠家。像電視、電子遊戲、收音機等消費者電子產品幾乎都由日本廠商主導。

日本電子產業不是組裝基地。終端產品的大量輸出，沒有帶動美國電子零配件對日本的出口。日本財團自給自足，富有團隊精神。所有配件都由財團內部提供。日本電子產業的蓬勃發展，從產業鏈的每個環節挑戰着美國電子產業。美國電子產業終端產品市場的喪失，同時就是電子產業鏈裡面所有環節（配件）市場的喪失。其中，遭受打擊最大的就是芯片商。

美國電子產業在日本的進攻下，不僅在自己的家裡丟城失地，而且在世界範圍內備受擠壓。價廉質高的日本芯片在世界市場上與美國芯片逐鹿，後者面臨被日本廠家取而代之的困境。美國業界風雨飄搖，一片「狼來了」的呼聲。**二十幾年後稱雄世界的硅谷電子企業，當時為了救亡圖存，不得不把目光投向政府。**

一個國家的貿易政策，必然帶來國內不同利益集團間利益再分配。同一個產業裡關鍵利益集團沒有達成共識以前，很難形成一個完整統一的貿易戰略。美國產業體制和日本的財團制度不一樣，處於不同產業環節的企業間彼此競爭，難以協調。儘管美國電子產業界和產業專家很早就高呼「狼來了」，但由於利益紛爭，沒有達成產業共識。美國政府也就沒有真正的對日電子產業戰略。

面對日本與日俱增的競爭壓力，美國當時最重要的五家電子廠家終於暫時擱置各自的利益差別，走到一起。這五家廠商的 CEO 於 1977 年年初聚會，他們在會上對無力穿透日本市場而深感無奈。其中每家公司都在日本建立了合資企業，有銷售機構和服務機構，但是都面臨一個共同問題：在日本的市場份額逐年下降。

讓它們備感挑戰的是，日本對美國市場的佔有率卻以前所未有的速度上升。

最後它們得出結論，日本電子產業的成功是在美國傾銷的結果。

1977 年 3 月，在會議達成的共識的基礎上他們成立了美國半導體行業協會（Semiconductor Industry Association, SIA）。這個協會在分析日本產業競爭行為的基礎上，決定立即行動。他們的第一個行動是搞「材料」。建立一個數據庫，專門用於收集行業的訂貨產銷，為證明日本的市場傾銷行為提供數據。第二個行動是成立一個「政策小組」。這個政策小組由美國主要芯片廠的 CEO 組成，包括英特爾和超威（AMD）的 CEO。這個小組的任務是探索美國廠商所有可能的戰略選項。這個委員會最後達成共識，為了保持美國電子產業的競爭力，美國政府必須介入這次爭端。

在美國電子產業試圖掀起一場全面的產業戰爭的時候，一個關鍵人物出場了。進入 20 世紀 80 年代，美國半導體行業協會僱用了一名著名的律師——艾倫·沃爾夫（Alan Wolff）。艾倫·沃爾夫曾經是美國貿易代表辦公室的副大使，在華盛頓有着廣泛的人脈關係，深刻瞭解美國政府運作方式，尤其是雷根政府對日貿易決策的方式。艾倫·沃爾夫馬上成為美國電子行業和美國政府的橋樑。他的律師事務所馬上向美國政府通報日本電子產業的傾銷行為和對美國電子產業的挑戰。他們主要是向美國商務部和貿易代表辦公室通報，再由這些部門向總統匯報。

通過密集的遊說，美國政府認同了半導體行業協會的基本立場：日本違背了市場規則，濫用傾銷的方式向美國甚至是全世界推銷其電子產品。美國政府通過有關渠道知會日本政府，假如日本不改變傾銷行為，美國將會用政治和法律手段解決這種爭端。一場美國政府主導的圍繞芯片產業的產業戰爭就此開始。

美國政府對高科技的戰略立場

要瞭解這場產業戰爭，我們需要瞭解美國政府對高科技的戰略立場。

高科技上的壟斷地位，是美國霸權的基石。電子產業是美國的「戰略產業」，是霸權皇冠上的明珠，對國家安全有巨大戰略意義。日本對美國電子產業的挑戰，觸及了美國霸權的一塊重要基石。假如日本成功地把這塊基石抽走，美國霸權將從此動搖。

1987 年，美日兩國間的電子產業戰處於膠着狀態。美國國內有一些利益集團

認為，由於日本芯片質優價廉，從國際分工的角度，美國應當讓盟國——日本成為自己的芯片提供商。美國消費電器生產商和芯片廠商的立場也不一致。消費電器生產商出於自己的利益，偏好價廉物美的日本芯片，大力提倡美國應當接受日本對美國電子產業的挑戰。還有人從消費者利益出發，指出日本電子產業大舉進入美國市場，導致美國電子產品價格降低，有利於消費者。這種觀點從純粹的比較利益角度認為，美國應當放棄「落後」於日本的芯片工業。

　　鑒於高科技對美國防務的重大意義，美國國防部專門設立了「有關國防芯片依賴性工作小組」（task force）研究這個問題。1987 年 2 月，美國國防部屬下的國防科技委員會（The Department of Defense's Defense Science Board）發佈了「關於國防電子技術的依賴性」（Report on Defense Semiconductor Dependence）的報告。**這篇報告從軍事和國家安全的戰略角度講述了電子產業的重要性，回答了美國國防對外國芯片技術的依賴性問題。**美國的軍事戰略是依靠建立在高科技基礎上的先進武器系統，來削弱對手在數量上的優勢。美國所有先進武器系統都建立在無比先進的芯片技術上。報告指出，美國高精尖武器對外國芯片的依賴性當時還較小，假如美國不採取立即行動，美國防衛將來會高度依賴外國技術。美國在電子領域這類關鍵產業裡的領先地位正在被快速蠶食。技術領先地位的下降將對民族經濟帶來嚴重後果，對美國國防都有可以預見的影響。開宗明義，該報告從國家安全的高度指出，美國提供技術先進的武器的能力，正在危險地遞減。該報告間接承認美國芯片業的相對落後，承認存在着對美國防務體系至關重要的技術優越地位的挑戰。[1] 該報告從國家安全的角度提出了以下觀點：

（1）美國武裝力量依賴高科技打贏戰爭。

（2）電子產品能被廣泛應用。

（3）芯片是決定電子產品領先地位的關鍵。

（4）有競爭力的生產規模是決定芯片業領先地位的關鍵。

（5）生產規模要由商業市場支撐。

（6）美國在（芯片業）商業化上面的領先地位已經喪失。

---

[1] Report of Defense Science Board Task Force on Defense Semiconductor Dependency, http: // www. dod. mil/pubs/foi/reading_room/592. pdf.

（7）芯片的領先地位不久將轉移到國外。

這些觀點概括起來就是：芯片對防衛十分重要；芯片業的生產規模必須由商業市場支撐；美國必須保護芯片業的商業市場。**這項報告的關鍵是它在經濟利益和國家安全利益上的優先順序。在一個國家的產業戰略和貿易戰略中，國家安全利益壓倒任何經濟利益。純粹從經濟角度、從國際分工角度來處理關鍵產業，是一種不顧國家長遠安危的行為。**在國家博弈中，需要的是捍衛國家利益的戰略家，而不是只會計算短期效益的賬房先生。**假如在 20 世紀 80 年代，美國決定承認日本在芯片業上的優先地位，放棄自己的芯片產業，今天的美國，將沒有英特爾這一類的芯片廠商。今天佔據世界芯片業鰲頭的將不是美國而是日本。**美國不僅在消費電器上，而且在計算機上、在防衛系統上將全面依賴日本。美國的計算機等高科技產業，將建立在日本的芯片技術上。美國的戰略安全將建立在對日本芯片業的依賴上。依賴於人必受制於人。依賴別人的霸權，是受制於人的霸權。

這裡面還有一個同樣重要的沒有人提及的秘密。美國為了維持軍事技術上的霸權，一直限制關鍵技術在世界範圍內的擴散。假如日本在芯片業上取代了美國的霸權地位，無疑將增加美國控制這類技術擴散的難度。那時候，美國將無法直接控制這種擴散，而必須通過日本。該報告認為，更關鍵的是，電子配件和系統能力向海外轉移，使蘇聯得以從這些地區獲得這些技術，這無疑是對美國霸權和安全的另一種潛在的威脅。[1] 在國家安全問題上沒有選擇。美國決定大力打擊日本芯片業，大力扶持美國的芯片業。美國國防部對扶持芯片業發揮了重要作用：提供研究經費、大規模增加訂貨等。

美國的總戰略：從「反傾銷」到全方位

美國在這場產業戰爭中的戰略有一個從「反傾銷」到全方位的形成過程。

進入 20 世紀 80 年代以後，成本低廉、質量可靠的日本電子產品像洪水一樣

---

[1] Report of Defense Science Board Task Force on Defense Semiconductor Dependency, http://www. dod. mil/pubs/foi/reading_room/592. pdf, p.3.

湧進美國市場。不僅如此，日本芯片廠商是大財團的一部分，這些大財團規模巨大、產業多元化、財力雄厚，企業之間通過內部供銷價格彼此分擔成本。這種企業結構使日本芯片廠家能夠在市場下滑時，較好地承擔虧損。而美國芯片廠商大多數是高度分工的產品單一的企業，規模較小，在財務上對市場波動非常敏感。1980 年代，美國的高利率政策導致了經濟衰退。美國芯片業面臨需求降低、利潤下滑的困境。

1982 年 2 月，雷根政府甚至考慮過國防部的一項建議，從國家安全的角度限制從日本的芯片進口。1982 年 3 月，美國商務部官員對日本的官員表示，美國將調查日本芯片商對美國的廉價傾銷，並可能動用政治的、經濟的手段解決這種傾銷問題。日本通產省馬上給日本產商下達了出口指南，要求這些產商自我壓縮對美出口。日本廠商開始自動提高對美國的出口價格，自動減少對美國的出口。日本廠商提價和減少對美國出口的結果，導致美國市場芯片價格的持續上升（美國價格幾乎是日本價格的兩倍）。到了同年 6 月，美國司法部告知日本通產省，他們正在調查日本廠家用卡特爾等手段在美國市場上限制數量、抬高價格。**3 個月以前，美國抱怨日本低價傾銷。日本做出反應以後，美國又抱怨日本實施價格抬高。**日本對美國的這些做法感到非常困惑和不解。

這些行為表明，美國對日本芯片商的戰略正在逐步變化。**美國在指責日本芯片廠商時，開始從理論上勾畫日本廠商的尋租方式**：在初期通過大規模的傾銷佔有美國和世界市場，將競爭對手擠兌出局。然後，通過市場上的壟斷地位彼此合作，並在政府的支持下限制數量、抬高價格、尋求「壟斷租金」以補償前期的大量損失。**有了這種「尋租」理論的支持，日本廠商除非自殘，在這場產業戰爭中注定進退失據。**日本不徹底喪失競爭力，美國不會罷休。

從那以後美國形成了一種完整的戰略：指責日本政府和日本芯片商戰略性密謀合作，通過這種特殊的「尋租」方式，打擊美國芯片業。美國從此真理在手。加上日本對美國的依賴，美國立於不敗。在這種情況下，美國芯片商訴求的「反傾銷」遠遠無法達成美國政府的戰略目的，美國必須要有一個全方位的戰略。

在此之前，美國商務部主要是通過威脅和誘逼的方式，迫使日本通產省干預日本廠商的行為。現在雙方都開始尋求通過正式的雙邊會談來解決這場貿易糾紛。在雙方官員的交流中，關於建立一個雙邊的「工作委員會」來解決圍繞高科技的

貿易摩擦的建議開始浮出水面。1982 年春成立了日美高科技工作小組（HTWG）。這個工作小組由日本通產省、美國商務部和貿易談判代表辦公室組成，第一次會議於 1982 年 6 月在美國夏威夷召開。雙方同意將主要解決芯片業、通信業和計算機產業方面的問題，尤其是芯片業的問題。同年 11 月，委員會達成了《關於原則問題的協議》，該協議於次年 2 月為雙方政府批准。

美國對「剝洋蔥」戰術的妙用

《關於原則問題的協議》一個廣泛而務虛的協議。該協議確認高科技的重要性，確認自由貿易和投資對維持高科技發展的重要性，確認必須防止違背競爭和掠奪性市場行為；同時呼籲給予彼此的企業進入對方市場以平等的國民待遇，給予平等的投資和補償。美國在這個協議中擴大了紛爭範圍，將其覆蓋到高科技的所有方面，如計算機、通信等。這個協議中涉及芯片產業的部分，只呼籲建立一個雙邊小組，處理數據收集和規劃處理雙邊糾紛的長遠框架。這項雙邊協議只是一種原則文件，沒有具體實施方案和機制，沒有報復條款，是一項「務虛」的協議，從而輕易獲得了日方的同意。為了避免日本國內的反彈，美國國務院和日本外務省還對本來就十分模糊的文件進行加工，使其變得更加模糊。這種模糊為日後美國的利己解釋埋下了伏筆。

美國在這一系列的談判中的目的十分明確，而且有限。當時兩霸對抗，美國需要日本，不願傷害與日本的總體關係。美國既要維護與日本的戰略聯盟關係，又要打擊日本在電子產業上的領先地位。在美國國務院和國家安全委員會的影響下，美國政府確定的談判底線是：爭取日本對市場開放的原則承諾；假如日本沒有做出積極的反應，為了不影響兩國間的總體關係，美國不會採取報復行為。在這一底線下，美國自動限制了自己的短期目標。

其實，這個貌似沒有實施細則的原則協議有很深的戰略思考。前面我們曾簡短地回顧過日本電子產業的發展歷史，其重要的歷史經驗就是市場保護、自給自足的企業制度和強勢的政府推動。正是這一系列體制和政策因素，限制了外國企業的進入。從這個角度看，美國的原則協議實際上直接指向日本電子產業的核心。在這個原則協議上，日本輕易而不自覺地做出了重要戰略讓步。這一讓步，抽走

了日本電子產業優勢的體制和政策的合理性；這一讓步，使如日中天的日本電子產業忽然失去了堅實的基礎。

有了這種戰略性敗筆，以後所有的戰術失敗早就在美國的成算之中。

從雷根政府以來，美國對日本的經濟戰爭的主要戰術是「剝洋蔥」。**先是提出一個原則性意見，對關鍵的問題往往一筆帶過。在獲得日本認可以後，再在這種原則上就關鍵問題提出具體建議。這是一個典型的「剝洋蔥」例子。**

在國家博弈中從「務虛」開始，以長遠的戰略立足是美國在許多國家博弈中的經驗。以中國的入世談判為例，中國談了十幾年，談的是什麼？後來中國主導談判的官員披露，那艱難的十幾年談判，談的是四個字：「市場經濟」。中美間關於入世的談判被別人變成了關於「市場經濟」的談判。大家知道，中國在申請恢復關貿總協定締約國地位時，可沒有把市場經濟定位為原則基礎。**「市場經濟」貌似務虛，但是不要小看「市場經濟」這四個字，一旦它成了談判的原則基礎，中國的經濟體系、中國的產業保護、中國的市場保護等都成了談判的內容，中國的整個經濟體制都成了別人討價還價的對象。**中國後來的所有不平等的讓步都在這四個字當中。

虛中求實，國家博弈的慣例。

在日方接受了市場准入的原則以後，美國開始需要細節了。在美國的壓力下，兩國在 HTWG 的框架內於 1983 年開始了第二輪談判。假如第一步是得到原則同意而沒有衡量標準和實施細則的話，這一次美國的目的則是「不用（美國）主動要求，（而從日本）得到可觀的讓步」。由於市場准入已經成了原則基礎，日本在要不要美國企業大規模進入日本市場方面已沒有任何討價還價的餘地，而美方要求訂立實施細則也佔了道義上的優勢。所以，美國有信心「不用（要求）」就能得到對方的讓步。

雙方於 1983 年 11 月的新協議中，宣佈了建立在兩國間降低電子產品關稅的時間表，增加雙邊的投資機會，建立保護知識產權的程序，將兩國政府間有關電子產業的會議正式化、正規化和機構化。日本通產省還以日本政府的名義「鼓勵日本電子產品的使用者為以美國為基地的電子產商提供更多的機會」。美國得到了自己想要的東西（也許真的沒有主動要求）。

在這段時間，美國最重要的收穫是日本全部廢除芯片關稅和知識產權保護。針對美日的貿易爭端，美國 1984 年立法通過了 301 補充條款，擴大了關於不公正

條款的定義。

但是，美國電子產業在世界市場上的份額仍在繼續下降。美國半導體行業協會開始以國家安全和經濟的理由向美國政府的各種機構和各種分支投訴日本電子產業的種種「不公正貿易」。SIA 甚至開始指責日本政府。然而，日本企業卻認為，他們在世界市場上份額的上升源於高質量、低價格、高效率和在開發上的高投資。而美國企業在日本市場上的裹足不前，是美國企業努力不夠，不瞭解日本電子市場的獨特性。

雙方認知上的這種差距為進一步的衝突埋下了伏筆。儘管如此，美國在這一階段的戰略姿態總的來講，是一種低姿態。

301 條款起訴：美國政府立場強硬化

1984 年，世界芯片市場戲劇性地上揚——增長 46%。雙方的緊張關係大為緩和。但是，這種蜜月期僅持續了一年。1985 年，世界經濟蕭條嚴厲打擊了世界芯片產業。由於計算機銷售的大幅度下降，世界芯片銷售急劇下降。美國芯片下降了 30%，許多企業銷售下降、價格下降、利潤下滑，大量解僱員工，在破產邊緣掙扎。美國芯片產業把這些困難歸咎於日本的傾銷，再加上美國對日本市場的份額從 12% 下降到不到 10%，日本取代美國成為世界最大的芯片生產國。

美國的一連串努力沒有改變美國芯片業的頹勢，沒有取得預期的效果。美國開始為自己芯片業的困境尋找替罪羊。美國芯片商和他們在政府裡的支持者普遍認為，過去的漸進主義的、低姿態的戰術不能達成美國的戰略目標。SIA 開始指責具有漸進主義精神的 HTWG 在 1983 年的協定空洞無力，日本沒有兌現它做出的承諾。不過在一片指責聲中，也有美國人為日本芯片業唱好。日本芯片業的美國客戶曾經站出來公開為日本企業辯護，他們指出日本芯片質量高、價格低。美國電子龍頭企業惠普曾公開指出，日本問題芯片比例只有美國芯片的 10% ！但是，這場產業戰從一開始就不是真正意義上的經濟原因，美國的戰略目的是要維護美國在芯片業上長期壟斷的優先地位。美國國家利益和產業利益在這裡是完全吻合的。

到了 1985 年春，美國芯片業相信，假如政府不迅速採取嚴厲的措施，整個芯

片產業將在與日本的競爭中消亡。在 1985 年年初的會議上，SIA 經過激烈爭論，就應當對日本採取什麼行動達成共識，一致同意對日本採取激烈行動。美國電子產商還於同年在美國加利福尼亞州與歐洲芯片廠商會商，力圖建立起國際統一戰線。但是，歐洲出於自己的利益，與美國的立場相去太遠，無法達成協議。其中關鍵的一點是，歐洲希望美國將其在歐洲的市場份額讓出一部分，作為合作條件。SIA 無法接受歐洲的條件，談判破裂。不過它保證將向歐洲國家通報對日的（報復）行為。

和美國其他貿易戰爭一樣，這場貿易戰爭的前驅者依然是商業集團。在 SIA 達成一致協定以後，美國電子產業開始給美國政府提供介入的平台。1985 年 6 月 14 日，SIA 向美國貿易代表辦公室就日本電子產品的傾銷提起了訴訟。這就是著名的 301 條款起訴。一個星期以後，美國另一家非 SIA 會員公司也就日本電子業的傾銷向美國商務部提出訴訟。SIA 在起訴中把矛頭直指日本政府，指責日本政府在日本積極建立了一個違反競爭原則的、具有歧視性的市場結構，這種市場結構阻礙了美國芯片進入日本市場。同時還指責日本違反了 GATT 的 XI 條款和 HTWG 條約。後來，美國商務部決定自己起訴日本芯片商，指責日本芯片商以遠遠低於成本的價格在美國市場傾銷，有的產品低於成本幾乎達到成本的 34.5%。

美國貿易代表辦公室接受了這項起訴，並於同年 6 月 11 日宣佈進行 301 條款的調查。SIA 還獲得了國會的支持，他們動員了 180 名議員給政府寫信表達支持。儘管有些政府部門對此表示保留和反對，尤其是那些希望和日本保持良好關係的人，但是鑒於對外國芯片業的依賴對美國安全的潛在威脅，美國國防部和中央情報局支持這個起訴。

對美國政府而言，決定這個案子的核心是國家安全利益。

在整個事件中，美國當時的貿易代表尤特（Yeutter）成為「芯片業對美國經濟和國防有雙重戰略重要性」的堅定倡導者。美國副貿易代表在回憶這一事件時這樣寫道：

當 MICRON 的反傾銷案子提交以後，我們（尤特和邁克爾・史密斯）正在加拿大參加一個會議。當我們能選擇離開時我們立即趕回美國審查這個案子。我們迅速認識到我們手上的這個案子遠比反傾銷大得多。

我們的（芯片）技術和質量是不比日本的好，可能還更差。但是，我們從中央情報局和國防部情報局的通報中感知到他們認為這是一個非常重要的問題。他們不能承受（美國）失去芯片生產能力的後果。所以，長話短說，我們決定去進行一場重要的談判。

我們的感覺可能正確也可能錯誤——但是我們從某種角度感到（這是一場）關係美國皇冠上的明珠的（貿易糾紛）。我們曾被非常受人尊敬的人所告知，芯片業關係美國未來的關鍵。假如你失去了（芯片能力）你將變得依賴別人。美國作為世界領袖，能依賴別人嗎？我們的判斷是：不能。[1]

這段話有幾層意思：一、日本的芯片業比美國先進。這是事件的根源。二、從國家安全角度美國不能喪失在芯片業上的領先地位。三、芯片業關係到美國的未來，所以不能簡單地用比較利益、國際分工來衡量。貿易糾紛有時候不是貿易糾紛，它的背後是國家安全、國家利益的博弈。貿易戰略要為國家的安全和長遠戰略服務，貿易戰略不能凌駕於國家安全之上。

日本對美國的高科技挑戰是全方位的。不僅芯片業，整個計算機產業也受到挑戰。美國當時的貿易代表回憶道：

我永遠不會忘記，有一位熟悉該產業的專家告訴我：『不要再在芯片上浪費時間了。芯片業完蛋了。你應當把你的注意力放在拯救（美國）的計算機產業上。那是下一個（倒塌的對象）。』不過我最後決定，我尚未準備好去做出這樣一個結論：美國芯片業已經不可挽救。而且，我感到它事關國家安全，在這種情況下國家安全高於任何經濟利益。不過我不能公開談論此事，因為（這些信息）列為保密，因為它表明假如美國變得依賴日本成為我們芯片的來源，我們在防務和其他方面有多脆弱。[2]

貿易代表首先考慮的不是比較利益，而是美國的安全利益。國家安全高於一切，大國

①② John Kunkel, *America's Trade Policy Towards Japan: Demanding Results,* pp. 92-93.

博弈呼喚這樣的貿易代表，安全的角度是戰略的角度。從這個角度看，中國 20 世紀 80 年代關於大飛機、計算機產業，關於開放中國國防產業的決策，看不到安全戰略。在國家博弈中，短期經濟利益考慮多了，國家安全利益就少了；自由貿易迷信多了，技術和產業獨立就少了。美國是自由貿易的優秀的教員，但願那些迷信自由貿易的人能被這個教員喚醒。

就在美國政府思考對日對策時，美國出現了一系列後來對美國政策有極大影響的報告。這些報告宣稱日本存在一個影子「九人委員會」。這個委員會由日本主要的芯片廠商的銷售代理組成，他們定期會晤以決定價格、市場份額等。報告還稱日本政府有人知道這個「九人委員會」的存在，甚至通產省還曾派人出席過會議。言下之意，日本芯片業整個就是一個卡特爾，一個有政府介入的卡特爾。日本堅決否認這類報告的真實性。這類報告強化了美國政府的立場。這類在國家博弈中產生過重要作用的報告，是如何產生的，其真偽如何，至今是謎。有意思的是，對這樣一類對國家貿易戰略發生巨大影響的報告，對其中提及的「九人委員會」的真偽，美國政府從來沒有確認。國家博弈，虛實相間。不同的利益需要不同的事實。強者大膽假設，弱者小心求證。

按照美國法律，在 SIA 起訴以後，日本有一年多時間同意美國提出的條件，否則的話，美國總統（雷根）有權以他認為適當的方式報復日本。

日本芯片業衰退的開始

在這一連串的壓力面前，日本政府開始後退。日美兩國於 1986 年 9 月正式簽署了《半導體條約》。這個條約主要有以下規定：

一、日本不僅必須停止在美國市場的傾銷，而且停止在其他市場的傾銷（為美國佔有其他市場開路）。這為美國在國家貿易博弈中立下了一個先例──雙邊貿易條約對在第三國的行為有效。同時日本廠商必須保留詳細的成本記錄，以確定「公平價格」。公平價格等於成本加 8% 的利潤。日本廠家可以以高於「公平價格」出售，但是不能低於這一價格。這種「公平價格」還會導致日本芯片產業內部的競爭。成本低的廠家，可以低價出售；而成本高的廠家，必須高價出售。行業內部在海外的惡性競爭將由此開始。

二、日本將鼓勵並期待外國芯片商擴大在日本的市場份額。在附件裡還規定，美國企業將獲得高達 20% 的市場份額。在日本政府的要求下，這一條款成為秘密條款。這 20% 主要是對美國而言的，當時整個歐洲芯片業在日本的市場佔有率不到 1%。

三、美國將放棄 301 起訴。

這個條約是日本芯片業衰退的開始。第一，這個條約將延長日本芯片產品週期。根據這個條約，日本不僅在美國市場、在國內市場，而且在歐洲市場都受到嚴格的限制。芯片產品是一個更新很快、產品週期很短的產業。為了縮短產品週期，在新產品出來以後，廠商一般大規模低價出售老產品，甚至以低於成本價出售。這是該產業的通常做法。由於這個條約的存在，日本企業不能再實施這種做法，不能低於成本價清理老產品。新產品出現和老產品壓庫，導致企業產品週期延長。第二，保證將高達 20% 的國內市場份額讓給外國競爭者，相當於美國廠家擁有 20% 的壟斷市場，有可能獲得超額利潤。第三，這個條約導致日本芯片廠家的競爭。日本芯片業的發展，有賴於產業間的協同合作，而且日本政府鼓勵這種合作。這種合作在這個條約面前即將崩潰。

日本通產省為了避免日本企業間的不良競爭，對出口規定了統一的最低價。這種避免行業內部競爭的政策，馬上受到美國芯片業的反擊。在條約簽訂以後，美國半導體行業協會馬上向美國政府抱怨，日本的傾銷沒有停止，美國企業依然無法進入日本市場。如果這不是太心急，就是精心策劃的步驟！

在傾聽了芯片業的抱怨以後，1987 年 3 月，條約簽訂後僅僅六個月，雷根政府鑒於日本沒有執行 1986 年的協議，決定對日本進行高達三億美元的進口限制。限制包括日本產的電視、計算機、電動工具及其他產品。美國政府的進口限制別出一格，具有很深的戰略用心：第一，這些產品都可以由第三國替代（對美國沒有影響）。第二，芯片業產品不包括在內。這種由芯片產業引起的貿易爭論，帶來了對非芯片產品的進口限制，在日本國內造成了巨大的分裂，非芯片廠家開始紛紛抱怨芯片廠家沒有遵守協議。第三，美國政府旨在提醒日本對美國市場的依賴。美國政府和芯片廠商彼此扮演了雙簧的角色。美國半導體行業協會聲明，不對政府的禁運採用任何立場。旨在表明，政府進口限制是中立的，責任全在日方。美國政府宣佈，進口限制將一直持續到日本完全遵守 1986 年條約為止。美國的這

種進口限制一直持續到 1991 年。

美國通過 301 起訴，換來了 1986 年的條約；通過進口限制，推動條約的實施。連環戰術的背後，是日本經濟對美國市場的依賴。市場成了武器。

在美國全力以赴拆散日本芯片業的產業聯盟時，美國半導體行業協會得到了政府批准，成立了由 14 家美國芯片廠商組成的「美國半導體制造技術戰略聯盟」（SEMATECH）。這個聯盟將運用產業基金和政府的資金進行新技術的開發，將引導美國芯片業進入新階段，將開發世界上最先進的芯片產品。與此同時，日元的升值（美國一手導演）迫使日本芯片廠家提高出口價格。

為了打入日本市場，美國半導體行業協會於 1988 年邀請日本電子學會到加利福尼亞州訪問。在雙邊會談中，美方大講在日本設計、生產、專門使用美國（外國）芯片的最終產品的好處。日方回國以後成立了「外國芯片使用者委員會」（UCOM），四處舉辦講習班推動美國芯片進入日本市場。日本還成立了「外國芯片廠商銷售協會」（DAFS），作為美國芯片商在日本的銷售商的聯繫中心。美國半導體行業協會還在日本成立了分會。美國廠商、日本用戶和美國產品的銷售者，終於協同起來，全力以赴打開日本的芯片市場。

日本電子產業的最終衰敗

到了 20 世紀 90 年代，美日芯片條約即將到期，布殊政府重新評估美日間的芯片條約。美國國內關於電子產業的自由貿易的呼聲再起。在國家安全考量下，美國決定續簽這個條約。1991 年 7 月的新條約，將 20% 的目標從附件移到正式文件中。不僅如此，條約還以 1992 年 12 月為實現這一目標的最後期限。與此同時，「公平價格」和剩下的進口限制全部取消。美國商務部還宣佈，日本必須改善市場進入條件。為了在最後期限以前實現 20% 的目標，美日採取許多「緊急措施」改善市場進入。

1992 年，美國芯片產業重新獲得失去的市場份額，與日本同為世界最大芯片出口國。1992 年四季度，20% 的目標得以實現。1993 年，美國取代日本再度成為世界最大的芯片出口國。由於技術研究的進步、新產品的開發、大規模的投入，美國芯片業迅速發展。美國政府在拆散日本政府對芯片業的支持的同時，大力扶

持芯片技術和產業的發展。1994 年，美國副總統戈爾和商務部部長、能源部部長及其他高級官員，高調召開了一個新聞發佈會。會上宣佈，美國將大力擴展政府和私營企業的合作，強化美國在芯片產業的領導地位。1994 年，美國企業在日本市場的佔有率相當於 1986 年的兩倍，外國企業的 20% 的目標已經實現。日本貿易大臣為了擺脫美國加在日本芯片業身上的枷鎖，在條約即將到期時，搶先公開宣佈這個條約完成了歷史使命。但是，美國卻宣佈延長這個條約。日方要求以多邊條約取代雙邊條約，廢除數量目標和指數。然而，在美國的壓力下，兩國在原有條約的基礎上簽署了新的條約。

這場產業戰爭，從議題，到時間，到方式，全都由美國確定。到了 20 世紀 90 年代中期，美國在政府的大力推動下，發生了一場高科技革命。美國還利用市場武器，大量培植對手的對手。在 90 年代中後期，韓國和台灣地區的芯片和電子用品，開始大規模湧進美國市場和世界市場，對日本構成全面挑戰。加上後來日元大幅度升值和金融改革，導致日本電子零配件價格上升，出口廠商開始要麼在海外尋求便宜的零配件，要麼將零配件生產轉移到海外，扭斷了日本財團內部傳統的產業鏈，日本電子產業作為整體從此繁榮不再。再後來，日本為一次漫長的經濟衰退所困擾，日本的電子產業江河日下。進入 21 世紀，昔日的挑戰者喪失了所有優勢。不僅日本的芯片產業，而且整個高科技產業被美國遠遠拋在後面。曾經與汽車產業一道帶動日本經濟的電子產業已經弱化，步入窮途。索尼、三洋和先鋒先後發生嚴重的虧損，被迫重組。其他許多企業則在掙扎中求生存。**在信息技術革命的時代，電子產業非常重要，這一行業的衰落使整個日本經濟陰雲籠罩。**

第十三章
貨幣戰爭和金融戰爭

金融改革是日本經濟全球化的關鍵。**20 世紀 80 年代，日本經歷了兩件改變日本經濟結構和經濟體制的大事：貨幣戰爭和金融戰爭。外力壓迫下的貨幣升值和金融改革帶來了一系列結構性的改變，使日本從工業資本主義轉型為金融資本主義。**這一變化摧毀了日本經濟奇跡賴以存在的基礎——拆散了日本銀行和企業的傳統聯繫；拆散了日本財團內部的緊密聯繫；扭斷了日本出口產業的國內產業鏈；催生了日本的資產泡沫；改變了日本的增產方式；惡化了日本的二元經濟關係；導致資本的大規模外流。貨幣開放和金融改革的結果，使美國金融資本和金融機構的權力不斷上升，削弱了日本政府制定經濟政策和金融政策的自主性，導致日本反危機無能為力。面對這種情況，日本進一步實施了大規模的金融改革和進一步的出口導向戰略，實行大規模的產業全球化，結果導致產業的進一步空心化，日本從此失去了幾乎 30 年的時間。日本的失誤是沒有果斷改變出口導向戰略，沒有發現金融全球化之下的陷阱。

日元升值、金融全球化和出口導向，是日本無法走出長期衰退的根本原因。

日本銀行是美聯儲的第 13 儲備銀行？

按照布雷頓森林體系的時間表，日元於 1965 年實現可自由兌換。美國開始了要求日元升值的戰略，這場持久戰在 20 世紀 80 年代發生了變化。日本的經濟崛起不僅威脅到美國，而且威脅到其他西方國家，導致它們加入美國對日聯合陣線。由於美國態度強硬以及日本對美國經濟的依賴，日本最後不得不吞下日元升值的苦果。

20 世紀 80 年代是雷根時期。這一時期的特點是美國加大了對蘇聯的戰略壓

力，大幅度提高軍費開支。與此同時，在新自由主義的經濟政策指引下美國又大幅降低了稅率，結果導致財政赤字和外貿赤字大幅度攀升。為了控制通貨膨脹，美國實施了高利率政策。高利率導致美元大幅度升值，國際資本大量流入美國，有力地支撐了財政赤字和貿易赤字。美國再次選擇了以國際資源來達成自己戰略目的的戰略。

對其他國家而言，財政赤字和外貿赤字會導致貨幣貶值和通貨膨脹。然而，美元在 20 世紀 80 年代卻持續走高，美元的購買力在世界上持續上升。在當時兩霸相爭的情況下，西方只有美國是唯一安全的港口，美元是唯一安全的貨幣。儘管美國經濟有諸多問題，西方依然追逐美元。美國得以靠印鈔機支持財政赤字和外貿赤字。

隨着大批物品流進美國，大量幣值被高估的美元流向了世界。美國的外貿赤字、財政赤字和美元高估同時存在，這種違背經濟學常識的現象，使其他西方國家不安。許多人擔心，這種不正常的現象最終會導致世界金融秩序的混亂。**美元高估和美國雙赤字並存是當時國際金融體系中的中心議題。**

這為美國提供了一個發起貨幣戰爭的戰略時機。

美國發明了一種理論（美國重大戰略一般都有獨特的理論支撐）。這種理論認為，所有這些問題都是日元幣值被人為低估造成的。日本政府操縱匯率，使日元匯率背離市場，導致美元高估，從而導致美國（對日）出口競爭力下降，貿易赤字增加。總之，困擾世界金融體系的美國雙赤字和美元幣值高估，是日本政府違背市場原則造成的。只要日元升值，匯率由市場決定，一切都會迎刃而解。這種符合經濟學常識的推理，為推銷自己的國家利益找到了理論依據，並成功地建立了國際統一陣線。

《廣場協議》是 G5 在 1985 年一系列秘密磋商的結果。為了確保日元升值不會淪為日本開出的空頭支票，為了把日元升值的主導權牢牢控制在自己手中，美國提議 G5 一共拿出 150 億美元來從事外匯干預，迫使美元對日元貶值。由於 G5 政府干預的成功，日元從 240 日元兌 1 美元升值到 1985 年年底的 200 日元兌 1 美元。到了 1987 年，日元幣值幾乎翻番。這是史無前例的成功的國際貨幣干預。G5 共同出擊，全力以赴，瞄準日元，終於達成日元升值的目的。在日元升值過程中，日本大幅度地下調了利率。低利率政策旨在減輕日元升值的壓力，降低日本企業的借貸成本，緩解通縮壓力，改善企業的財務狀況，以達到維持其國際競爭力的目的。然而，低

利率政策加上日元升值的預期帶來了日本的資產泡沫。有人因此戲稱日本銀行為美國第 13 儲備銀行。

《廣場協議》簽署的時間是理解一切的關鍵。如果《廣場協議》在 5 年以前，即在日本金融體系改革以前簽署，其對日本經濟的負面影響會被日本原有的銀行金融體系化解到最小限度。它至多會導致日元升值，但不會導致日本整個銀行業的危機，不會導致日本經濟的全面停滯。然而，《廣場協議》恰恰是在日本大規模改革和開放了銀行體系、外匯市場和資本市場以後出台的。這一系列的改革，使日元升值起到了嚴重打擊日本經濟的目的。我們今天研究這段歷史，很難不認為日本金融體系改革和《廣場協議》二者在時間上的吻合，不是一種精心選擇的結果。

> 它使日元升值預期中的資產泡沫成為可能；
> 它使日元升值中的國際投機者的操控成為可能；
> 它使日本銀行體系遭受戰略性打擊而失去支撐日本經濟發展的功能成為可能；
> 它使日本在日元升值後跌入流動性陷阱成為可能。

日元升值加上金融改革徹底摧毀了日本傳統的銀行體系，成為日本經濟從工業資本主導轉型為金融資本主導的重要契機，使日本走上了漫長的經濟停滯的一步。

日元升值，是一場漫長的貨幣戰爭。這場戰爭從 1965 年日元實現可自由兌換開始算起（那一年，美國第一次要求日元升值），美國花了 20 年；從 1971 年美元與黃金脫鉤算起，日本抵抗了 14 年。20 年的較量，最後日本不得不完全認輸。在《廣場協議》以後的頭兩年裡，日元升值達 56%。在這場貨幣戰爭中，日本當初態度強硬，而後節節敗退。由小退到大退，最滿盤皆輸。日本在這場貨幣戰爭中的教訓至少有兩點：

第一，國家經濟發展不能建立在出口導向戰略上，否則受制於人。從 1965 年算起，日本有 20 年時間可以調整經濟戰略，減少對美國市場和美元的依賴。其間日本採取了出口多樣化的策略，但由於歐洲相對封閉、發展中國家市場容量狹小，日本終究無法改變其對美國市場的依賴。美國市場的開放性和市場容量，是世界其他市場無法代替的。只要日本堅持出口導向，美國市場在日本經濟中的作用就很難代替。出口導向戰略、對美國市場的依賴，決定了日本在貨幣戰爭中失敗的命運。

而美國則看準了美元和美國市場在這場較量中的戰略打擊力，日本對進口原材料的依賴、對美元的依賴和對美國市場的依賴，使美國得以輕易地將自己的市場作為一種戰略武器來運用。運用之妙，令人欽佩。在美國國內，行政部門和國會又配合默契。大棒加胡蘿蔔，威脅加利誘，最後日本不得不屈服。出口是日本經濟的命脈。日本是一個島國，出口導向一半是宿命，一半是失誤。假如這戰略發生在一個國內市場比日本廣闊的大國身上，就不是宿命，而是失誤。

　　第二，日本的教訓還告訴我們，兩國經濟金融對量，在價值標準上不能隨人家起舞。美國一開始就將日本置於道義的被告席上。美國強調市場的「普世價值」，強調由市場決定匯率，要求日本減少政府對匯率的干預。假如隨這種「普世價值」跳舞，你別無選擇，只能跳別人的規定動作。其實匯率由市場定義是一個似是而非的論點。由於美元是世界貨幣，美元和美國經濟幾乎沒有匯率風險；而日元和日本經濟則有很大的匯率風險。關於市場匯率的說教，忽視了這種不對稱的匯率風險。匯率由市場決定，這對貨幣地位不對等的國家是一種不公正的概念。然而在全球化的時代，市場就是正義的化身。對市場進行干預的國家，幾乎自動成了被告。任何的抵抗推諉，都淪為暫時的或權宜的手段。**每一次的對量，日本都是辯方，總是以客觀條件尚不具備來推遲日元的升值。但是在這種辯論中，每一次戰術上的成功，都是戰略上的失敗，都離美方開出的條件更近。因為每一次這樣的辯論，都接受了美國關於市場萬能的觀點。**美國依靠其得到日本認可的道義上的優勢和國家實力，迫使日本最後就範。**美國在這場金融戰中追求的是自己的國家利益，卻佔盡了道義上的優勢。日本不僅輸掉了國家利益，還輸掉了道義。**

　　日本的出口導向戰略，使日本輸在實力；而接受關於市場決定匯率的論點，使日本輸掉了道義。

美國給日本經濟停滯設下的陷阱

　　美元貶值，除了日本的美元儲備貶值外，並沒解決美國的問題。曾經困擾國際金融體系的難題，依然困擾着國際金融體系。然而，日元的急劇攀升，卻將日本經濟拉進了通向經濟停滯的跑道，為幾十年的經濟衰退埋下了伏筆。

　　（1）日元升值帶來通貨萎縮的壓力。日元升值導致日本進口產品的價格下

降，對國內同類產品及上下游產品帶來巨大的價格壓力。日元升值同時還導致日本出口產品價格的上升。在 20 世紀 80 年代後期，日元大幅升值，許多人因此預言日本出口到美國的產品的價格會大幅上升。日本為了維持競爭力，出口到美國的產品的美元價格幾乎沒有變化。這意味着，出口產品的日元價格下降。這種通貨萎縮的壓力帶給經濟的種種弊端，我們將在後面詳細敘述。

（2）日元升值導致企業利潤下降。通貨緊縮，產品價格下降，必然帶來企業利潤的下降，使日本企業面臨巨大的利潤壓力，導致企業技術進步的放慢，從而導致總體經濟效益和競爭力的下降。

（3）日元升值破壞了日本金融體系。日元升值對金融體系的破壞作用有幾個方面：一、日元升值直接導致日本銀行（金融）體系資產萎縮，盈利下降。日本是美元儲備大國，又是世界上的債權大國，擁有大量的美元債權和美元資產。當日元升值、美元貶值時，這些美元資產的日元價值就要下降，導致日本金融體系的資產萎縮和虧損。二、日本非金融企業同樣擁有大量的美元資產。美元貶值不僅導致企業利潤下降，還直接導致美元資產貶值。結果企業還債能力降低，銀行出現大量呆賬、壞賬。三、日本的銀行擁有大量企業股票。日元升值，通貨萎縮，企業利潤下降，20 世紀 90 年代以後，日本股市急速下跌。股市下跌進一步導致日本銀行系統資本萎縮，大量虧損。

（4）日元升值導致日本信用萎縮。進入 20 世紀 90 年代，由於銀行美元資產虧損，壞賬上升，導致信用萎縮，進一步惡化了通縮。

（5）日元升值導致內需貨幣供應量降低。

（6）**日元升值破壞了日本財團體制，斬斷了日本經濟的產業鏈。**日元升值，導致出口商利潤下降。在初期，出口商通過財團內部的成本分擔機制來緩解這個問題。隨着日元大幅度和持續的升值，日本本土生產的零配件價格上升太大，出口商難以消化。為了削減成本，出口商開始尋求海外貨源，開始將零配件生產轉移到海外。**日本財團內部「分擔痛苦」的文化開始撤退，利益差別和競爭開始主導彼此的關係，日本幾十年建立起來的許多產業鏈開始斷裂。**出口再也不是推動產業升級、產業鏈進化和拉動整個經濟的引擎。**出口產業從推動經濟的引擎，變成了催生產業空心化的陷阱。**由於日本整個經濟和發展戰略是建立在出口導向基礎上的，與出口有關的產業鏈條的全面停滯導致整體經濟的全面停滯。實體經濟的這種大規模的、全面的

停滯，後來演變成日本經濟的漫長停滯。在傳統體制下，日本財團內部通力合作，共同推動技術進步和創新。這種模式開始崩潰，日本的創新能力開始下降，尤其是高科技領域。

（7）日元升值惡化二元經濟結構，導致內需產業的停滯。產業空心化過程，加劇了日本經濟的二元化過程。日本的二元經濟，從「美元經濟—日元經濟」，演變成「離岸經濟—在岸經濟」。出口產業由於盈利較好，吸走大量資源；而內需產業則因需求不足，利潤低下，沒有足夠的資本和利潤從事大規模的更新和技術進步。結果效益低、成本高、競爭力弱。這種高成本，又進一步導致出口企業轉移海外。循環往復，二元經濟結構異常嚴重。生產率低下的現象在交通、通信、能源、物流等方面尤其嚴重。由於內需企業效益低下，轉型後的銀行出於利潤動機不願貸款給內需企業。由於缺乏資金，內需產業效益更加低下。基礎設施的低效益傳導給製造業，結果日本經濟的競爭力普遍下降，從而進一步導致出口產業的外移和空心化。

（8）日元升值帶來升值預期，而升值預期將帶來進一步的升值壓力。

（9）日元升值導致短期的資產泡沫。資產泡沫將全面破壞日本的銀行金融體系，破壞日本的企業體制，破壞日本的經濟結構，破壞日本的增長方式，破壞日本的經濟體制。

（10）日元升值徹底擊碎了日元成為國際貨幣的夢想。美元霸權是美國霸權的貨幣基礎，失去這個霸權，美國世界霸權將動搖。而日本在挑戰美國的時代，也雄心勃勃要挑戰美元。日本在 20 世紀七八十年代開始大規模向第三世界國家，尤其是亞洲國家發放日元貸款，企圖搶佔亞洲地區的金融主導權，使日元成為國際貨幣或區域主導貨幣。美國對日本企圖搶佔國際金融主導權的任何行為極為敏感。粉碎日本的這類貨幣夢想，是美國貨幣戰爭和金融戰爭的重要目標。**迫使日元持續升值、讓日元在匯率市場左右下持續動盪和削弱日本的綜合競爭力，是實現這類目標的重要手段。**

上述十大陷阱表明，日元升值是打擊日本總體競爭力、改變日本經濟結構、衝擊日本經濟體制的最佳切入點。升值帶來的十大陷阱和金融改革帶來的日本銀行業的轉型，是理解日本經濟長期停滯的關鍵。然而，在 1986-1990 年這段時間，日本經濟出現的泡沫般的新奇蹟，掩蓋了日元升值帶給日本經濟的結構性變化。

日本金融改革

　　布雷頓森林體系的廢除開啟了金融全球化進程。日本金融改革是世界金融全球化進程的一部分。從 20 世紀 70 年代中後期以後，日本開始了漸進的金融改革，要構造一個市場化、自由化和開放化的金融體系。日本開始了向「現代金融」的進軍。歷史表明這是一場漫長而痛苦的進軍。改革之前，日本擁有堪稱模範的銀行體系。日本傳統金融體制以銀行為主體，日本傳統企業體制以銀行為中心。日本金融改革工程浩大，其核心卻是將銀行推向市場。日本銀行的市場主體化，不僅是改革傳統金融體系的核心，也是改革傳統財團體制的核心，從而摧毀了日本經濟發展的制度基礎。銀行地位的這種結構性變化，是導致資產泡沫和持續衰退的主要原因。

　　要瞭解日本的銀行體系改革，有必要回顧一下日本銀行業的歷史。日本自明治維新後，日本政府對銀行實施放任自流的政策，極少政府管制和自由競爭體系是日本銀行工業化初期的特色。到了 20 世紀 20 年代，尤其是大蕭條年代，日本出現了一系列銀行危機。嚴重的銀行危機，使日本政府從此對銀行業實施嚴格的管制。這種管制在第二次世界大戰中進一步加深，銀行的基本功能是為戰時的經濟和政府開支籌措資金。第二次世界大戰以後，美國佔領日本。美國佔領時期，並沒改變這種政府管制的狀況，制定的某些改革措施還強化了政府對銀行體系的控制。例如，基於美國《格拉斯—斯蒂格爾法案》（Glass-Steagll Act），日本將商業銀行和投資銀行嚴格分開。

　　日本傳統的金融體制以銀行為中心，資本市場極不發達，證券（股票和債券）市場相當初級。銀行、證券公司和保險公司都在大藏省的嚴格管制和監督下。整個金融體系實際上是日本政府達成政策目標的經濟手段之一。大藏省通過直接的、間接的指導或指令，如行政指南、價格設定、競爭限制等，來引導銀行的行為。在日本經濟高速發展期，企業主要依靠銀行貸款而不是資本市場支撐高速發展。規避風險的消費者將錢主要存在銀行裡面，而不是投資於資本市場。日本銀行有源源不斷的資金來源。日本銀行在企業體制中處於中心地位，其首要衝動不是盈利，而是政府的經濟目標和財團的整體利益。

　　日本傳統銀行設計，體現了防止金融風險和推動經濟發展的思路。日本銀行

分為大銀團和小銀行。前者主要是城市銀行、信託銀行和長期信貸銀行，它們主要給大企業提供貸款；而後者則包括信用社、地區銀行和互助儲蓄銀行，主要給中小企業和個人提供貸款。這種銀行體制的核心是確保金融安全和推動經濟發展。為了避免由競爭帶來的金融風險，政府控制存貸利率差，利率競爭是不允許的。這種由政府確定的存貸利率差，保證銀行體系能夠盈利，從而保護了存款者和股東。日本銀行體系還曾經有一種所謂的「護航（convoy）體系」，這種體系保障所有銀行的資產以幾乎同等的速度增長，避免競爭。

這不是一種競爭的體系，而是一種強者有責任保護弱者的體制。陷入困境的小銀行將會被併入大銀行。合併以後，其股東、職工和存款者的利益都得到保障。銀行業的准入和准出都受到嚴格控制。這套系統曾經相當安全和成功，它不僅推動了第二次世界大戰後日本經濟的持續發展，還成功防範了風險。在日本金融改革以前，除了幾個孤立的小銀行外，幾乎沒有銀行失敗的例子。

這是一種顧及所有利益相關者的體制。在這套銀行體系下，企業得以獲得低息貸款，銀行得以保障利潤。由於沒有競爭帶來的風險，銀行自有資本的需要相對較低，金融風險被限制在最低限度。

這種銀行體制受到太平洋另一邊的盟友的指責。許多美國學者、記者稱日本的這種銀行體系為封建體系。美國政商兩界對日本施加持續而巨大的壓力，要日本將銀行體系市場化，甚至認為日本整個經濟體系改造的關鍵是銀行金融體系的改造。日本國內也有一種聲音要求改革日本的銀行體系，使日本成為像美國一樣的世界資本金融中心。由於政府與銀行間的關係，要改革日本的銀行金融體制，必須改革其行政體制。為此日本於 20 世紀 80 年代初，還成立了以新自由主義為指導的「行政改革研究委員會」。

日本傳統經濟體制的核心是銀行體系，是銀行和企業的關係。**要徹底摧毀「日本體制」，而彰顯「美國體制」的優越性，關鍵就是改造日本銀行，切斷銀行和企業的傳統關係，讓日本的銀行轉型為被利潤動機推動的「現代銀行」。日本銀行改革的核心是市場化和全球化。**

日本金融體系改革的基本思路，是要徹底把銀行和金融體系從實體經濟中剝離出來，**將銀行和金融體系的功能從服務實體經濟中剝離出來，使銀行和金融異化為獨立於實體經濟的市場主體**，開始為自己、為自己的利潤而生存。日本的銀行改革可以劃分為以

下幾個階段：20 世紀 70 年代中期到 20 世紀 80 年代中期、《廣場協議》到 20 世紀 90 年代中期和 20 世紀 90 年代中期以後。

20 世紀 70 年代中期到 20 世紀 80 年代中期，是日本在美國的壓力下開始銀行改革的發軔期。這個階段的重點是以下幾點：

第一，培育資本市場。主要是培育債券市場。1975 年，日本大藏省放開了企業發行債券的限制，日本長達三十多年的金融改革從此揭開序幕。以前政府允許大企業和具有重要經濟地位的企業發行債券，現在幾乎所有達標的企業都可以在資本市場上發行債券。日本還放開「回購協議」（repurchase agreement）等短期融資市場，允許日本企業在海外發行無擔保債券（unsecured bond）。1975-1985 年的 11 年間，日本相繼允許企業發行無擔保債券、非抵押可轉換（成股票）債券（unsecured convertible bond）、擔保債券（warrant bond）、債券期貨等。資本市場的培育，使日本企業得以在國內外資本市場上籌資，從此不再單純地依賴銀行。企業和銀行的分道揚鑣從此開始。資本市場開始作為銀行的競爭者，與銀行爭奪銀行的傳統客戶──企業。

第二，培養現代銀行。日本力圖將銀行改革成以利潤為中心的「現代企業」。利潤動機是新自由主義改革的核心。日本銀行在第二次世界大戰後到改革以前，長期扮演經濟政策的服務者的角色。它的主要責任不是會計利潤，而是支持國家的經濟發展和產業發展。日本的金融改革試圖為日本銀行注入利潤動機，銀行的目的不再是財團本身的生存和發展，而必須賺取會計利潤。與此同時，日本放開了類似於定期存款（CD）的利率。

第三，開放外匯市場。在 1980-1984 年間，日本逐步放開嚴格控制的外匯市場。日本於 1980 年修改了《外匯和貿易管制條例》（Foreign Exchange and Trade Control Act）。新條例與舊條例的根本不同是：舊條例原則上禁止自由的外匯交易；而新條例則允許外匯的自由交易，除非政府明令禁止。外匯市場的開放在 1984 年達到了階段性的高峰，日本允許外匯投機的存在。在改革前，日本的外匯交易必須以真正的需要（real demand rule）為基礎。諸如對外貿易的需要等，就是所謂真正需要。1984 年的改革廢棄了這一要求，外匯交易可以是純粹的以交易為目的的交易。改革前後的根本差別是：改革前外匯交易為經濟服務；改革後外匯交易可以與實體經濟活動無關，外匯投機從此成為可能。日本還相

繼允許外國機構在日本發行以日元為基準的債券和以外國貨幣為基準的債券，開放互換協議（swap agreement）和外匯期貨對沖（hedging of forward foreign exchange transaction）。外匯市場的自由化和開放，為資本大規模自由進出打下了體制性基礎，為後來的大規模日元升值埋下了伏筆。外匯市場的改革，為日本銀行向外擴張和外國資本在日元升值過程中投機創造了條件。

這一系列的改革使日本銀行開始轉型為「現代企業」：

第一，日本銀行地位的改變。日本銀行從大藏省的「指導下」解放出來，得以作為市場主體「自由」從事業務，銀行被「自由化」。

第二，日本銀行功能的轉變。日本銀行從支持服務經濟、從政府實施經濟政策的工具，轉化為利潤中心。利潤衝動被改革注入了日本銀行的肌體裡，銀行被利潤化。

第三，銀行與企業關係的改變。改革前銀行是日本企業體制的中心，銀行扮演企業主要的資本提供者和監督者的作用。一系列資本市場的改革，使企業開始脫離銀行而轉向資本市場。

第四，銀行業務的改變。資本市場的發展，使日本銀行失去了大量的傳統客戶（企業）。資本市場的開放和政府的大力支持推動，使日本企業開始大規模以債券融資。資本市場為了與銀行爭奪客戶，提供了較低的利率，結果導致大批的企業離開銀行。銀行業因此而失去了許多傳統客戶，日本銀行面臨前所未有的利潤壓力。利潤衝動迫使銀行尋求新客戶、新業務，以抵消傳統客戶的流失。銀行業被迫從產業貸款向其他貸款（如不動產貸款）轉向；從推動經濟發展到追逐利潤轉變。從此以後，不動產或房地產貸款取代產業貸款，成了日本銀行的主要新增業務。

這一系列金融改革是對日本傳統企業體制的致命打擊。企業和銀行開始分家，企業的生存和發展開始與銀行自身的利益分家，傳統的以銀行為中心的企業體制開始解體。

《廣場協議》：金融資本的全球化

1985 年到 20 世紀 90 年代初期，是日本金融市場、外匯市場和經濟體系在《廣場協議》的推動下，大規模自由化的階段。這一階段的改革伴隨着日元的急劇升值和銀行信貸的急劇擴張，導致日本資產價格急劇上升，催生了日本的資產泡沫。

1985 年 9 月 20 日，美、日、德、法、英五國在美國紐約的廣場飯店（Plaza Hotel）簽署了《廣場協議》。對這個協議，人們普遍關心的是日元大幅度升值。其實日元升值只是美國戰略的一部分，對美國而言，日本經濟體制改革與日元升值同樣重要。**日元升值這個重型炸彈，只有通過體制改革才能產生最大的殺傷力。**在《廣場協議》的談判過程中，美國根據對日經濟戰爭的基本戰略，要求日本實施大規模的市場改革。**《廣場協議》不僅要求日元升值，還以國際條約的形式規定了日本政府的體制改革議程。**《廣場協議》對日本開出的體制改革和經濟政策清單如下：

（1）抵制保護主義，進一步對外國物品和服務開放日本國內市場；

（2）通過實施積極的改革措施，充分運用私人行業的生命力；

（3）實施彈性的金融政策，使之充分考慮到日元的匯率；

（4）更有力地推動金融體系和日元的自由化，使日元得以反映日本經濟的實力；

（5）財政政策將繼續反映兩個重點：減少政府赤字和提供有利於私人行業發展的環境，在此框架內地方政府得以允許在 1985 年度進行追加投資；

（6）刺激國內需求的努力將主要集中在通過擴大消費者信用和住房按揭貸款的方式增加私人消費和投資。

這個面面俱到的協議，要求在日元大幅升值的同時，進一步實施經濟自由化、金融體系自由化和外匯市場自由化；進一步開放國內市場，推動私有化，推動消費者信用擴張，尤其是住房按揭的擴張。一句話，日本必須在日元大幅升值的同時，全面開放。日元升值導致競爭力降低，這個情況下的全面開放，意味着被解除了起碼的防衛能力。日本被迫表現了一次打不還手的國際主義風範。

《廣場協議》另一個被人忽視，然而非常重要的內容，就是要求日本大規模地把經濟資源從經濟發展引導到資產投機和信用擴張上面。消費不足是日本巨額順差的原因之一，日本政府必須刺激內需。根據該協議第六條，日本必須擴大消費信貸和刺激住房按揭貸款。這一條款刺激了房地產貸款的擴張，刺激了房地產投資的大幅度

增長，刺激了房地產大幅度升值的預期，刺激了房地產泡沫。

為了實現《廣場協議》關於金融自由化的承諾，日本深化了金融銀行體系改革和對外開放：

一、加快了資本市場的發展步伐。1985 年允許企業發行無擔保債券，並引進了債券期貨，允許外國居民在日本發行外國貨幣的債券；1987 年成立了股票期貨市場，建立了商業票據市場；1988 年允許國外居民在日本發行商業票據；1989 年建立了國際金融期貨市場；1990 年廢棄了對企業發行債券的行政限制，企業可以自由在市場上發行債券。資本市場的開放和發展，進一步放開了日本企業通過資本市場融資的渠道，進一步切斷了日本企業與銀行的聯繫。

二、深化了現代銀行的體制改革。首先，日本進一步放開了銀行利率，將市場競爭機制引入利率。日本的做法是逐步降低長期利率自由化的門檻。日本在 1985 年開始了定期存款和活期存款利率自由化的過程。在定期存款方面，1985 年開放了 10 億日元以上的長期存款利率，1987 年降低為 1 億日元，1989 年降低為 1000 萬日元，1991 年降低到 300 萬。定期存款的利率在 1993 年完全自由化。在活期存款方面，1985 年允許活期存款利率在設定的上限下自由浮動。具體是，活期存款利率在低於每週新發行的定期存款平均利率 0.78% 的條件下自由浮動。1990 年，活期存款利率的上限被取消。其次，進一步放開銀行業務。大銀行被允許發行房屋按揭貸款債券，允許參與非公開的債務發行，允許發行和買賣商業票據，允許交易國外金融期貨，允許銀行將房屋貸款證券化，允許銀行進入養老金信託業務，允許銀行向企業出售證券化的貸款，允許日本銀行的海外分支進入商業票據業務。

這一波改革的目的是將銀行完全推入市場。改革將競爭機制引入利率，廢除了傳統體制下對銀行的保護，為銀行注入了競爭風險。在傳統體制下，存貸利率由政府確定，存貸利率差保護了銀行的利益，銀行的主要目標不是盈利，而是實現政府的經濟目標。為了國家經濟發展的宏觀需要，銀行甚至為許多暫時不盈利的企業發放貸款。這些「不盈利」的貸款，從微觀的角度看是低效率的，甚至是不良貸款。然而，正是這類貸款催生了一大批新興產業。銀行的這種服務功能，得到了政府的承認和補貼。行政利率體制其實就是政府通過控制利率的方式，給銀行提供財政補貼。銀行在這種財政補貼體制下，成了政府實施經濟政策的一種

經濟手段。這種補貼性利率政策一方面防範了銀行危機，另一方面間接地推動了經濟發展。

將市場競爭引入利率的同時，日本銀行還被允許進入許多新的具有「創新」意義的業務。這些新型業務伴隨着特定的市場風險。這一系列改革極大地增加了日本銀行體系的體制性風險。

三、將市場風險引入傳統低風險領域。政府債券開始在拍賣市場上定價，政府債券的價格將受市場波動的影響；郵政儲蓄系統開始進入高風險的投資領域，如股票，並允許投資外匯市場，等等。這些改革無疑為資本泡沫火上澆油。

金融資本和實體經濟

日本銀行的市場化為資產泡沫提供了前提。在日元升值和持續升值的預期推動下，20 世紀 80 年代中期，日本出現了人類歷史上堪稱奇跡的資產泡沫。吹大日本資產泡沫的資金來源有二：一是日本國內資金。轉型後的日本銀行在利潤動機的推動下，爭先恐後給投機炒作發放貸款。二是國際資金。日本在 20 世紀 80 年代初，通過金融改革開放了資本項目，國際資金來去自如。這兩項都要拜改革之賜。

日本的金融改革，一方面給日本銀行注入了利潤衝動，另一方面導致傳統的大企業客戶紛紛奔向資本市場。金融市場的進一步對外開放和銀行業務的部分對外開放，使日本銀行業面臨內外夾擊的困境。生存壓力和體制變革改變了銀行的商業行為。為了追求業務和利潤，銀行開始大量投資於遠離資本市場的中小企業，大規模投資房地產。住房貸款成了銀行主要的新增業務和利潤來源。《廣場協議》導致房地產升值預期和日元升值預期，大批國際金融資本紛紛「尋租」，湧入日本房地產市場，推動日本房屋價格大幅度上漲。房地產價格不斷上漲，住房貸款被銀行當成優質業務。到後來日本銀行肆無忌憚地發放投機貸款，資產泡沫進一步氾濫。

日本銀行的市場行為帶來了許多後果。其中主要有五個方面：推動資產泡沫、加劇二元經濟、導致實體經濟衰退和創新下降、引發單純數量擴張的增長模式和實行大規模的海外投資。

　　銀行行為的改變加重了日本固有的二元經濟，妨礙了內需產業發展和技術進步。由於銀行和實體企業的分離，銀行不再像過去一樣關心企業的需要。日本銀行的主要目的不再是財團內部企業的生存和發展，不再接受日本大藏省的指令，日本銀行業的目的是要創造大規模的會計利潤。在利潤動機的推動下，銀行行為開始出現兩極轉變：一方面大量增加房地產和其他投機性的貸款；另一方面大量削減對內需產業和高風險新興產業的貸款。結果在資產迅速泡沫化的同時，內需產業、基礎產業和新興產業投資嚴重不足，從而加劇了內需產業的萎縮，抑制了科技創新。經濟的二元化現象更加嚴重。

　　匯率升值和匯率升值的預期、匯率的動盪不安和資產泡沫的膨脹，增加了企業投資的不確定性。這種不確定性不僅進一步降低了企業投資實質產業的熱情，也進一步降低了銀行支持企業投資的貸款熱情。日本實體經濟的衰退，實際上開始於日元升值、銀行轉型時期。在長達五年左右的資產泡沫中，日本的資源被大量引導到投機上面，大量資金湧入證券、房地產等投機性高和流動性高的市場，結果導致基礎投資不足、內需產業投資不足、內需不足、科技投資不足、科技創新不足等，這些弊端為日後漫長的衰退埋下了伏筆。

　　內需產業的投資不足、科技創新的弱化和基礎設施的相對萎縮，導致日本經濟的增長方式向數量擴張的道路上滑行。當時日本的 GDP 雖然以比許多發達國家高的速度增長，但是日本經濟增長主要是依靠大規模的投資推動，尤其是房地產投資的推動。它需要投入 35% 的 GDP 來取得別的國家只需投入 25% 的 GDP 的增長率。這種經濟增長方式導致投資回報率降低。為了維持相同的經濟增長，需要越來越多的投入。日本經濟開始出現結構性危機，開始滑向數量擴張的道路。日本經濟從此難以再造奇跡。

　　對實體經濟失去熱情的日本銀行，大規模地追逐資產泡沫，發放了大量的房屋貸款和其他投機貸款。在銀行和外國資金的交相推動下，自 1986 年產生的日本泡沫經濟像脫韁的野馬，日本房產和股市頻頻打破世界紀錄。1986 年，日經指數只有 12000 點，到了 1989 年下半年，達到 39000 點，漲幅超過 300％。房地產也不甘落後。有人估計，在日本房地產泡沫頂點時，東京房地產總市值，超過了全美國房地產總市值！資產價格的瘋狂上漲像龍捲風一樣，吸走了銀行的大量貸款。這些建立在不動產泡沫基礎上的貸款，大部分在後泡沫時代成了不良貸款、呆賬、

壞賬等，徹底敗壞了日本銀行體系。從這個角度上講，日本的資產泡沫和後來日本銀行體系幾乎全面破產的危機，是金融改革的直接後果。

日本銀行在吹大資產泡沫的同時，也吹大了自己的資產和利潤。房地產泡沫形成，信用極度擴張，日本銀行業資本急劇擴張。房地產價格似乎沒有止境地往上漲，銀行利潤頻頻高升。金融改革在解放資本、解放銀行的同時，似乎也解放了銀行的經濟效益。新自由主義的金融自由化，似乎果然創造了奇跡。銀行利潤極度增長，銀行股價格迅速上升。銀行股成為最誘人的股票，銀行業不斷報出令人炫目的盈利和同樣令人炫目的增長率，將銀行的市值不斷推向高峰。日本銀行和金融企業迅速成為全球金融的超級明星，許多日本金融機構一躍成為國際金融界的風雲霸主。1980 年，日本銀行在世界前十名中只有一家，1988 年囊括前十名。到了 20 世紀 80 年代末，日本銀行成了世界上最大的銀行，遍佈全世界，全球十大商業銀行皆是日本銀行。日本銀行和企業在股票泡沫中，發行股票如同印刷鈔票。日本銀行和企業走向世界，到處投資、收購和擴張。

為了緩解日元升值的壓力，日本政府一方面實施低利率政策，另一方面鼓勵日本銀行到海外發展。這一政策的出發點很簡單：據說日元升值的壓力是日本的美元儲備太多，從市場供給關係看，降低日元升值壓力的最好辦法就是減少日本的美元儲備。對外投資是減少美元儲備的最佳方式。於是日本政府大力鼓勵和推動企業尤其是銀行發展海外業務，大規模發放海外債券。20 世紀 80 年代是日本銀行業在海外大力擴張的十年。日本銀行尤其對美國市場感興趣，日本銀行在美國發放的貸款曾經達到美國全國新增貸款的 17%。[1] 日本在美國的投資如此巨大，以至於有人認為日本銀行可以影響選舉、影響利率。許多人擔心日本銀行不僅會控制美國金融，而且會控制世界的金融命脈。然而，20 世紀 80 年代末期，商業不動產貸款引爆了美國銀行危機。日本在美國發行和購買了大量的商業不動產貸款，這些貸款基本被美國銀行危機沖洗乾淨。**日本銀行在給美國金融危機買了單以後，加劇了自身的危機，最後黯然離開美國。**大規模對外投資的結果，進一步加劇了

---

[1] Richard Katz, Japan: *The System that Soured the Rise and Fall of the Japanese Economic Miracle,* New York, 1998.

日本內需投資的不足、產業的萎縮、創新能力的弱化，成為日本經濟長期衰退的原因之一。而日本銀行和企業能大規模移資海外，同樣是金融改革的結果。

日本的危機是金融改革帶來的危機。

日本經濟漫長的衰退期

1990 年，日本資產泡沫開始破裂。

日本經濟的房頂塌陷了。曾經似乎無止境增長的股市和不動產市場突然下跌，一夜之間抹掉了許多財富。泡沫破裂以後，日本到處是空置的寫字樓、無人居住的房屋和廢棄的工廠。昔日被人追逐的對象，現在變成人人躲避的棄物。在昔日極度繁榮的廢墟上，是極度的衰退。**日本經濟受到可怕的打擊。這不是通常的週期危機，而是經濟運行軌道整體向下調整。**加上金融危機，曾經不可阻擋的日本經濟忽然變得不能增長。從 1992 年到 1994 年年底，經濟幾乎沒有增長。到了 1998 年，股市崩盤八年以後，日本經濟依然沒有恢復。日本製造業的產出在 1997 年幾乎和 1990 年相當。幾百萬工作崗位消失。在泡沫年間大規模發放的住房貸款變成了呆賬、爛賬和死賬。日本銀行的資產如大海，而回報卻如小溪。政府讓少數銀行破產，許多銀行通過政府注入巨資而得以生存。日本銀行為大量的不良資產所困惑，在破產邊緣掙扎。日本經濟進入了漫長的衰退期。

從 1990 年算起，日本在這場衰退中幾乎走了 20 年。在 2008 年的金融風暴中，日本的出口和 GDP 下降幅度之大，令世界吃驚。日本經濟為什麼難以走出漫長的冬季？原因在過分迷信市場經濟，過分迷信出口導向。市場改革和出口導向不僅是日本經濟產生泡沫的原因，也是日本經濟長期衰退的原因。

一、日本政府對經濟衰退判斷失誤

日本股市泡沫在 1990 年破裂，然而日本政府到了 1995 年才正式承認經濟衰退，採取反危機措施。漫長的五年，衰退像細菌一樣在經濟中任意蔓延。1995 年，日本政府終於面對事實，以高達 6% 的 GDP 赤字預算提振經濟。1995-1996 年，經濟出現了短期的回升，日本經濟似乎很快走出了冬季。日本政府完全低估了日本經濟危機的深度和廣度。1997 年，由於經濟短期回升，日本政府認為危機已經過去，開始削減公共工程、增加消費稅。降低總需求的經濟政策，使經濟再次滑

入衰退。日本政府對經濟衰退原因的判斷同樣失誤。**在日本政府看來，這場本來由
金融改革帶來的危機，是改革不徹底帶來的，必須通過進一步的改革來解決。**這種南轅
北轍的觀點，不僅代表了日本國內新自由主義的看法，也代表了美國政府和學界
的看法。美國對處於衰退中的日本改革表現出特殊的興趣。從 1995 年開始，美國
政府每年要發佈一篇給日本的改革建議。在美國大規模的壓力下，1996 年日本進
行了大爆炸式的金融改革。日本國內從總理大臣開始，也有許多人將日本經濟衰
退和美國經濟競爭力的加強歸結為日本金融自由化不夠。進入 21 世紀，日本又進
行了一系列的金融改革，但是大規模的變革沒有帶來意想中的經濟回升。日本打
了一場不屬於日本自己的戰爭，一場錯誤的戰爭。

與此同時，在內需不足的情況下，日本加大了出口導向的力度。出口導向進
一步加劇了經濟衰退。

**在任何體制下，政府必須是反危機的主角。反危機失敗，首先是政府的責任。日本對
經濟衰退認知太晚、反衰退措施不堅定和固執地推行許多適得其反的新自由主義改革，是
導致日本經濟為寒冬籠罩近 20 年的主要原因。**

二、市場無法破解通貨緊縮的惡性循環

通貨緊縮是市場經濟錯位的特殊產物。在市場經濟中，通貨緊縮一旦形成，
則很難破解。日元升值和泡沫破裂導致嚴重的通貨萎縮。通貨緊縮導致投資、消
費和信貸全面萎縮，導致投資願望降低、經濟創新能力下降和實體經濟萎縮。由
於通貨緊縮，日本企業不願從事長期投資。在預期價格不斷下降的情況下，實體
投資會隨價格水平的下降而不斷貶值。你今天投資 1 萬元的固定資產，假如價格
下降 10%，明年也許只值 9000 元。投資的週期越長，投資貶值的風險越大。日本
面臨投資不足和經濟創新能力降低的困境。

消費者同樣面臨實物價值貶值的風險。雖然消費者可以用同等數量的貨幣購
買更多的實物，但是在一般價格水平下降的情況下，工資、利息和地租等都在
下降，消費者由於預期貨幣收入（工資和資產收入）的下降大量削減消費支出。
同時，由於價格下降的預期，消費者紛紛推遲當前的消費。

通貨緊縮增加債務負擔，增加投資風險，惡化金融體系，導致信用萎縮。通
貨緊縮導致債務負擔加重和實物資產貶值。例如有人借了一百萬元投資，通縮率
每年為 2%。第二年這一百萬元投資形成的實物資產價格下降了 2%，而債務的真

實價值卻上升了 2%。通貨升值還導致真實利息上升。同樣的例子，假如你發行了一百萬元的債券，利息率 3%。由於通貨升值，3% 利息的真實價值逐年上升。通貨緊縮使許多債務人最後資不抵債，導致總體債務情況惡化、銀行資產品質惡化、壞賬大量增加。結果投資者不願借，銀行不願貸。由於真實債務隨着通縮不斷增長，企業不願擴大生產，而大量償還債務，導致了實體經濟持續萎縮。

通貨緊縮導致日本投資者、消費者和銀行都傾向持有貨幣。結果，投資和消費雙雙不足。總需求不足，企業利潤下降，資產價值下降，債務負擔增加，銀行壞賬、呆賬大規模上升，資產品質惡化，銀行進一步收縮信用，導致進一步通貨緊縮，循環往復，難以破解。

通縮還給日本經濟帶來許多其他負面影響：一是高科技投入嚴重不足，日本經濟競爭力大幅下降。20 世紀 90 年代，高科技突飛猛進，美國獨領風騷。日本在通縮纏繞下，被趕下了風馳電掣的高科技列車，被美國遠遠地拋在了後面。二是銀行不斷受到新增不良資產的困擾。通貨緊縮是不良資產的製作高手。日本銀行在泡沫經濟的衝擊下幾乎破產，而 90 年代的通縮又催生了大規模壞賬。日本銀行雪上加霜，面臨大量虧損、資本不足的困境。三是實體經濟萎縮。四是加劇了二元經濟。國內需求不足，推動了出口和離岸經濟的繁榮。

市場力量自身無法破解通貨緊縮。為了破解通貨萎縮，日本銀行（央行）實施了低利率甚至零利率的政策和增加貨幣供應量的金融政策。由於投資者、消費者和銀行都偏好貨幣，央行增加的貨幣供給量大量滯留在銀行，沒有進入經濟體系中。日本在這種流通性陷阱裡，爬不出來。**市場這雙「看不見的手」，解不開通貨萎縮的連環套。只有政府這雙「看得見的手」，才能擰斷通縮的循環鏈。**這一點，連新自由主義的經濟學家弗里德曼都不得不承認。他認為，在通貨萎縮的情況下，只有政府用直升機撒鈔票才能解決問題。美聯儲主席有相似的看法。他們這些觀點，建立在一個共同的前提上：市場解決不了通貨緊縮問題。然而，日本在漫長的通貨緊縮中，一直試圖通過市場改革來解決通縮問題。

三、改革強化了隨危機起舞的「現代銀行」行為

破解通貨緊縮的關鍵是銀行，然而**市場化的銀行體制具有與危機共振的作用。**不僅不能破解通縮，反而加劇通縮。在銀行體制改革以前，銀行受日本大藏省指導，是重要的反危機工具。在經濟衰退時，大藏省可以指示銀行增加貸款。那個時候，

銀行還是企業財團的中心，經濟困難時，銀行會通過增加貸款的方式和整個財團共渡難關。改革前的銀行具有反週期功能。日本金融改革的核心是構建「現代銀行」，把銀行推向市場，給銀行注入利潤動機。**在利潤動機的推動下，銀行不僅完全喪失反週期的功能，而且出現嚴重的週期偏好，與經濟週期共振。**經濟泡沫時期，銀行追求過度的風險，導致信用擴張過度、泡沫擴張；泡沫破裂時期，銀行又追求太少的風險，導致信用萎縮、危機深化。進入衰退以後，日本政府沒有採取任何措施解決新型銀行體系的這種問題，反而通過新的改革使之更嚴重。

日本銀行是資產泡沫的主要製造者，給資產泡沫提供了源源不斷的皂液。資產泡沫的破裂對日本銀行的打擊尤為沉重。大量的房屋貸款和其他投機貸款成了不良貸款，這種不良貸款在數量和規模上遠遠超過了改革前銀行為發展經濟所積累的不良貸款。大規模的不良資產，使整個銀行業處於破產的邊緣。經濟衰退和通貨萎縮，又給銀行帶來新的不良資產。日本銀行資本率下降，風險承受力下降，大規模收縮信用，出現嚴重的信用萎縮。日本經濟一下子從投資旺盛跌落到投資不足的陷阱裡。

銀行體制改革將銀行與實體經濟剝離開來，經濟發展不再是日本銀行的直接動機，它的直接動機是追求利潤。在改革以前，日本的大銀行作為大財團的中心，主要任務是服務經濟發展。在日本經濟高速發展時期，這些銀行為推動經濟發展，大量發放貸款。許多貸款的依據不是產業的短期經濟利益，而是其長期的戰略價值，相當多的貸款是為了支持新技術的開發和新產業的興起。日本銀行曾經是創新的推動機。改革以後，日本銀行成了利潤中心，追求利潤成了其首要衝動。面對通縮的風險，出於利潤考慮的日本銀行大量收縮貸款。企業利益和社會利益發生了矛盾，而進一步的市場化改革加劇了這種矛盾，導致信用的進一步萎縮。信用萎縮帶來的另一個副作用是貸款的逆向選擇。新高科技產業由於投資長、風險大，常常貸不到款。而傳統企業由於與銀行有既成的借貸關係，銀行為了確保這種既存貸款不會變成呆壞賬而不得不把這種貸款向前滾動。

「現代銀行」的這種與危機共舞的特點，在危機時需要政府大規模的、不同形式的干預，尤其是非市場的干預，才能恢復銀行的貸款衝動。日本從 20 世紀 90 年代來，幾次進行大規模的金融全球化改革，使日本銀行面臨更大的市場壓力和利潤壓力。這些改革不僅沒有解決「現代銀行」偏好週期的問題，而且加重了

這些問題。

四、進一步的市場化改革導致經濟發展的政策失落

在日元升值、日本實施一系列市場導向的改革以前，日本經濟政策的主題是通過產業保護推動經濟發展。在外部強制性拆掉保護主義、推動以市場化改革以後，日本經濟政策的主題實際上變成了貿易。以保護主義為特點的經濟發展戰略因保護主義的消失，讓位於以全球化為主的貿易導向。在美國的產業戰爭下，日本放棄了長期行之有效的產業政策。發展還是貿易？日本無奈地選擇了貿易。缺乏有效的產業政策，沒有將反危機、反通縮同經濟發展結合起來，是日本長期不能走出通縮的另一政策性原因。

在通縮壓力下，一般的提高總需求的政策公式達不到預期的效果。只要通縮存在，消費者就會繼續推遲消費，投資者就會繼續削減投資，銀行就會繼續不願發放長期貸款。政府的財政支出是總需求中唯一可能的增量，大量和持續的財政赤字是對付通貨萎縮的主要手段。但是，假如沒有結構性變化，財政赤字創造的那部分總需求增量，只能彌補短期總需求的不足，無法解決通縮這種結構性危機。**單純的財政赤字只是一塊投入水中的石頭，在激起一陣漣漪以後就沉入水底，水面復歸平靜。結構性的通縮，必須通過經濟內生需求的增長來克服。**赤字支出如果不同產業政策結合，就達不到持續性效果。通過赤字支出培育新的經濟增長點，推動新型產業的產生和發展，並輔之以政策優惠和補貼，以提高民間投資的利潤預期，刺激投資慾望，導致經濟內生需求的增加，才能克服通縮。然而，這需要非市場手段，需要產業政策。如果日本能利用國內一般價格下降的時機，以政府主導強力推動能夠提高國際競爭力的產業，如科技產業，也許可以催生一大批新型產業，帶來新一輪投資高漲，從而將日本從通縮中推出來。但是，這種政府主導的產業戰略不符合市場原則，既得不到國際如美國的支持，也會遭到國內市場經濟迷信者的反對。

歷屆日本政府既沒有克服這些障礙的政治意願，也缺乏克服這些障礙的政治實力。結果，日本在依靠市場力量克服通縮的迷宮裡徘徊了十幾年。它的反通縮赤字財政以增加總需求為目的，而不是以經濟發展為目的。反危機沒有和謀發展結合起來，形成了巨大資源浪費，徒增許多笑話。赤字支持只問能否增加總需求，不問是否有經濟價值。例如，在同一座山裡建兩個圩堤，一個廢棄，一個幾乎廢

棄。反危機的成果是一大批沒有經濟價值的工程的誕生。赤字完成，衰退依舊。

五、出口導向導致流血的二元經濟結構

日本經濟漫長的衰退，是經濟全球化，具體地講是出口導向帶來的直接後果。美元經濟和日元經濟構成了日本的二元經濟。**在日本經濟漫長的衰退中，美元經濟繁榮，日元經濟萎縮；離岸經濟繁榮，在岸經濟萎縮；出口繁榮，內需衰退。美元經濟的繁榮是以日元經濟為代價的。美元經濟（離岸經濟）吸走了大量的貨幣供應和資源。** 由於國內市場不振，美元經濟似乎更加重要，日本政府大力推動全球化，推動出口，推動企業的對外投資。在信用萎縮的情況下，美元經濟得到了大量貸款。大量的經濟資源和貨幣供給被導向到美元經濟裡，結果內需經濟貨幣供給不足，資源不足，進一步萎縮。美元經濟越繁榮，內需經濟越萎縮。內需經濟的血，支撐着美元經濟。二元經濟結構加深了日本國內的內需不足，包括投資不足和消費不足，導致價格下降、利潤降低、投資意願低落、資金短缺等，結果是衰退和通縮依舊。

二元經濟對通貨緊縮還有另一個貢獻：美元經濟的相對繁榮，導致美元儲備不斷攀升。過度的美元儲備對日元構成了升值的壓力。為了避免升值，日本銀行不得不實施日元的零利率或低利率的政策。通過零利率（低利率）避免日元升值的政策與大量美元儲備所帶來的市場力量是矛盾的、不均衡的。在這種情況下，市場選擇了讓日元真實匯率上升的方式。考慮到物價水平的下降，所謂通縮就是日元的真實購買力上升。根據購買力等差的理論，日本的通縮是日元真實幣值相對於美元的上升。也就是說，市場以通縮的方式變相實現日元的升值。

為了避免日元進一步升值，日本銀行將日元利率持續維持在低水平上。從1971年到1995年間，日元的名義利率平均低於美元利率約4個百分點。1995年以後，這種差別依然在3~5個百分點之間。這種利率差別雖然可以降低日元升值的壓力，但刺激了美元經濟，導致了美元儲備的上升。也就是說，日本國內貨幣供應的相當大一部分變成了美元經濟的投入，最終變成了美元儲備，從而導致日本貨幣供應的不足。貨幣供應不足導致經濟萎縮和通貨萎縮。

六、出口導向導致日元升值的市場預期

出口導向導致日本的美元儲備一直很高，導致日元升值的市場預期。1971-1995年那二十多年的貨幣拉鋸戰，最終以日本的失敗告終。一場戰略決戰的失敗，導致了市場的深度預期。日本美元經濟繁榮，對美出口不斷增長，美元儲備急劇

增加，形成了對日元持續升值的壓力和預期。這種預期導致美元湧入，美元儲備繼續上升，日元升值壓力更大。日元升值的壓力，導致了通貨萎縮的壓力。這種壓力的存在，實際上是對日本政府穩定日元的信心的懷疑。日本和美國間的貨幣對壘，使市場認識到一旦美國經濟受到威脅，美國將會以相同的方式打擊日本的競爭力，迫使日元升值。在這種情況下，市場無法相信日本政府有能力「通過市場干預」穩定匯率。日元升值的預期，進一步加劇了日本經濟衰退的壓力。

七、出口導向導致產業鏈的斷裂和傳統企業財團的解體

日元升值導致成本上升、利潤下降。在海外市場的壓力下，為了降低成本，日本出口產業將零配件轉移到海外，導致日本許多出口產業，尤其是電子和汽車等產業出現產業鏈的斷裂。這種向海外轉移零配件的新模式，取代了日本長期存在的「分擔痛苦」的財團模式。企業自身的利益開始高於財團的利益，競爭取代了團體。而金融改革將銀行從實體經濟剝離，加劇了這種過程。產業鏈斷裂，出口產業不再是經濟發展的引擎；企業團隊的逐步解體，進一步加速了產業鏈的斷裂。創造日本經濟奇跡的財團體制和產業團隊精神開始消失。日本經濟缺乏走出通縮的微觀體制。

八、實際利率難以下調

在通貨膨脹的情況下，有時候名義利率為正，但實際利率可能為負。然而，在通貨緊縮的情況下，儘管名義利率幾乎為零，但是實際利率因一般價格的下降而為正值，所以一般的金融手段很難發揮作用。面對利率市場，政府無能為力。

九、資本輸出

金融市場的開放和日本銀行的長期低利率政策，導致一種特殊的資本輸出方式。日本為了對付經濟衰退和避免日元過度升值，實施了長時間的零利率政策，國際金融資本在日本以低利率借出日元，再換成其他貨幣，投資於其他國家貨幣，以謀取利率差。這種國際資本的大流動，導致日本銀行信用的大部分外流。日本銀行雖然不斷增發貨幣，但資本通過這種方式流出日本，導致長時期的、大規模的資本外流，使國內投資長期不足。

日本經濟航船迷失在經濟衰退的百慕大漩渦裡，至今沒有走出來。在漫長的十幾年中，不論這艘船處於什麼位置，日本經濟的羅盤始終指向全球化和出口導向。對市場經濟和全球化的這種癡迷，是造成日本經濟長期衰退的主要原因。日本必須改造出口導向戰

略，加強政府干預，放棄新自由主義的改革和政策，才有可能走出衰退。

日本全球化對中國的警示

　　布雷頓森林體系的崩潰，開啟了金融全球化的歷程。在美國的壓力下，日本開始了金融全球化的進程。世界範圍內的金融全球化，也隨着日本金融改革而迅速加快。日本開放外匯市場和開放債券市場的改革，是日本金融全球化的重要里程碑。《廣場協議》使金融全球化進程加快。再後來的大爆炸式改革，其核心是解除投行和商業銀行間的分隔，同時將整個金融體系對全球投資者進一步開放。隨着金融全球化，金融資本大規模從日本流進流出，國際私人資本在決定資本的流向中起到越來越重要的作用。這降低了日本政府和日本銀行（央行）對匯率控制的能力，同時大規模增加了國際投資者、投機者，尤其是來自於美國和歐洲的投資者的權力。

　　金融自由化對降低政府的控制、增加私人資本的權力和增加國際金融資本的權力有重大影響，從而改變了美國和日本的權力結構，使日本受到美國金融資本的控制。對美國而言，金融全球化、日本金融體系的開放和日本金融體系與美國金融體系的趨同，使美國投資銀行、銀行和其他金融機構、評級機構、共同基金、對沖基金、私募基金等對日本金融領域的影響產生了爆炸性的擴張。這些機構在日本、美國及亞太地區，扮演了更加重要的角色。在日本改革以前，日本的資本市場和貨幣市場基本與世界隔絕，日本政府基本能主導經濟和金融政策。金融全球化改變了日本政府和國際金融資本（機構）的權力關係。金融資本對資本流動的決定權的增加，導致日本金融主權的大量流失，削弱了日本政府和日本銀行主導經濟政策的能力。

　　日本金融全球化，導致美國對日本金融改革的要求不斷增加。美國金融機構比日本有競爭力。這些企業為了能更有利地在日本競爭，給日本政府和美國政府施加巨大壓力，要求日本進行更多的金融改革。結果是從 20 世紀 80 年代末期以後，美國政府、企業和學界高調要求日本進行全面的金融改革。這些改革要求涉及公司管理和組織、會計、金融運作、金融開放等。美日雙方展開了長期的拉鋸戰。美日的這種雙邊金融對國際金融有重大影響。這些壓力推動了日本「大爆炸」

式的改革，導致日本經濟的長期停滯。

　　金融全球化導致日本經濟的空心化。隨着日元升值，日本出現了大規模的資本外流，主要流向美國和亞洲。到了 20 世紀 80 年代中期，日本企業和金融機構可以自由地用任何它們認為恰當的貨幣，在海外發行債券，然後把債券籌集的資金兌換成日元。日本成了世界主要的資本供給者。到 80 年代後期，日本成了世界上最大的債權國。在 1996 年，日本 16.7% 的 GDP 是外國資產。許多日本企業在生產和消費方面成了真正的國際企業。日本外流的資本中，大約有 40% 到了美國，25% 流到了亞洲。曾經支持日本經濟起飛的電子業和汽車業在亞洲地區建立了自己的生產網，導致國內空心化。日本許多企業的產品不再主要在日本生產，這導致日本進口增加。從 1990 年到 1996 年，日本進口增加了 40%，1995 年日本在海外生產的產品比從日本出口的產品多。[①] 資本外流和生產外流，使日本經濟進入了漫長的流血時期，導致國內投資嚴重不足和創新不足，經濟停滯。

　　20 世紀 90 年代，蘇聯已經解體。日本雖然同樣有戰略意義，但是遠不如從前重要。美國在蘇聯解體後，改變了對許多從前不得不依靠的國家的態度，如對南斯拉夫。冷戰結束以後，美國的戰略重心之一，是全球化和金融全球化。日本金融開放是世界金融全球化的重心。美國加大了推動日本金融改革的力度，大力推動日本的金融改革。有人還進一步責備日本政府沒有採取果斷措施，沒有按市場原則讓問題銀行大批破產。日元升值和金融改革，導致日本出現了大量的問題銀行。許多銀行從經濟角度看，處於破產邊緣，或已經資不抵債。假如日本當時讓許多問題銀行破產，一方面會打擊信心，導致更大的信用萎縮，導致更嚴重的經濟衰退；另一方面，競爭力更強的美國金融資本，將通過廉價收購破產銀行、低價收購破產銀行的資產（破產後價格更低）和開設新銀行的方式，乘機填補大批銀行破產留下的空白。這些低價購進別人資產的外國銀行，可以通過在日本市場上以更低的價格大量拋售這些資產的方式，攪亂日本金融市場，導致更多的銀行破產，將日本拖入一種「破產—拋售—破產」的惡性循環中，打擊日本的整個金融體系，讓日本金融體系破產。在那種情況下，日本極可能爆發大規模的金融

---

① Ellis S. Krauss, T. J. Pempel, *Beyond Bilateralism,* Stanford University Press, 2004, pp. 23-24.

危機，類似於亞洲金融危機的危機。所以讓大量銀行破產，將是日本崩潰的開始。現代金融體系有一種自我循環機制，一旦開啟，這種循環機制即將通過投資者的恐慌而自我強化，很難破解。為什麼會這樣？假定日本讓大量問題銀行破產，對日本金融體系的衝擊至少有三波：第一波，破產導致問題銀行大量資產被拍賣，導致整個金融體系內部同類資產大量貶值。第二波，用 20 日分的價錢買下了 1 日元價格的資產，為了攪亂日本金融體系，在亂中獲益，可以轉過身來在市場上用 10 日分的價格拋售。這樣的拋售將導致許多日本企業擁有的類似資產進入新一輪大量貶值，導致資本不足，最後破產。第三波，破產導致更多的資產拋售，導致第三輪資產貶值。一旦這種情況發生，市場將出現恐慌性拋售，日本金融系統將進入惡性循環中，直到崩潰。現代金融提供了許多對沖和衍生工具，使投機者有可能在這一讓日本經濟崩潰的過程中，不僅分毫無損，還會獲益。

　　日本離大崩潰曾經只有一步之遙。

　　日本在金融改革和反衰退中，雖然不得不採納別人提出的許多錯誤的建議，卻拒絕了別人關於讓大批銀行破產的建議。關鍵問題上，日本堅持住了。否則，日本出現拉美、東南亞一樣的後果，不是不可能。在經濟和金融全球化的外衣下，國際金融體系帶給一個國家的脆弱性是難以想像的。一個國家的經濟命運，往往取決於決策者某一項看似無關緊要的選擇。風險之高，不能不讓人捏把汗。希望中國在金融體系的構建上，獨立自主，獨立思考，如履薄冰，如臨深淵。

第五篇

中國——
避免被全球化打斷
現代化進程

按中國目前 GDP 對美國市場的相關度，中國經濟已經深陷美國市場陷阱。中國對美國低端市場的高度依賴，使中國經濟喪失了獨立性。

全球化和新自由主義是發達國家給發展中國家尤其是試圖挑戰它們的發展中國家量身打造的枷鎖。有人說全球化是歷史的必然，是「普世價值」。**全球化從來不是歷史的必然，而是資本對世界實現「三位一體」統治的方式，是「新殖民主義」。**

國家博弈，利益至上。實力是劍，道義是枷。中國要堅持自己的道路，不能迷信新自由主義的價值觀。放棄國家實力之劍，戴上「普世價值」之枷，將價值優勢拱手送人，按別人的利益要求走路，是國家博弈的大忌。

中國的崛起在許多方面和美國的崛起相似。朝鮮戰爭類似於美國的 1812 年戰爭，世貿條約類似於美國的《傑伊條約》，海南撞機事件類似於 1807 年的攻船事件。不同的是歷史順序。美國是傑伊條約在前，然後是攻船事件，然後是 1812 年戰爭在後。中國則是參加朝鮮戰爭在前，然後是世貿條約，然後是撞機，這種歷史順序勾畫了從內向到外向發展戰略的演進。

在國家博弈中，市場、貨幣、金融體系、技術，甚至國際金融經濟組織都是重要的博弈手段。從第二次世界大戰以後的歷史看，美國經濟關係的重點是把美國的低端市場、美國的金融體系、美國的技術和美國主導的國際經濟組織（世界銀行、IMF、WTO）等，作為維護美國霸權的重要戰略武器。像美國這樣的大國和霸權，國際經濟關係從來就是維護其霸權的手段和工具。隨着其相對經濟實力的變化，隨着其具體經濟環境的變化，其處理國際經濟關係的具體手段會有變化，但是，萬變不離其宗，美國追求的是國家的經濟利益和戰略利益。

由於中美經濟關係對中國的巨大意義，中國當前的國際經濟環境主要由中美經濟關係界定。指導美國對華經濟政策的戰略核心是美國利益，而美國的最高利益就是維護其霸權地位。美國霸權地位的基礎是美國的經濟霸權。所以，美國在世界經濟交往中的核心價值不是別的什麼抽象價值，不是其他國家的發展，而是它自己的霸權。無論它是圍堵別人，還是按自己的利益需要把別人融合在以它為主導的世界經濟體系裡，念茲在茲的是如何最大限度地實現其國家利益。

從中美經濟關係的角度看，中國現在面臨嚴酷的戰略挑戰。這些挑戰嚴重威脅着中國的經濟安全，甚至國家安全和國家統一。假如中國不能扭轉目前的這種戰略劣勢，中國的發展戰略目的的實現、中國的現代化、中國經濟的獨立自主和中國在政治上的完全獨立都將面臨巨大的挑戰。

第十四章
美國大戰略和中國經濟的全球化

　　中華民族素有憂患意識。近代以來，中華民族的這種憂患意識更加強烈。1949 年後，中華民族為了國家的獨立和安全，在強權圍堵之下，進行了一場經濟崛起。在那個年代，經濟戰略是國家總體戰略的一部分。那一代的戰略家們從國家安全的角度，在 960 萬平方公里的土地上規劃經濟大佈局。大手筆的經濟縱深、區域佈局、產業佈局和貿易戰略，無不體現出國家博弈的戰略。在對外交往中，總是把國家利益放在第一位。在國家利益中，安全利益高於一切抽象的原則。經濟交往從來未曾高於國家安全利益。中外歷史告訴我們，貿易戰略必須考慮國家安全。一個國家對外經濟戰略是總體戰略的一部分，對國家的經濟安全、財富安全和整體安全有重要意義，必須從屬於國家的安全戰略，服務於國家總體戰略。必須從國家博弈的大格局來定位經濟交往，交往是博弈的一種戰略手段。

　　美國對華戰略一直有兩個方面：實用主義的限制和自由主義的融合。有人認為，只要和美國的商業利益加深，就可以讓美國放棄實用主義的圍堵戰略。有些迷信全球化的人最後到了麻醉自己的地步，居然迷信商業利益可以贖買霸權戰略。在這個世界上，**沒有一個理性的強國會為了商業利益而放棄實力博弈。放棄實力博弈而獲得的商業利益，必將得而復失。**敢於博弈又有實力博弈的國家，才可能從弱者和無知者那裡獲得更多的國家利益。**不要希望商業利益可以贖買對手，讓對手放棄圍堵戰略。贖買不是通向崛起之路，而是通向危機之路。**商業承諾從來就是軟承諾，而只有安全承諾才是硬承諾。商業上的融合和安全上的擠壓，屬於國家戰略的不同層次，追求的都是相同的戰略目的。美國在獨立後曾經希望以商業利益的融合，來化解大英帝國對美國海洋權力和主權的侵犯。然而，不平等的《傑伊條約》並沒解除大英帝國對美國的圍堵。霸權的最大利益是維護霸權，任何新強權的興起都是對霸權的潛在挑戰。世界上有什麼樣的商業利益可以讓霸權放棄防止新強權興起的努力？

實用主義和自由主義

美國在國家博弈中，國家利益至上。美國不是一個從「普世價值」出發的國家，任何價值都必須符合國家利益。為了強大，美國曾經從自由貿易走向保守主義；強大以後，為了尋求世界霸權，又由保護主義走向自由貿易；20 世紀 80 年代以後，為了維持和擴大霸權，又大力推行全球化。國家利益是美國戰略選擇的支點。

第二次世界大戰以後，在國家博弈場上，美國創造了人類的奇跡。兵不血刃，收編歐洲，演變蘇東；在全球化旗幟下席捲拉美，折服日本，衝擊東南亞，左右許多國家的經濟發展戰略；在反恐戰爭中，推翻薩達姆，進入南亞；通過「橘色革命」進入俄羅斯戰略腹地，通過巴爾干戰爭壓縮俄羅斯戰略空間。美國不僅在實力博弈上攻城略地，而且在價值體系上也十分時尚。20 世紀 70 年代以後，全球化成了世界潮流，成了不分國情、不分歷史條件的普遍真理。以推銷美國體制為特點的全球化，在許多國家裡掀起了一波又一波「精英」們的狂熱。美國體制和美國價值，對許多人產生了迷信一般的吸引力。20 世紀 80 年代以後，人類歷史上出現了一種奇特的現象：有些人在反對一種形式的絕對真理時，卻把全球化和新自由主義當成絕對真理而頂禮膜拜，甚至到了不顧自己國情和國家利益的地步。對許多人而言，那些「普世價值」、那些絕對真理高於國家利益，高於大多數人的利益。

美國是如何取得這種戰略成功的？美國的這種成功是來自於幸運還是戰略？還是二者兼而有之？美國有沒有大戰略？

美國能夠成為唯一的超級大國，既源於歷史提供的機會，也源於深謀遠慮的戰略。美國的大戰略的根本出發點是國家利益。正如有位美國總統所指出的，捍衛美國的國家利益，是「神聖的使命」。在美國崛起以前，美國的大戰略是保護主義和孤立主義，專心地搞好自己的事情，霸氣地拒絕歐洲列強對美國和美洲事務的干涉。第二次世界大戰以後，作為超級大國，美國的大戰略是建立和維持其世界霸權。這種戰略有兩個方面：實用主義和自由主義。不管是實用主義還是自由主義，國家利益是根本出發點和歸宿。瞭解了這一點，那些常讓有些人疑惑的所謂「多重標準」現象就有了答案。有許多人指責美國在民主、貿易和反恐等方

面表現出多重價值觀。**其實，美國的戰略從來就不是多重的，只有一個價值尺度，那就是國家利益。同一類型的現象對國家利益影響不同，就有不同的態度，採取不同的行為。美國值得學習的地方，不是新自由主義，而是這種捍衛國家利益的一貫立場。**第二次世界大戰以後，在美國主導下建立了許多國際框架。在這些框架裡美國沒有放棄國家主權，不僅如此，在所有的國際框架內都實際上起着主導作用。這兩種戰略，如同拳擊家的兩個拳頭，彼此配合，組合出擊。在國家博弈場上，這兩個拳頭不僅用於對手，也用於盟友。

實用主義戰略建立在權力制約的基礎上。在一個權力相互制約和平衡的國際體系中，霸權能得到最有效的運用，享有不可挑戰的地位。實用主義戰略強調權力平衡和實力計算，關心的是實力的此消彼長，是戰略態勢的相對變化。這種戰略在尼克松的許多著作中有很深刻的闡述。尼克松認為，兩個對等的強手在一起，才有和平；以強抑弱必然導致戰爭；（美國）建立世界上最強大的軍事力量，是防止戰爭最有效的手段；和平必須是有尊嚴的和平，妥協退讓換來的和平不是持久的和平；只有永恆的利益，沒有永恆的朋友。國際關係是由利益和實力，而不是由友誼和意識形態來界定的。基於這種實用主義的大戰略，美國在任何時候都把練就一雙鐵拳當成國家利益的基本保障。在兩霸對抗時是這樣，在冷戰以後也是這樣。那種自毀長城的事——例如荷蘭在 1648 年大規模裁軍的行為——不會發生在美國身上。基於實力計算，美國對那些足以對實力消長帶來長期影響的戰略之爭寸步不讓。在關鍵問題上，不會因為對手強大而畏懼退縮，也不會因對手弱小而掉以輕心。

實用主義大戰略主張對對手實行對抗和圍堵。在第二次世界大戰以後，對蘇聯採取對抗戰略，同時通過提供安全保障、援助、市場進入和技術等，換取西方盟國對其在後勤、外交、經濟和軍事上的支持和協同。

實用主義不僅針對對手，也針對盟友。在盟友之間維持平衡和制約，使它們中的任何一位都不可能在世界範圍內和區域內挑戰美國的地位。在日本挑戰美國時，按下日本；在老歐洲有些不太順從時，大力拉捧新歐洲；在歐洲大陸和英國之間，長期和英國維持特別的戰略關係，分化歐洲。以日本為例，冷戰以後，日本依然是美國在東北亞的主要安全支點，是美國針對俄羅斯和中國的戰略支點。一個軍事上弱小的日本不符合美國利益，然而一個強大的日本同樣不符合

美國利益。冷戰以後，日本的政治企圖越來越強烈，既想成為亞洲地區的經濟盟主，又想合法地重新武裝自己，還想成為聯合國常任理事國。作為超級大國，美國的利益是維持現狀。任何試圖改變現有秩序的要求，無論來自對手，還是來自盟友，都是對其霸權的挑戰。對日本的經濟訴求，美國大力推動日本的金融全球化，打擊其高科技，全面削弱日本經濟的競爭力；對其入常的願望，先是口惠而實不至，後來乾脆消極對待；對日本重新武裝的企圖，允許甚至鼓勵日本加強防衛力量，支持日本修改和平憲法，到後來鼓勵日本出兵伊拉克。由於歷史原因，日本這些步驟導致亞洲國家對日本的強烈反彈，日本在亞洲更加孤立。這種孤立加深了日本對美國在政治上和安全上的依賴，日本進一步成為美國的戰略棋子。日本想成為亞洲經濟盟主的想法、想成為政治大國的想法從此成了泡影。其實，第二次世界大戰以後，為了長期控制日本，孤立日本，將日本牢牢拴在美日雙邊關係中，美國就一直利用日本和亞洲國家的宿怨，時不時放鬆一下對大日本情緒的控制，讓日本和亞洲鄰國摩擦不斷。再以英國為例，昔日的大英帝國常常陶醉於過去的權力夢幻中，希望在國際舞台上重溫舊夢。英國的外交戰略是利用與美國的特殊關係，來增加自己在世界舞台上的份量，美國也長期與英國保持這種特殊關係。這種特殊關係既分化了歐洲，又削弱了英國在歐洲的影響力。昔日帝國在與今日帝國的聯姻中，實際上部分失去了獨立的影響力，成了美國的小夥伴。英國在歐洲的影響力越下降，越需要借助與美國的關係。

這種圍堵對手、制衡盟友的實用主義戰略，是現代帝國術。

自由主義戰略側重於改變對手。通過將對手融入互動的多邊關係中，讓別人接受現存的秩序和規則，推動別人的市場化、民主化改革，通過改變對手達到維持現有國際政治和經濟秩序的目的。在容納對手時，通過修改遊戲規則來進一步約束對手。在這些國際秩序、機構和多邊關係中，美國利益佔主導地位。這種自由主義戰略的目的，是將對手引導到符合自己利益的發展道路上。交往是為了達到對抗達不到的目的；融合是為了實現圍堵實現不了的目的。當對抗和圍堵不能消滅對手時，就用交往和融合消化對手；當飛機和坦克不能摧毀一種競爭性體制時，就用資本市場和全球化來拆散那種競爭性體制；當只靠實力不能最大限度地實現自己的利益時，就依靠「普世價值」。有人認為，**自由主義戰略有三個方面：「開**

放」（opening up）、「融入」（tying down）和「捆綁」（binging together）。[1]

　　「開放」是自由主義戰略的第一個特點。早在 19 世紀，美國就對中國提出「門戶開放」政策。這種「門戶開放」政策，在圍堵戰略失敗以後，再次成為一種重要的戰略手段。20 世紀 80 年代以後的「開放」戰略，就是全球化。從國家戰略的角度講，就是要通過全球化，在對手國家中培養獨立利益集團，通過這種利益集團實現戰略目的。具體地講：一、通過「開放」和全球化（貿易、市場和投資等）在對手的國家中培養和建立獨立的利益集團。這種利益集團隨着實力的增加，為了自己利益而尋求經濟政治上的權力，從而成為衝擊甚至摧毀對方政治經濟體制和社會結構的主要力量，成為推動經濟政治全面自由化的主要力量。二、通過全球化培養特殊的利益集團。這種利益集團是全球化的受益者，與國際金融資本和美國有多種利益相關，從而成為推動全球化的主要力量。在全球化過程中，有些開放程度很高的國家就形成了利益集團。這種利益集團大量掌握各種資源，成了改變現行體制、推行新自由主義、推動全球化的主要力量，甚至成為某些大國和國際金融資本的利益夥伴。在這種利益集團的推動下，關於要不要實行全球化、要不要實行放任自由的市場經濟的爭論，不再是理念之爭，而是利益之爭。他們從自身利益出發，從攻擊體制，到攻擊體制代表的公平和正義，進而到攻擊追求公平和正義的弱勢群體。為了自己的利益，他們喪失了獨立思考的能力，思想僵化，教條主義盛行，把放任自流的市場經濟、把全球化推崇為絕對價值或絕對真理，當成「普世價值」。正如當年美國南方種植園主的利益，後來成了美國保護主義的障礙一樣，這種利益成了國家經濟獨立自主和社會公平的障礙。

　　「融入」是自由主義戰略的第二個特點。其核心就是**有條件地將對手納入各種國際框架內，使其接受和承認既存的國際規則和規範**，承認現有的國際秩序，承認這種秩序代表的權力和利益結構，接受這種國際秩序的價值基礎。

　　「捆綁」是自由主義戰略的第三個特點。這個戰略的特點就是**在多邊關係中，將有競爭關係的不同國家彼此融合在一起**。NATO 就是這樣的例子。在北大西洋公約組織中，法國和德國這樣的傳統夙敵，終於走到一起。

---

① Ellis S. Krauss, T. J. Pempel, *Beyond Bilateralism,* Stanford University Press,2004, pp. 42-44, 92.

實用主義和自由主義戰略，彼此配合，相輔相成，雙管齊下，形成了一個完整的大戰略。在這種大戰略下，交往和對抗並用，容納和圍堵結合。**在冷戰以後，美國對中國採取的就是這種實用主義和自由主義相結合的大戰略**。瞭解這種戰略全景，是瞭解中國經濟發展戰略、瞭解中國國際經濟環境的關鍵。

實用主義的對華戰略

中國目前幾乎算是世界上最開放的國家。這種「最開放」的格局究竟符合誰的利益？要回答這個問題，必須瞭解中國是如何被整合進世界的，必須瞭解美國對中國實施的大戰略，必須瞭解中國是在什麼樣的國際環境中「開放」的。冷戰以後，美國對中國的大戰略包括實用主義和自由主義兩個方面，二者相互依存。有些人往往只看到交往的一面，而無視別人真實的戰略意圖，陶醉於別人故意營造的兩國一體化的幻覺中。

一、實用主義的區域戰略

冷戰以後，維持亞太地區現狀和防止潛在對手，是美國利益的根本要求。鞏固和擴大現有的安全機制，建立以雙邊和多邊關係為特點的多軌道、多形式、多層次的安全機制是美國亞太安全戰略的主要特點。美國在亞太地區的安全設想包括建立「自願的聯盟」（aliance at will）和「安全社區」（security community）。在繼續深化與日本、澳大利亞和韓國的雙邊軍事同盟的同時，以多種形式恢復和加強與泰國、菲律賓、越南和新加坡等國的軍事關係，建立涵蓋台灣的導彈防衛系統。這種排斥中國的安全機制，形成了從日本開始，沿太平洋南下，包括澳大利亞在內的安全網；事實上形成了對中國的戰略圍堵鏈。在涉及中國核心利益的問題上寸步不讓，從戰略上長期牽制中國。例如南海問題和台灣問題。在東南亞大力渲染「中國威脅」，無視中國主權，鼓勵某些國家侵犯中國南沙群島，阻撓中國以果斷措施解決南沙問題，增加與東南亞各國的軍事合作和在該地區的軍事存在。[①] 在中國西邊的阿富汗、巴基斯坦和印度都可以看見其戰略意圖。在印度和

---

① Richard Sokolsky, Angel Rabasa, Carl Richard Neu, *The Role of Southeast Asia in U. S. Strategy toward China,* United Sates Air Force, Chapter 2/3.

巴基斯坦相繼跨入核門檻後，該地區對中國的地緣安全非常重要。2006年美國總統布殊訪問印度，進行核合作談判。隨後國務卿賴斯與澳大利亞和日本進行安全方面的談判。在離開華盛頓前，她指出中國是該區域的「負面力量」。[①] 在緬甸則力圖推倒現政權，左右緬甸局勢，壓迫中國西南部戰略空間。

二、實用主義的糧食和石油戰略

美國前國務卿基辛格在談及國際政治經濟關係時曾經這樣講道，控制了石油，你就可以控制所有國家。控制了糧食，你就可以控制所有人。[②] 糧食、石油和貨幣是如此重要，以致基辛格親自為美國制定糧食戰略。第二次世界大戰以後，世界上有許多推動發展中國家糧食自足的計劃。但是，20世紀70年代以後，在新自由主義的世界體系裡，在新的世界糧食戰略中，糧食自足的計劃被世界糧食市場所取代。美國推動建立了世界糧食市場。發達國家一方面對內大規模實施農業補助；另一方面限制發展中國家對自己的農業實施補助。發展中國家對世界糧食市場的依賴加深。糧食變成了一種用來幫助朋友、對付敵人的武器。卡特總統的國務卿布熱津斯基1997年出版了一本書《大棋局》（*Grand Chessboard: American Primacy and Its Geostrategic Imperatives*）。他在這本書中指出，只能讓中國成為區域強權，堅決不能讓中國成為世界強權。**阻止中國成為世界強權的要素是，減緩中國經濟發展，限制對中國的能源供給，推動中國對糧食進口的依賴，增加中國內部的緊張和衝突。**他認為，能源、糧食和內部動盪可能成為防止中國崛起的重要因素。布熱津斯基是促進中美關係正常化、承認台灣是中國一部分的關鍵人物。然而，正是他不希望中國統一。中國統一「將降低美國在東亞的政策存在」。他主張美國必須介入未來的台海衝突。[③] 那些相信美國條約的誠意的人，以為中國和美國可以變成「中美國」的人，應當讀一讀布熱津斯基的書。**布熱津斯基指出，對付中國的武器，還包括人權、民主和投資。**布熱津斯基在同一本書中指出，由於中亞地區的石油、天然氣和礦藏資源，它對美國具有巨大的經濟利益。他認為，在中亞應當防止中

---

① http：//www. dailytimes. com. pk/default. asp?page=2006%5c03%5c12%5Cstory-12-3-2006-pg4-7.

② http: //www. newswithviews. com/Spingola/deanna 75. htm.

③ Zbignew Bzrezinski, *The Grand Chessboard: American Primacy and Its Geostrategic Imperatives,* 見 http://sandiego. indymedia. org/media/2006/10/119973. pdf, p.197.

國和俄羅斯對美國利益的妨礙。美國通過反恐進入了中亞。美國可能會從伊拉克撤軍，卻會加強在阿富汗的存在。

對美國來說，控制石油是控制世界的手段。世界上兩個巨大的發達國家都是資源貧乏的國家，依賴石油進口，這兩個國家就是日本和德國。控制了石油就控制了這兩個國家。美國希望中國步它們的後塵。美國入侵伊拉克，壓制伊朗，控制中東，涉足中亞，其長遠戰略目標十分明顯。以伊朗為例，伊朗是中國主要石油來源之一。中石化於 2004 年與伊朗簽訂了 700 億美元的合同，開發伊朗石油。布殊總統時期的伊朗政策中的中國因素，非常明顯。

三、實用主義的核戰略

2002 年 1 月 8 號，美國布殊總統呈遞給國會一篇題目為「核武器展望」（Nuclear Posture Review）的報告。在這篇報告中，美國從 20 世紀 70 年代尼克松和中國交往以來，第一次將中國單獨列為潛在對手。報告指出，在中國和台灣的衝突中，美國可能會對中國使用核武器（America and China）。美國在大規模發展戰略核武器的同時，還大規模發展戰術核武器和精確武器，建立特殊部隊收集核打擊目標的信息等，並公開表明：在必要的時候，在美國利益和美國朋友的利益受到威脅時，將首先使用核武器。[①]

為了壓制中國，從 20 世紀 90 年代以來，發生了一連串大規模侵犯中國主權的事件。在這些事件中一次又一次試探中國的戰略底線、反應方式和壓力極限。隨着這種總體戰略底線的試探，美國同中國打交道的姿態越來越高；對中國入世談判的價碼越來越高；對中國融入國際體系的條件越來越苛刻；對中國提出的單方面合作的要求越來越多；其在亞洲的安全佈局，越來越不顧忌中國的反應。**這一系列事件就是「銀河號」事件、李登輝訪美、美國航母開進台灣海峽、轟炸中國駐南聯盟使館、海南撞機等。**

「銀河號」事件發生在 1993 年。「銀河號」是中國遠洋運輸（集團）總公司廣州遠洋運輸公司所屬的全集裝箱貨輪。1993 年 7 月 7 日，該船按計劃在天

① Charles J. Moxley Jr.,2002 *Nuclear Posture Review Strategic and Legal Ramifications,* April 16,2002. pp.1,12,21,23，見 http://www. nuclearweaponslaw. com/2002_NPR_Moxley. pdf.

津新港上貨後起航，途經上海—香港—新加坡—雅加達，預計 8 月 3 日抵達位於波斯灣的迪拜港卸貨，然後去沙特阿拉伯的達曼港和科威特港。美國從 7 月 23 日起，指控「銀河號」貨輪裝有硫二甘醇和亞硫酰氯兩類製造化學武器的原料，要求中國政府立即制止，否則，就要制裁中國。「銀河號」被迫長期漂泊在公海上。其間美國軍艦、戰鬥機、直升機和偵察機不斷近距離示威。中國對美國的無理要求提出了強烈抗議。最後，美方得以登上相當於中國領土的「銀河號」，不僅檢查了中國貨物，還檢查了第三國貨物。結果證明，美方指責沒有根據。美國通過實力壓力，終於達到侵犯中國主權之目的。這是一個標誌性事件。「銀河號」事件還表明，建立在海外貿易基礎上的經濟，是脆弱的經濟；自由貿易基礎上的繁榮，是脆弱的繁榮。「銀河號」事件彰顯了「外向型發展戰略」的戰略弱點。

「銀河號」事件不到兩年，美國批准當時的台灣領導人李登輝訪美。這是中美建交後，台灣最高層領導第一次訪美。李登輝在出任台灣領導人以後，獨立的傾向日趨明顯。在這種情況下，李登輝和美國都想挑戰中國的台灣底線，測試一下李登輝有多大戰略空間。為了捍衛中國的領土完整和主權，中國中斷了兩國高層次的工作關係，在台灣海峽進行了導彈演習。美國為了表明捍衛台灣安全的決心，派航空母艦駛入台灣海峽。雖然事後中美兩國修復了關係，但是美國並沒有承諾不再批准台灣領導人訪美，反而進一步強調和平解決台灣海峽兩岸關係的要求。鑒於統一台灣對中國的重要性，阻撓中國統一台灣，是遏制中國最有效的手段之一。美國處理台灣問題，頗類似美國內戰時期英國和歐洲列強對南部邦聯的態度和方式。不同的是，在美國的堅決反對下，英國和歐洲未敢公開出售武器給南方。美國堅稱這是內部事務，堅決反對英國的介入和調停。

1999 年，美國轟炸中國駐南聯盟使館，炸彈扔到了中國（使館）頭上。再下來就是海南撞機。與這一連串事件相應的是，美國製造了許多干預中國內政的牌：不僅有台灣問題，還有西藏、新疆、人權、貿易和投資等。美國西藏歷史學家湯姆·格倫費爾德（Tom Grunfeld）指出，美國從 1950 年就開始策劃西藏的秘密叛亂。後來又通過大量提供訓練、提供資金和裝備的方式推動西藏叛亂。在 1959 年，還多次對西藏空

投軍火。1959 年達賴出逃以後，美國每年給達賴集團和達賴個人提供大量的資金。[①]

這就是實用主義戰略的核心。只有在這個大戰略下，才能準確理解所謂交往政策的實質，才能理解經濟戰略。經濟戰略只是國家戰略的一個部分。在圍堵的大戰略下，可不可能存在一個扶持中國發展的經濟戰略？有沒有真正互惠互利的經濟關係存在？全球化符不符合中國的利益？所謂的「中美國」的實質是什麼？美國經濟戰略的目的是什麼？只有把交往政策、把中國融入世界的過程、把中國加入世貿的條件、把全球化放在這個大戰略的圖景中，我們才能看清它的實質，才不會犯瞎子摸象的錯誤，才會有效地捍衛國家利益。

中國經濟是如何整合進世界的？

美國對華戰略的另一方面是自由主義戰略。概括起來就是「交往」，主要是經濟上的交往。圍堵和交往都是實現戰略目的的手段。**為了捍衛神聖的國家利益，必須透過交往的酒杯，看到對方實用主義戰略的實質。**美國經濟交往戰略的核心就是推動中國全球化，推動中國市場化和私有化改革，把中國經濟發展引導到符合美國利益的軌道（不是符合中國利益的軌道）上。**圍堵是國家博弈的方式，交往也是國家博弈的方式。**有時候，經濟交往就是經濟戰爭。人類發展的過程是一個交往的過程，但是交往中有國家利益。交往本身並不重要，重要的是交往的過程、交往的條件和交往的目的。我們透過中國加入 WTO 來瞭解這種交往的性質。

中國融入世界的過程是一個艱巨而不平等的過程。**2001 年 11 月 12 日，中國簽署了世貿條約。這一天將作為中國和外部世界關係的標誌性日子而進入歷史。這個涉及 13 億中國人民長遠利益的條約，不僅以不平等的條件打開了中國的廣義市場，還以同樣不平等的條件干預中國經濟主權，**要求中國深化一系列新自由主義體制的改革，全面改變政府的性質和功能，強化市場和私有企業的作用和地位。全面的新自由主義將會給中國帶來更大的貧富懸殊和更大的社會痛苦。美國有人認為，在十幾年的秘密談判中，中國談判代表之軟弱和讓步之多，在許多方面比 150 年

---

① Ben mah, *America and China,* Political and Economic Relations in the 21st Century, pp.132-134.

以前的中國談判代表表現得還差。①

　　漫長的入世談判有幾個關鍵的轉折點。中國於 1986 年正式申請恢復 GATT 的席位。GATT 還為中國復關建立了工作委員會。在最初幾年，中國復關談判似乎進展順利。但是到了 20 世紀 90 年代初期，由於蘇聯東歐集團的解體，西方國家幾乎共同採取了對中國的嚴厲立場，拒不承認中國發展中國家的地位，不願給予中國發展中國家享有的條件。中國 1970 年代恢復聯合國席位，是發展中國家努力的結果。按毛澤東的話講，是第三世界把中國抬進了聯合國。然而，僅僅在十多年以後，中國和發展中國家的關係發生了微妙的變化。在入世談判中，許多發展中國家沒有站在中國一邊，它們同意對中國進行具有歧視意義的區別對待。沒有得到發展中國家的支持，是中國入世談判的主要敗筆，使中國在與西方強權的艱難談判中倍感孤立無援。中國和大國交往，沒有得到大國的平等對待，卻失去了許多第三世界的朋友。中國失去發展中國家待遇是中國入世談判的第一個挫折。中國本來是一個發展中國家，當時是，現在也是。這本來就不是一個談判的問題。

　　到了 1994 年烏拉圭回合以後，GATT 變成了 WTO。在美國的主導下，西方國家增加了對中國的要價，包括知識產權的保護、體制和政策改革、金融服務、農業等關鍵領域。入世不再是簡單的貿易問題，而成了別人推動中國私有化和市場化改革、放棄產業保護的經濟戰爭。從 1994 年開始，西方國家就把中國內部的經濟改革、經濟政策和經濟結構等內政問題當成了談判內容。中國經濟發展方向、發展道路、中國十幾億人民福利、幾千萬國有企業職工的利益、幾十萬家國有企業的前途、幾十年積累起來的國有資產，都成了別人放在談判桌上的籌碼。中國的經濟主權，成了別人爭奪的對象。關係中國前途的許多決定，居然是在與強權的談判中界定的！有些國家居然通過入世談判，把手伸得長長的，伸進了中國經濟內政，儼然一副當家作主的樣子。西方把中國融入世界體系的目的，就是要按照新自由主義的「華盛頓共識」來改造中國，想通過 WTO 把中國推向私有化、放任自流的市場經濟、放棄產業保護、喪失科技創新能力的道路上。

　　1999 年，美國把炸彈扔在中國駐南聯盟大使館，當時的中國總理訪問美國，

---

① Ben Mah, *America and China,* Political and Economic Relations in the 21st Century, p.12.

進行讓美國「出氣」的外交。然而，美國總統在最後一分鐘，拒絕了中國入世的雙邊協定。最後中國終於入世，但是中國被迫在幾乎所有實質性方面放棄了發展中國家的地位。中國作為世界上最大的發展中國家，卻不是以發展中國家的身份入世的。中國入世承諾，可以分為兩大類：一類是市場進入。通過大規模降低關稅和廢除非關稅壁壘，更大程度地開放中國的市場，承諾允許外資進入中國的服務領域，主要是銀行和金融領域；另一類是行為規則。它規定了中國同世界其他國家打交道的方式。

在這場談判中，美國實際上主導了西方對中國採取不斷強硬的立場。美國宣稱，只有在其所主張的苛刻條件下，才會支持中國入世。中國是按符合美國利益的條件，而不是符合中國利益的條件入世的。早在 1990 年，美國貿易代表就節外生枝，越過工作小組，採取單邊主義，告知中國，最後文件必須包括許多工作小組沒有討論的問題。十幾年的談判過程表明，這種不平等的交往與圍堵實際上沒有什麼差別，實際上就是另一類形式的圍堵。

中國融入世界的條件是苛刻而不平等的條件，中國入世協定不是一個簡單的貿易和商務協定，裡面有很深的戰略用心。 從美國歷史上看，美國有在商務協定下追求國家戰略的傳統。例如 19 世紀初期和大英帝國簽訂的《傑伊條約》、1818 年戰爭的條約、19 世紀下葉和中國簽訂的那些「門戶開放」的條約等，從來不是單純的商業條約。在談判和簽訂這些商務條約時，眼睛不能只看是商業利益，腦中不能只想商業利益，要有大戰略。世貿條約透出了什麼大戰略？

糧食戰略。 在許多敏感農產品上，中國被迫接受的關稅水平甚至低於日本水平，中國還承諾開放重要農產品市場。像小麥、玉米、大米、大豆和棉花等關係國計民生和國家安全的產品上，中國做了大量的承諾。[①] **美國為了自己的利益，不惜犧牲中國 8 億農民的利益，要求中國不給農業出口提供任何補貼，要求中國承諾對國內農業的補貼遠遠低於其他發展中國家，要求中國改革糧棉供銷體制。** 美國卻對自己的農場提供大量的補貼。美國和其他發達國家每年對農業出口提供數十億美元的補貼，卻要求中國降低農業關稅，廢除國內農業補貼。中國農民人口眾多、收入相對低

---

① Nicholas R. Lardy, *Integrating China Into the Global Economy,* p.79.

下，農業依然是中國最重要的產業，發達國家對中國農民的這種歧視，很難說沒有別的戰略用心。假如中國嚴格遵守關於農業的條款，將導致更大的分配不公，甚至導致社會不安。**WTO 針對中國農業的條款，是影響中國社會安定的不公平條款。**中國有 13 億人口，糧食問題從來是中國的戰略問題。**限制中國農業政策的目的，是要讓中國失去糧食自給能力，依賴世界市場。**布熱津斯基指出，中國社會內部的緊張和糧食是制約中國崛起的重要武器。對中國農業的施壓，可以一石二鳥。

安全戰略。電信產業一直是美國的戰略產業。現代戰爭中，打擊一個國家的最有效方式就是打擊其通信系統，癱瘓其指揮協調系統。通信系統是關係國家安全、保密和公民私有權的關鍵系統。通信系統是一個國家的神經中心。讓外國人控制通信系統，將危害國家安全。美國在兩次伊拉克戰爭和巴爾干戰爭中，都首先集中打擊對手的電信系統。**美國從來不允許外國企業加入美國的通信系統，卻要求中國允許外國企業對中國通信產業擁有高達 49% 的份額！**假如中國嚴格遵守這一條款，將給中國安全帶來長遠的隱患，將直接影響中國的安全獨立。WTO 針對中國通信產業的條款，是涉及中國安全領域的不公平條款。安全戰略還表現在對高科技的壟斷和壓迫中國實施高科技零關稅上。在日本一篇中我們已經看到，美國是如何看待國家安全和高科技的。打擊中國高科技上的自立，就是直接打擊中國防務能力的提高。

金融戰略。中國被迫承諾全面開放中國的金融和銀行體系，實行金融全球化。金融全球化導致數以萬億計的國際金融資本在不同國家間自由流動，增加了私人資本的自由和權力，降低了各國政府的金融主權和經濟主權，**尤其是削弱了發展中國家政府（央行）對匯率控制的能力和監控資本流動的能力，**大規模增加了國際投資者、投機者的影響。尤其是美國投資銀行、商業銀行和其他金融機構、評級機構、共同基金、對沖基金、私募基金等在世界金融體系中的控制作用越來越重要。**金融全球化將徹底改變中國和美國的關係，美國金融資本的權力將越來越大。**拉美、日本和其他發展中國家的教訓表明，金融體系全球化程度越高，宏觀經濟穩定越脆弱；金融體系越開放、越脆弱，金融風險的可能性越大。**在以美元為主導的開放的金融體系中，其他國家的金融體系注定是不安全的：**（1）美元是安全貨幣，一有風吹草動，大量資本就會流向美元。從這個角度看，其他貨幣永遠可能是金融資本狙擊的潛在對象。（2）美元基本不具有匯率風險，而其他貨幣則面臨巨大的匯率風險，以及由此產生的債務風險。這更加深了美國金融體系的安全性和中國金融體系的不

安全性。（3）由於美國資本市場規模巨大，而國際游資又主要是美元，國際游資對美國的衝擊相對較小；而中國由於資本市場規模較小，國際游資的自由進出將對中國的資本市場和金融體系帶來巨大的衝擊。（4）這些國際資本的中心主要在美國，這些國際游資又主要受美國金融中心支配。在金融全球化的條件下，美國有能力通過金融資本發起對中國的金融戰爭。（5）由於美國金融企業（在危機以前）實力雄厚，可以通過掠奪式競爭來搶佔中國金融市場，打擊中國金融機構。中美金融體系的這種不對稱性，注定中國應當建立一種不對稱的金融體系——一種強調政府管制的金融體系，而非全球化的金融體系。在這種不對稱下，金融全球化對中國而言，是一次無法獲勝的戰爭。

　　技術戰略。世貿條約從三個方面打擊中國的科技發展：（1）知識產權保護。（2）西方強迫中國同意將進入中國市場和技術轉讓分開。在入世以前，中國要求進入中國市場和投資中國的外商，必須對中國轉讓技術和實現某種程度的產業國產化。**在世貿條約下，進入中國市場和對中國投資，不再受到技術轉讓和零部件國產化的限制，不必提供相應的研發投資。這迫使中國第一次以公開的、國際法的形式同意放棄通過開放政策獲得先進技術的發展戰略。**這項條款，撕破了全球化所有溫情脈脈的面紗，外資進入中國市場和投資中國的目的只有一個：佔有中國市場。以上兩條，**實際上把西方國家對中國長期的技術封鎖合法化。**（3）打擊中國科技創新。一方面通過世貿條約為對中國的技術封鎖提供法律基礎，另一方面毫不手軟地打擊中國在關鍵領域內自主知識產權的開發。例如，中國曾在 2004 年宣佈在中國境內採取 WAPI 標準。採用這種新標準，一種不同於美國的標準，將有助於在這個領域內形成中國自主技術和知識產權，破解西方的技術壟斷。西方國家的五大跨國公司（摩托羅拉、AMD、英特爾、諾基亞和思科）擔心在新標準基礎上形成的中國自己的知識產權，會打破它們在中國的專利和知識產權優勢，從而打破它們對中國市場的控制，馬上開始公開抱怨。布殊政府和國會開始施加巨大的壓力，甚至威脅終止對中國的芯片出口。最後迫使中國放棄 WAPI 標準。這一事件表明，所謂自由競爭是何等虛偽，西方跨國公司和政府為了打擊發展中國家的技術創新，為了自己的技術壟斷，居然直接干預中國的經濟主權，到了何等不擇手段的地步。

　　體制戰略。世貿條約最不平等、對中國的未來影響最深的是，西方企圖迫使中國實施新自由主義的改革，企圖使中國放棄政府對經濟的干預，實行放任自由的

市場經濟，實行私有化。這就是為什麼，十幾年的談判就是四個字「市場經濟」。
這種融合是一種體制戰爭。

中國遭遇的 WTO 歧視性交往

除了戰略用心以外，從經濟角度看，中國世貿條約是一個典型的不平等條約。
世貿承諾包括兩個方面：市場准入的承諾和規則方面的承諾。**中國在市場准入上被
迫承諾的條件，不僅遠比 WTO 的創建國苛刻，而且遠比 1995 年（WTO 創建年）以後加
入 WTO 的新會員國苛刻。中國對服務市場的承諾尤其廣泛。中國在規則遵守方面同樣被
迫承諾了非常苛刻的條件，這些承諾給予了別人不對稱的權力和機會來限制中國物品和服
務的進入。**這些承諾使其他會員國在中國產品進口大量上升時，得以隨意對中國實
行反傾銷起訴，而不必獲得任何有關中國傾銷的證據。世貿條約還反映了強權想
把中國長期限制在低技術陷阱裡面，讓中國永遠發揮落後的「比較優勢」的戰略
企圖。強權們通過 WTO 得到的，比通過堅船利炮得到的要多。對中國的歧視分
為長期性歧視和中短期歧視。前者主要是市場進入的歧視，後者主要是產業安全
和反傾銷方面的歧視。

一、歧視性的市場進入承諾

WTO 文件規定中國製造業的平均進口關稅到 2005 年必須下降到 8.9%，而阿根
廷、巴西、印度和印度尼西亞的依次為 30.9%、27.0%、32.4% 和 36.9%。中國還同
意將農產品的平均進口關稅降低 15%，遠遠低於日本的農產品關稅水平。世貿協定
還規定中國取消高科技領域的關稅，如計算機、電信、芯片、通信器材、計算機器
材及其他信息產品的關稅。這都是具有戰略意義的產業，它們將決定中國未來的科
技實力和創新水平，甚至國家安全。未來的經濟和軍事較量在很大程度上是高科技
較量，高科技是現代化的皇冠。在 20 世紀 80 年代，日本的高科技產業已經具有挑
戰美國的實力，然而，一場貿易戰爭使日本的高科技一蹶不振。放棄高科技領域的
保護，將使中國在相當長的時間內徘徊在低技術陷阱裡，長期成為別人高科技產業
的附庸，依賴別人的先進技術。這種一方面對中國實行技術封鎖，另一方面迫使中
國放棄技術產業保護的條約，究竟是什麼目的？我們需要這種全球化嗎？中國的崛
起能建立在低技術上面，中國未來的強盛能建立在別人的繁榮的高科技產業上嗎？

這種不平等的條約，反映了別人強加在中國頭上的國際分工：中國發揮落後的優勢，美國發揮高科技優勢。這種打擊中國高科技的條約，可能在短時間內帶給中國外貿出口的增加，但是只要這種條約存在一天，中國高科技的自主創新能力就被摧殘一天。中國開放的目的是什麼？為了開放而開放？美國在第二次工業革命時關稅高達40%，日本同樣是通過關稅保護而發展起來的。美國第一任財長早在18世紀末葉就指出，沒有保護主義，新的國家無法在現代產業上與發達國家競爭。

中國還被迫同意在過渡時期結束時，將所有關稅水平都降低到新的規定水平，並且將把關稅固定在那個低水平。美國貿易代表在談到這一點時，以勝利者的口吻說：「幾乎沒有國家做過這個」[1]。以印度為例，印度只承諾將關稅固定到規定關稅水平的3/2。那些做過此類承諾的發達國家，只承諾將關稅固定在規定稅率之上的某個水平。這種只承諾將關稅固定在規定關稅水平以上的做法，為未來大規模合法提高關稅提供了可能。中國被迫做出的這種法律承諾，完全封殺了這種可能。

中國的服務行業的承諾，遠比大多數WTO會員國的承諾要苛刻得多。中國承諾開放所有由WTO總協定所覆蓋的服務行業。世界上只有極少數國家做出過相似的承諾。更重要的是，中國在服務行業裡承諾的深度遠遠超過任何國家。美國貿易代表曾經指出，「實際上，中國的承諾比任何WTO會員國的承諾都廣」。中國在金融業上的承諾也遠遠超過所有別的會員國。中國承諾對外資金融機構的國民待遇比所有國家都多、都廣，而且這種承諾基本上是無所不包。中國在電話通信業上的承諾，也遠多於任何其他國家。

二、歧視性的產業安全

WTO的有關條款規定，假如一個國家在調查的基礎上發現，來自某個國家的進口的增加，已經導致或即將導致對進口國同類企業的嚴重損害，為了本國產業的安全，該進口國可以用進口配額或其他方式來限制這種進口。WTO的普通條款對這種「嚴重的產業傷害」有嚴格的定義，這種產業損害不能只用進口的增加與就業、銷售和利潤的同時下滑來解釋，該進口國必須證明，進口增加

---

① Nicholas R. Lardy, *Integrating China Into the Global Economy,* p.79.

和特定產業的損害間有因果關係。不僅如此，由於產業損害可能來自多種原因，所以該進口國必須證明，進口的增加至少是與其他原因同樣重要的原因。在這種原則上，排除了隨意性。而且，該進口國的這類進口限制，必須針對每個出口國，不能只針對某一特定國家。這是一個權利對稱的條款。但是，**這種保護締約國產業安全的普通條款，到了中國身上就被全部改寫。**這些改寫，體現了對中國的全面歧視。

　　歧視之一，從傷害（injury）到擾亂（disruption）──專門針對中國的低門檻。如前所述，WTO 的一般規定是只有當國內產業被進口增加所損害的時候，才能實施產業安全保護。但是，中國卻被迫承諾，只要從中國進口的增加擾亂了對方的產業，對方即可限制中國進口。限制進口的門檻被極大降低，隨意性大大增加。美國貿易法對產業擾亂和產業傷害的定義分別如下：產業擾亂是指「進口量的迅速增加，無論是絕對的增加還是相對的增加」；而對損害的定義則是，進口增加是「實質性損害的重要原因；或即將導致實質性損害的重要原因」。也就是說，只要從中國的進口增加，對方就可以採取行動。關於這種歧視條款，美國貿易代表指出，它「允許我們在最低傷害的基礎上開始行動」[1]，限制從中國的進口！

　　歧視之二，從平等到針對性──專門針對中國的中國條款（China Specific）。前面我們講到，一旦一個國家決定對某種進口產品實行配額或高關稅等進口限制時，這種限制必須對所有出口國家按比例實施。但是，在中國條款中，任何國家可以採取只針對中國的這種行為。美國貿易代表稱之為「中國條款」。這是嚴重歧視中國、違背 WTO 不歧視原則的條款。

　　歧視之三，從透明到隨意──專門針對中國的隨意性。WTO 普通文件規定，一個國家在做出這種進口限制以前，必須進行公開的調查研究，必須證明其相關產業被進口增長所損害。透明性要求相當高。這一過程包括政府調查、對相關各方的公開告示、相關方面的陳述和反駁等，調查結果和最後結論都必須公開。但是，在中國的 WTO 文件中，美國和其他國家不必進行這種高透明度的調查。進口國可以認定中國產品進口的增加擾亂了其國內產業，然後與中國政府協商，要求中

---

① Nicholas R. Lardy, *Integrating China Into the Global Economy*, p.82.

國實施自願的出口限制（違背 WTO 的一般要求）。在發出最初通知 60 天以後，如果中國政府沒有自動限制出口，則可單方面行動。

歧視之四，從立即報復到延期報復──**專門針對中國的報復條款**。WTO 普通條款規定，一旦進口國做出這種配額限制，出口國有權報復。出口國的一方有權要求實施進口限制的國家給予補償，否則，有權限制從對方的進口。中國的報復手段被大量封殺。WTO 的一般規定給予會員國立即報復的權力，而中國在某種情況下，在兩年內不能報復。也就是說，對手可以在兩年之內沒有任何後顧之憂的情況下，打擊中國出口。

歧視之五，從有限期進口限制到無限期進口限制──**專門針對中國的無限期打擊條款**。這項條款是在必要的情況下無限期打擊中國出口產業的伏筆。WTO 一般條款規定，這種進口限制一般只有三年，最多不得超過八年。並且一旦這種限制付諸實施，進口配額必須逐年增加。而可以對中國無限期實施下去。一旦對中國產品實施配額限制，中國 WTO 文件沒有規定任何要求對方取消這種限制的時間表。

歧視之六，從一國到多國──**專門針對中國產業的圍堵條款**。在中國入世文件中，有一個圍堵中國產業的中國條款。這個條款已經偏離了貿易糾紛。該條款規定，一旦任何一個國家對中國實施這種進口限制，世界上的任何其他國家，只要它認為由於中國面臨這種限制，會導致中國對其出口的增加，都有權利要求與中國政府協商要求中國自我限制對該國的出口。中國政府必須在 30 天內做出答覆。60 天內，假如中國政府沒有做出滿意的答覆，該國家可以對中國實施貿易限制。這個條款的目的不再是保護進口國的利益（例如美國利益），而旨在保證一旦（美國）對中國出口實施打擊時，其他國家有權跟進，對中國實施類似的打擊，實現圍堵中國產業、打擊中國產業的目的。這是一個明顯的政治條款。

以上歧視條款，將在中國入世後 12 年的過渡時期內有效。

三、歧視性的反傾銷條款

WTO 的普通條款規定，假如一個國家的出口產品的售價低於「正常價」，而且這種傾銷導致了或可能導致對進口國家產業的「實質性」傷害，進口國家可以通過高關稅反擊「傾銷」。WTO 對所謂的「正常價格」定義為國內價格或第三國價格。與「產業安全」條款一樣，進口國必須證明「傾銷」對其產業導致了或可能要導致「實質性」傷害。美國在同意中國加入 WTO 時，按照自己的貿易法把

中國經濟定義為非市場經濟。這種非市場經濟地位，對中美經濟博弈的影響非常大。美國認為，由於中國是非市場經濟，價格扭曲，不僅產品價格扭曲，原材料的價格也扭曲。所以，對中國產品而言，所謂「正常價格」既不是國內銷售價格，也不是在第三國的銷售價格。為了計算中國產品的「正常價格」，美國商務部要求中國廠商提供一份詳盡的生產產品的原材料清單。然後，美國根據這些原材料在所謂「市場經濟體」中的價格來計算中國產品的直接成本，再加上管理、市場和銷售等費用，而計算出中國產品的價格。在 20 世紀 80 年代，美國就是用相同的辦法對付日本的芯片產業。按照這種計算方法，只要美國願意，可以將所謂「比較利益」帶給中國的好處全部化解掉。這種歧視，在中國入世後 15 年有效。

世貿條約中的這些歧視性條款，有的將會在 12~15 年中自動失效，有的將會長期存在。**問題的實質不只在於這些具體的歧視，而在於這些歧視體現的戰略目的，在於這種歧視背後的戰略關係。**這種戰略用心是為了幫助中國實現現代化，還是為了延緩中國實現現代化？這種戰略關係符合中國利益，還是符合別人的利益？中國應當長鳴警鐘，記住這類所謂交往的實質，看穿全球化的本質。

俄羅斯給中國的啟示

那些不瞭解美國實用主義和自由主義兩手戰略的人，應當回顧一下 20 世紀 90 年代俄羅斯的歷史。**20 世紀 90 年代發生在俄羅斯的事情，給俄羅斯帶來了巨大的痛苦。西方尤其是美國通過圍堵和交往，對俄羅斯實施了長時間的「去現代化」過程。瞭解這種過程，不僅可以瞭解交往戰略的實質，也可以瞭解「普京道路」的緣由。**

蘇聯解體以後，美國和西方政府雖然放棄了冷戰，卻加大了對俄羅斯的戰略擠壓的力度。西方不僅沒有解散北約，而且還乘俄羅斯微弱之時擴大北約。先是大量吸收前華沙條約國，後來又要接受蘇聯的加盟共和國。北約的戰略前沿不斷前移，把戰略縱深推進到俄羅斯邊界。與此同時，通過兩次巴爾幹戰爭想把俄羅斯的影響從歐洲、從巴爾幹徹底擠出去。在北約擴大的同時，美國積極支持歐盟的東擴。在擠壓俄羅斯戰略空間的同時，鼓勵俄羅斯內部的分裂傾向。在俄羅斯獨立以後，21 世紀以前的一系列權力下放改革，導致俄羅斯內部離心傾向加強，在這種背景下，車臣戰爭對俄羅斯有特殊的歷史意義。如果車臣最終獨立，將同

當年波羅的海三國的獨立一樣，成為導致俄羅斯分裂的第一張牌。然而，西方和美國卻對俄羅斯打擊車臣分裂主義的努力百般指責和干涉。在俄羅斯周圍則鼓勵顏色革命，扶持親西方的勢力。不僅如此，再後來根本不顧俄羅斯的反對，要在波蘭等國建立導彈防禦基地。假如導彈防禦系統建到了俄羅斯的家門口，俄羅斯的戰略威懾力將大大削減。20 世紀 60 年代初期，蘇聯在古巴部署導彈，幾乎引發美蘇間的核戰爭。由此可見，在俄羅斯的鼻子下建立這個系統的戰略含義。

布熱津斯基在 1997 年出版的那本書中指出，如果北約和歐盟不東擴，「歐洲將不再是美國強權的歐亞橋頭堡，不再是民主的全球體系在歐亞擴張的跳板」[1]。他當時就強烈主張把中歐擴進北約，儘管這樣會在俄羅斯內部激起恐慌、敵意和孤立的感覺。他宣稱，不如此，將「導致美國領導地位信譽的喪失……將重新點燃俄羅斯目前處於冬眠和正在死去的對中歐地緣政治野心」[2]。簡而言之，乘人之危，將對手徹底壓制住。關於烏克蘭，布熱津斯基是這樣說的，「沒有烏克蘭，俄羅斯不再是歐亞帝國」[3]。這就是為什麼美國和西方會大力支持烏克蘭的顏色革命。

那是實用主義的一手。與此相應的是交往的一手。交往的目的是從內部摧毀俄羅斯。蘇聯崩潰以後，美國政府立即派出了一批哈佛經濟學家作為俄羅斯經濟改革的顧問，在俄羅斯推進激進的經濟改革，一種符合美國戰略利益的改革。這項改革建立在「華盛頓共識」的基礎上，是以市場化、私有化為基本特色的改革。而這些改革導致了俄羅斯經濟的「去現代化」。與此同時，為了推動俄羅斯全方位的改革，美國還提供了三億多美元的資助。這一系列由美國策劃和資助的新自由主義的改革，拆散了俄羅斯國有企業，廢除了俄羅斯大部分醫療保障制度，給俄羅斯經濟和人民帶來極大的困難。

這一切都是在交往的旗幟下，通過提供改革建議的方式進行的。美國政府在蘇聯解體以前就通過哈佛經濟學家影響俄羅斯。**1991 年夏季到秋季，隨着蘇聯的逐漸解體，哈佛大學經濟學家傑弗里·薩克斯和其他西方的經濟學家，在俄羅斯郊外的一個**

---

[1] Zbigniew Brzezinski, *The Grand Chessboard: American Primacy and Its Geostrategic Imperatives,* p.82.

[2] 同上書，p. 210。

[3] 同上書，p. 54。

豪華別墅與葉利欽小圈子裡的人進行會商，會商的主題是策劃俄羅斯的經濟政治前途。傑弗里‧薩克斯和蓋達爾——葉利欽經濟改革的首席設計師，一起設計（並向葉利欽）推銷「震盪療法」。這種讓外國顧問策劃一個國家核心經濟政策的做法，違背了國家利益。**俄羅斯的領導人沒有意識到，哈佛大學教授背後站着的是美國國家利益。**新自由主義的經濟政策，未必符合俄羅斯的利益，卻很可能符合美國利益。

1991 年 12 月，蘇聯解體。哈佛經濟學家為俄羅斯制定了一套新自由主義的改革方案。而這些改革方案的第一方案，就是讓俄羅斯放開價格。選擇放開價格為俄羅斯新自由主義改革的第一槍，有深刻的戰略考慮。為了讓俄羅斯一夜之間開放自己，實施「震盪療法」，西方給俄羅斯施加了巨大壓力。俄羅斯不百分之百開放，西方就不願提供多國貸款。俄羅斯長達十年的噩夢終於開始。1992 年 1 月 2 日，俄羅斯總統葉利欽宣佈俄羅斯開放外貿、市場、價格和貨幣。由於蘇聯及其計劃體制的解體，俄羅斯原有的經濟聯繫已經崩潰，而新的經濟聯繫尚未建立，在這種情況下，俄羅斯企業根本無法和大量湧進的西方企業及其產品競爭。大批俄羅斯企業虧損，甚至處在破產的邊緣。1992 年通貨膨脹高達 2500%。惡性貨幣貶值和通貨膨脹吞噬掉了俄羅斯人民所有的積蓄和投資，許多人一夜之間變得一貧如洗，許多潛在的投資資本瞬間蒸發。整個俄羅斯，除了極少數得到西方資助的人以外，從政府到機構，到個人，從此淪為赤貧。這場惡性通脹徹底摧毀了俄羅斯幾十年積累的國民儲備和銀行儲蓄，是一種自殺性的改革。在這場「震盪」中，只有俄羅斯銀行由於可以不斷濫印鈔票，加上 IMF 的援助，得以倖免。

這種**洗劫整個俄羅斯的「震盪療法」，為推動私有化、為國際資本洗劫俄羅斯、為打擊俄羅斯人民的精神和意志、為催生極少數寡頭資本提供了基礎：**（1）「震盪療法」一夜間放棄了政府對價格和經濟的管制，俄羅斯企業根本無法轉型，結果出現效益低下和利潤下降，甚至面臨破產。於是國際資本和俄羅斯內部的某些人開始指責俄羅斯企業缺乏競爭力，大幅度低估俄羅斯企業的價值。這為後來低價拍賣國有資產做了最好的鋪墊。（2）「震盪療法」導致俄羅斯貨幣惡性貶值，俄羅斯幾十年形成的財富惡性貶值，為國際金融資本廉價洗劫俄羅斯國有資產提供了機會。（3）由於一貧如洗，俄羅斯進一步依賴西方和美國的資助，這有利於美國通過提供援助，在俄羅斯進一步推動新自由主義改革。（4）俄羅斯政府進一步依賴金融資本的支持。對金融資本的依賴，導致了「貸款換股票」（loan for share）的私

有化過程。（5）除了一小部分人，俄羅斯人民一貧如洗，無力參加私有化。在「震盪療法」以後搞私有化，就是要把資本賤賣給極少數寡頭，這無疑是打開大門請國際資本到俄羅斯來洗劫。這場「震盪療法」為俄羅斯後來一系列掠奪性的改革奠定了基礎，也是理解後來的「私有化」等改革的關鍵，是理解俄羅斯被「去現代化」的關鍵。由於「震盪療法」帶來的後果，蓋達爾受到廣泛的圍攻，從而被邊緣化。先「震盪療法」、後「私有化」是打擊俄羅斯經濟的最佳戰略選擇。

　　「震盪療法」以後，克林頓政府希望迅速推進俄羅斯的政治經濟改革，進一步利用哈佛大學國際開發中心（Harvard Institute for International Development, HIID）推動俄羅斯的改革。這個中心成立於 1974 年，主要是幫助其他國家的社會經濟改革。HIID 與美國政府和世界銀行有廣泛的聯繫，與克林頓政府後來的財政部副部長薩默斯關係密切。取代蓋達爾的丘巴斯，與 HIID 的一群哈佛經濟學家關係密切。薩默斯稱他們是「夢幻隊」。這些哈佛經濟學家包括薩默斯成了推動俄羅斯私有化的主要力量。在後來的私有化改革中，由於國內的激烈反對，葉利欽總統主要用總統令來推行私有化。而許多這類總統法令，就直接出自某些哈佛教授的手。正如一位美國官員指出，「當我們（在推動俄羅斯私有化的過程中）需要總統令時，丘巴斯不用通過（俄羅斯）官僚機構。」[1] 言下之意，美國的教授直接代勞了（很有主人翁姿態）。克林頓政府為了按美國利益徹底改革俄羅斯，對許多代表美國利益的機構提供大量的資助。這些機構在俄羅斯的幾乎所有方面進行深入交往，全面介入改革。例如，美國當時的六大會計師事務所和大量法律事務所等機構在俄羅斯的運作都得到了美國政府的資助。克林頓政府通過廣泛的交往控制了俄羅斯政府，這種控制方式是通過援助在俄羅斯建立許多民間改革機構。丘巴斯在哈佛顧問、美國政府、世界銀行和其他西方人士的幫助下，建立了許多由美國援助和支持的「私有機構」，而哈佛顧問們同時也是這些機構的核心人員。這些「私人機構」構成了一個實力龐大的網絡，常常可以超越俄羅斯合法政府和議會。在葉利欽的支持下，這個網絡相當於一個影子政府。這類代表美國

---

① Janine R. Wedel, *The Harvard Boys Do Russia,* May 14, 1998, p. 2，http: //www. thenation. com/doc/19980601/wedel/2.

利益的俄羅斯民間機構，廣泛而深刻地影響俄羅斯政策。例如有的組織的職能從幫助俄羅斯建立與市場有關的法律和條例，到直接為俄羅斯政府起草法令。俄羅斯的聯邦證券委員會（Federal Commission for the Securities）也是一個類似的組織。它是通過總統令建立的，這個委員會幾乎完全依靠美國政府通過哈佛提供的資金而運作。俄羅斯私有化中心（Russia Privatization Center）同樣是一個由葉利欽總統令建立起來的民間的非營利組織。哈佛顧問是這個中心的董事。但是這個機構在其存在的時間裡，主要是幫助俄羅斯政府控制通貨膨脹和制定其他宏觀經濟政策，同時負責與國際金融機構談判貸款問題。這個機構從美國政府獲得 4500 萬美元，從世界銀行獲得 5600 萬美元貸款，從其他政府獲得了許多贈款。丘巴斯的哈佛顧問是俄羅斯私有化的主要設計者，同時又是主要受益者。

　　哈佛顧問對俄羅斯政府影響日益加深。克林頓政府決定趁俄羅斯經濟困難，利用援助和貸款的方式誘導俄羅斯的經濟政策，使之符合美國利益。在哈佛顧問的設計下，俄羅斯進行了私有化。**俄羅斯的私有化，是一個有意製造產業寡頭的過程。數以億計的美元通過私人改革機構，被輸送給俄羅斯新產生的資本寡頭，使他們符合美國利益。就是這些利益集團成了美國利益的代表，成了摧毀俄羅斯體制、經濟和制度的主要力量。**他們通過對葉利欽總統提供經濟支柱的方式來發揮巨大的作用。私有化的第一步是證券私有化。俄羅斯當時將大約相當於俄羅斯總國有資產 1/6 的部分在 1992-1994 年間私有化。俄羅斯政府給 1.44 億人發了股票購買證，持有人可以用它購買公司股票，也可以換現金。由於私有化以前進行了哈佛經濟學家所建議的「震盪療法」，整個國家幾乎破產，所有人的儲蓄都被剝奪乾淨，幾乎沒有人有能力參加私有化過程。在私有化過程中，只有那些有深厚政商資源的人、有權力背景的人、國際資本和有國際金融資本背景的人，那些哈佛顧問和公司的經理、董事（這些人通過截留海外利潤、不發工資、竊取利潤和扣留國家補貼的方式，籌措大量的資金），有能力從工人手中大量收購股權書，有機會也有能力參加國有企業資產的拍賣。當然，也有個別投機有方沒有背景的人脫穎而出。

　　私有化的另一個過程就是政府拍賣財產。在 1992-1994 年的證券私有化以後，俄羅斯政府還擁有大約 5/6 的國有資產。為了將這一部分私有化，俄羅斯政府在哈佛顧問的建議下，推出了一個「貸款換股票」的計劃。這個計劃的目的是要通過極其低廉的方式，將國有資產出讓給相關主體。「震盪療法」後俄羅斯財

政幾乎破產，葉利欽政府依賴俄羅斯銀行的貸款運作。這個計劃是這樣的：俄羅斯政府以國有資產作抵押向俄羅斯銀行貸款。由於「震盪療法」已經導致俄羅斯國有資產的價值急劇下滑，在這個基礎上國有資產又被進一步極端低估。貸款協定規定，假如俄羅斯政府不能在 1996 年歸還貸款，銀行將要拍賣抵押財產。到了 1996 年，這種拍賣開始。這種拍賣是一個極其腐敗的過程，進行拍賣的銀行可以參加競爭。為了壓低拍賣價格，拍賣往往只允許少數有關係的主體參加。參加拍賣的包括有背景的人士和對俄羅斯政府提供過金融資助的國際資本，甚至包括哈佛大學的投資公司。結果國有資產被以極低的價格大規模賣掉。像石油、冶金和通信等重要產業，通過這種內部人士的拍賣而被集中在 7 人手中。這種內部拍賣實際就是將國有資產送人。哈佛的學校基金和索羅斯等被允許參加這種拍賣。索羅斯最後成為俄羅斯第二大鋼廠的重要股東，並擁有 24% 的 Sviazinvest 通信公司的股票，同時擁有西丹科石油公司（Sidanko Oil）的股票，它的儲備量比殼牌公司大。這場私有化是無償改變所有權的過程。俄羅斯財產不僅大量落入少數寡頭手中，也大量落入國際金融資本手中。

私有化給俄羅斯帶來了什麼？這些改革摧毀了俄羅斯的經濟基礎，摧毀了俄羅斯的貨幣，國有財產損失高達 3000 億 ~4000 億美元左右。工人面臨大規模失業，實際工資下降 2/3，生活水平下降，男性的平均壽命下降五歲，衛生系統崩潰。大多數俄羅斯人在蘇聯崩潰以後，生活非常貧困。哈佛經濟學家建議的新自由主義的改革，除了產生一小群寡頭以外，別無收穫。這些寡頭又通過行賄和政治聯繫，將俄羅斯的財產大規模轉移到紐約等地的金融中心。莫斯科市長盧日科夫（Yuri Luzhkov）在訪問哈佛時曾指出，哈佛必須為俄羅斯的困境負責。

美國對蘇聯援助的協調員理查德・莫寧斯塔（Richard Morningstar）指出，

「假如我們沒有在那裡，為丘巴斯提供基金，我們能成功地贏得私有化戰爭嗎？可能不會。當你談論數億美元，你不可能依靠數億美元改變一個國家，但是你能提供有針對性的援助來幫助丘巴斯。」[1]

---

[1] Ben Mah, *America and China,* Political and Economic Relations in the 21st Century, p.191.

在這裡，我們只敘述了私有化。美國對俄羅斯經濟改革的「幫助」是多方面
的。例如 20 世紀 90 年代初期，布殊政府幫俄羅斯人運作債券市場，導致俄羅斯
損失幾百億美元，等等。

美國對俄羅斯的兩手──實用主義和自由主義戰略表明，二者相輔相成，為
了同一個戰略目的。以交往為特點的自由主義戰略，其目的是實現實用主義戰略
無法實現的戰略目標──摧毀俄羅斯經濟基礎。國家博弈猶如拳擊博弈，假如對
方是兩手出擊，而你只抵擋其中一隻，把另外一隻迎面擊來的拳頭當成一體化的
橄欖枝，你不被擊倒，那真是你的幸運。俄羅斯改革表明，國與國的交往中最重
要的是國家利益。葉利欽的時代是一個無政府主義的時代。外國勢力在俄羅斯成
立了許多非營利機構，在葉利欽的鼓勵下，這些非營利機構很多時候超越政府，
幾乎控制了俄羅斯政府的許多經濟和改革政策。就是這些外國資助的勢力，以推
進俄羅斯改革的名義把俄羅斯引向災難。**在這種歷史環境下，普京走到了歷史的前台，
實行獨立自主的經濟政策，擺脫外國經濟學家的控制，加強中央集權，加強政府對經濟的
干預，控制戰略產業，實行社會公正，壓制寡頭對政治的干預。在俄羅斯，普京是最早一
個對新自由主義說「不」的政治家，是一個視國家利益高於普世價值的人。**普京的這種
做法當然只符合俄羅斯的利益，不符合美國利益和西方利益，從而遭到了西方的
大肆批評。捍衛國家利益而受到對手的批評，對一個熱愛自己國家的人來說，是
一種崇高的榮譽。有些人就是在對手的吹捧中讓自己的國家解體的。不要畏懼對
手的批評，被對手批評是一件好事，不是壞事。

許多國家的歷史經驗表明，喪失獨立自主的交往，是屈從的交往。

崛起需要交往。越是交往越需要獨立。在統一戰線中保持獨立自主；在與蘇
聯的交往中保持獨立自主；在與尼克松的交往中保持獨立自主。交往不是目的，
在交往中實現國家利益才是目的。只有建立在獨立自主基礎上的交往，才是平等
的交往；只有平等的交往，才是互惠的交往。

第十五章
金融體系和發展抑制

　　全球化體系是金融資本主義的體系。在這個體系中金融資本佔據主導地位。金融資本在世界範圍內的自由流動，是金融全球化的核心。在交往的戰略中，將中國金融體系融入世界，使中國金融自由化，是發達國家的重要戰略目的。在世貿條約中，中國被迫承諾開放金融市場。中國金融體系是國際金融資本期待已久的最後一塊待開發地。金融體系的改革關係中國經濟安全，關係中華民族的復興大業。世界上所有的發展中國家和地區，很少有搞金融自由化成功的，而失敗的例子倒是不少。全球化是美元「制度尋租」的方式，是美國霸權的經濟支柱。**全球化有兩個相互配合的過程：出口導向和金融全球化。**它們是掠奪發展中國家的實物和財富的方式。國際金融資本通過殘酷的金融危機，使發展中國家走上了出口導向道路。**全球化一方面通過出口導向為發展中國家帶來了美元儲備；另一方面則通過金融全球化把這種美元儲備循環回美國。全球化創造了人類歷史上前所未有的實物和財富的循環過程，**使美國得以用全世界的資源和資本來維持它的世界霸權。金融越是全球化，資本越是自由流動，金融資本的統治越強，美國金融機構的權力越大，發展中國家在金融上就越從屬於金融資本。金融全球化改變了美國和發展中國家的關係。金融全球化的結果，是民族國家金融主權部分喪失。國際金融資本在資本自由流動中擁有越來越多的決策權，而發展中國家政府在這個問題上則越來越被邊緣化。金融資本的投機性質和金融資本自由流動的權力，極大衝擊着發展中國家的金融穩定，導致發展中國家的金融體系出現危機傾向。這種危機傾向迫使發展中國家進一步實施出口導向，進一步走向美元循環。金融自由化把發展中國家推向了這種惡性循環。金融自由化不是歷史的必然。金融資本主義內在矛盾決定，金融自由化注定要走向危機，走向「繁榮—破裂」的危機週期。擺脫這種危機的根本出路是國有化，或者嚴格的政府監管，或者兼而有之。然而，金融全球化卻

大力推動金融自由化，把金融自由化當成歷史的必然。金融自由化不是歷史的道路，更不是中國崛起的道路。全球化導致發展中國家的「虛擬增長和發展抑制」。出口導向和內向發展競爭資源，導致中國發展抑制。發展抑制導致實物和財富被大量無償輸出，導致內向發展受到抑制，是民族之痛。推動與主權脫鉤的世界貨幣的關鍵是「去出口導向」。

「預算軟約束」、「市場換財富」和美元的「制度尋租」

1973 年，「尼克松震盪」導致布雷頓森林體系解體，為金融全球化提供了前提。美元和黃金脫鉤，是劃時代的事件。它徹底改變了美國和其他國家的關係，改變了美國國際收支赤字的性質和作用。**在布雷頓時代，美元和黃金掛鉤，美國的國際收支赤字是美國的一種責任；而其他國家擁有的美元儲備是一種權利。**任何擁有美元儲備的國家，都可以用美元向美國換取黃金。美國向世界輸出的每一美元，都暗含着一種承諾——將來用黃金贖回。**美元和黃金脫鉤以後，美國向世界支付的美元不再具有內在價值，不再有任何實物擔保，**美國不再為贖回這些美元而擔心。而其他國家的美元儲備不再是一種可以向美國兌換黃金或任何實物資產的權利。美元和黃金脫鉤，**使美國成了世界上唯一一個可以無償向其他國家索取貨物、資源和產品的國家。**美國為了維持軍事霸權，從此可以無限制製造貿易赤字，不再受到承諾贖回的限制。美元和黃金脫鉤，使美國得以用外貿赤字來支撐財政赤字，支撐龐大的軍費開支。如果說在金本位時代，美國的外貿赤字從理論上講還多少受到黃金儲備的約束的話，美元和黃金脫鉤則徹底結束了這種約束。外貿赤字的這種軟約束，給美國財政支出帶來了「軟約束」。財政赤字的大小，完全取決於國家利益的需要。

美國成了世界上唯一一個享有免費印製世界貨幣特權的國家。從理論上講，美國的印鈔機可以無限制地印製美元，是創造財富的最佳手段。怎樣通過這些一文不值的美元創造財富，怎樣通過印鈔機創造無窮無盡的財富，成了一種全新的戰略考慮。在這種貨幣霸權的情況下，美國開始推行全球化，開始大幅度開放低端市場，開始無節制購買世界各地的貨物，實施更大規模的外貿赤字。全球化是美元「制度尋租」的重要戰略。美元「制度尋租」是美國霸權的基礎。它為美國政府的財政赤字、為龐大的軍費開支、為消費者獲得廉價產品，提供了免費的財

力支柱。在國家利益推動下，全球化作為一種陳舊的歷史現象，在 20 世紀 70 年代以後被重新捧成歷史的必然。全球化浪潮，開始席捲世界。

美國大規模的貿易赤字，必須建立在發展中國家出口導向基礎上。其他國家的出口導向和美國外貿赤字相互依存，是同一事物的兩個方面。沒有出口導向，沒有全球化，就不可能有大規模的外貿赤字。發展中國家將自己的發展建立在美國市場上；而美國則以不斷擴張的外貿赤字支撐自己的霸權。這種戰略交換，是建立在美元（沒有任何內在價值）霸權的基礎上的。假如美國必須為美元提供承諾，假如美元必須和黃金掛鉤，美國這種過度擴張的外貿赤字最終會導致自己的破產。沒有美元霸權，就沒有無節制的美國外貿赤字。沒有美國無節制的外匯赤字，就沒有發展中國家不斷增長的出口貿易，出口導向戰略就失去了依據。

全球化的過程是一個非常殘酷的過程，其殘酷性不亞於當年大英帝國用炮艦推行自由貿易。全球化是國際金融資本、發達國家政府和國際金融機構對發展中國家聯合洗劫的過程。

全球化作為20世紀70年代以後的國際經濟戰略，最早由「三方委員會」提出。三方委員會的背後推手是金融資本。推動全球化的核心是推動金融全球化。金融資本是推動金融全球化的西部牛仔，發展中國家是他們要攻佔的最後一片未開發地。國際資本通過在世界範圍內大規模洗劫的方式推動全球化，把發展中國家融入後布雷頓森林體系中。許多經濟學家把這種發展中國家，尤其是亞洲國家和美元的關係，稱為「布雷頓第二」。

在這一過程中，美元債務是重要手段：首先，通過 IMF、跨國銀行和其他金融機構，向發展中國家提供美元貸款。為了償還美元債務，這些國家不得不走向出口導向的道路，不得不將自己的貨幣同美元掛鉤，從而被納入美元體系。其次，通過殘酷的債務危機和金融危機，進一步打擊發展中國家金融和經濟的獨立性。在拉美和亞洲金融危機中，國際資本、IMF 和世界銀行，以及發達國家政府表現得異常冷酷，把弗里德曼的「金馬甲」強制性套在發展中國家身上，推行私有化和市場化，開放資本市場，削減公共開支，實施緊縮的財政和貨幣政策，導致許多國家危機加深、社會動盪、政權更迭。

當危機的塵埃最終落地，許多發展中國家的經濟一片廢墟。怎樣避免金融危機和貨幣危機，成了發展中國家經濟發展的頭件大事。這個時候，美聯儲主席格

林斯潘提出了「格林斯潘規則」（Guidotti-Greenspan rule）。格林斯潘呼籲發展中國家至少要積累相當於未來一年的外債總額的外匯儲備，他認為這是為防止類似的金融風險所必須購買的保險。

許多國家紛紛將自己的貨幣緊盯美元，開始盡量儲備美元，把外匯儲備當成穩定貨幣的基礎。其中也有些國家由於外匯儲備過高，為了維持匯率的穩定，大量購買美國政府債券。國際金融資本強加在發展中國家頭上的金融災難，成功強化了美元霸權。許多發展中國家為了美元而走上了出口導向的道路，走向了全球化。**出口導向導致美元儲備的增加。繼「石油美元大循環」以後，另一輪美元大循環開始了，這就是「赤字美元大循環」。許多發展中國家為了防止金融風險，儲備了遠遠高於「格林斯潘規則」水平的美元。**

美國是發展中國家最大的出口市場。美元儲備和出口導向結合，成了 20 世紀 80 年代，尤其是 1990 年代以後，發展中國家經濟發展的主要特點。發展中國家向美國輸送貨物，換取美元。美國作為世界儲備貨幣的唯一發行國，大量印製美元，支撐其外貿赤字。許多國家再把這種美元換成美國國債，通過國際金融體系將這些美元循環回美國。隨着美國霸權的物質需求越來越大，這種貨物和財富的循環規模越來越大，美國的貿易赤字和發展中國家的美元儲備越來越大，全球化的範圍和規模也越來越大。全球化為發展中國家帶來了越來越多的美元儲備，給美國帶來了越來越多的貿易赤字。

這種「市場換財富」的戰略，這種出口導向和「赤字美元大循環」，迅速把亞洲國家整合進全球化經濟體系中，為美國世界霸權、為其巨額財政赤字和軍費開支、為美國人消費水平的提高提供了財力支持。美國有理由傲視歷史上所有的帝國。歷史上有哪一個帝國能通過征戰、通過殖民地，獲得美國通過全球化獲得的一樣多的利益？**大英帝國用堅船利炮統治世界，美國用債務和自己的市場統治世界。**

人類歷史上那些大帝國，往往面臨大炮和黃油的經典困境。美國在 20 世紀 50 年代初期，也就大炮和黃油的選擇進行過爭論。要大炮還是要黃油，還是二者都要？爭論的結果是大炮和黃油都要。美國從此走上了「債務財政」的道路。而支撐這個債務財政的是美元霸權，就是美元霸權支撐的外貿赤字。外貿赤字是解決大炮和黃油兩難困境的工具。從那時開始，美國就開始實施以世界資源建立超級霸權的戰略。從某種意義上講，拖垮蘇聯的是美元，是美元帶來的全世界財富。

在兩霸對抗時期，盟友們通過儲備美元的方式為美國提供的安全保障買單。冷戰以後，傳統盟友對美國的安全需求減少了，尋求新財富來源的美國開始轉向發展中國家，通過推動出口導向和「赤字美元大循環」來解決那個經典困境。全球化為美國解決了「大炮和黃油」困擾。

全球化、新自由主義和私有化等，終於實現了美元「制度尋租」的夢想。全球化體現的經濟體制為美國打造了前所未有的「聚寶盆」，而美國霸權就建立在這個聚寶盆上。

全球化浪潮席捲亞洲和美洲，許多人被全球化的承諾和現實的反差震驚。全球化摧毀了民族國家的邊界，導致貨物和財富大規模從窮人向富人循環，從窮國向富國循環。發展中國家的資源、貨物和財富，源源不斷地被循環到發達國家。世界範圍的資本逆向循環導致窮國更窮，富國更富。亞洲經濟在全球化中迅速增長，然而，亞洲大量的財富被循環到富人和富國，亞洲有高達 60%、約 16 億的人口生活在貧困之中。世界上大多數最貧窮的人，生活在擁有高額外匯儲備的國家裡。全球化的世界依然如故：富國統治窮國，富人統治窮人。

這種大循環帶來了一體化。許多經濟學家認為，這種一體化中最突出的就是中美經濟的一體化。美國著名歷史學家、哈佛大學教授弗格森（Ferguson）把這種一體化稱為「中美國」（Chimerica）。弗格森在 2007 年的一篇文章中指出，**一體化的「中美國」由兩部分組成：西邊的「中美國」富有而快活，東邊的「中美國」則貧窮得多。**然而這兩部分彼此互補。西邊的擅長高科技、市場營銷和商務管理；東邊的專事生產（初級產品）。東邊的節約，把錢借給西邊的。東邊的一邊創造了許多外貿盈餘，然後又馬上通過政府間的手購買美國債券，把這些錢借給西邊的一半。在過去幾年裡，中國的外匯儲備以每年 2000 億美元的速度增長，到了 2007 年，幾乎達到 GDP 的 40%。[①] 有人估計，過去幾年中國是美國政府新發行債券的主要購買者。中國以極其低廉的價格為美國提供了超過三萬億美元的儲蓄！以市場和產業開放吸引外資的中國，其實是當今世界上最大的資本和國民儲蓄的淨輸出國。許多經濟學家認為，這種中美經濟關係是「布雷頓第二」的主要支柱。換句話說，

---

① http: //eh. net/press/WSJ. pdf, pp. 2, 3.

是新自由主義下美元霸權的主要支柱。這種「中美國」的實質，是貧困的東邊無償向富有的西邊提供實物和資本。

在弗格森的浪漫筆調下，「中美國」被描述為「天堂裡的婚姻」。這是一種什麼樣的「婚姻」？一種對誰有益的「婚姻」？

儘管中國向美國輸出了大量的貨物和財富，儘管中國為美國提供了價廉物美的產品和價格低廉的資本，「中美國」並不輕鬆。全球化沒有改變美國大戰略的實質。不僅如此，由於「中美國」為美國提供了大量的物力和財力支持，使美國有能力進一步強化其在亞洲的軍事存在。美國有人對中國帶有一種雙重的警惕：一種當年對蘇聯冷戰的警惕加上對日本經濟的警惕。2006 年的一項民調表明，美國人中對中國友善和不友善的各佔一半，3/4 的美國人擔心中國成為軍事強權[1]：（1）美國在東北亞的安全存在是為日本、韓國和台灣地區提供安全保障。美國冷戰後一直鼓勵日本重新武裝。假如在克林頓時期，美國私下和日本談判軍事條約，使美國東北亞的軍事存在實際上能夠覆蓋台灣；那麼布殊政府則直截了當地要求日本一同防衛台灣。[2]（2）中美間的經濟關係也很不輕鬆。2005 年 5 月 13 日，美國商務部宣佈啟動世貿條約中專門針對中國的歧視條款，限制中國三大類別的紡織品進口。2006 年 3 月底，兩個針對中國的法案被引入美國國會。一個法案指責中國違反了貿易規則，指責中國人為操縱匯率；另一個法案則威脅假如中國不使人民幣升值，將對中國貨物徵收 27.5% 的關稅。美國財政部也加入了這個大合唱，要對中國是否操控匯率進行評估。[3]（3）中美貿易戰爭一觸即發，等等。

全球化實現了美元「制度尋租」，「中美國」強化了美國霸權。

貨幣、全球化和霸權

目的和手段的矛盾，是歷史上的帝國普遍面臨的經典困境。

---

[1] Susan L. Shirk, *China: The Fragile Superpower,* pp.252, 264.

[2] Ben mah, *America and China,* Political and Economic Relations in the 21st Century, p. 101.

[3] 同上書，pp.199、201。

　　人類歷史上的所有帝國，都面臨帝國無限擴張同帝國有限資源的永恆矛盾。許多帝國在無限擴張的過程中由於受到資源的限制，往往在帝國鼎盛的時候忽然崩潰。以大英帝國為例，在 18 世紀的英法七年戰爭後財力匱乏，為了尋求額外財源而對北美殖民地徵收印花稅，結果導致了美國獨立戰爭。在第一次世界大戰後，大英帝國頂着戰勝國的光環獲得了許多託管地，帝國的版圖和勢力範圍達到了前所未有的巔峰。然而，帝國已經耗盡了國力，外面的架子雖然沒倒，但裡面已經空虛了。為了償還戰爭債務大英帝國不得不大量出賣海外資產，國力的衰退成了大英帝國退出歷史舞台的前奏。

　　蘇聯，在某種程度上，也是被過度的軍備競賽所拖垮的。

　　美元「制度尋租」和貿易赤字，為美國提供了破解困境的鑰匙。

　　1971 年翻開了美國霸權史上新的一頁。這一年是新帝國的開始。

　　外貿赤字成了美國追求國家利益的有效手段，美國可以通過外貿赤字，不受約束地利用世界資源來追求帝國利益。

　　每當美國在戰略上大規模擴張的時候，美國的外貿赤字就大幅度上升。從某種意義上講，拖垮蘇聯的是美元霸權。在兩霸對抗時期，美國依賴美元帶來的世界資源同蘇聯進行軍備競賽，使後者不堪重負。在 20 世紀 70 年代，美國面臨嚴重的經濟困難和「滯脹」，而蘇聯經濟表現相對良好。1980 年，美國尚未完全走出「滯脹」。雷根上台以後，一方面大量減稅；另一方面，開始了耗資巨大的「星球大戰」計劃，軍費開支迅速增長。在卡特時期，聯邦赤字平均每年為 545 億美元。在雷根時期，達到平均每年 2106 億美元。雷根曾經指出，「國防預算不是問題」。在整個 20 世紀 80 年代，美國以高外貿赤字支撐高財政赤字和高軍費開支，外貿赤字大幅度增加，最後終於拖垮了蘇聯。假如沒有美元霸權，雷根的經濟政策不僅不能拖垮蘇聯，而且將會導致美國經濟上的「自殺」。美國承受住了 1970 年代長期的「滯漲」，而蘇聯卻在第二次世界大戰以後的第一次經濟停滯中崩潰。其中的歷史信息值得人們深思。

　　布殊政府上任以後，繼續「雷根革命」。一方面大幅度降稅；另一方面，大幅度提高軍費開支。尤其是在「9‧11」以後，布殊政府在反恐的同時進行了兩場戰爭，大規模擠壓俄羅斯的戰略空間，大幅度加強在亞洲的軍事存在，大規模限制中國在台海地區的主導權。美國再次面臨目標和手段的經典困境。美國產生了

大量的財政赤字和貿易赤字。誰將會為美國巨大的赤字買單？有人將目光投向了被它當成潛在競爭者的中國。

根據美國統計局（Census Bureau）的數據顯示，從 2000 年開始，中國成了美國最大的入超國。到了 2007 年，美國對華赤字高達 2562 億美元，佔美國當年外匯赤字總量的 37%，相當於當年軍費支出的 40%。中國經濟高速增長的這幾年，正是美國對華赤字大幅度上升的幾年，是美國霸權在世界範圍內不斷擴張的幾年。2000 年布殊就職以後的一系列內外政策導致財政赤字急劇上升。假如美元不是世界貨幣，假如沒有中國提供的上萬億美元的免費貨物，沒有中國提供的上萬億美元的廉價貸款，美國早就會遇到大英帝國和蘇聯遇到的問題，早就面臨物價飛漲、利息上升、入不敷出、經濟嚴重困難的困境。美國霸權會受到極大削弱，至少不得不大幅度收縮。中國長期被有些人列為潛在對手，然而美國卻利用潛在對手的財富來對付這個潛在對手。

如果你把 2000-2007 年間美國每年的國防支出和外貿赤字做一個相關分析，你會發現它們的相關係數為 0.98；如果你把美國的國防支出同美國對中國的外貿赤字做同樣的分析，你會發現它們的相關係數為 0.97；如果你把美國國防支出的年度變化同美國貿易赤字的年度變化做一個相關分析，你會發現它們的相關係數是 0.81；假如你把美國防務支出的年度變化同美國對華赤字的年度變化做一相關分析，你會發現它們的相關係數為 0.72。

美國以貿易赤字推動國家利益的戰略需要一個必不可少的前提：必須有國家願意為了「美元」而把自己的貨物無償輸送給美國。沒有其他國家的出口導向戰略，就不可能有美國的赤字戰略。全球化的歷史性作用就是把許多國家推向出口導向的發展道路，使它們成為美國赤字戰略的捕獵對象。

我們可以設想一下，假如這個世界是一個互通有無的世界，每個國家追求國際收支平衡，沒有一個國家願意為其他國家而生產，那麼在這種情況下，假如美國依然用財政赤字來支撐霸權，大量的財政赤字發出的美元不能作為支付手段，用於購買其他國家的貨物和服務，轉化成美國的貿易赤字，美國將面臨什麼結果？美國將出現通貨膨脹和利息上升，結果美國個人消費和投資將減少。這就是經濟學家所謂的政府赤字導致的「擠出效應」（crowded out）。我們再設想一下，如果世界實行真正的金本位制，貨幣具有真正的價值，那麼美國這種長期的財政赤

字和貿易赤字將導致黃金的外流，同樣導致通貨膨脹和利息上升。在這兩種情況下，赤字戰略會導致美國經濟的最終衰退。

在美元基礎的全球化體系下，美國的赤字美元通過貿易赤字流向了世界，換回了貨物和服務。要實施這種戰略，必須有人願意為美國的赤字買單，願意實施出口導向。

全球化體系下的出口導向戰略，是專門為美國赤字戰略量體裁衣而制定的。全世界作為一個整體，其進出口總量必須相互抵消。全世界所有實施出口導向戰略的國家作為一個整體，每年的淨出口是一個正數。這個正數，需要別的國家的淨入超（貿易赤字）來消化，否則出口導向戰略無法生存。在當今世界上，其他任何國家由於其貨幣不是世界貨幣，不可能長期實施大規模的外貿赤字，否則將會給這些國家帶來金融乃至經濟危機。美國是唯一一個能夠長期實施大規模外貿赤字的國家。其他國家的出口導向，包括中國的出口導向，最終都是建立在美國赤字戰略的基礎上。

出口導向是「美元尋租」的基礎，而「美元尋租」又是出口導向的前提。

表面上看出口導向和這種赤字戰略是單純的市場交換。然而，這種市場交換違背了市場交換的第一定律：等價交換。這種交換是「印刷紙」和真實貨物之間的交換，這種交換是剝削的一種形式。這就是全球化和出口導向的實質。**許多讀過西方經濟學的人認為，全球化導致貨物和要素衝破國界的限制，在世界範圍內自由流動，從而實現資源在全世界的最佳配置。其實那永遠是一種麻醉自己或麻醉別人的幻覺。這些人忘了，西方經濟學同時還認為，只有當邊際成本等於邊際效益時，才有可能實現所謂的資源的最佳配置。對美國而言，美元的邊際成本幾乎為零。**只有當進口貨物帶給美國的邊際效用接近於零的時候，世界範圍內的資源配置才能實現均衡。那些相信西方經濟學的人必須承認，全球化體系是不均衡的，世界市場是低效益的體系。全球化作為一種歷史現象，可以追溯到 19 世紀的自由貿易。但是，同樣是自由貿易，當今的全球化卻失去了 19 世紀自由貿易的基本特點。在金本位體制下，自由貿易雖然存在許多不公正，但至少是在確定了「價格」以後，實行的是「等價交換」。而當今的全球化卻是確定了價格以後，實施不等價交換。支付手段、儲備手段和價值尺度通通沒有內在價值。包裝全球化的那些核心理論都產生於金本位時代，新自由主義用這些理論來推動全球化，實在是張冠李戴，有欺詐之嫌。

這種市場交換，實際上是一種新形式的剝削。

全球化的船，上去容易，下來難。

以出口拉動經濟增長的戰略，使世界經濟增長依賴美國霸權的擴張力度和外貿赤字的大小。美國霸權擴張速度越快，外貿赤字越高，出口導向國家的經濟增長越快。在通常的情況下，美國的外貿赤字依賴於財政赤字，財政赤字成了推動世界經濟的火車頭。美國財政部（有時包括美聯儲）不僅管理着美國的總需求，也管理着全世界的總需求，包括中國的總需求。

全球化使美國成為世界流動性的最終提供者。全球化導致市場化和貨幣化過程深入世界經濟的各個方面。全球化越發達，世界經濟越貨幣化，對世界貨幣的需求和依賴越深，世界經濟對美元提供的流動性依賴越大，美元的地位越難以取代。全球化使美元變成了世界經濟的 DNA。美元的這種地位，在 2008 年金融危機中表現了出來。金融危機導致許多國家的美元流動不足，不得不向美聯儲通過貨幣對置的方式尋求大量美元貸款。在世界信用萎縮的最困難時期，美國實際上成了世界上的「最後貸款人」（the lender of last resort）。美國作為軟帝國流動性的最終提供者，使世界更加依賴美國的貿易赤字。**在這種世界經濟體系下，如果美國成為一個貿易盈餘國，將導致世界流動性萎縮、信用收縮和世界經濟發展放慢。**

美國的債務（外貿赤字美元）成了推動世界經濟增長的手段，成了推動某些國家經濟發展的因素。**全球化就這樣使債務變成了一種權力，變成了統治世界的手段。**

全球化降低了美國的經濟週期波動，增加了發展中國家的經濟週期波動，外貿赤字是美國反週期的重要手段。生產過剩是資本主義的基本矛盾，美國大規模的外貿赤字實際上是將生產過剩轉嫁給其他國家，美國經濟（尤其是總供給）從而具有更大的調整彈性和應變能力。在經濟擴張時期，為了緩解國內通貨膨脹的壓力，美國大規模增加外貿赤字，在一定程度上抑制國內經濟過熱；在經濟蕭條時期，為了減少總供給過剩的壓力，美國大幅度減少外貿赤字，在一定程度上降低衰退對美國經濟的破壞力。外貿盈餘是放大發展中國家經濟週期的變量。在經濟擴張時，美國貿易赤字大幅度上升，加劇中國的經濟過熱；在經濟收縮時，美國貿易赤字大幅度下降，加劇中國的生產過剩。

歷史上的那些帝國之所以能夠存在，是因為這些帝國在帝國範圍內形成了一個與帝國利益一致的體系。全球化為美國建立了一個維護軟帝國的利益體系。在

美國一篇中我們已經看到，有時候一個國家內部發展道路的爭論，不僅僅是價值的爭論，而且往往是利益的較量。在美國 1812 年戰爭中，新英格蘭地區的那些與大英帝國有諸多利益聯繫的大商業利益，基於自身利益考慮，沒有站在民族主義的立場上。全球化在許多國家催生出許多這樣的利益集團。全球化導致美元和美國國債大規模氾濫。全球化越發達，美國的外貿赤字越多，擁有美元資產的國家、機構和個人越多。美元和美元資產將這些主體的利益綁在了美國身上。他們的利益以及與他們利益相關的利益都依賴於美國經濟和美國市場。美國利益的代言人，美國金融資本利益的代言人，在許多國家出現，以多種形式和面貌推動帝國利益。

美國和大英帝國不一樣，從 20 世紀以來對外幾乎沒有領土要求。追求領土的擴張不是其戰略目標。其索取財富的方式不是通過領土的征服，而是通過思想的征服、意識形態的征服和體制的征服，通過全球化，通過債務來實現的。大英帝國用堅船利炮統治世界，美國用財政赤字和貿易赤字統治世界。這種將債務變成權力的戰略傳統源遠流長，可以追溯到美國立國之初，美國第一任財政部部長。

在全球化體系下，某些發展中國家的經濟在一定時期內的高速增長符合美國的霸權利益。從國家博弈的角度看，中國的出口導向戰略實際上強化了美國實力，間接支撐着美國的世界和亞洲戰略，增加了中國統一台灣的難度，延緩了中國的崛起。假如目前這種全球化體系不改造，假如中國不走內向發展的道路，假如中國繼續以別人的市場來導向自己的經濟，就算有一天中國 GDP 超過了美國，其中的很大一部分將通過這種剝削關係而輸送給美國，美國將繼續享受中國 GDP 增長的好處。

赤字霸權不僅是軍事霸權的基礎，也以軍事霸權為前提。假如世界上其他弱勢國家對美國玩這一套近似於賴賬的遊戲，肯定會招致「看得見的鐵掌」的無情打擊。

金融全球化、危機傾向和美元循環

全球化是金融資本主義的時代。全球化的核心是金融全球化。而金融全球化的目的，就是在美元的基礎上，建立由國際金融資本主導的全球金融體系。出口導向和金融全球化是全球化戰略的兩個重要方面。這兩個方面使美元以前所未有

的規模和速度流向世界，而世界又將這些美元循環回美國。美國得以在獲得免費貨物的同時，獲得廉價的資本，維持資產泡沫。

金融資本主義時代是以資本自由流動為基礎。布雷頓森林體系是金融資本的滑鐵盧。在布雷頓森林體系下，政府控制匯率，金融資本不能在國際上自由流動。第二次世界大戰以後到 1973 年以前，幾乎沒有現代意義上的外匯市場和國際資本市場。那是工業資本主義的時代。金融資本受到抑制的結果，是工業資本主義迅速發展。由金融資本的投機帶來的大規模金融危機幾乎消失。布雷頓森林體系的崩潰，解放了國際金融資本。然而，當時的國際金融資本同政府控制的外匯儲備相比微不足道，國際資本的自由流動帶來的影響也微不足道，不足以改變國際金融的格局，美國金融資本和美國金融機構尚不具有控制發展中國家的實力。培養國際金融市場和催生國際自由資本，成了金融全球化的重要戰略選項。

為了迅速擴大受美元形式、受美國支配的國際金融資產，為了重新啟動國際金融市場，美國表現出了超級大國的大手筆：（1）美元迅速貶值和石油以美元定價。這兩件彼此相關的事，導致石油價格的上漲，大量石油美元一夜湧現。剛剛解放的世界金融系統，一下出現了規模巨大的美元熱錢，出現了受金融資本支配的短期金融資產。（2）「石油美元大循環」將大量的石油美元迅速變成受美國金融資本支配的自由資本，並迅速把它們循環到發展中國家，使這些國家開始受到國際金融資本的控制。（3）大規模推動日本金融改革。日本是當時世界上主要的儲蓄國家，又是世界主要的美元儲備國。日本金融開放的結果，是大量的廉價資本湧進世界資本市場。（4）實施大規模的外匯赤字，製造大量的美元熱錢和大規模的短期資本。其中主要有「中國貿易美元大循環」。中國後來取代日本成了最大的美元儲備國。中國的外匯儲備通過多種形式被大量循環回美國，形成了大規模廉價資本。與此同時，美國通過 WTO 和雙邊關係，迫使中國迅速開放金融市場，實現金融全球化。如果不是次貸危機，推動中國金融全球化有可能是下一部重頭戲。

這一系列戰略佈局，導致國際金融資本的規模迅速擴大，國際熱錢的規模迅速擴大，國際金融資本自由流動的規模迅速擴大。如前所述，1983 年，世界上五家中央銀行（美國、德國、日本、英國和瑞士）擁有 1390 億美元儲備，而外匯市場的流動每天只有 390 億美元。五家央行的潛在彈藥相當於市場的三倍多。到了

1998 年，這五家央行只有 278 億美元的外匯儲備，而市場的交易量高達 1.8 萬億美元，這 1.8 萬億美元主要是由私人決策推動。權力的中心已經從政府轉向了金融資本。

金融全球化徹底改變了世界權力結構，徹底改變了美國和其他國家的關係：（1）鞏固了美元作為世界貨幣的地位。大批國際資本的自由流動，給發展中國家帶來了意想不到的金融風險，尤其是貨幣風險或匯率風險及其帶來的債務風險。為了穩定貨幣，發展中國家不得不更大規模地儲備美元。金融全球化使美元儲備地位更加鞏固。（2）進一步推動了出口導向。發展中國家以儲備美元尋求貨幣穩定的政策，進一步強化了發展中國家出口導向戰略，強化了對發達國家尤其是美國市場的依賴。（3）增加了私人資本的自由和權力，降低了各國政府的金融主權和經濟主權，尤其是削弱了發展中國家政府（央行）控制外匯、監控資本流動的能力，大規模增加了國際投資者和投機者的影響。美國投資銀行、商業銀行和其他金融機構、評級機構、共同基金、對沖基金、私募基金等在世界金融體系中的控制作用越來越重要。結果，發展中國家面對海嘯一樣來去自如的國際金融資本束手無策。在由國際金融資本推動的資本和熱錢的衝擊下，發展中國家的宏觀經濟穩定越來越脆弱。金融體系越開放，受到國際金融資本的衝擊越大。越開放，風險越高。這就是為什麼歐洲為了自己的金融安全和金融主權，要在金融全球化的過程中另搞一套。（4）增加了 IMF 和世界銀行的權力。而這些機構基本由美國控制。美元是世界貨幣，美國有世界上最大的股票市場、債券市場和政府債券。世界金融資產中大部分是美元資產，而大量的國際自由資本和熱錢主要來自美國。美國成了統治全球金融體系的中心。（5）放任金融創新。這一系列的改革，催生出善於創新的世界一流的商業銀行、投資銀行以及對世界金融體系影響巨大的影子銀行（包括對沖基金、私募基金等）。到了 2007 年，影子銀行提供的貸款相當於全國的 75%，而美國傳統銀行提供的貸款只佔 25%。

金融全球化形成了一個以美國金融體系為中心的世界金融體系。這個體系凌駕於其他國家的政府之上，成了沒有邊界的帝國，美聯儲成了世界中央銀行。這一金融帝國，成了美國霸權的一根重要支柱。在這個金融體系中，國際資本的流進流出不再主要由民族國家的政府決定，而是由國際金融資本決定。民族國家被國際金融資本推到一邊，被邊緣化。金融資本主義開始重新居於統治地位。這個金融體系在世界

範圍內成功推動出口導向，推動美元大循環。大量的財富和貨物開始以前所未有的速度向美國循環，美國也更加不節制地向全世界印刷美元，以前所未有的速度增加外貿赤字。世界從此進入了新的分工格局，美國成為主要的金融出口國，出口美元和其他金融產品；而發展中國家則向美國出口真實貨物。然後通過購買金融產品的方式，將美元循環回美國。全球化實現了兩個目的：為美國提供免費產品；為美國資本市場提供廉價資本。這些廉價資本推動了美國資本的長期增值。

金融資本的貪婪和自由，增大了世界金融體系的危機傾向。金融資本推動的「繁榮─破裂」的金融宿命在世界範圍內不斷上演。金融體系的這種脆弱性，在發展中國家尤為嚴重。規模巨大的國際金融資本通過槓桿運作，可以在短時間內運作天文數字一般的金融資本。他們猶如潛伏的狙擊手，在世界範圍內貪婪地尋求投機的機會。而一旦他們在發展中國家發現某種投機的機會，就會像海嘯一樣席捲而進，導致特定國家的資本過剩，形成資產泡沫。然後呼嘯而出，導致泡沫破裂，導致「繁榮─破裂」的危機。在金融資本大規模流進流出的過程中，民族國家的政府往往一籌莫展。最後導致國民財富的大量流失，甚至留下經濟長期停滯的隱患。例如，拉美經濟危機、日本金融危機、亞洲金融危機、20 世紀 90 年代初期的墨西哥金融危機、俄羅斯債務危機、2000 年阿根廷金融危機等。而這些國際金融資本，主要來自發達國家。

金融全球化提供的兩個條件，極大加強了國際金融資本對世界的統治，削弱了發展中國家政府的金融控制能力：第一，世界上出現了前所未有的規模巨大的美元熱錢。第二，金融創新帶來了多種槓桿手段。二者結合起來，使國際資本巨鱷可以在短時間內迅速動員天文數字一般的資本，忽然對發展中國家金融體系發動攻擊。這種攻擊可能驟然而起，驟然而去，導致資本大規模的流進流出。

在主要的金融危機中，都可以看到美國的影子。有時候這些金融危機實際上是金融體系中心國轉嫁危機的結果，拉美經濟危機是這樣，日本金融危機是這樣，亞洲金融危機也是這樣。以亞洲金融危機為例，20 世紀 90 年代初期，美國發生了由商業不動產貸款引發的銀行危機，美國進入經濟衰退。為了推動美國經濟復甦，美聯儲降低利率，擴大信用。美國銀行體系擁有太多的流動性（和石油美元大循環時期相似）和太多的熱錢。金融資本急於尋求高回報地區，最後它們發現了亞洲那些正在工業化的國家和地區。這些亞洲經濟體幾乎都實施出口導向戰略，

把美國市場當成經濟起飛的跳板。美國在向這些經濟體開放自己市場的同時，迫使這些國家和地區推行新自由主義，開放資本市場，實行全球化，尤其是金融全球化。金融開放使美國過剩的流動性以前所未有的速度流向亞洲。這些過剩的熱錢通過泰國的許多金融機構，大量湧進資產領域，如房地產、股票等，導致金融泡沫或資產泡沫，最後導致亞洲金融危機。

金融資本主義的內在矛盾

有人認為，金融自由化是歷史的必然。金融自由化的核心是私有化、市場化、開放金融市場、開放資本市場、開放外匯市場、讓市場力量發揮主要作用。金融資本獨立於政府是金融全球化的主要訴求。然而，**金融全球化加劇了金融資本社會化和私人佔有之間的矛盾，導致金融資本帶來的系統性風險和私人盈利衝動之間的矛盾。**

金融全球化不僅解放了金融資本，使資本得以更加自由地去追求最大利潤，而且使金融資產更加集中，更加社會化，甚至全球化。結果使這對矛盾更加嚴重。**這種內在矛盾的存在，決定了全球化金融體系必然走向金融危機，走向世界性金融危機。**

私人金融資本的盈利衝動必然導致系統性風險增高和私人佔有的矛盾。

資本的衝動是盈利。然而，資本盈利的衝動必然導致盈利機會的減少。資本在追求利潤最大化時，會走向反面。資本追求利潤，往往會導致資產價格普遍上升。資產價格的上升，導致未來回報率下降。比如，當土地回報率高的時候，資本會競相追逐土地，導致土地價格上升。土地價格上升必然會導致土地預期回報率下降。這時資本就會流向新的高回報的領域，導致這個新領域的資產價值上升，預期回報率下降。資本就像蝗蟲一樣，在追逐利潤最大化時，將超額利潤的機會一個又一個啃食掉。這是資本無法避免的自我否定，是資本的宿命。金融全球化加劇了資本的這種宿命。由於金融資本可以在全球範圍內以電子速度流動，許多盈利機會可以在幾秒鐘內被啃噬掉。同時金融全球化導致金融資本的氾濫，過多的金融資本追求相對有限的盈利機會，結果導致預期收入下降。與此同時，美國政府的雙赤字和低利率加劇了國際金融資本氾濫，進一步加劇了資本收益下降。

預期盈利水平的降低導致資產規模的擴大。回報率的下降是對資本生存價值的挑戰，迫使資本開始通過資產擴張、加大槓桿運作的方式來提高回報利率。美

國金融資本開始把經營的重點放在資產擴張上，依靠舉債來提高槓桿倍數，通過提高槓桿倍數來提高所經營的資產的規模。在這種情況下，對沖基金、私募基金、擔保債務憑證（CDO）、各種衍生債券和槓桿收購（LBO）等，開始大肆氾濫。銀行開始大規模擴張自己的資產規模，提高槓桿倍數。為了擴張自己的資產規模，許多金融機構採用了不少的「創新手法」。大規模提高槓桿倍數，成了金融資本生存的不二法門。例如 LBO，有許多 LBO 案的投資者只有一點自有資本。在看準了捕獲對象以後，往往是從華爾街投行獲取巨額貸款用於收購捕獲對象。當然，華爾街得到的回報是高額的佣金。然後，華爾街又將這筆巨額貸款通過證券化賣給其他投資者。所以，LBO 案是四兩撥千斤的賺錢方式。金融全球化導致對沖基金爆炸性增長，對沖基金的投資者遍及全世界。許多對沖基金的槓桿倍數達到幾十倍！這幾十倍的債務來自於全球金融體系。不僅如此，金融資本的許多創新使它們既提高了槓桿倍數，又不必在公司資產平衡表上反映出來。例如結構性投資工具（SIV），許多金融機構通過 SIV 追逐過度風險，卻不必在資產平衡表上表現出來。在這種情況下，公司的風險常常被低估，投資者很難評估這家公司的真實風險。許多非銀行金融機構，如房貸公司，甚至某些 CDO 保險公司以及其他金融機構都普遍增加了槓桿運作。

　　槓桿運作是所有金融機構的特點，但是金融全球化加劇了槓桿倍數。以華爾街為例，華爾街在鼎盛時期，以極少的自有資本為槓桿的支點，輕而易舉地撬動了幾十倍的資金，得以輕而易舉地為其不斷擴張的資產提供大量的資金鏈。按華爾街自己的計算，2007 年華爾街的五大投資銀行運作的資金達到資本的 30 倍左右。如果考慮到資產的高風險性，加上許多沒入賬的資產，加上各種金融衍生工具，其動用的資金遠遠超過其賬上公佈的數字。華爾街的投行無不以幾十億、幾百億的自有資本，運作起幾千億、幾萬億的資產。華爾街五大銀行，除貝爾斯登經營的總資產在 2006 年增長 23%，2007 年底再增長 17% 外，2007 年底，另四家投行經營着高達 38763 億美元的總資產。2007 年底美國 GDP 總額是 14.03 萬億美元。也就是說，四家投行經營的總資本相當於美國當年 GDP 的 27.6%。而且，這種資產增長的速度遠遠高於 GDP 增長的速度。按名義價值計算，2007 年美國 GDP 增長約 4.94%，但是華爾街的總資產增長速度（17%）比美國 GDP 高出 12 多個百分點！在金融資本的這一擴張過程中，其回報和損失是不對稱的。以對沖

基金為例，假如你是唯一的投資者。你投入 10 萬元，然後通過槓桿效應運作一百萬元資產（許多對沖基金的槓桿倍數高達 30 倍）。在這種情況下，假如你成功了，回報率可以提高到 10 倍。但是假如你賠光了，只賠 10 萬元，而社會則要賠 90 萬元。這種不對稱的關係，使金融資本在可能的情況下有拚命擴張資產的內在衝動。拚命擴張、不計風險地擴張資產是金融資本抑制不住的慾望。為了擴張資產，金融資本把觸角伸向全世界。通過世界金融體系將全世界的資產吸納到自己體內。以社會的資產謀求自己的利益，是金融資本的普遍特點。

資產規模急劇擴張導致社會風險的高度集中。這種建立在槓桿運作上的金融資產的集中，導致社會風險的集中。這不僅給金融資本個體帶來了極大的風險，而且給金融體系、經濟體系帶來了極大的風險。金融資產規模增加到一定程度，它所具有的系統風險和私人風險就融為一體。任何一家大規模金融企業的破產，同時會導致整個金融體系的震盪，甚至崩潰，如貝爾斯登、AIG、美林、兩房等。任何一家這樣的金融企業的破產，都可能導致美國乃至世界金融體系的癱瘓。金融資產的高度集中，催生了一大批規模大、分佈廣、涉及領域多的大型金融機構。這些金融機構動輒經營上萬億美元的資產。由於其功能和性質，這些機構帶有巨大的系統性和社會性風險。這些機構的失敗或破產，會給整個金融體系，給社會，甚至給世界經濟體系帶來巨大損失。社會風險大量集中在少數機構、少數金融資本上，這件事本身就使金融體系發生危機的可能性大大提高。少數人的錯誤決定、少數機構的失誤，可能導致整個體系的動盪。這種金融體系的不穩定性增加。

社會風險的集中導致巨大的社會風險和金融資本私人營利動機的尖銳矛盾。金融資本逐利導致金融資產的高度集中。金融資產集中到一定程度，導致系統風險和私人風險的界限的模糊。然而，這些金融資本的私人佔有性質，使這些帶有巨大體系風險的金融機構被當成了私人營利的工具。由於其社會化性質，這種機構有能力動員規模巨大的社會資源或社會資金；由於其私人資本的性質，這些巨大的社會資本常常成為資本追逐自身利潤的工具。結果導致大量社會資源被導向高風險領域，最終導致大量社會資源的浪費。在資產泡沫的時期，這種以社會資源謀求資本利益的現象達到了登峰造極的地步。在美國曾有人發明了一種所謂的「由你選擇支付方式」的房貸。投資者貸款買了房以後，每一個月的房供多少由房主自己決定。你可以支付全部利息，也可以只付一部分利息，剩下的利息部分

加到你的貸款總額裡。這種貸款可以讓放貸款的銀行的貸款總額自動不斷上升，是追逐風險的典型「創新」。美國 2008 年的金融危機，就是私人金融資本運作大規模的社會金融資產，為了高額回報，追求過度利潤，最後導致了整個金融體系的危機。

這種基本矛盾必然導致金融危機。社會風險和私人風險的模糊，加劇了社會化和資本私人佔有的矛盾。私人資本在追逐利潤的時候，通過槓桿運作大規模集中社會資產，使私人風險逐步轉化為社會風險，導致社會風險和私人佔有的矛盾激化。大規模集中的金融資產，體現的是體制性風險和社會風險。整個金融體系或社會承擔了巨大風險，卻被排除在決策之外，不能分享收益。而金融資本在大規模集中了社會風險的同時，壟斷了決策權，壟斷了利潤。**由於這種內在矛盾，金融資本實際上是以系統風險為代價，來貪婪地追逐資本個體的盈利；用系統風險為賭注，來滿足資本逐利的動機。**在某些情況下，私人金融資本可能為了自己的短期利益，犧牲體系的長遠穩定；可能為了自己的超額利潤，追求過度的風險。以 AIG 為例，它實際上是在以整個金融體系的風險為代價來追求金融資本的利潤。

繁榮—破裂：金融資本的危機

金融資本的內在矛盾使金融資本必然走上「繁榮—破裂」的宿命。

資本逐利導致的這種大規模的資產運作，給金融體系帶來了巨大的風險。這種風險是多方面的，其中主要有三種：一是資金鏈風險；二是非流動性風險；三是資產泡沫風險。

金融資本逐利帶來的第一個系統風險是資金鏈風險或者「金融擠兌」風險。金融資本槓桿運作的特點，是以短期舉債支撐低流動性的長期投資。槓桿效應或者依靠借錢來賺錢有一個基本前提，那就是借錢的利息比投資的利息要低。兩者間的利息和利潤差就是金融資本利潤。假如借錢的利息高於投資的利息，那槓桿不僅不能帶來回報還會導致虧損。槓桿倍數越大，虧損就越嚴重。所以如果要撬動幾十倍的資金謀利，必須做到低借入、高回報。短期貸款由於時間短、風險小、利率相對較低，從而成為槓桿運作的主要手段。短期籌資渠道主要有影子銀行、現金市場、商業票據、銀行貸款、短期抵押貸款、再購買條約（REPO）等等。這種

短期債務期限從 1 天到 9 個月不等。總之，期限越短，利息越低。美國那些高槓桿運作的金融資本，如對沖基金、結構性投資工具（SIV）、CDO、某些房貸公司和銀行等，都是主要依靠這種短期債務運作。資產規模越大，對短期市場的依賴越大，資金鏈條變得越長，風險也就越大。依靠債務來經營資產的前提，就是短期債務能夠不斷向前滾動。這種依賴短期債務的高度槓桿運作，使整個金融體系非常脆弱，增加了突發性金融危機的可能性。不僅如此，一些非內生變量的變化可能導致整個體系資金鏈條的斷裂，導致金融危機。例如短期利率的上升、貨幣供應量的減少、投資者信心的突然崩潰、信用的突然萎縮等，都可能導致危機發生。在這種情況下，投資者將會收回投資，債權人將會抽回貸款，那些高槓桿金融機構將面臨類似於銀行擠兌的風潮，從而導致整個金融體系的痙攣性收縮和金融危機。對發展中國家而言，金融全球化帶來的由外生變量導致危機的可能性更高。例如美元利率的上升、美元供應量的萎縮、國際熱錢的撤退、外資金融機構突然收緊信用等，都有可能導致危機。以金融開放為例，假如一個國家的金融非常開放，大量外資金融機構在國內金融市場的份額很大。在金融資產高度槓桿運作的情況下，一旦這些外資金融機構突然緊縮信用，製造恐慌，將立即催生金融危機。

　　金融資本逐利帶來的第二個系統風險是「非流動性資產的增加」風險。幾乎所有的金融機構都是以短期債務支撐長期投資的方式，獲取利息差。金融資本在以短期債務支撐大規模資產擴張的同時，為了獲得高額利潤，必須追逐低流動性的長期投資。這些資產的回報高於短期債務。結果導致金融資產的流動性普遍下降，許多金融機構積累了大批幾乎沒有市場的長期資產。以銀行為例，銀行的長期資產大致可以分兩大類：證券和貸款。美國金融機構長期以來積累了許多沒有市場的證券和貸款，美國許多銀行的貸款如商業貸款和 LBO 貸款等，幾乎沒有市場。沒有市場就沒有價格。這類資產的價格只能由模型、現金流或管理層決定。對這類資產而言，所謂由市場決定的均衡價格是不存在的。這種非均衡性是金融體系的內在特點。由於存在着沒有市場的長期資產，所謂市場均衡，對金融體系而言永遠只是一種幻想。隨着金融資本規模的增加，這類資產的規模不斷上升。

　　導致這種非流動性的還有「金融創新」。金融本來是為實體經濟服務，在金融全球化下，金融資本異化成了實體經濟的主人。隨着金融全球化的發展和各種

金融創新的產生，金融產品和實體資產越來越遠，最後幾乎和實體資產脫鉤，成了抽象的金融符號。例如有些金融衍生產品、結構產品（structural contract）幾乎與具體的實體資產無關，很難評價金融資產的內生價值和風險。金融資產的價值往往建立在一些假定的前提和設想上，許多衍生工具和證券化債務等都是建立在這些假定和模型上的。有時候金融產品的價值只能由模型決定。在這種情況下，許多金融機構出現了大量的低流動性甚至沒有流動性的模型資產。這種金融資產和實體資產脫鉤的狀況給金融資本帶來了巨大的創新機會和謀利機會。美國金融機構曾經創造了大量新產品，這些創新或着眼於對沖風險，或着眼於提高回報。但是許多創新產品除了給金融資本帶來豐厚的利潤外，根本就沒有經濟價值，例如 CDO。這些名目繁多的新產品有一個共同特點，那就是複雜性與日俱增。許多新產品基本上是依據於某種理論假設，然後通過複雜的數學模型加工處理而製成。這種創新產品貌似非常先進，其實根本無法在現實生活中重複和通過現實生活的檢測。沒有人知道這些產品是否具有經濟價值，有多少經濟價值。加上結構過分複雜，就是最精明的投資者也很難理解其風險和回報特性。這些產品流動性很低，往往沒有市場。沒有市場就沒有價格，無法靠市場定價，只能由一些複雜的數學模型來確定，甚至由管理層判斷確定，因此，它們的真實價值究竟是什麼，誰也不知道。由於這些資產的價格由模型或管理層決定，這為金融資本人為製造超額利潤提供了機會。在金融泡沫時期，許多金融資本拚命追逐這類資產。美國大型金融機構無不擁有幾十億甚至幾百億的模型資產，往往達自有資本的幾倍。從某種意義上講，美國金融系統是由這些資產支撐的。這些非流動性資產的經濟價值很不好評估。許多模型或管理層決定的會計價值，很有可能遠遠高於經濟價值。

金融全球化加劇了這種「非流動性」。美國作為世界金融的中心，為了吸引世界範圍內的資本，其金融機構的槓桿倍數不斷放大，金融體系的這種「非流動性」不斷增加。這表現在美國金融機構的「第三類別資產」的巨大規模上。美國財務會計準則委員會（FASB）2006 年 9 月公佈了有關公平價值確定辦法的《財務會計準則公告第 157 號──公允價值計量》（SFAS 157）。這項公告要求所有上市公司在財務報表裡按獲得資產公允價值（fair value）確定的難易程度劃分為三個層次。其目的是要求上市公司公開其資產/債務作價的方式，投資者可以由此衡量該公司的資產風險。一級資產是流動性高的資產，這些資產有活躍有序的市

場，其價值由市場價格確定；二級資產是流動性相對較低的資產，這些資產偶爾有市場交易，其價值可以按這種價格定價，也可以按模型來定價，但是這些模型的輸入能直接或間接地觀察到；三級資產是沒流動性的資產，這類資產流動性很低，幾乎很少有市場交易發生，它們的價值只能由管理層的估計來確定，或參照公司自己的模型來確定。以華爾街的投行為例，截至 2007 年 10 月，三級資產遠遠超過了其自有資本。摩根士丹利的三級資產高達其自有資本的 251%，高盛達185%，貝爾斯登達 313.97%，美林達 225.4%，雷曼達 171.18%。如此巨大的低流動或不流動資產的存在，使市場均衡無法實現。

毫無疑問，那些非流動性的依靠模型或管理層定價的資產裡面，隱藏了許多不良資產。

金融資本帶來的第三個系統風險是資產泡沫風險。由於金融資本運作槓桿越來越高，資產價格越高，回報越少，越來越多的金融資產追逐着越來越少的盈利機會，到了最後投資的回報完全依賴於資產本身的增值。大量的金融投資形成的購買力，推動了資產的價格，使資產價格背離內在價值，形成資產泡沫。一旦投資衰減，泡沫就會破滅。

金融資本的這三大風險在任何時候都存在。在繁榮時期，金融資本的槓桿倍數不斷擴大，經營的金融資產越來越多，風險越來越高，越來越集中；非流動性或長期投資資產越來越多，大量的不良資產隱藏在非流動性資產或長期投資裡；資產泡沫越來越嚴重。在這種情況下，整個金融體系在高槓桿部位運作，金融體系的血脈越來越不通暢。由於不能準確評估（甚至過高評估）非流動性資產的價格，許多金融機構的經濟價值已經為負數，處於破產邊緣，整個金融體系則處於危機邊緣。最後泡沫破裂，投資者大規模擠兌投資，債權人大規模抽回資金，金融資本被迫去槓桿。為了滿足投資者擠兌的需求，金融資本不得不拋售大量的長期投資或非流動性資產。這些沒有市場的資產找不到購買者，大部分必須以遠遠低於賬面價值的價格出售。金融體系中那些模型資產和其他三級資產開始大幅度貶值，許多不良資產開始浮現。許多金融機構要麼出現流動性危機，要麼出現支付危機，從而導致大規模的金融風潮。這個時候，金融資本又大規模收縮，導致信用萎縮、經濟低迷，而經濟低迷又進一步加深金融危機。金融資本就進入了危機階段。

　　金融資本的這種「繁榮—破裂」的危機傾向和經濟週期共振。 在經濟繁榮時期，金融資本追求過多的風險，導致信用擴張，導致泡沫，導致經濟進一步擴張；在泡沫破裂時期，金融資本追求太少的風險，導致信用收縮，導致經濟進一步收縮。這種規避風險的行為，不僅進一步惡化了金融危機，而且導致經濟衰退更加嚴重。日本就是一個例子。

　　金融資本的這種「繁榮—破裂」的危機同金融資本與生俱來。 金融全球化加劇了這種危機：第一，金融全球化導致金融資產以前所未有的規模和程度集中；第二，金融資本在世界範圍的自由化，導致資本流動速度的空前高漲。在繁榮時期，資本大規模迅速集中，導致泡沫；一旦風吹草動，資本會以迅雷不及掩耳之勢撤離，導致信用市場瞬間收縮、金融市場瞬間痙攣。

　　金融資本的內在危機傾向，決定了金融資本要麼國有化，要麼接受公權非常嚴格的監督和規範，要麼兼而有之。然而金融全球化與此背道而馳，實施金融企業的私有化和金融資本的自由化。 金融全球化體系從本質上講是一個更加不穩定的體系。從 1973 年以來，世界上連續不斷出現金融危機。美國自身的金融泡沫也不斷出現，如 20 世紀 90 年代初期的商業不動產貸款導致的銀行危機和 2000 年的科技泡沫。

　　美國金融霸權面臨兩難挑戰。由於這種「繁榮—破裂」危機的存在，美國需要不斷吸引全世界的資本來支撐其資產泡沫，或減輕泡沫破滅的打擊。**假如美國資本市場有一天不再能製造出有吸引力的回報，不能吸引世界資本，美國將無力循環其赤字美元，美國霸權將會衰竭。而金融自由化是實現這種循環的基本前提。沒有金融自由化，就沒有美國的金融霸權；然而，金融自由化又必然導致危機。這是美國金融霸權面臨的兩難挑戰。**

　　金融資本必然爆發金融危機，對此我們要有清醒的認識。金融全球化是全球化的核心內容。金融全球化不是歷史的必然，全球化也不是歷史的必然。中國金融改革不應當引進自由放任的金融體系。中國應當發揮中國的傳統優勢，對金融機構實施國有，實行嚴格監管。金融資本救不了中國，中國也不應當實行金融全球化。**金融全球化，放棄對資本的管制，必然會使中國金融體系處於美國金融體系的控制之下，成為高風險體系，最終將走向危機。**

金融體系的自由和危機

上面演繹了金融資本內在矛盾的邏輯過程。現在我們要演繹金融資本內在矛盾走進 2008 年金融危機的歷史過程。

從雷根時代開始，美國進行了一系列金融自由化的制度改革。主要在六個方面：（1）放開商業銀行。在 80 年以前，美國商業銀行受到政府的嚴格監管。商業銀行基本是地區性銀行，很少有跨州的大型銀行。雷根上台以後，推行了商業銀行的自由化，打破商業銀行的地域限制。在二十幾年中，通過合併和收購，美國產生了一大批大型的商業銀行。其中有的銀行，擁有的存款高達全國存款總量的 10% 以上。（2）減少對華爾街投行的監管。（3）放任影子銀行的發展。影子銀行的發展是美國金融自由化的重要方面。這種影子銀行幾乎不受政府監管，然而它們在金融體系中的份額越來越大。到了 2007 年，影子銀行提供的貸款，相當於美國貸款總額的 75%，而美國傳統銀行提供的貸款只佔 25%；這種在傳統體制之外另搞一套的做法，是新自由主義的普遍特點。（4）放任金融創新，拒絕監管創新產品，導致「創新」成了欺詐的天堂。（5）人治。美國其實有一些 20 世紀 30 年代遺留下來的金融監管機構以及監管條例和法律。但是，在新自由主義盛行的時候，許多不願實施管制的人被任命掌管許多金融監管機構，導致許多監管名存實亡。（6）廢棄將投資銀行和傳統銀行分隔開的法律。

自由放任的金融體系帶來了兩個巨大變化：金融創新和槓桿擴張。這兩項是金融資本製作「高回報率」的點金術，也是美國金融資本控制世界金融市場，大規模吸引世界資產的主要手段。

創新和槓桿擴張對美國霸權同樣如此重要。

美國作為發達國家，資本充沛而且經濟增長率低下，正常情況下資本回報率相對低下；而有些發展中國家，資本非常稀缺而且經濟增長率高，正常情況下資本回報率相對高。追逐利潤的資本應當大量流向發展中國家。但是，為了維持霸權，美國需要推動世界範圍內財富的逆向流動。要實現這種逆向流動，將世界財富吸引到美國：一方面是讓其他國家的中央銀行購買美國國債，另一方面是金融資本必須創造出高回報、高收益。**如何在低收益或沒有收益，甚至負收益的資產上創造出讓世界驚異的高收益，是美國金融資本向不可能進行的一場挑戰。**回答這項挑戰不

僅是金融資本的衝動，也是霸權的衝動。**回答這種挑戰的秘密，就是創新和槓桿運作。**所以，從雷根以來，美國長期推動金融自由化，以鼓勵創新和槓桿運作。

但是，槓桿運作需要一個基本條件：廉價而充足的信用。

進入 21 世紀以後，美國面臨兩大挑戰：科技泡沫的破裂和「9‧11」。美國出於霸權的需要實施前所未有的赤字戰略，將大量的赤字美元以前所未有的速度注入世界；而世界金融體系又將這些赤字美元循環回美國，使美國出現了前所未有的廉價資產。為了對付高科技泡沫破裂帶來的股市疲軟和經濟衰退，為了彌補恐怖襲擊對經濟帶來的衝擊，美聯儲實施了低利率政策和信用擴張政策。廉價的資本、低利率和信用擴張的政策，為過度的槓桿運作提供了信用基礎。美國金融資本既擁有了自由，又可以利用廉價而幾乎無限信用，從此進入了一個創新和槓桿運作不斷增加的擴張時期。

創新和槓桿導致系統風險或社會風險以前所未有的規模和速度迅速集中。

美國的金融創新和金融擴張（槓桿）在政府的放任自流下，進入了前所未有的高峰。許多金融創新本身就帶來槓桿倍數的擴大。例如，信用違約對置（CDS）是一種典型的創新產品。CDS 在這次金融危機中發揮了巨大的負面作用，AIG 就是被 CDS 擊倒的。CDS 最初本來是銀行之間的一種用於對沖某些貸款風險的手段。這種衍生工具後來被標準化，成了金融投機者賭博的手段，發生了爆炸性增長。世界 CDS 合同的名義價值從 2000 年的 1 萬億美元，上升到 2007 年的 42.6 萬億美元！CDS 這種創新還以誇張的方式提高了槓桿倍數。CDS 合同需要的頭款（margin）只需要 1.5%，其槓桿倍數遠遠高於其他投資工具。很多類似的創新，五花八門。根本對實體經濟沒有任何意義，卻給金融資本帶來了巨大的回報。創新帶來擴張，擴張需要創新。金融資本進入了一個貪婪而不受約束的擴張時期。這段時期美國金融資本的回報率大幅度上升，美國幾乎形成了一個一條龍的金融出口產業，向世界各地出口高達幾十萬億美元計的各類金融證券。

這一輪金融擴張的支點是房市泡沫。

但是，房市泡沫遇到了資本主義的內在限制。為了突破這種內在限制，許多金融資本在這場向不可能的挑戰中，開始模糊了創新和欺詐的界限。金融資本開始通過創新，人為提高房屋可承受性（affordability），以刺激虛假需求，緩解房屋市場過剩的壓力。這一系列創新包括推出可調整利率房貸和次級房貸，甚至所

謂「由你選擇支付方式房貸」等創新產品；在具體房貸過程中，為了將貸款發放出去許多貸款公司和代理人開始大量弄虛作假，等等。這一系列創新，推動了房地產投機浪潮。許多這類的金融創新實際上類似於欺詐。許多購房者實際上根本無承受能力。房貸資本的這種「創新」製造出許多金融垃圾。這些金融垃圾，又由華爾街通過另一番創新，變廢為寶，打包成高回報、低風險的優級資產。以處理這些垃圾為中心，逐步建立了一個大規模的門類齊全的產業群，專門包裝、評估、推銷和擔保這些垃圾，形成了完整的資金鏈條和激勵機制。這個化腐朽為神奇的金融產業鏈，進一步推動了房市，推動了金融泡沫，將世界各地的資金更大規模地吸納進美國。

在金融資本走向危機的過程中，金融全球化起到了重要作用。貸款公司製造貸款，然後將貸款賣給華爾街，用換回的資金從事新一輪房貸；華爾街買進房貸，通過證券化將其同其他貸款混合打包，變成優質債券（CDO），賣給遍佈世界的投資者，將世界各地的資本吸收回美國，變成手中的資產，華爾街再用這些資產買入新的房屋貸款，進入新一輪證券化打包過程。

世界資本的這種大循環支撐着美國的房屋泡沫。

但是金融資本無節制地追求風險，導致系統風險的高度集中和積累，為美國整個金融體系和經濟帶來了越來越多的風險。從 2000 年開始，美國的許多有識之士先後對所謂的「金融創新」發出警告。其中包括前政府官員、前美聯儲成員、知名學者等。但是，新自由主義政策制定者對這些警告置之不理，繼續實施金融自由化政策和對「金融創新」的放任自流政策。結果導致了 2008 年金融危機。

金融自由是「金融共治」的基礎。有人不願意抽走金融共治的這一塊基石。這種自由放任政策不僅基於格林斯潘對金融產業的看法和哲學，也基於美國霸權的需要。美國霸權建立在赤字基礎上，而赤字戰略得以持續的前提是美國必須將世界上過剩美元吸納回美國。這是美國霸權對華爾街的依賴。美國需要華爾街和金融資本創造出高回報。美國的赤字戰略有一個最低條件，那就是有人願意接受一文不值的美元。如果美國金融體系可以「創造」出巨大財富和高回報率，世界其餘國家就願意接受美元，然後長期投資美國金融產品，等待財富的增長。世界各地的資本就會源源不斷流入美國。美國金融體系越有吸引力，美元就越有吸引力，美國就越有能力將赤字美元循環回美國，赤字戰略就越能成功，美元霸權越

牢固。否則，世界上將沒有人願意將財富循環回美國。那時候，美元將成為真正的白紙，為世界所棄。

美國要用債務統治世界，華爾街就必須能點石成金。

不僅如此，金融自由帶來的財富創造，會讓其他國家看到金融自由的力量。榜樣的力量是無窮的。**美國金融體系的成功，是美國推動金融全球化的前提。這就是霸權、金融資本和自由的三重奏。**

霸權需要華爾街的高回報；高回報來自於金融創新；創新又需要放任的自由。新自由主義相信金融資本的自我監管和金融市場的自我規範。他們認為這種自由放任的金融市場具有自我均衡的能力，而政府的有效監管將扼殺創新。

所有的警告都被忽視，所有提倡加強監管的建議都沒被採納。

金融風險繼續以超高速度大幅度集中，金融資本的內在矛盾不斷積累。

為了維護「金融共治」，確保金融自由，美國金融資本大規模介入美國政治，提供大量的政治捐款。2008 年，雖然面臨金融危機，美國有家金融機構依然提供了高達幾億美元的政治捐款。這種捐款當然不是慈善事業，背後是經濟利益。假如你打開美國從 20 世紀 70 年代以來的歷史，你會發現美國經濟政策的制定者，往往都有金融行業的背景。

長期以來金融資本一直在為自由而奮鬥。

這種放任自流的金融政策導致了「繁榮」，導致了金融風險越來越高的集中，導致許多金融資本帶有越來越大的系統風險。系統風險的高度集中同金融資本私人佔有的矛盾越來越嚴重。越來越多的金融資本，以越來越大的系統風險為賭注，來追求越來越貪婪的私人利潤。金融資本以系統風險進行的豪賭，終於導致金融資本的內在矛盾總爆發，「繁榮」終於導致了金融危機。

金融自由的各種神話終於破裂，霸權和金融資本都受到了重創。

虛擬增長和發展抑制

全球化、出口導向和金融自由化，不是歷史的必然，它們給發展中國家帶來的是虛擬增長和發展抑制。貨幣價值直接影響出口競爭力。實施出口導向的國家面臨一個兩難處境：出口增加，美元儲備增加，帶來貨幣升值的壓力。幣值的升高，

將導致出口競爭力的下降。為了避免貨幣升值，擁有大量入超的經濟體系不得不把外匯儲備大規模循環回美國，購買美國國債或其他虛擬資產。出口導向戰略越成功，越要走向這種惡性循環。這種經濟發展模式，導致虛擬增長和發展抑制。這種虛擬增長必然帶來發展抑制，抑制發展中國家總體經濟發展的內在衝動。

大規模出口導向帶來的主要是外匯儲備的增加和金融資產的膨脹。與此形成反差的是，內向發展的相對萎縮。虛擬增長和發展抑制並存，是大規模追求出口導向的必然結果。這種以內向發展為代價的虛擬增長模式，是任何一個發展中國家難以承受之痛。在出口依存度高的國家，全球化帶來了一個奇特的經濟現象：出口的高速增長和內部經濟發展的相對抑制並存；外匯儲備的急劇增加同內向經濟的相對萎縮並存。這種現象不僅在發展中國家存在，甚至在日本這樣的發達國家中也存在。

第一，**過度的出口增長導致內部發展抑制。在推行出口導向戰略的經濟體內，出口增長和內需發展進行着激烈的資源競爭。出口導向把經濟資源從發展中國家導流出去，形成漫長的大規模的經濟資源流失**。在有些國家，由於政府推動偏好出口增長的政策，出口產業在這種競爭中佔據優勢，內部發展往往在競爭中失敗。結果，出口的增長遠遠高於 GDP 的增長，越來越多的經濟資源被出口產業佔據，內部發展獲得的資源份額越來越小。在出口高速增長的陰影下，內部發展得不到足夠的陽光。GDP 中出口份額的增長，訴說的是內需經濟相對萎縮的故事。出口增長越快，出口佔 GDP 的份額越大，出口產業在資源競爭中實力越強，內向發展越不足。出口的超高速增長的另一面是內向發展的超速相對萎縮。

當出口份額達到 GDP 的某種程度以後，當出口導向嚴重抑制了內向發展的時候，就會導致出口過度增長與內部發展嚴重不足的惡性循環。內部發展的抑制導致內需不足；內需不足加大了對海外市場的依賴，加大了出口推動的力度，導致出口以更快的速度增長；出口的這種超速增長又進一步加劇了內需發展資源不足的困境，導致內部發展的進一步相對抑制。在這種惡性循環中，越來越多的經濟資源被出口產業剝奪，越來越多的產出為別人的市場所控制，越來越大的經濟份額因別人的需求而存在。出口產業控制着越來越多的經濟資源，在政策上享有越來越大的偏好。在這種情況下，跑在別人市場軌道上的出口產業，已經不再是總體經濟發展的引擎，而是以內向發展為代價。與出口高速增長形成鮮明對比的是，

內向發展相對落後，內需產業相對落後，總體產業實力相對下降。

當出口導向產業主要是建立在來料加工的基礎上、建立在進口原材料的基礎上、建立在所謂的「世界產業鏈內部分工」的基礎上的時候，這種發展抑制就更加嚴重。出口產業導向在和內向發展爭奪資源的同時，帶動的是其他國家產業的發展。所謂世界產業鏈內部分工，是指在一個產業鏈內部形成的世界範圍內的分工。比如世界計算機產業，發達國家控制技術和關鍵部件，中國實施裝配等。這種世界產業鏈的內部分工往往由發達國家的跨國公司控制。這些跨國公司處於產業鏈的頂部，控制着開發、核心技術、核心部件、產業發展方向和專利等，而發展中國家則處於產業鏈的底部，成為靠廉價勞動力進行簡單裝配的基地。以中國的有些「高科技產業」為例，它們帶動的是發達國家核心技術的發展。世界產業鏈內部分工抑制了發展中國家內部產業鏈的形成，使之扁平化。這種出口導向不僅抑制了內向發展，而且抑制了關鍵產業的發展。

出口導向對發展的抑制，是 20 世紀 90 年代以來日本經濟長期停滯的主要原因。日本出口產業的繁榮和內需產業的衰退的並存，導致日本對外部世界的進一步依賴。然而，日本繁榮的出口產業和離岸經濟，並沒將日本拉出漫長的衰退。出口導向是一個大漏洞，稀缺的經濟資源就從這個漏洞中流失。這種以滿足別人需要為目的的經濟增長模式，值得反思。

第二，**虛擬資本（外匯儲備）的增值慾望導致對實體經濟的抑制。**推動一個國家經濟發展的因素是實物資本的積累、技術進步和人力資本的開發。出口的高速增長，帶來外匯儲備的高速增長。中國大量的國民儲備沒有起到推動實體經濟建設的作用，卻變成了外匯儲備或其他類別的外國金融資產，被循環到了美國或其他國家。這種虛擬資產越多，國民儲備的流失越多，實體經濟的投資就越少。外匯儲備這種虛擬資產和任何虛擬資產一樣，到了一定程度會產生一種自我擴張的衝動。即虛擬資產脫離實體經濟的需要，追求自身的增值。虛擬資產追求虛擬增值的結果，是**大量的虛擬資本或外匯儲備在增值的動機下被投向海外市場。由於多種原因，這種投資往往是長期投資。對發展中國家尤其是中國而言，這種長期投資的含義是什麼？這種長期投資的經濟含義是，中國的一部分國民儲蓄被長期投向了海外，在長時期內不能推動中國自己經濟的增長。這種長期投資就是中國儲備和中國經濟資源的長期流失。**只有當這種長期投資被收回中國，通過必要方式變成中國的實物資本的時候，中國流失

出去的國民儲備才會實現回流。這種外匯儲備對外長期投資有兩個後果：一是增值；二是損失。如果是損失，就意味着中國國民儲備被永久流失到投資目的國。假如增長，只有當這種增長轉化為中國經濟的實物投資，才對中國經濟產生正面作用。假如這種虛擬資本的回報又變成投資，這種虛擬增長同樣不能推動中國經濟的發展。中國不能走國民儲備長期流失的道路。

這種虛擬資產在和實體資產競爭資源。一方面越來越多的外匯儲備被投向其他國家的資本市場；另一方面國內關鍵產業投資不足，教育科技投資相對不足，創新產業投入相對不足，實體經濟沒有得到應有的發展。**外匯儲備的增長速度超過GDP 的增長速度，説明經濟總量中越來越大的一部分儲蓄被循環到了外國。**國民儲備的這種長期大規模的流失，尤其是以超過 GDP 增長速度的流失，說明經濟資源在以越來越大的規模流失。這種流失最終將導致中國經濟因實體投資不足而長期萎縮。外匯儲備應當為國內經濟發展服務。日本的教訓值得注意，日本積極推動對外投資，GNP 長期高於 GDP。對外投資雖然帶來會計利潤，卻加劇了日本經濟萎縮。

中國崛起的基點只能是發展。無論中國有多少外匯儲備，無論這些虛擬資本的投資多麼成功，也無法取代發展，取代實體資本的積累，取代完整的國民經濟體系的建立。虛擬資本的增長、對外投資、外匯儲備不能和中國實體經濟發展爭奪資源。中國不能靠虛擬資本量的增長而崛起。崛起是發展，中國要用外匯儲備謀求中國自己經濟發展，追求虛擬增值將導致中國實體經濟的相對萎縮。

第三，**過度的出口增長導致貧富懸殊。中國長期享有高達兩位數的經濟增長，擁有超過 3 萬億美元的外匯儲備。然而，中國依然有數億人口生活在貧困中，中國貧富差距不斷擴大。**金字塔頂部 10% 的人口擁有 45% 的社會財富；金字塔底部 10% 的人口擁有不到 1.4% 的社會財富。城市人均收入是農村人均收入的 3.23 倍，這個數字在 1985 年只有 2.57 倍。導致貧富懸殊的原因很多，其中一個主要的原因就是出口導向和全球化。出口產業同內向產業競爭資源，大量的資源和財富通過全球化循環到了美國。**中國向美國輸出廉價產品和低息資本的同時，美國卻向中國輸出了貧困。**

（1）出口導向同公共投資爭奪資源。大量的資源被發達國家的市場吸走，國民儲備的巨大輸出導致中國教育、醫療衛生及其他公共投資嚴重不足。教育和健康問題是發展中國家貧困群體面臨的主要問題。教育是貧困群體走出貧困的台階，與健康有關的災難是把人們推向貧困的主要原因。中國高額的外匯儲備同教育投

資的嚴重不足並存。國民儲備被大規模轉化為美元儲備的同時，中國長期出現教育資源嚴重匱乏的現象。高收費的高等教育制度，使貧困家庭和農村家庭的孩子由於貧困而無法分享教育資源，無法通過成功的教育而脫離貧困。

（2）外匯儲備同實體經濟爭奪資源。就業不足和工資低下是導致貧困的另一個主要原因。大量外匯儲備和對外投資導致國內投資相對不足，內需經濟發展不夠，就業不足，工資低下。許多貧困家庭找不到工作，找不到收入正常的工作。

（3）出口導向同內地發展爭奪資源。內地投資相對不足，偏遠地區投資相對不足，農村投資相對不足，而中國大部分貧困人口集中在內地和農村。內地和農村投資的不足，加劇了貧富懸殊。

（4）出口導向本身直接加大了貧富懸殊。國際跨國集團通過對技術、設計、品牌、市場等的壟斷和控制，控制着利潤分配。它們在世界範圍內尋求最低的成本。以沃爾瑪為例，它幾乎年年都可以把從中國進口的大部分貨物的價格壓低5%，成本降低的負擔落在中國工人的頭上。這種出口增長導致勞動者收入的長期停滯。

出口蓬勃發展和貧富差距不斷擴大，是全球化的普遍現象。經濟的迅速增長本來為解決貧困提供了機會，然而，全球化卻導致了教育、醫療衛生等部門的相對萎縮。教育和衛生是政府發揮作用的重要領域。使貧困群體有機會享有教育和衛生資源，從長遠看，有利於縮小貧富差距，建立一種包容的、人道的經濟增長。我們需要把經濟發展的成果擴散到弱勢群體中，為金字塔中下層群體的未來投資。這種有包容的增長，必須建立在內向型發展的模式上，必須避免國民儲備的大量流失。

（5）過度的出口增長導致對創新的抑制。中國的出口產業大部分位於產業鏈的底部，即使是高科技產業，關鍵技術往往掌握在跨國集團手中。在很多情況下，中國成了世界的組裝車間。出口導向戰略將大量的資源推動到這一類產業上，產生了低水平的數量擴張。中國對美國貨物的輸出，長期以來成了經濟增長的主要引擎。對美國低端市場的出口的超速增長，是推動中國經濟低水平數量擴張的重要原因。此外，過度的出口增長導致國內產業的支離破碎，導致產業扁平化，導致二元經濟，導致低水平循環。

（6）過度的出口導向導致人力資本建設的抑制。一個國家的發展在很大程度

上依賴一個國家人力資本的建設和儲備。人力資本建設的主要手段是教育。出口導向、外匯儲備和教育競爭資源，是中國教育投入長期不足的原因之一。教育尤其是高等教育，逐步偏離了公共產品的性質。另一方面由於內向發展不足，工作崗位少，大量受過高等教育的人找不到工作。許多依靠貸款上學的人，畢業就面臨失業。許多貧困家庭的孩子不願上大學。讀書無用論開始興起。中國是詩書之國。教育是民族的希望，讀書無用是民族之痛。教育從來都是中國人改變自己現狀的方式。在 1949-1980 年間，上大學更是貧困家庭脫離貧困的主要希望。那個時候，一個貧困家庭的孩子和其他家庭的孩子一樣，享有平等的受高等教育的權利。免費而平等的高等教育為許多工人和農民的孩子提供了創造新的人生的機會。那個時候，一個貧困家庭的孩子考上大學是一個家庭的巨大榮譽。中國是一個人口多的發展中國家，大部分人口依然在農村和中下階層。中國的未來在很大程度上取決於他們。很大一部分社會成員不能享受良好教育，是對人力資源的最大浪費，是最大的低效益。國民儲備的大規模輸出和教育投資的長期不足，應當引起人們的關注。

　　虛擬增長和發展抑制並存，不僅是中國經濟面臨的重要現實，也是許多發展中國家面臨的現實。這種虛擬增長和發展抑制並存的原因，是出口導向，是全球化。隨着經濟的增長，經濟總體中越來越大一部分是為美國而生產，經濟發展的成果很大部分被輸送到了美國。美國不僅享有廉價產品，而且享有中國的大量國民儲備。國民儲備流失的結果導致發展抑制。無論我們有多少外匯儲備，無論我們對外投資帶來了多高的回報率，它們都不能代替中國自身內在的發展。我們不能走發展抑制的增長道路。也許有人認為，中國不走出口導向的道路，無法解決生產過剩的問題。生產過剩從來就是一個相對於分配的問題。假如中國正確處理收入分配和貧富懸殊問題，中國十幾億人口足以給中國經濟的內向發展提供充分的市場容量。被解放了的廣大的國內市場，將極大地推動中國經濟的發展，推動內部需求，創造不斷增長的需求能力，為民族工業帶來無窮無盡的市場前景，推動投資回報率的提高，有利於中國社會的所有階層。

　　美國的軍費開支相當於外貿赤字，中國為美國提供了大量的財力支持。美國由於充裕的財力，得以在亞太地區加強其軍事存在。全球化是對中國的不公正，對中國發展的不公正，對中國所有階層人民的不公正。這種不公正，需要中國自己去解決。

建立新世界貨幣的關鍵是去出口導向

在 2009 年的 G20 會議前，中國提出了建立與主權脫鉤的世界貨幣的主張。這是一項非常正確的符合人類利益的主張。中國應當對人類有較大的貢獻。

美元作為世界貨幣，是美國霸權的基礎。在前文中我們已經指出，全球化、金融全球化是美元「制度尋租」的方式。建立與主權脫鉤的世界貨幣的關鍵，就是要徹底改造這種全球化體系。而這種改造的關鍵是去出口導向。為什麼？

出口導向戰略需要巨大的海外市場支撐，而當今世界最大的進口市場就是美國。美國作為最大進口國的結果是巨大的外貿赤字。支撐這個外貿赤字的是一文不值而又通行世界的美元。一旦美元不再是世界貨幣，美國將無法持續龐大的外貿赤字，美國市場將大幅度萎縮。許多推行出口導向戰略的國家，例如中國，將面臨海外市場萎縮的挑戰。在那種情況下，許多人也許會再次被迫接受美元。配合中國新的貨幣戰略，中國必須改變發展戰略，必須放棄出口導向，走內向發展的道路。我們相信，**中國提出新世界貨幣戰略，是中國重新思考發展戰略的一個信號。**

中國應當走自己的道路。那種虛擬增長和發展抑制的模式，實際上和殖民掠奪沒有實質差別。

從 20 世紀 90 年代末期以來，中國實際上是美元體系的主要支撐國。美國的外貿赤字國中，中國最大。冷戰以後，如果沒有中國經濟的支撐，沒有中國美元儲備的支撐，美元作為世界貨幣在規模和範圍上都將小得多。美國可能早就無力支撐起龐大的政府開支，包括軍費開支。美國霸權也許早就是一個更加溫和的霸權。美國在亞洲尋求的可能更多的是合作，而不是軍事圍堵。中國在台海的主導權也許更大。

其實，只要中國走以內向為主的發展道路，讓中國人民享有絕大部分經濟資源和經濟成果，與主權脫鉤的世界貨幣就會慢慢退位，即使存在，對中國的影響將被降低到最低程度。

中國要去出口導向。

要建立新世界貨幣，中國必須拒絕金融全球化。全球化金融體系是由國際金融資本主導的體系，而這些金融資本主要是美元資本和美國的大金融機構。融入這個體系，就是接受美元主導。例如，在 2008 年金融危機中，歐洲許多國家的金融機

構由於擁有大量的美元資產，而不得不依賴美聯儲通過貨幣對置的方式提供的美元供給，解決流動性問題。這次危機的一個重要發現，就是世界對美元的依賴比想像的嚴重。原因就是這個金融體系。在這個體系中，美國的對外債務幾乎全部是美元債務，幾乎沒其他貨幣形式的對外債務。這次金融危機導致的美元資產貶值對許多金融機構打擊巨大，這就是為什麼歐洲也希望改變這種金融體系。由於美國對金融體系的控制，對 IMF 的控制，美國作為最大的軍事強權使美元成為最安全的貨幣的事實，決定了在一個開放的金融體系中，美元必將是最強的貨幣。中國沒有必要融入一個必然出現危機的金融體系中。

建立新世界貨幣的努力是一個漫長的過程。中國不必改變世界，但是中國可以改變自己。中國要去出口導向，要拒絕金融全球化，走自己的路，實施內向發展。這是拒絕美元霸權的最佳方式。基於中國出口導向戰略對美國市場的依賴，中國不改變出口導向戰略，中國將是美元霸權失落的受害者。

全球化帶給中國的繁榮與貧困

去出口導向，許多人不能接受。

出口導向是 20 世紀 70 年代以來，幾乎所有發展中國家選擇的經濟起飛之路。

誰不能感受全球化的魅力，請到中國沿海地區走一圈。許多人這樣講。

誰不能理解全球化的殘酷，請到中國內陸和農村走一圈。

沿海地區那些摩天大樓同中國內陸和農村三十多年失修的農田設施之間，有一條無形的線。**富裕和貧困、繁榮和凋敝是全球化創造的一對雙生子。**

許多人不能接受出口導向抑制中國經濟發展的看法。他們首先會指出中國沿海地區和經濟特區出現的那些高速增長的奇跡。這些朋友會質問，那些成功例子難道不是全球化推動經濟發展的歷史證明？

理論是灰色的，生活之樹常青。

筆者對這個問題也曾經非常疑惑。後來走遍天下，瞭解了許多不同類型的特區才發現，疑惑來源於「只見樹木，不見森林」的片面性，來自於非馬克思主義的思想方法，來自於忘了毛澤東的「沒有調查研究就沒有發言權」的告誡。調查研究，可不是走馬觀花轉一圈。毛澤東最反對那種走馬觀花就下結論的方法。

讓我們用一個例子來解構這個問題。

假定我們在某個地方圈一塊地，實施特殊政策。通過出售土地、出售存量資產或私有化等方式來吸引外資，發展經濟。由於有利可圖，大量外資湧入，注入了許多美元。這些美元在變成投資或消費以前必須換成人民幣。

問題就在這裡。

假如外資投入了一百億美元。我用這一百億美元，按目前的匯率，換回了六百多億元人民幣。這是什麼含義？假定中國貨幣發行總量不變，這相當於我從全國其他地方吸走了六百多億元人民幣。我的貨幣增加六百多億元，別的地方就要減少六百多億元；我增加了六百多億元的投資，別的地方就減少了六百多億元的投資。結果，我的經濟發展導致了其他地區的投資不足和相對萎縮。

出口創匯對資源配置的作用完全一樣。我出口創匯一百億美元，存入銀行，換回六百多億元人民幣。這同樣相當於從其他地方吸走六百多億元人民幣！

所以，我的經濟高增長，是以其他地區的低增長為代價的！

所以，這些外資和出口產業實際上成了推動中國內部貨幣配置和資源配置的一種方式，成了同內地、內需產業爭奪資源的方式，是導致經濟二元化和不平衡的一種方式。

以上我們假定，為了遏制通脹，中國貨幣供應總量不變。

假如我用一百億美元換回六百多億元人民幣的同時，央行不「清洗」（sternization），結果央行增發了六百多億元人民幣。這六百多億元的新增人民幣會帶來通貨膨脹。我的貨幣供給比其他地方增加了六百多億元；其他地區的貨幣供給量表面上不變，由於購買力下降了，從資源的角度看還是減少了，資源還是從別的地方流向我這裡。總之，這個特區或沿海地區吸引的外資越多，出口創匯越多，從內地或內需產業吸走的貨幣或投資越多，內地發展越慢，內地越貧困。

鼓勵出口的戰略，實際上就是鼓勵這種犧牲內向發展的戰略。

所以，如果劃一個專區吸引外資，出口創匯，從內地吸走大量的貨幣和資源，那麼這個特區的經濟增長一定高於其他地區，其他地區一定相對萎縮。道理就是如此簡單。過去筆者沒有弄明白這種貨幣供應的變化，把特區的發展歸結於這個特區的體制，這是一種誤判。在這種誤判的基礎上，有人把特區的那一套東西，把小政府、市場經濟、全球化、引入外資、出口導向和其他特區體制概括為普遍

真理而推廣到全國。這必然南轅北轍，當然無效。

　　三十多年來，中國沿海地區的出口導向產業，通過這種方式從內地吸走了多少資金！被出口導向吸走的這些天文數字一般的資源，就是內地發展相對落後的真正原因。內地發展落後不是不搞全球化的結果，內地是全球化的受害者。內地投資和內需不足、農村的投資不足、內地的相對落後、不斷擴大的貧富差距、內地許多弱勢群體的貧困，就是這種圈走資源的全球化的後果。假如中國不糾正這種發展戰略誤區，中國內地和內需的發展會進一步萎縮。

　　這種全球化或出口導向，還是導致中國出現低技術的數量擴張的重要原因。

　　全球化將資源從中國廣大的內陸地區、從關係國家長遠發展的內需產業裡大規模擠出以後，將其大量集中在發揮落後優勢的產業上，集中在利用別人技術的產業上。全球化舉中國之力，使中國變成別人產業鏈底部的加工廠。在這種發展道路上，中國如何脫離低技術陷阱？這些資源本來是可以用來建立門類齊全的產業，用來推動新興產業，用來辦教育、辦科技的。

　　全球化浪潮把中國內地或內需的資源捲到沿海，再從沿海捲到美國，換回美元，再把美元捲回美國。**今天中國沿海地區的繁榮和奇跡，不是全球化創造的，不是同世界市場接軌的結果，不是市場化、私有化帶來的，而是中國960萬平方公里土地上其他地方投資相對萎縮帶來的。**全球化捲走了中國的財富，卻留給中國一個相對落後的內陸、受到抑制的內需產業和一個巨大的貧困階層。

　　這不僅是中國面臨的問題，也是幾乎所有出口導向的發展中國家面臨的問題，也是日本長達幾乎20年停滯的根本原因。

　　這種犧牲內向發展和內需發展的全球化戰略，不能帶來全中國的繁榮，不能帶來中國的崛起。而新自由主義者忽視全球化和世界市場對中國資源配置的扭曲，他們認為，全球化、同世界市場接軌、國際資本的介入、市場化、私有化等，是導致沿海地區繁榮的根本原因。他們認為沿海地區的發展是新自由主義「點石成金」的結果，從而得出結論，中國要繁榮必須全球化，必須搞新自由主義。

　　這是一種符合帝國利益的偏見，是一種利他主義的國際經濟學。

　　出口導向已經完成了階段性任務，應當淡出。

發達國家的道路適合中國嗎？

去出口導向，許多人不能接受。有些出於利益，有些出於認知。

古希臘唯物主義哲學家赫拉克利特的一句名言是，「人不能兩次走進同一條河流」。這句話揭示了事物是不斷運動發展的哲學觀念。這句話可以用在出口導向戰略上面。在金本位時期和法幣（fiat money）時期，出口導向戰略的作用是不一樣的，國際收支的作用也是不一樣的。

出口戰略或者貿易盈餘戰略，在發達國家的經濟發展過程中起到過非常重要的作用。大英帝國曾經是世界工廠，美國也曾經是世界工廠。國際壟斷資本為了爭奪或瓜分海外市場，還引發了兩場世界大戰。1947 年美國出口佔世界出口總額的 1/3。按價值衡量，美國的出口幾乎達進口的兩倍。

也許正是發達國家走過的這種歷史道路，也許正是美國霸權崛起時的這種大規模的順差，使許多人迷戀上了出口導向，迷戀上了全球化。在全球化的體制下，中國不通過戰爭就可以大量進入海外市場，就可以創造大規模的貿易盈餘。從歷史的角度看，這難道不是一條和平崛起的道路？

遺憾的是，持這種觀點的人大約不僅忘記了馬克思主義，也忘記了上面那位古希臘哲學家，只見現象不見本質。發達國家曾經走過的那條道路，在 1971 年已被堵死。隨着金本位的廢除，貿易盈餘的作用發生了根本的變化。

在金本位體制下，貿易盈餘最終由黃金支付。貿易盈餘導致黃金流入，在金本位下，黃金儲備是一種真實的國民儲備。這種國民儲備可以投資於國內產業，推動經濟發展，推動更多的出口，換回更多的黃金。貿易盈餘同國民儲備、同經濟發展是一種良性循環。與此相反，貿易赤字則帶來黃金外流。黃金大量外流導致貨幣貶值、利息上升、國內投資和消費雙雙下降。長期貿易赤字同經濟增長間是一種惡性循環，甚至可能導致貨幣破產。

在美元同黃金脫鉤以後，貿易盈餘和貿易赤字的作用發生了 180 度的大顛倒。

在美元體制下，貿易盈餘換回的是一大筆「白條」，不能轉換為國內投資和消費。否則會導致國內的總需求大於總供給，導致通貨膨脹（因為帶來貿易盈餘的那部分總供給已經被輸出到國外）。這部分貿易盈餘只能轉換為美元儲備。美元儲備過高又帶來本國貨幣升值的壓力，影響出口導向，於是許多中央銀行又將

大量的美元儲備轉換為美國政府債券或兩房公司的債券。美元是沒有內在價值的，無法成為長期的財富儲備手段；而美國政府債券比美元更加沒有價值。貿易盈餘帶來財富的大規模外流，嚴重抑制經濟發展。

在金本位下，外貿盈餘帶來財富（黃金）流入，外貿赤字導致財富（黃金）流出；在美元本位下，外貿盈餘導致財富外流，（美國）的外貿赤字導致財富流入。

在金本位下，貿易盈餘導致黃金儲備增加，國民儲備掌握在自己手中；在美元本位下，貿易盈餘導致美元儲備或美國政府債券增加，大量國民儲備掌握在別人手中。掌握在別人手中的這筆國民儲備的價值，完全受別人利益支配，有可能變得一文不值。

同樣的貿易盈餘有完全不同的經濟含義。千萬不能拿別人曾經用過的箭來射中國經濟發展的靶子，不能無的放矢，不能將某一種經濟戰略同具體的歷史條件剝離開來，否則不是馬克思主義。

對那些出於利益因素而支持出口導向的人，我們要指出，在一個國家公平的經濟發展中，局部利益同經濟發展是水漲船高的關係。而且，中國經濟發展長期受到出口導向戰略的抑制，是一條使中國社會各個階層「共輸」的道路。

我們一定要避免許多發展中國家曾經面臨的金融全球化陷阱，一定要獨立自主發展經濟，獨立自主應對經濟問題，一定要認真地面對歷史，要謙虛地承認我們還在探索。馬克思主義者認為真理是相對的。在經濟體制、經濟全球化上，沒有絕對的真理。西方的許多東西不是普遍適用的絕對真理。我們已經承認國情的特殊性，我們也應當承認沒有適合於不同發展階段、不同經濟實力的所謂全球化。全球化也要符合中國國情。歷史是一位巨人，讓我們站在歷史的肩頭，吸取別人的教訓，走自己的道路。**在中國崛起的歷史關頭，讓我們多一點民族性，少一點全球性；多一點保護性，少一點開放性。**在國家博弈的時代，在危機不斷深化的時候，每個國家最關心的是自己的那一塊蛋糕。讓我們在經濟改革和經濟發展中牢牢地掌握自己的主導權，當放則放，當收則收，以中國經濟的發展為念，避免全球化陷阱，實現我們的宏偉戰略目標。

第十六章
中國經濟的國際環境

　　中國的國際經濟環境究竟怎樣？中國經濟的國際環境看得見美國長期以來經濟戰略的影子。20 世紀 80 年代以後，美國的對華經濟戰略的核心，是使中國的經濟增長模式符合美國的最大利益。中國經濟所面臨的嚴峻的環境表現在：

　　一、中國經濟深陷美國低端市場的陷阱。**按中國目前 GDP 對美國市場的相關度，中國經濟已經深陷美國市場陷阱。中國對美國低端市場的高度依賴，使中國經濟喪失了獨立性。**一旦美國決定打擊中國經濟，一旦台海有事，一旦中美出現戰略對抗，美國可以通過禁止中國對美國低端市場的進入，而使中國 GDP 大規模下滑，出現大量倒閉和失業，甚至導致社會動盪。美國在獨立初期深受經濟不獨立的打擊，它自身的發展歷史使它認識到經濟獨立對一個國家發展的重要性。所以使對手失去經濟獨立，是美國長期的經濟戰略。這種戰略既反映在美國對拉美的經濟戰略中，也反映在對日本的經濟戰略中，更反映在對華的經濟戰略中。

　　二、中國財富深陷美元和美元資產陷阱。中國有超過三萬億美元的外匯儲備，其中有相當大一部分已經失去流動性。雖然這一部分也許還有會計價值，但是從單純的經濟意義上講，已經失去了許多經濟價值。中國人民長期積累的大量財富，有相當大一批變成了外匯儲備，包括美國政府債券。中國是美國最大的債權人。這筆財富的安全性如何，是中國人普遍關心的問題。但是遺憾的是，**從第二次世界大戰以後，特別是 1971 年以來，美國政府對外舉債從來沒有打算償還。無償享用別人的巨額儲蓄，是美國霸權得以存在的經濟基礎。**美元與黃金脫鉤後，美國更容易推行這種不還外債的戰略。

　　美國霸權是建立在世界財富的基礎上的。為了獲得世界財富以支撐霸權，美國自 20 世紀 60 年代中期以來先後實施了兩種國際經濟戰略：「霸權經濟化」和「市場換財富」。

在兩霸對抗時，美國把這種注定不還的債務稱為「霸權經濟化」。也就是說，盟國們必須為美國提供的霸權保護買單。蘇聯解體以後，美國的傳統盟友不再願意為不再需要的霸權保護買單，為此美國不斷努力地為它和傳統盟友尋求共同敵人。獲取霸權的經濟價值是其中的一個重要原因。由於多種原因而不果。

於是，美國為了尋求新的霸權經濟基礎而轉向發展中國家，希望發展中國家為美國霸權買單。這種買單的方式就是用「市場換財富」的戰略。這個戰略的一個重要理論就是全球化。這種「市場換財富」的戰略導致了美國對發展中國家的大量財富掠奪。「市場換財富」戰略有三個方面：一是開放低端市場；二是美元循環；三是沉澱債務。具體來說：美國開放低端市場，出現外貿赤字；通過官方的和金融的手段將赤字美元循環回美國；將發展中國家持有的巨額美元儲備沉澱下去，使其失去經濟價值。

中國的巨額美元債權不僅很難得到償付（後文會有詳細闡述），而且變成了美國對中國經濟和金融的大規模殺傷性武器，使中國面臨戰略劣勢和安全劣勢。比如一旦台海有事，美國決定介入。美國及其盟國可以通過凍結中國的海外資產，或不接受中國任何外匯儲備，使中國瞬間喪失大量（相當於 14 萬億 ~15 萬億元）人民幣財富。結果將導致許多擁有這些資產的機構和個人破產，將使中國金融體系、中國經濟進入核冬天，為中國製造內亂。

三、中國產業面臨美國技術陷阱。中國的高科技產業，有相當大一部分是建立在美國技術的基礎上的。中國的計算機產業等就是這樣。今天我們的這類產業貌似發展很快，但一旦中美對抗，假如美國停止向中國提供這些技術和核心配件，中國的這些產業將馬上崩潰，導致大面積的倒閉失業，甚至我們建立起來的通信、信息、計算機系統都會崩潰。這就是為什麼美國及其盟國不僅要限制軍事技術對中國禁運，還要限制商業用途的技術向中國經濟的擴散。其目的是要讓中國的高科技建立在沙灘上，建立在美國技術上。這是一個完整的戰略佈局。

四、中國經濟陷入了 WTO 陷阱。中國的 WTO 文件充滿了對中國的歧視，使美國及其盟國們在 WTO 框架下只要願意就可以輕易發起對中國產品的限制。而中國被剝奪了一個成員國應當享有的反擊權利。在經濟危機的今天，一旦危機深化，中國有可能面臨許多國家發動的「合法的」保護主義打擊。而推動中國 WTO 條款的主要推手就是美國。更重要的是，WTO 文件使西方對中國的技術封鎖合法

化，WTO 將中國的市場開放和投資開放與發達國家的技術轉移隔離開來，使中國不再可能通過市場開放和投資開放獲得技術，為美國及其盟友長期控制中國高端技術和產業提供了法律基礎。

以上種種表明，中國經濟已經面臨嚴峻的國際經濟和金融環境，它們嚴重動搖了中國的經濟獨立，威脅了中國的經濟，甚至威脅了中國的國家安全和統一，阻礙了中國的技術進步，導致了中國出口和內需的二元經濟結構。以上幾點，尤其是前四點，其中每一項都有可能危害中國的長遠發展，而我們面臨所有這些困境。

市場依賴和安全陷阱

全球化托起的不是發展中國家的夢想，而是美元的「制度尋租」。

全球化不僅捲走了發展中國家的財富，還削弱了發展中國家的經濟獨立。出口導向戰略，眼睛向外、外向型的發展道路，使許多發展中國家的經濟航船漂浮在別人的市場上。把經濟發展的希望寄託於海外市場，削弱了經濟獨立。

經濟獨立是政治獨立的基礎。

美國在自己的崛起過程中，曾經備受依賴海外市場之苦。自由貿易帶來的繁榮，曾經備受大英帝國炮艦政策的打擊。國家博弈的殘酷現實使美國放棄了自由貿易，選擇內向型的發展戰略。美國對海外市場依賴、對經濟獨立和政治獨立的關係，有遠比別人深刻而痛苦的切身體會。

要削弱一個民族的政治獨立，最有效的方式是削弱其經濟獨立。而削弱其經濟獨立的便捷的方式，就是全球化。對於那些潛在對手，美國以巨大的市場潛力為誘餌，讓對手為了獲取這個市場份額而徹底改變自己；以誘敵深入的方式讓對手的經濟步入其市場圈套，使之嚴重依賴美國市場，進而喪失經濟獨立。

第二次世界大戰以後，美國一直把市場作為國家博弈的一種重要籌碼。第二次世界大戰剛結束時，它通過市場開放、經濟援助和提供安全保障的方式，換取歐洲對其在軍事、政治、外交和後勤方面的支持和從屬；它以類似的交換方式將日本變成自己的附庸。自 20 世紀 80 年代以來的全球化進程中，美國充分利用巨大的市場潛力，將亞洲和其他發展中國家融入美元貨幣體系、融入全球化。在開放自己市場的同時，美國迫使發展中國家開放自己的國內市場。這種「市場換財

富」的戰略，使發展中國家走上了出口導向的道路。

歷史的經驗和教訓告訴我們，貿易戰略是國家安全戰略的一部分。在全球化的過程中，不將貿易戰略置於國家安全戰略之下，不從安全角度來定位貿易戰略，國家的經濟獨立和安全就會受到極大的影響。國家博弈，不能只是在商言商。否則，一年到頭拚命為美國打工，將越來越多的產品和財富輸入美國，換回的卻是安全程度的下降。出口拉動了 GDP，GDP 中的美國因素越來越多。出口年年增加，GDP 年年增加，GDP 中越來越大的一部分依賴美國市場。經濟變成了失去獨立自主羽翼的風箏，越增長越難脫離美國市場這根線。

「市場就是皇帝」。**一個企業的產品太依賴一個買主，這個買主就能控制這個企業；一個國家的經濟太依賴另一個國家的市場，這個市場就能控制這個國家的經濟。**當中國的貨物和財富被全球化浪潮大規模捲向美國時，中國經濟崛起的主導權也在悄悄地移向美國。

全球化削弱了中國經濟獨立。

美國市場是中國主要的出口市場，中國的 GDP 有很大一部分必須通過美國市場實現。中國出口導向帶來的繁榮，很大一部分建立在世界霸權的市場上。這種經濟結構給中國經濟帶來了嚴重的安全問題。失去美國市場，中國經濟將面臨嚴重生產過剩。中國經濟的宏觀穩定、GDP 的增長、失業率的高低、總需求的大小，甚至價格水平的升降，在很大程度上取決於美國市場這個外生變量。這個外生變量給中國經濟帶來很大的不確定性，假如美國市場進入受到限制，假如美國政策改變，假如美國決定把市場的大門關上哪怕一小點，就有一大批為美國開的工廠要關閉，就有一大批為美國打工的人要失業，就有一大批依賴美國技術的產業要消失。這些局部問題還可能傳導到上下游產業，演變成影響經濟全局的連鎖反應，導致宏觀經濟混亂，甚至可能影響中國的安定，演化成社會政治問題。

美國市場成為影響中國經濟社會穩定的一個關鍵因素，這個關鍵的外生因素不受中國控制。

以 2008 年金融危機為例。美國的金融危機導致嚴重經濟衰退，市場萎縮，進口下降。危機開始時，許多經濟學家預言危機將不會對中國造成巨大衝擊。話音猶在，這場發生在太平洋西岸的經濟危機，就通過全球化的浪潮爬上太平洋的東岸，肆意衝擊着中國的出口導向經濟。並通過出口經濟的萎縮，擠壓中國的其他

產業，導致出口企業大量關閉，工人大量失業，農民工大量返鄉。為了維持 GDP
增長 8% 的目標，中國不得不大規模刺激經濟。對外部市場的高度依賴，使中國
經濟對外部市場的敏感性增高，不穩定性增加。

這個不確定的外生變量不僅影響中國經濟穩定，甚至可能會影響中國的崛起
和統一大業。依賴別人的市場，無異於將大規模經濟殺傷武器放在別人手中。從
國家博弈的戰略上看，這種經濟十分脆弱。中國周邊的安全形式並不樂觀，美國
在中國後院──東亞有巨大的軍事存在。假定一：假定有一天台海有事，假定美
國決定介入，它可以通過關閉市場的方式達到打擊中國經濟的目的，輕而易舉地
給中國製造巨大的經濟混亂，甚至社會混亂。讓你先嘗嘗工廠大批倒閉、工人大
批失業、經濟萎縮的滋味。假定二：假如有一天美國不能繼續接受中國崛起的前
景，可以調整自己的戰略，通過限制中國出口來達到抑制中國崛起的戰略目的。

歷史不會按假定發展，但是那些概率不低的假定，可能會影響歷史。

出口導向對一些小國和地區，也許是一種別無選擇的出路。由於市場狹小，
不得不把自己的經濟航船掛在別人的經濟航母后面。中國人口眾多、市場潛力巨
大，中華民族要崛起，可以不依賴別人，也不能依賴別人。出口導向的增長方式
是一種不可持續的增長方式；建立在這種增長方式上的繁榮是不可持續的繁榮。
**在這種發展道路上，中國經濟的後續發展，甚至社會安定，在某種程度上取決於那些
外部市場有多大的意願支持中國 GDP 的增長。**

對美國市場的依賴，使美國手中多了一種和中國博弈的戰略槓桿。只要美國
願意，就可以通過霸權的手，隨心所欲地把中國 GDP 中過度的水分擠掉。不管你
GDP 有多大，你處於戰略上的弱勢和守勢。布熱津斯基在《大棋局》一書中指出，
美國要通過「操作和控制」（maneuvor and manipulation）來實現戰略目的。這種
經濟依賴，給美國提供了許多操作和控制的機會。

中國對美國市場的依賴，並不等同於美國對中國產品的依賴。中國出口產品大多是
低端產品，有很高的可替代性，如中國生產的玩具、衣服、鞋等。中國組裝出口的
各類高技術產品可以在世界任何地方生產和組裝。美國跨國公司的進貨戰略基本是
多元化，每一種產品都有多國貨源。這不僅能帶來價格競爭，而且擺脫了對特定貨
源的依賴。一旦有事，很容易替代中國貨源。美國和中國 GDP 的規模不一樣。同樣
數量的出口，對中國的影響力度要比對美國的影響力度大得多。**這是一種風險和成本**

不對稱的關係。

　　對中國經濟依賴海外市場的現實，美國有清醒的認識。謝淑麗曾經是美國國務院負責中國事務的副助理國務卿。她在《中國：脆弱的強權》一書中，對中國的這種依賴性這樣寫道：

　　作為一個對世界經濟極度開放的大國……中國自身的繁榮和穩定依賴於其他國家。它對國際經濟帶來的震盪，對（其他國家）對中國崛起的政治反制所帶來的震盪，非常脆弱。假如中國被世界主要市場抵制，如美國、日本、歐洲，（中國）經濟增長將會放慢，國內失業率將會上升到危險的水平。中國成為比任何其他國家都多的反傾銷調查的對象。[①]

　　在這種格局下，美國有許多人並不感激中國提供的免費商品和廉價資本，反而把中國對美國市場的依賴當成一種權力，一種博取更多國家利益的戰略武器。在三十多年的歷史中，美國運用市場武器向中國施加了許多壓力。在 20 世紀 90 年代，它利用這種武器迫使中國在 WTO 談判上做出巨大讓步。在 21 世紀頭幾年裡，它利用這種武器企圖迫使中國貨幣升值，迫使中國迅速開放金融系統，企圖對中國發動一場類似於當年針對日本的經濟戰爭（由於金融危機而暫時作罷）。21 世紀中美有許多貿易爭端，而每一次爭執都是美國挑起的。這種咄咄逼人的高姿態，來自於經濟關係的戰略格局，來自於不平等的市場關係。

　　而美國從 20 世紀以來，就把建立一支世界上最強大的軍隊當成一項最重要的國家戰略。雖然有政黨輪迴，有黨爭，但是這項政策卻代代相傳，直至今日。奧巴馬在當選總統後，馬上宣佈要繼續把美軍建設成世界上最強大的軍隊。為什麼？這支強大的軍隊有效地捍衛了美國在世界各地的利益，包括經濟利益。強大的軍隊是經濟安全的堅強後盾。面對這支軍隊，任何人都必須三思而後行。即使這樣，美國對外投資淨額為負數，沒有把自己的經濟或金融放在別人手中。從美國對日本的高科技經濟戰爭中我們可以看到，美國總是千方百計地避免對別國的依賴，

---

① Susan L. Shirk, *China: The Fragile Superpower*, p.24.

哪怕是對盟友的依賴。美國作為世界上最大的經濟實體，其出口佔 GDP 的比重遠遠低於中國，其出口依存度遠遠小於中國。美國早在立國之初就認識到，沒有經濟上的自主就沒有政治上的完全獨立。這是美國締造者之一，第一任財長最早提出的觀點，也是美國迄今為止的長期經濟戰略。

開放一定要建立在獨立自主的基礎上。對任何國家的市場依賴和經濟依賴都會降低經濟安全，從而降低總體安全。

中國的崛起不能寄託於霸權的仁慈，中國崛起的道路不能掌握在霸權手中。獨立自主是中國經濟獨立和安全的根本保障。

美國會向中國還債嗎？

和許多發展中國家一樣，中國大量的外匯盈餘通過各種方式循環到了美國。美國通過金融體系，通過政府間的默契，通過吸引發展中國家對美國虛擬投資，通過各種金融創新帶來的「高回報率」將赤字美元大量循環回美國。用資本項目的入超彌補經常項目的出超，美國既獲得了貨物又回籠了美元。回籠貨幣是一件難事，在世界範圍內回籠貨幣是一件更難的事。然而，美國成功地實現了這一戰略。

中國成了美國最大的債權國，擁有超過 3 萬億美元的外匯儲備。美國欠中國數額龐大的美元的債務，其中有大約 1 萬億美元的政府債券和接近 5000 億美元的兩房債券。兩房的背後是美國政府，兩房債券是間接美國政府債券。兩者加在一起超過 1.5 萬億美元。貧窮的中國是富有的美國的最大債主。美國曾經盛極一時的繁榮後面，有中國貧困群體的影子。中國手上這筆巨大的國民儲備，價值多少？債權本身沒有價值。債權的價值取決於債務人還債的願望和能力，還債的方式和實際償還的數量。基於這些因素，一筆一百美元的債券，可能值一百美元，也可能只值 50 美分，也可能一文不值。

中國把巨款借給了美國，自然關心自己財產的安全。美國會還債嗎？

答案很簡單，美國沒有打算還債。美國的戰略是以世界之財力來維持其世界之霸權。那些認為市場經濟是建立在契約基礎上的自由經濟的人，在這個問題上一定要醒悟。美元與黃金脫鉤的戰略，就是因為不願以黃金還債，就是為了借債不還。借債不還符合美國的國家利益。借債要還，何必要與黃金脫鉤！美國 1971

年以來的全球化戰略、金融全球化戰略，就是建立在借錢不還的美元基礎上的。推行全球化，推行金融全球化，控制 IMF、世界銀行和 WTO，就是為了捍衛這種貨幣霸權。在國家博弈中，欠債要還的市場原則有時候蒼白無力。

以中國手中持有的美國政府債券為例。**幾年以前，由於美國在台海的某些作為，中國有人提出以拋售美國國債來報復美國。當時已經卸任的格林斯潘先生對此曾對投資者喊話：你們不用擔心，就算中國要賣，也沒有買主。**[①] 中國的許多人對這句話幾乎沒有加以注意，但是美國投資者卻因此而感到安慰。格林斯潘先生作為卸任官員，也許有更多的講話自由，他的話可能代表美國政府的立場，也可能講出市場現實。這段話可能有幾層含義：一、美國政府沒有從中國手中購回債券的願望。二、即使中國打算拋售美國政府債券，美國主要的投行和商業銀行將會聯合抵制。三、美國將沒有任何交易商會代理這種業務。沒有交易商代理，就進不了市場。總之，中國找不到買主，這幾千億美元債券已經沉澱在了中國手中。中國想拋售，到時候是只有賣主，既無價又無市。而且，賣主只是在市場外叫賣。換句話說，美國政府在賣給中國這些債券時根本就是一次最終買賣，沒有打算把它們從中國手中贖回。美國經濟學家安德烈・岡德・弗蘭克（Andre Gunder Frank）曾經指出：

他（山姆大叔）用實際上一文不值的美元支付中國和其他國家。特別是貧窮的中國，無償向富有的山姆大叔提供價值成百上千億美元的真實貨物。然後，中國又轉過來用這些美元紙鈔購買美國國債。這些國債除了支付一定利息以外，更加一文不值。就我們注意到的，這些國債將永遠不能換回現金，或者足值的或部分的贖回，而且不管怎樣，它們已經對山姆大叔貶值很多（由於通脹）。[②]

不僅美國政府債券，中國擁有的其他美元儲備都是美國欠下中國的債務。從歷史上看，對這類債務美國從來就是欠債不還。1971 年，為了逃避用黃金支付債務的責任，美國讓美元和黃金脫鈎，同時讓美元大規模貶值；20 世紀 80 年代，

---

① http://www.moneyweek.com/investments/why-investors-fear-a-china-treasury-dump.aspx.

② Ben mah, *America and China,* Political and Economic Relations in the 21st Century, p.223.

為了沖掉欠下日本的債務，美國不惜動用國際統一戰線，迫使日元升值。美國這種欠債不還的歷史記錄歷歷在案。美元和黃金脫鈎後，美國要是真心還債有許多方式。例如開放美國產業，讓債權國大量購買美國企業。讓擁有美元儲備的國家用美元收購產業，是一種用有內在價值的資產償還債務的形式。從市場原則看，由於美國無力還債，以實物（企業）抵債再正常不過。自 1973 年以來，日本、歐佩克（OPEC）和歐洲都擁有大量的美元。這些國家為了實現自己的債權，試圖收購美國主要企業的控制股，讓美國以有經濟價值的實物資產（企業）抵債。對此美國堅決反對。在美國實施以債務支撐霸權的戰略中，美國欠下世界許多國家巨額債務。假如世界上的債權國家能夠利用這些債權購買甚至控制美國經濟，美國早就和許多第三世界國家一樣，產業被人肢解，經濟受人控制。所謂霸權，早就是泥足巨人。正是基於這種戰略考慮，作為赤字戰略的配套措施，美國對外國收購美國企業有嚴格的程序，對具有戰略意義的產業，堅決拒絕外國投資插足。這種戰略符合美國國家利益。

市場原則必須符合國家利益。凡是符合國家利益的就要堅持，凡是不符合國家利益的就要反對。在國家利益面前，市場原則不是「普世價值」。

美國欠債不還的另一個表現就是，對中國的高科技封鎖。從純經濟角度看，以技術或技術產品抵債也是一種還債的方式。美國拒絕用高科技償還債務。

再以中國收購 Union Oil 為例。美國國會對此進行了激烈辯論，最後否決了這個併購案。這個案子是個標誌性案件。它表明美國不承認對外欠下的債務，債權人不能用這些債權來購買美國的真實資產，而只能購買美國政府債券或其他證券。

以中國主權基金為例。當中國成立中投公司時，美國擔心還債的時候到了，擔心中國會通過本來沒有內在價值的美元控制美國的實體企業。美國政商學界，尤其是國會，展開了激烈的討論。討論的核心是不能讓中國控制美國企業。美國這種激烈的反對，無疑給中投以極大的壓力，最後中投的投資策略是進行長期的被動投資。在許多投資案中，對中國提出許多限制條件，甚至迫使中國放棄股東的管理權限、接受很長的非流通期限，等等。這種投資，實際上是用一張紙換另一張紙，一種債權換成另一種債權。這個案例從一個方面反映了**美國的債務戰略：可以用多種方式滾動債務，但是不會還債。中國既不能用巨額的美元儲備換回黃金，也不能大規模收購實物資產，只能投資虛擬資產。**

　　將這種欠債不還的理論講得最淺顯易懂的，是諾貝爾經濟學獎獲得者、貨幣主義之父弗里德曼。幾十年前，美國不斷上升的外貿赤字讓美國許多人不安，害怕有一天要還債。該先生站出來說，外貿赤字發出去的美元，最後都會流入美國的。他認為許多對貿易赤字的批評是不公正的，這種批評旨在推進一種偏好出口產業的宏觀經濟政策。強調自由市場的弗里德曼是不太希望美國走上出口導向的道路的。他說他相信，只要赤字帶來的貨幣供應能以某種形式——直接或間接的形式，而流回赤字國（美國），外貿赤字就是無害的。他繼續說，「最壞的情況」就是這些貨幣永遠不回流到赤字國（美國）。發出去的美元收不回來，是最壞的情況。然而他又說，這種最壞的情況對赤字國而言恰恰是最好的情況。為什麼？

　　他說，賺到美元的國家，永遠不把這些錢流回美國，其效果和燒掉這筆外匯是一樣的。對美國而言，這種當然是最好的情況。這如同我用白條買了你的東西，然後你把這白條永遠藏了起來，永遠不來向我兌現，也不進入流通。這相當於你把這些白條燒掉一樣。這就是弗里德曼所稱的最壞的情況。正如他所明白指出的，對美國來說，這恰恰是最好的情況。①

　　弗里德曼在為擁有美元儲備的國家指明了兩條道路：要麼循環回美國；要麼燒掉。沒有第三條路，沒有欠債還錢的路。金融自由化，就是為了把這些美元循環回美國，就是為了將世界資本循環到美國。這就是新自由主義國際分工的實質、全球化的實質。這就是為什麼美國從 20 世紀 80 年代以來，外貿赤字不斷上升，國內外經濟學家們不斷大驚失色，然而美國既定國策依然不變，赤字依然上升，美國霸權安然如山。

　　中國手中的美國國債是金融武器嗎？由於中國大量購買，美國政府債券價格上升，利率下降。中國提供的巨大廉價資本，使美國政府可以籌措到廉價的債務以支撐其龐大的政府開支，其中包括軍事開支；使美國企業得以籌措到廉價的資本，而獲取高額利潤；使美國消費者得以獲得廉價的消費者貸款，而彌補收入不足的部分。從純經濟角度看，有人認為中國掌握了美國經濟命脈。一旦中國大量拋售美國政府債券，美國債券價格就會下跌，利率就會急劇上升，美國金融秩序

---

① http: //en. wikipedia. org/wiki/Balance-of-trade.

就會大亂，甚至出現經濟危機。似乎這三萬億美元握住了美國的要害，是金融武器。按這種看法，中國買單越慷慨，美國越依賴中國。我們已經知道美國政府對債務的態度。在平時是這樣，在非常時期更是這樣。美國政府不會讓中國實現大規模拋售這些債券、打擊美國的金融秩序的戰略目的。中國手中的美國國債要成為金融武器，必須有一個簡單的前提：必須有人買。這個前提存在嗎？

不存在。在這種情況下，它會指令美國金融機構拒不承接中國大規模拋出的債券。從歷史傳統看，**美國的金融機構有兩個傳統：貪婪和愛國**。它們知道，只有美國是世界上最強大的國家，它們才能賺到更多的錢。從體制上看，**美國銀行在關鍵時刻並不享有國內某些經濟學家所謂的「完全的自主」和產權的完全「明晰」**。國內有人在提倡產權私有化時認為，只要是私有，連國王也進不去，把私有權絕對放在公權力之上。美國銀行雖然是私有制，但是政府出於國家利益都可以撤換管理層，中斷分紅，停止營業，甚至沒收。美國有關條例明確規定，一旦發生這些，**股東大會沒有任何權力否決政府決定**。而且，任何法庭都不能接受股東的上訴。從傳統和體制的角度看，只要美國政府禁止這些銀行從中國手中買債券，中國手中的外匯儲備就無法成為金融武器。

所謂金融市場，有賣主、買主和交易商，還要有做市商（market maker）。你要拋售美國債券，必須通過這些交易商把你手中的東西拿到市場上去賣。沒有這些交易商，東西連市場都進不了。所以，有一點很明確，假如真想打擊性拋售美國債券的話，不僅沒有買主，甚至連市場都進不了。

國際金融市場是國家利益博弈的場所。只有在符合國家利益的時候，市場才有合理性。那些把市場原則看得高於國家安全的人，很難不在全球化過程中成為最後的輸家。

退一步講，即使美國允許中國大量拋售債券，它也是一把雙刃劍。從純市場角度講，由於全世界都知道中國是美國債券的最大債主，擁有上萬億美元的美國國債。一旦你拋售它們，這些債券就會應聲而跌，結果你將先賠上一個大本。你還沒有「破敵一千」就先自損八百。第一波衝擊的將是自己的金融體系。中國許多擁有這些美國國債的金融機構和個人將由於這類資產（美國國債）大量貶值而資不抵債，甚至破產。中國許多投資美國國債的機構、企業和個人都將面臨血本無歸的困境。所以，擾亂的首先是中國的金融體系。金融體系的這種混亂，必然

會帶來許多經濟、社會和政治問題。

中國手中的外匯儲備既不能讓美國兌現，又不是金融武器。中國可以在國際金融市場上出售這種債券嗎？中國擁有的這些債券的流動性如何？流動性問題是指你是否有能力在市場上買賣資產而不會導致資產價格的巨大波動。流動性是有效市場的基本特點。流動性由供需決定。當你過度積累某種商品，以至於已經沒有足夠的市場容量來消化你囤積的物品時，你就面臨流動性問題——東西要麼賣不出，要麼必須降價出售。這種現象在古今中外真是太多太多了。從純市場角度看，中國手中積累的美國債券和美元儲備的數量已經遠遠超過有效市場所能容納的極限。中國的外匯儲備超過了三萬億美元，佔全球外匯儲備的 1/3。有誰能夠、有誰願意從中國手中接下這筆債務？就美國的金融機構而言，就算人家願意承接，美國金融機構加在一起也難以籌措這筆巨大的額外資金。

大量的美國政府債券既無法贖回，又不能成為金融武器，又有整體流動性問題。它們幾乎變成了會計符號，其中的美國政府債務需要通過美國政府的新債務來滾動，相當於永久「沉澱下去了」。高速增長的 GDP 換來的居然是這些經濟價值很難評估的會計符號！時間是美國的朋友。這種美元儲備在未來漫長的時間裡，將通過通貨膨脹而變成對美國的通脹稅。假如中國不拿出相應對策，時間將通過通脹，把中國的這一部分國民儲備銷蝕掉。

這種追求「虛擬增長」的模式，值得認真反思。

美國以虛擬債務征服實體經濟

美元沒有內在價值，又不會被贖回，這使美國在國家博弈上處於一種超越於所有國家之上的地位。一方面，可以根據國家利益的需要，通過外貿赤字來支撐財政赤字；另一方面，美國不必擔心大量的赤字美元會導致外國投資者控制美國經濟。從理論上講，美國可以通過印鈔機來征服其他國家的實體產業。

美元是國家博弈的超限武器。

美國是人類歷史上非常獨特的帝國。這個帝國建立在全世界的財富之上。這個帝國依靠沒有內在價值的美元，推動經濟全球化，推動開放。它一方面要求其他國家開放自己的產業，另一方面卻嚴格限制其他國家在美國收購產業；一方面

要將發展中國家融入世界，另一方面堅定地維護美國的經濟完整和自立。這種建立在美元基礎上不對稱的開放，為美國帶來了戰略機會。美國成了世界上唯一一個可以依靠印鈔機來購買世界貨物和資產的國家，它將大量沒有內在價值的美元注入世界；而世界上其他國家卻不能要求美國贖回這些美元，或者用這些美元在美國進行對等的收購。**在這種不平等、不對稱的經濟關係中，誰的經濟最開放，誰就可能成為（沒有內在價值的）美元的捕獵對象。**從理論上講，美國可以通過印鈔機買下這個最開放的國家，買下這個國家的關鍵產業，買下這個國家生產的大量貨物，而不必贖回所支付的美元；而這個最開放的國家，卻不能讓美國為這些美元提供任何抵押，也不能用這些美元在美國實施對等的購買，而只能用來購買美國政府債券或其他虛擬資產，將出售真實產業和貨物換來的美元循環回美國。

虛擬債務征服實體經濟，這就是全球化的另一張面孔。

例如，美國可以通過擴大信用，以提供廉價資金的方式推動跨國公司大規模投資（收購）中國，大量收購中國的關鍵產業，或關鍵產業裡面的龍頭企業。而中國卻不能用出售這些產業所換回的美元在美國實施對等的收購，而只能將這些美元變成各種虛擬投資，變成美國的國債、股票和債券等。這些跨國公司收購的目的，可能是控制某些產業，可能是消除潛在競爭對手，可能是為了壟斷市場，也可能僅僅是出於產業戰爭。他們收購以後，往往採取多種方式肢解被收購的中國企業及其品牌，導致中國的民族產業破碎。而中國出售產業換回的這些美元同中國大量的貿易盈餘一樣，變成了各種虛擬債務。假如中國不保護自己的產業，從理論上講，美國可以通過印鈔機買下中國所有的關鍵產業，然後摧毀它們，使中國成為美國的經濟殖民地。假如中國放棄資本控制，不保護自己的產業，美國只需讓印鈔機高速運轉，就可以在幾乎不耗費經濟資源的前提下，讓一文不值的美元洪水一樣湧進中國，買斷中國所有的關鍵產業，然後再把這些美元通過美元儲備、美國國債和美國股票等方式循環回美國。中國將面臨失去經濟產業而獲得虛擬資本的困境。

更令人不安的是，美國用於收購中國的這種「資本」有相當大一部分是中國自己間接提供給美國的。中國在全球化過程中向美國提供了大量廉價貸款，使美國得以長期維持低利率。結果：一、美國的低利率極大降低了美國企業投資中國的成本，刺激了對華投資；二、在美國金融體系中，那些來自中國的大量的「赤字美元」在尋求高回報的過程中，被大量循環回中國，搖身一變成了對華投資；三、

中國提供的大量廉價資本推動了美國的信用擴張，使美國得以通過大規模擴張的方式推動投資中國。事實上也是這樣。這些年來，隨着中國美元儲備大量循環回美國，美國對華投資也大幅度增加。這些投資包括風險資本或私募基金，甚至所謂「戰略投資」。它們用中國提供的資本大量收購中國資產。有時候收購中國資產不是為了獲得中國實體資產的盈利能力，僅僅是為了摧毀中國的民族產業和民族品牌，佔有中國市場。假如沒有中國提供的那些大量的廉價資本，如前所述，美國早就出現了通貨膨脹、高利率和信用萎縮。自顧不暇的美國，根本不可能大規模投資中國。

這些投資在中國換成人民幣以後，變成了中國的新增美元儲備，同其他美元儲備一樣，要麼存在美國銀行，要麼購買美國虛擬資產，被循環回了美國。

在這種投資循環中，美國免費收購了中國。

這種用中國提供的資本來收購中國真實資產的戰略，是全球化在 21 世紀最大的金融創新。這可以從以下一組數據中反映出來：幾十年來，中國一共引進了幾千億美元的外資。這幾千億美元外資在中國收購或投資了大量的實體經濟，導致大量的國有和非國有經濟落入別國手中。然而，截至 2008 年底，中國海外資產總額高達 2.9 萬億美元，其中對外債務總額（包括美國對華投資）大約 1.4 萬億美元。資產負債相抵，中國海外資產淨額高達 1.5 萬億美元。其中投資美國直接政府債券和間接政府債券的，高達 1 萬多億美元。換句話說，中國在對外開放的歷史中，從國際資產負債的淨值看，中國作為資本輸出大國實際上沒有引入一分錢的外資，卻白白「賣」掉了幾千億美元的實體經濟，損失了許多的民族品牌，肢解了許多產業鏈，拱手出讓了許多資源。

全球化給中國帶來了可怕的財富循環：中國出口導向—美元儲備—循環回美國—（美元投資）收購中國實體經濟—美元儲備增加—循環回美國。

這種用實體經濟換取虛擬債務的全球化，不是中國崛起之路。中國崛起呼喚保護主義。

這種虛擬債務的大量積累，還會影響中國的金融政策的自主性。

大量的外匯儲備使人民幣面臨升值壓力。貨幣升值和升值預期可能給一個國家帶來許多負面的影響。

過高的外匯儲備，增加了維持自主貨幣政策的經濟成本。為了維持自主的貨幣政策，控制自主貨幣發行量，央行必須沖銷美元流入帶來的貨幣增量。具體做

法是，對流入的美元進行消毒。每流入一美元，就增發等值的人民幣債券，回籠人民幣，以維持國內貨幣供給量不變。央行實施這種貨幣政策的成本（利潤）是人民幣利率與美元利率的差價。

過高的外匯儲備，增加了美聯儲對中國金融市場的影響，減少了央行實施金融政策的自主選項。

過快的外匯儲備增長，扭曲中國貨幣供應結構，進一步壓縮內需，進一步推動出口導向，進一步導致發展抑制。如前所述，央行為了維持貨幣發行量的穩定，對流入的每一美元都要發行等值的人民幣債券來回籠貨幣。這種方式維持了貨幣發行的總量，卻可能扭曲貨幣發行的結構。持有美元和購買人民幣債券的可能是不同的群體。這種國際社會通用的政策手段，導致大量貨幣從購買人民幣債券的人手中，流向持有美元的群體手中。在中國，這個持有美元的群體往往是出口產業和沿海地區；而購買人民幣債券的群體中可能有一部分不是出口產業和沿海地區。這種政策手段實施的結果，可能導致貨幣供應結構的改變，使貨幣從內地和內需產業流向沿海和出口產業，導致內需和內地貨幣供應相對不足，發展相對滯後，投資相對不足，分配更加不公。簡而言之，可能強化「發展抑制」，導致更嚴重的「二元經濟」。

建立在美元霸權基礎上的全球化是不均衡的體系，提供的是一個不公平的競爭場所。全球化這種不平等的基礎，決定了不平等的結局。在這種不平等的前提下談論自由市場、談論公平競爭、談論彼此依賴，是美國的特權，是發展中國家的無奈。簡單的市場原理，很難解釋國家博弈的實質。迷信市場價值，很難看清美國的帝國戰略。在美國的這種帝國政策下，受到損害最大的是最開放的國家。

第十七章
中國經濟的產業陷阱和技術陷阱

　　21 世紀的博弈在很大程度上是高科技的博弈。在高科技爭奪上，我們要向美國學習，向美國在 20 世紀 80 年代同日本高科技競爭學習。學習那種在高科技上超越單純經濟利益的戰略眼光，寸土不讓，寸土必爭，依靠政府的強力推動，推動高科技開發，推動高科技創新，推動高科技產品迅速形成市場規模。要用中國經濟發展來推動自己的科技進步，用大項目、大工程來拉動自己的科技進步。在高科技上，中國要按自己的戰略安全和戰略需要出牌。

　　中國是世界工廠。但是我們必須清醒地認識到，我們是處於產業鏈低端的世界工廠。這種世界工廠不僅導致中國產業扁平化，而且嚴重抑制中國的技術創新和產業創新。發達國家對中國的技術打擊是全方位的：一、技術封鎖；二、（世貿條約）保護知識產權；三、（世貿條約）使在外資進入中國市場的同時拒絕向中國轉移技術的壟斷行為合法化；四、（世貿條約）迫使中國承諾開放高科技領域，在這些領域裡面實施零關稅政策；五、通過干預中國技術主權的方式，阻礙中國的技術創新。中國放棄技術保護和產業保護，外國技術大量湧入中國，嚴重打擊了中國自主技術創新。這主要表現在兩個方面：第一，中國大規模依賴外國技術，讓外國技術大規模壟斷中國市場，嚴重抑制了自主技術的市場進入和規模形成，從而嚴重抑制了中國的技術創新。第二，外國高技術企業通過在中國市場獲得的高額利潤，支持自身科技開發和技術進步。外國技術的不斷換代，抑制了對本來沒有形成市場規模的自主技術的大量採用。21 世紀的國家進程，主要是高科技競爭。從美國對日本的高科技戰爭中我們可以看到，高科技與國家安全密切相關，高科技領域不是單純的商業領域。正如美國在對日高科技戰爭中指出的一樣，在發達國家高科技不擇手段的打擊下，中國要走高科技立國的道路，必須實施嚴格保護。不如此便不能催生自主高科技群體。在國家利益和所謂對外承諾面前，國家利益至高無上。

大國崛起和世界工廠

中國是 21 世紀的世界工廠。**中國這座世界工廠和世界歷史上曾經出現過的其他世界工廠不一樣。歷史上那些世界工廠往往都是當時的世界強權。它們是強權崛起的結果，而不是崛起的起跑線。**中國這座世界工廠則寄託着中國崛起的夢想，中國經濟的騰飛將從世界工廠延伸出來。

中國能通過世界工廠而崛起嗎？

當繁忙的萬國商船把世界各地生產的零配件運往中國，然後再把中國裝配好的成品運往世界各地時，我們無法不承認這樣一個現實：中國成了世界工廠和世界裝配車間。

世界工廠這種現實似乎已經實現中國起飛的夢想。但是世界工廠代表的外向型發展的道路，是不是中國崛起的必然之路？讓我們來檢查一下我們這座世界工廠。

在中國之前世界上至少存在過兩個大型的世界工廠：先是大英帝國，後是美國。縱覽世界經濟史，這兩個國家之所以成為世界工廠，是因為在長期的保護主義政策下，這兩個國家通過內部創新，跨越性地獲取了世界上最先進的技術，並在這個新技術上建立了世界上最先進的產業群，而居於世界產業鏈的最高端。這兩家世界工廠不僅曾經是世界製造業的中心，也是世界產業和技術進步的中心。更重要的一點是，這兩家世界工廠在最先進的技術和產業的支撐下，同時又是世界上最強大的霸權，是世界強權。這種強權不僅為世界工廠開拓了世界市場，而且捍衛了世界市場。

大英帝國在第一次工業革命以後，在 19 世紀的大部分時間裡充當了世界工廠的角色。當時的英國是世界的工業中心，擁有當時世界上最先進的技術和產業，包括造船、煉鐵、蒸汽機和紡織。當英國的生產能力極大過剩時，大英帝國依靠其軍事強權為其製造業開拓世界市場。大英帝國開拓世界市場的主要手段是著名的炮艦政策和殖民地政策。英國是依靠強權打開其他市場，強行推銷自己的產品。英國作為世界工廠在世界各地製造出許多需求。當大英帝國的堅船利炮打開中國的大門時，不是中國需要鴉片，而是大英帝國要向中國推銷鴉片。

美國在經歷了第二次工業革命以後，開始了成為世界工廠的進程。美國之所以能最終取代英國成為世界工廠，是因為美國沒有在英國的技術和產業前後「學

習」。美國在內戰以後進入了一個經濟技術飛速發展的時期，在那段時間裡，美國發明了電燈、電話電報、內燃機、汽車、飛機等。這些發明不僅催生了一大批新的產業，而且極大地改變了人們的生活方式。更重要的是，它們使大英帝國的產業進入了「夕陽」狀態。在美國最終成為世界工廠時，美國擁有世界上最先進的技術和最先進的產業，以及最強大的軍事機器。美國的世界工廠的地位同樣是以其軍事強權為後盾的。正是這種軍事強權，世界工廠在世界各地的地位才能得以保障。

這兩個世界工廠在細節上千差萬別。當我們去掉它們身上的細節時，我們可以發現它們有並不驚人的共性。

這兩個世界工廠都建立在當時世界上最先進的技術和產業群的基礎上。它們掌握着世界產業鏈的制高點，在這個制高點的優勢下面建立並擁有完整的產業鏈和產業群。它們擁有當時世界上最為發達的工業體系，在世界上最先進的領域裡獲得了比較優勢，甚至絕對優勢。在國際分工中居於優勢。

這兩個世界工廠所賴以存在的先進技術和產業群，不是通過對現有技術的學習和追蹤而實現的。假如美國當年在英國的「先進技術」後面亦步亦趨，美國可能會很好地複製英國的蒸汽機、煉鐵和紡織業，但是絕不會有後來支撐起美國經濟崛起的技術和基礎：電燈、電話電報、內燃機、汽車、飛機，以及後來的高科技產業。美國最多是英國的徒弟，而絕不可能摘取到世界經濟技術強權這顆世界霸權皇冠上的明珠。

這兩座世界工廠是經濟技術崛起的結果，而不是經濟技術起飛的手段和戰略。這兩個國家是在成為世界上的經濟技術中心和強權後，通過各種手段打開了世界市場，而最終成為世界工廠。

這兩家世界工廠在自己的時代裡通過各種手段為自己的產業和生產能力「創造了」世界市場。它們控制世界市場，為自己的產品創造出市場和需求，而不是讓世界市場來控制自己，讓世界市場來決定自己的產業結構，來指揮自己的經濟。在世界經濟大格局中，這兩個世界工廠在自己的時代裡，都牢牢掌握着世界經濟的主動權，掌握着自己經濟的主動權。

這兩家世界工廠都是當時世界上最強大的軍事霸權。這種軍事霸權有效地保護了它們在世界各地的經濟利益。大英帝國的皇家艦隊有能力把帝國的軍事力量投放

到主要的世界市場上，捍衛自己的經濟利益。美國更是如此。美國前總統克林頓曾經說過，擁有世界上最強大的軍事力量為美國帶來的好處是難以計量的。這就是為什麼美國歷代總統都把建立和維持世界一流的、沒有挑戰的軍事力量作為最主要的政策目的。連現在任上的奧巴馬也是這樣。

最後，**這兩家世界工廠在國際貿易中獲得了大量的超額利潤。**這是它們作為世界工廠的目的和最終推動力。

當我們看到中國已經或正在成為世界工廠的繁榮景象時，我們千萬不要忘了：我們這座世界工廠不是建立在世界最先進的技術和產業的基礎上的；我們尚沒有攻佔當今世界技術和產業的制高點；世界工廠不是崛起的結果，而是崛起的希望；我們不能支配世界市場，反而為世界市場所支配；我們不是軍事霸權；我們的出口業在財富分配上受制於人，不僅沒有超額利潤，連正常利潤也受到擠壓。國際資本通過對（上游的）技術和（下游的）市場的控制，牢牢地控制中國的出口業。我們的世界工廠的規模越大，我們受到的控制越多。

全球化抑制中國的技術創新

在世貿條約中，中國被迫承諾高科技零關稅。

中國沒有佔據當今世界技術的制高點。中國的出口產業面臨核心技術缺乏和產業扁平化的困境：既缺乏核心技術，又缺乏自己的產業支撐。中國的出口產業往往成了推銷別人技術和產品的工具。在大規模採用和推廣別人的技術時，實際上扼制了自主產品的創新和市場化。這樣的世界工廠托得起中國產業的起飛嗎？

在這個世界上，只有極少的國家有成為世界強國的潛力。中國理所當然是這些少數中的一員。然而，在強國崛起和競爭中技術競爭是關鍵。**縱觀世界近現代史，只有在關鍵技術競爭中能爭一雌雄的國家，才有可能摘取強國的桂冠。**從經濟學上講，決定一個國家經濟的起飛不是生產要素規模的擴大，更重要的是生產率的提高。而生產率提高的核心是技術的進步。從工業革命以來，科技進步在發達國家的財富增長和積累中一直起着最重要的作用。自 20 世紀 90 年代以來，技術進步的這種作用更加重要。科學技術的重要性，在新自由主義的全球化體系和國際分工下尤其明顯。**誰控制了核心技術，誰就能通過世界分工控制全世界的整個產業**，誰就可以

通過這種技術上的壟斷地位獲取超額利潤，誰就可以通過市場力量壓制乃至扼殺其他國家的自主技術創新，誰就可以將其他國家的相關產業置於自己的利益需要和仁慈之下。**在今天的世界上，控制或壟斷核心高技術是實現世界財富分配的一個重要方式。**

由於西方國家對高技術的壟斷，當今的國際分工在高技術領域裡形成了處於中心的技術中心國和處於邊緣的產品組裝國的兩極格局。這種完全符合比較利益學說的世界分工，為不同國家帶來了不同的利益。我們中國從新中國成立以來就把發展科技提到國家興廢盛衰的戰略高度。在三十多年的發展中，科技進步在經濟戰略中也佔有十分重要的地位。

但是我們必須清醒地認識到，中國目前「世界工廠」的特定模式缺乏推動中國實現技術創新突破的內在動力，因為我們的重點是加工裝配。中國的出口產業往往處於產業鏈的底部。即使是高科技領域，也沒有掌握核心技術。「世界工廠」使中國的許多產業已經扁平化到組裝車間的地步。中國出口產業在世界許多高術產業中的主要貢獻就是裝配，中國在這些產業上的優勢僅是提供廉價勞動力。

我們許多的新興產業，包括那些產量巨大並拿了許多世界第一的新興產業，沒有自己的核心技術，沒有自己的產業群，沒有自己的產業支撐。產業模式是「買進—組裝—出口」，技術和市場產業鏈都在國外。這種沒有產業縱深的產業模式，猶如一支沒有戰略縱深的軍隊，在國際競爭中難免進退失據，受制於人。沒有產業自主性，遑論攻佔產業制高點。在高科技領域，生產數量的巨大增加和生產規模的巨大擴大並沒有給中國帶來產業的獨立自主，並沒有催生出技術先進的產業群，沒有帶來核心技術的突破。我們的「世界工廠」在忙於將別人的技術和配件組合在一起，在忙於為別人技術和產品通向市場的道路上鋪平最後一公里的時候，似乎忙得無暇培育自己的技術創新和產業。由於缺乏核心技術，這種大規模的數量增加，加深了中國企業對握有核心技術的對手的依賴。

結果是越發展越依賴。這種增長模式變成了中國技術發展的陷阱。

掌握核心技術的對手，通過中國的世界工廠，通過廉價的中國製造，幾乎壟斷了世界市場。中國的廉價勞動力為其帶來了高度的市場佔有率。這種高度的佔有率給任何後起和新生的競爭對手帶來了巨大的「進入障礙」。面對這種高度的市場壟斷和 WTO 承諾的零關稅，中國民族高技術的創新很難形成規模巨大的商業市場，包括很難在自己的國家內佔有大規模的市場。沒有這種大規模的商業市

場，中國民族技術的創新很難大規模產生和迅速推進。在全球化的過程中，中國的世界工廠在急劇拉動 GDP 的數量擴張的同時，將中國拖入了一個巨大的技術陷阱。這個陷阱抑制中國的創新，加劇中國在新興產業上的對外依賴。

中國這一世界工廠在大力抑制民族創新的同時，大力推動美國等技術中心國的技術創新。中國出口產業在技術、市場、產品結構和財富分配上長期受制於人。掌握核心技術的對手，在產品配置和財富分配中長期居於支配地位，中國工人創造的大量財富，通過核心技術配件的高額利潤而源源不斷地支付給了技術中心國。技術中心國的超額利潤，使他們有能力投入更多的資源開發新技術和新產品，開發市場，得以鞏固他們的壟斷地位。

以中國的計算機產業為例。計算機是高科技產業。在當今世界上，計算機技術主要是芯片技術已經成了決定一個國家綜合競爭力的關鍵因素。美國在這個問題上有長遠的戰略眼光，它認為芯片產業是「戰略性」產業，關係到國家的安全。幾十年來，美國政府為了提高美國芯片業在世界市場上的競爭力，為美國芯片業提供了許多政策、財力，甚至外交上的支持。我們中國從 20 世紀 50 年代開始就認識到自主計算機產業的戰略意義，並從 1956 年開始制定實施了一系列發展自己計算機技術的政策。我們早在 1958 年就開發了自己的第一部計算機。在以後的 20 幾年裡，中國自主開發了一系列計算機，包括「銀河 I 號」巨型計算機。雖然我們計算機的商業化不夠，但是我們的自主研製能力和成果是有目共睹的。但是從 1982 年開始，中國的計算機戰略發生了巨大的轉變，發生了從自主開發到引進和研製並重的轉變。從單純的商業角度看，由於西方國家市場化和商業化做得比我們好，所謂的並重，實際結果是引進為主。國外商業化的計算機開始大量湧進中國，中國的計算機產業開始為外國技術壟斷。從那時候起到現在，中國計算機產量已位居世界第一。由於優惠政策和廉價的高素質人才以及巨大的市場潛力，歐美等發達國家的企業紛紛將計算機組裝遷移至中國。中國成了全球最大的計算機產品生產基地。據工信部統計，2011 年中國計算機出貨量佔全球 90.6%。我們計算機產業成績斐然。

從 1982 年算起，中國製造計算機已經走了二十幾年的歷史。二十幾年幾乎是我們共和國年齡的 1/2。從 1956 年制定計算機發展戰略開始，在那以後只用了 27 年，中國自主開發了一系列計算機，成功研製出當時堪稱先進的每秒鐘運行上億次

的「銀河 I 號」巨型計算機。20 幾年過去了。在日新月異的高科技領域，二十幾年是一段漫長的歲月。和許多類似的情況一樣，二十幾年後的今天，由於缺乏核心技術，中國計算機行業依然是別人技術和配件的組裝車間。「計算機產量世界第一」這頂皇冠並沒帶給中國計算機產業多少獨立自主。計算機的關鍵部件和核心技術大多依賴進口，中國企業扮演着「組裝工人」的角色。用業內人士的話講：「模具是台灣的，關鍵部件是美國的，設計是日本的，中國企業只能做加工和組裝。」

今天中國產量高達 1.21 億台微機的計算機產業，它所創造的那一部分 GDP 完全依賴於別人的技術，依賴於別人的仁慈，依賴於別人的產業戰略。握有核心技術的對手只要掐斷核心部件的供應，就能置「繁榮」的中國計算機產業於死地。甚至不必如此，只要對方把核心技術的價格提高到超越承受能力的地步，中國的計算機產業將繁榮不再！在今天，這也許只是一種遙遠的可能，但是誰能否認這種可能的存在？在世界分工和國際化中，不只存在商業利益，還有國家利益。誰能保證我們和對方永遠沒有較大的利益衝突？

這種計算機產業戰略不僅危及產業安全，而且不利於國家安全。計算機已經深入了我們生活的各個方面，計算機成了現代經濟的神經，在通信、交通和信息等關鍵領域有廣泛的運用。然而，中國經濟體的這個神經網絡卻建立在別人的技術上！讓我們做一個假設，假設將來什麼時候台海有事，第三方介入。假如這個第三方斷絕所有高科技關鍵配件的供應，中國怎麼辦？

從財富分配看，高額利潤都讓國際上游企業賺去了。中國計算機產業長期面臨同質化和低利潤的困境，長期在渠道和價格的惡性競爭上掙扎。業內人士指出：「市場和產能越大，只能說明受剝削的程度越高。」**美國優秀的芯片廠商的毛利長期在 50% 左右，而中國組裝一台計算機只有 5% 的利潤。**而美國芯片廠家的 50% 毛利，有相當大一部分就是通過中國組裝的一台台計算機而實現的。

從純商業的角度講，**中國如此龐大的計算機產量實際上成了推銷別人核心技術、扼制自主技術的工具**，在為他人做嫁衣。我們每推銷一台這樣的電腦，就相當於為擁有核心技術的對手開拓了一塊新的市場。中國生產的計算機大量湧入世界市場之時，就是那些核心技術及其廠家征服這些市場之時。為什麼這樣講？因為我們在這些計算機上添加的只是加工組裝這類低技術的東西，而這些低技術作業是可替代的，握有核心技術的國際資本可以將計算機的生產組裝轉移到別的地方。一

且這種可以置中國計算機產業於死地的事發生，中國自然失去了那些我們曾經努力開發的市場。那些曾經寄託着我們計算機產業夢想的市場自然而然落入了控制核心技術的一方。

從技術創新的角度看，中國如此龐大的計算機組裝和推銷規模已經成了妨礙中國自主技術創新的陷阱。計算機的核心產品是芯片，例如人們購買一台計算機關心的是其芯片和廠家。消費者可能不在乎計算機是由聯想、戴爾或別的什麼廠家生產的，但是卻會關心芯片是誰生產的。我們每推銷一台電腦，就推銷了一塊別人的芯片，就為別人的芯片業開闢了一片新的市場。而別人的芯片業的市場越發展，他們在市場中的發言權越大，市場對其依賴性越大，新的芯片品牌就越難打進市場，很難形成規模。在這種模式下，我們的計算機產業越發達，我們未來的自主芯片的市場潛力就越小，我們自主技術的市場進入障礙就越大。由於世貿承諾的計算機進口關稅為零，在這種強大的競爭對手面前，沒有政府支持，自主創新很難形成市場規模。我們計算機產業走上獨立自主的道路的可能性就越小。

中國推崇經濟效益已經幾十年。從純粹的企業資本效益的角度講，中國的這種計算機產業模式越發達，中國的計算機行業大規模應用自有芯片和自有核心技術的困難越大。為什麼？因為現有技術的商業規模越大，意味着已經投入的資本越多。核心技術的轉換意味着這些大規模投資的過時或失效，意味着大規模的新增投資。同時，大規模引入自主芯片可能使企業喪失大量的市場份額。國內外消費者對現有芯片品牌的依賴程度、對新芯片的接受程度等都是企業不得不考慮的商業風險。而我們的企業現在已經主要受利潤動機推動。在這種情況下，企業會怎麼辦？「理性的」企業行為是可以預期的，它們可能會拒絕民族芯片。

而世界上那些佔壟斷地位的芯片商，由於中國計算機業帶給它們的豐厚利潤，從而有能力推出一代又一代的新產品。這種由大規模商業市場帶來的利潤所推動的不斷創新，將很快使自主創新的產品相對老化。

中國計算機產業的這種發展狀況和戰略沒有也不可能托起中國自主計算機產業。計算機產業只是許多高科技產業的一個例子。全球化就這樣使中國經濟產生了一種創新抑制，抑制民族自主產業的創新。

發達國家迫使中國承諾高科技零關稅，徹底撤掉高科技的保護主義圍牆。不僅如此，發達國家和國際資本還通過干預中國的科技主權，來限制中國的高科技

產業發展和高科技創新。如前所述，中國曾經宣佈在中國境內實施一種新的技術標準（WAPI）。這種新的技術標準將打破發達國家在中國高科技市場的專利壟斷，將催生中國自己的民族專利的產生，將推動中國高科技創新，將有利於提升中國有關領域裡的競爭力。這項政策的實施，將使國際資本失去它們在中國市場的有關專利和知識產權的壟斷。

由於害怕失去中國市場的技術壟斷，害怕中國民族科技競爭力的增強，發達國家的跨國集團表現得十分自私和無理，大力阻止中國技術進步和競爭力提升的努力。在中國宣佈了這項政策以後，幾家跨國公司聯合行動，馬上向布殊政府和美國國會申述，要求美國政府採用強硬措施阻止中國這項政策的實施。並且宣稱，假如中國實施這項政策，它們將共同對中國實施關鍵零部件的禁運。美國國會立即表達「嚴重的關切」。

那些認為不通過保護就能全面建立中國自己的高科技產業的人，應當被這個事件喚醒。國際資本和發達國家為了捍衛自己的技術壟斷，打擊中國的創新能力不擇手段。發達國家一面對中國實行技術封鎖，一面迫使中國實行高科技零關稅；一面強化知識產權和專利保護，一面干預中國的科技主權。這種全方位的科技戰略的目的是長期壟斷高科技，使中國長期處於低端產業，使中國長期成為廉價勞動產品的輸出國。在這種全方位的戰略進攻下，中國被迫放棄了對民族高科技的保護。在這種不平等的競爭中，中國的自主創新能力如何培養？中國如何提高科技含金量？這種全球化和世界貿易是否符合中國的國家利益？

全球化下的技術封鎖

發達國家對中國的全球化進程採取了符合其國家利益的兩手：一手是大力推動中國在低端產業方面介入世界分工；另一手則對中國實施嚴格的技術限制。這種全球化是不對稱的全球化。它把落後的產業技術給了中國，卻把先進的技術和產業留在了美國及其盟國。從新中國成立以來，美國和西方各國就對中國實施了嚴格的技術封鎖。當時所謂的巴黎統籌委員會，對華採取了完全技術封鎖的政策。

面對這種封鎖，中國走上了自主創新的道路，在一些最有戰略意義的領域裡實現了技術突破。中國自己研究開發出了包括原子彈、衛星和導彈等方面的技術，

與此相關的所謂技術封鎖才開始不攻自破。在全球化進程中，西方的科技封鎖依然如故。基於國家利益和國家博弈的考慮，發達國家根本不顧中國的渴望通過技術進步而迅速崛起的訴求，在依靠全球化打開中國高科技市場大門的同時，加強了對華高科技出口的控制。

第一，對中國的技術限制是美國和西方國家的戰略選擇。美國把對中國的技術封鎖提高到戰略高度，從國家的總體戰略的角度來公開承認中國的技術提升威脅美國的霸權地位，威脅美國在技術、產業和國防領域的領先地位，威脅美國的安全。美國把技術壟斷視為國家的核心利益。在核心利益上可謂是寸步不讓。美國是從國家安全和國家競爭力的戰略角度來考慮問題。雖然這種長期的技術封鎖具有一定的歷史原因，但它實際上是美國和西方國家防止中國國家競爭力提高的戰略選擇。其最終目的是要防止中國獲得經濟崛起的技術和產業條件，從根本上封鎖中國崛起。所以在推行這項戰略時，考慮的不是經濟利益，而是戰略利益。假如你研究美國的國家戰略你會發現，它是一個完整的戰略體系，經濟戰略和其他戰略相互配合，互不衝突。

在這個問題上中國的訴求主要有兩點：（1）以美國為首的發達國家對中國實行的技術「封鎖」、技術限制和技術壁壘達不到自己的經濟目的，將損害雙邊貿易。甚至有人認為，美國對華的高技術出口管制是美國對華美元貿易逆差的主要原因。（2）高技術出口只是企業的微觀行為，政府干預太多。其實，美國當然知道這種技術禁運帶來的短期利益損失，在短期的經濟利益和長遠的國家利益之間它選擇了國家利益。美國當然知道技術禁運是一種政府行為，美國政府就是希望這種政府干預能實現對中國的技術控制。所謂自由市場和政府干預這種爭論必然讓位於國家安全和長遠戰略。對中國的技術禁運體現了美國一種戰略：在我界定的格局裡和你交往。符合我的國家利益則交往，不符合國家利益則限制。

第二，聯合西方盟友共築對中國的技術禁運包圍圈。這種對中國的技術戰爭不僅是美國的國家戰略，也是其歐洲盟國對中國的共同戰略。這種對中國的技術包圍的目的是要堅決阻斷中國的戰略崛起，讓中國經濟長期在低水平和低產業上進行簡單的數量擴張。表面上看法國、德國、意大利和荷蘭等重要的歐盟成員國出於經濟利益曾經主張取消對華軍售禁令，實際上那主要是一種外交姿態，一種希望通過表達與美國的不同立場而從中國獲利的外交手段。美國及其盟國運用了

許多手段想使中國的發展符合它們的利益，技術封鎖是關鍵之一。對中國的技術封鎖是現存國際體系的一部分，是強權維持自己利益的一種排他的多邊安排。

第三，美國把技術封鎖在國際體系裡合法化。在中國加入 WTO 的進程中，美國就逼迫中國在技術封鎖上低頭，承認技術封鎖的合法化。表面上是要保護知識產權擁有者的利益，實際上是要中國在法律上承認其技術壟斷的地位，保護其壟斷地位，阻斷中國買進、複製、改進和更新的可能。把技術引進和設備引進分割開來，技術引進變成了機器引進。中國關於知識產權的這種承諾，並沒換來對方對等的技術轉讓的承諾。這是一種不對等、不平等的關係，是霸權界定國際技術關係的典型例子。

第四，美國對中國的技術封鎖範圍不斷擴張。對中國的這種技術封鎖不僅停留在軍事技術和敏感技術領域，還擴展到產業競爭領域，力圖通過對主要產業核心技術的控制達到控制中國相關產業的目的，使中國失去產業上的完整性、獨立性和領先性。懂得國家博弈的人深知，要從根本上阻止中國經濟的崛起，防止中國國家競爭力的提升，就必須長久地肢解中國的產業體系，砍斷中國的產業鏈條，控制中國的產業核心。達到這一點的關鍵是防止中國獲取在各個產業領域的核心技術，讓中國永遠在「低水平陷阱」裡徘徊。美國及其盟國對中國的技術封鎖，從汽車、飛機和輪船等運輸領域的發動機技術，到 IT、家電和通信領域的芯片技術，再到化學、醫藥、能源和環保技術，乃至鋼鐵領域特種鋼的生產等，幾乎所有工業領域的核心技術都不被中國所掌握。這種擴張趨勢幾乎形成了對中國的全面的技術封鎖。所以，這種技術封鎖已經成了對方經濟戰略的一個組成部分。

第五，美國和西方對中國的技術禁運形成了嚴格的程序和制度。以歐洲為例，第二次世界大戰以後，為了限制西方工業發達國家向社會主義國家出口戰略物資和高技術，美歐各國於 1949 年 11 月在巴黎組建了所謂「輸出控制統籌委員會」，又稱「巴黎統籌委員會」，簡稱「巴統」。1950 年 7 月，「巴統」的貿易管制範圍擴大到中國。在「巴統」對華禁運的特別清單上，曾經有 500 多種物資被納入戰略禁運的範圍，其中不僅包括原子能和軍品，還包括生產尖端技術產品的工業清單。歐盟自己並沒有專門的對華敏感技術和武器禁運政策，其對華禁運一直是在「巴統」的框架內進行的。隨着冷戰的結束，1994 年 3 月「巴統」也宣佈解散。

但冷戰的結束並沒有終結西方對中國技術封鎖的歷史。作為「巴統」在冷戰

後的繼承者，1996 年 33 個主要西方國家的代表在荷蘭瓦森納開會並簽署了《瓦森納協議》（簡稱「瓦協」），決定實施新的控制清單，中國同樣在被禁國家名單之列。與「巴統」一樣，「瓦協」同樣包含兩份控制清單：一份是兩用商品和技術清單，涵蓋了先進材料、材料處理、電子、計算機、電信、信息安全、傳感與激光、導航與航空電子儀器、船舶與海事設備、推進系統等 9 大類；另一份則是軍品清單，涵蓋了各類武器彈藥、設備及作戰平台等共 22 類。

歐盟對「瓦協」的具體貫徹，主要體現在 2000 年 6 月歐盟理事會通過的「1334 號法令」，詳細地列舉了軍民兩用品、技術清單和武器清單，其基本內容與「瓦協」的清單沒有太大差別。在兩用品和技術清單方面，涉及核材料、技術與設備；新材料、化學品、「微生物和有毒物品」；材料處理；電子；計算機；電信和「信息安全」，傳感和激光；導航與電子；船舶；推進系統、航天器及其相關設備等共 10 大類。這項法令後來經過多次修訂，目前成為對華高科技出口管制的主要指導性文件。

除了國際和歐盟統一的出口管理措施外，歐洲各國也根據本國的情況，制定了各自的出口管理制度。比如聯邦德國早在 1961 年就制定了《對外經濟法》和《對外經濟法實施細則》，同樣包括詳盡的各級別「出口清單」，有的實行完全禁運，有的限制出口，有的則實施申報審批制度。這些制度對西方企業的海外投資起到了實質性的限制作用。2005 年 AMD 軟件公司計劃將部分 65mm 芯片生產工作轉移到新加坡，但德國政府認為該技術不僅能夠應用於民用，還會涉及軍事用途，聯邦德國情報局甚至擔心中國有可能使用 AMD 的處理器技術以增強自身軍事力量。各方政治勢力對該項目橫加阻攔，最後 AMD 不得不放棄。

第六，美國和西方國家對中國的技術封鎖是政府和企業的共同行動，可謂一場全民戰爭。對中國的技術封鎖不僅是國家戰略，也是企業的戰略。技術就意味着市場，如果失去了技術，也就失去了市場。企業更多的是以技術轉讓和合資辦廠為誘餌，有步驟、有計劃地保持對中國市場的優勢。在現實中，有的外資廠或中外合資廠，不過是全套散件進口、國內裝配，我方根本不能掌握其關鍵技術；有些外資企業將落後淘汰的技術轉讓給中國，卻將最新的、核心的技術控制在手中；有的合資企業在技術引進過程中培養的技術骨幹，又有許多被外方重金挖走，最終使得許多中國企業成為「無芯」企業。

第七，以技術合作的方式打擊中國的自主技術。以汽車產業為例，我們在1949-1980 年期間已經建立了自己的汽車工業。然而，自 20 世紀 80 年代初以後，我們開始放棄了自主發展汽車工業的戰略，把汽車工業的進一步發展寄託在別人身上，實施了「以市場換技術，繼而培育自主品牌」的發展思路。但二十多年過去了，汽車行業不僅合資的初衷——通過開放市場來培育自主品牌——沒有實現；相反，這幾年隨着中國汽車市場的快速發展，國外汽車品牌對中國市場的「滲透」更加全面、徹底，國外汽車品牌也從二十多年前的十多個擴大到今天的幾十個。在歐盟、美國、日本甚至韓國、印度都掌握了汽車發動機和變速器等核心技術的今天，在合資建廠二十多年後，中國仍然被排除在核心技術俱樂部之外。在西方的圍追堵截之下，「無核心技術之痛」已經成為了我國大多數行業的通病。

一種觀點認為，目前我們的技術沒有國外競爭對手強，自主研發也需要「拿來主義」，通過讓出部分市場，把全世界的優秀技術進行融合和凝聚，鍛造屬於自己的科技核心，提升自己的研發實力和技術水平。事實證明，這條路子是走不通的。究其原因，一是市場是有限的，一旦讓出去了，奪回來十分艱辛；二是讓了市場並不見得會得到技術；三是讓了市場則廢掉了自己的技術；四是讓了市場又缺乏核心技術，最後有可能受制於人。因而，在中外合資中被寄予厚望的市場換技術方式很難達到預期目的。上海大眾自主研發的「哪吒」車型、一汽大眾新捷達等車型的上市受阻，正是說明了西方企業在對華合資過程中普遍實施的技術封鎖戰略，從來就不曾改變過。

可替代性：中國產業的最大危機

大國產業競爭有許多戰略。要想在激烈的國際競爭中立於不敗之地，必須有成功的全球戰略。中國在全球化的進程中，一方面有人大力提倡中國發展別人的夕陽工業，要為別人再生產三十年襪衣；另一方面又受到別人殘酷的技術封鎖。二者相結合，中國面臨嚴重的產業危機。

中國出口產業面臨的最大危機就是產品的可替代性。這種市場和產業戰略使中國產品在世界市場的競爭中處於結構性劣勢，導致中國產品完全受市場這個權杖的支配，面臨價格下降、利潤低廉，甚至失去市場份額的風險。

　　反觀我們中國的這座世界工廠的全球市場戰略。我們似乎有意識地選擇了低端戰略，我們有意識地瞄準了我們勞動力便宜的特點，並把它當成了世界競爭的優勢，在產業定位上自覺選擇了勞動附加戰略。「人口紅利」論是這種戰略的經典概括。

　　不要小看這種可替代性。這種可替代性使中國產品面臨殘酷的競爭。中國的出口產業完全為最終市場所控制，市場真正成了中國出口產業的皇帝，市場的權杖直接撥弄着中國這座世界工廠。**中國那些令人炫目的諸多第一，每天都承受着難以承受的市場壓力和競爭壓力，承受着利潤低下的壓力。在別無選擇的情況下，海外市場為了自己的國家利益，可以輕易地通過自己生產、通過保護主義把自己的經濟困難轉嫁給中國。**所以，我們市場的脆弱性遠遠高於我們那些主要的貿易夥伴。這種不平等的貿易關係增加了中國經濟波動的潛在風險。

　　美國開放這種有替代性市場，導致發展中國家在低端產業上進行殘酷的價格競爭。而發達國家的市場則享漁翁之利。這種殘酷的價格競爭導致出口商利潤下滑。為了刺激出口，政府通過多種財政手段使利益向出口產業傾斜，有些國家的政府甚至默許出口商以大幅度降低工資的方式，將這種競爭的後果轉嫁給工人，導致工人在勞動率上升的同時，工資下降。

　　更重要的是，我們的世界工廠模式沒有自主創新的動力。這些世界工廠的許多廠家都由別人控制，這些來自於世界各地包括中國的廠家們大多為短期的盈利目的所推動。有許多工廠是建立在單一訂單和單一產品基礎上的，訂單在工廠在，訂單無工廠亡。這樣的世界工廠如何推動中國走向科技強國的道路？雖然中國有許多自主的高科技產業，但是就中國的出口產業而言，主要走的就是低科技、數量擴張的道路。而我們的經濟政策卻大幅度向這些產業傾斜。

　　從這個意義上講，這些政策傾斜是催生低技術陷阱、低產業陷阱的原因之一。

　　一個民族的崛起不是建立在生產多少襯衣、多少鞋、多少玩具基礎上的，現代歷史上的經濟大國都是建立在自主的高科技上的。日本的經濟衰退起始於高科技的衰退。大英帝國、美國和德國等經濟大國的崛起，哪一個不是伴隨着自主高科技蓬勃創新和發展？哪一個不是通過政府保護和資助推動高科技發展的？中國曾經在 20 世紀 50、60、70 年代，創造過科技突破的高潮；中國也一定能在 21 世紀再創奇跡，掀起新一輪科技突破高潮。

第十八章
中國的危機、選擇和出路

　　從文藝復興開始，歐洲國家間的暴力和外交，戰爭和貿易背後，站的都是國家利益。**國家利益而不是市場法則是世界經濟體系的實質，支配着世界經濟金融體系。**這一點我們要有清醒的認識。中國崛起要有大戰略，經濟交往要有戰爭意識，貿易戰略要置於國家大戰略以下。有人講，「中國越開放越強大」。不分條件？不分結果？一定要破除這種絕對化的，幾近迷信和崇拜的觀點。融合進世界經濟體系，不是如有人宣稱的是一場向「農貿市場」的進軍。有些高明的先生們，不希望中國停留在「全球化」的農貿市場以外。但是，哪一個農民願意進入一個打「白條」的「農貿市場」？持這類觀點的人應當向農民學習。**中國要崛起，必須扔掉財富流失的包袱，丟掉對世界經濟體系的幻想，開動自主創新的機器。**

　　假如我們在經濟戰場上，按別人的軍令、軍規和戰法佈局，我們能無往而不勝嗎？歷史為我們提供了選擇的時機。

　　因此，中國必須跳出全球化的圈子，直面自己的挑戰，解決自己的問題，走自己的路，走有中國特色的現代化道路。千萬不要鑽進全球化的口袋裡，導致戰略上的被動。

中國面臨戰略選擇的臨界點

　　中國必須去出口導向，而且中國已經到了必須去出口導向的臨界點。一個國家要想長期迅速地發展，中央政府不可挑戰的權威和社會穩定非常重要。今天中國影響社會問題的最大隱患是什麼？是分配不公和腐敗。中國長期生產過剩，長期依靠出口拉動經濟增長，根本原因是財富分配不公。導致收入分配不公的原因很多，除了資本和勞動力之間的平衡被打破以外，主要是出口導向。

出口導向帶來的收入分配不公，集中在兩個方面。

第一，在資源配置上，同內向發展爭奪資源。出口導向撕裂了中國，將中國撕裂為內地和沿海、內向和出口。在第十六章中我們已經指出出口導向和發展抑制的關係。內地和內向發展抑制，導致工作崗位不足，就業不足，導致收入分配不公。新自由主義強調過程公平。其實，出口導向使內向發展同出口產業，處於不平等的地位。例如以優惠條件吸引外資，以優惠政策推動出口，實際上就是將內向發展放在不平等的位置上。同時出口導向還導致教育投資不足。**出口導向將資源和財富循環到其他國家，嚴重抑制了中國自身的發展，導致貧富懸殊。**

第二，出口導向推動導致「工資鐵律」死灰復燃，導致發展中國家普遍貧窮化。全球化通過「三位一體」的專政，保護了發達國家對先進技術的壟斷，使不合理的國際分工更加嚴重，更加牢固，在發達國家高科技壟斷產品和發展中國家低端可替代產品之間，建立了一條體制和法律的鴻溝，形成了不斷擴大的價格剪刀差，帶來了不斷擴大的剝削，導致發展中國家的財富加速向發達國家流動，導致發展中國家的貧富差距加速擴大。假如有競爭的話，發達國家在高端（高技術領域）競爭，發展中國家在底部競爭。

在這種競爭中，中國大量的資源被導向到「發揮落後的優勢」的產業上，大量的出口產業處於世界產業鏈的底部。中國的出口產品大部分是勞動密集型產品，具有高度的替代性，同其他發展中國家的出口產品在世界產業鏈底部形成激烈競爭。在全球化過程中，國際資本總是從利潤低的國家向利潤高的國家流動。在發展中國家間，這種資本的流動就表現為向工資水平低的國家流動。資本的這種逐利，最大化了資本的利潤，卻導致發展中國家勞動者工資的普遍下降或停滯。為了獲得海外的低端市場，增加出口份額，發展中國家不得不競相壓低工人工資，降低勞動保護標準。以中國為例，一旦中國工資水平上升，出口產品價格上升，海外市場的訂貨就會向工資水平更低、價格更低的國家或地區流動。全球化使中國勞動者必須同世界上最貧窮的國家的勞動者競爭，同工資收入最低的國家競爭。這種邁向底部的競爭，導致中國出口產品面臨價格下降，勞動者面臨真實收入下降或停滯的困境。這種產業鏈底部的競爭越激烈，發展中國家勞動者越貧困。在這種荒謬的體制下，從理論上講，只有當全世界都實現了充分就業時，當全世界由市場形成的「自然最低工資」相當於中國勞動者的工資時，資本才無法向勞動

力成本更低的地區轉移，中國低端出口產業勞動者的工資才會穩定或上升。全世界的充分就業幾乎永遠不可能發生。也就是說，全球化體制使中國勞動者面臨沒有止境的工資和收入壓力。**在這種邁向底部的競爭中，出口導向越發達，世界市場的競爭越激烈，勞動者的工資壓力越大，收入越低。**

　　全球化所推動這種向底部的競爭，使原始資本主義的「工資鐵律」在 21 世紀重新上演。在這種經濟發展模式中，勞動者不僅不能分享經濟增長的成果，反而是經濟增長的受害者。在這種情況下，本來應該由政府保護勞動者的利益，保護最低工資水平。但是，新自由主義者卻強調，工資作為生產要素的價格，必須由市場決定。所謂市場決定，在這種向底部競爭的過程中，實際上就是使中國勞動者的工資在國際競爭中由世界上最低工資水平決定，實際上就是要勞動者為出口導向戰略買單。

　　新自由主義對世界市場的無知和對勞動者的歧視不言而喻。

　　這種向底部的競爭不僅導致發展中國家出口利潤下降（加劇了剝削），而且惡化了發展中國家的關係。發展中國家為了爭奪發達國家開放的低端市場，而面臨博弈論裡面的所謂「囚徒困境」。在這種競爭中，幾乎每個發展中國家都知道，低工資是發達國家剝削發展中國家的一種方式。但是，每個發展中國家都擔心，假如只有它不維持低工資政策，在同其他發展中國家競爭的過程中，它就會大量失去發展中國家的低端市場，出口導向戰略將面臨困境，經濟增長將會放慢，失業就會增加。在這種難題面前，最後所有的發展中國家都會選擇低工資政策，結果導致發展中國家的普遍貧窮。**如果說，前全球化時代是發展中國家為了共同利益聯合奮鬥的時代，那麼全球化時代就是發展中國家被分而治之彼此競爭的時代，共同面向貧窮的時代。破解這種共同貧窮的關鍵，是改造全球化。**在羅馬帝國為奴隸們準備的競技場裡，結局是競技者的共同毀滅。那是一種面向共同毀滅的競爭。全球化對發展中國家而言，像不像羅馬的國度競技場？

　　要解決收入分配不公這種危害中國崛起的隱患，必須將國民儲備用於內向發展，必須用國民儲備創造大量的新的工作崗位，必須提高工人工資，必須大量推動內向發展，必須去出口導向。

　　以上是從貧富懸殊的角度看。

　　從世界經濟的現實來看，中國也應當去出口導向。長期以來，出口尤其是對

美出口,實際上是拉動中國GDP的主要引擎之一。現在,這個引擎已經疲軟無力,救不了中國經濟。

要在出口導向的戰略下解決中國經濟過剩的問題,恢復經濟的高速增長,也是一種向不可能的挑戰。這種戰略越成功,內需越萎縮,生產越過剩。在結構不調整的情況下,出口的疲軟,將使中國經濟同樣進入一個新的「正常增長」時期,一個遠遠低於過去的增長時期。中國必須以發展戰略的調整和經濟結構的調整為中心。而調整的核心,是去出口導向和培養內向發展的生長點。

中國必須調整出口導向戰略,將更大的注意力放在內向和內需發展上,放在調整出口導向的經濟結構上。結構調整和去出口導向是中國恢復長期高速增長的唯一出路。

全球化是貨幣的選擇還是戰略的選擇?

有些人似乎認為,全球化是歷史的必然,全球化帶來的許多問題是貨幣選擇的問題。關於貨幣選擇問題有多種說法:一種是要建立與主權脫鉤的世界貨幣;一種是要儲備貨幣多元化。也許有人會把全球化和出口導向的所有問題歸結於貨幣尤其是儲備貨幣的問題,認為只要儲備貨幣多元化就可以解決全球化和出口導向帶給中國的許多問題。這是一種誤解。當今世界的貨幣體系是與黃金脫鉤的紙幣體系。IMF特別提款權下面的三種貨幣都是白條。無論是美元、歐元還是日元都是「白條」。**所謂多元化,不過是從一種白條換成另一種白條。通過出口導向換回的無論是哪一種白條,效果都一樣。**不能改變出口導向同內向發展爭奪資源,抑制內向發展的事實;不能改變出口導向導致發展中國家和人民貧窮化的事實;不能改變虛擬債務征服實體經濟的事實。改變的只是工具,由美元變成了其他貨幣。無論引進的是美元,還是價值相當的日元或歐元,都會導致內向發展或內部地區人民幣供給的相對減少,都會導致後者的發展抑制。而且儲備貨幣的多元化,不能改變全球化帶來的多種發展陷阱、經濟安全、經濟獨立等問題;不能改變中國經濟的國際環境;不能改變中國貧富懸殊的問題。

假如有的國家願意接受日元和歐元為儲備貨幣,那就是說這個國家將容許日本和歐洲銀行通過印刷鈔票的方式,來購買它的貨物和收購它的實體經濟。用美

元購買貨物是一種無償的剝削，用日元和歐元同樣是無償的剝削；美元霸權可以用虛擬債務征服實體經濟，其他貨幣的霸權同樣可以。改變儲備貨幣，不能改變全球化市場非均衡的性質。這肯定不是提出這個問題的初衷。

其實馬克思主義早就回答了這個問題。**全球化的核心是資本的自由流動，是資本的擴張。**資本不是別的，是資本主義生產關係。全球化擴張是資本主義生產關係的擴張。而所謂世界貨幣只不過是這種生產關係的表現。無論是哪一種白條，都不可能改變全球化的這種實質。

從這種馬克思主義方法出發，**貨幣體系不合理，其實是這個貨幣體系體現的全球化體系不合理。要改造貨幣體系，必須改變這個全球化體系。**

我們在第十六章還指出，出口導向戰略需要一個長期不斷實施貿易赤字的國家的存在。這個國家必須是世界貨幣國。日本和歐洲能長期實施貿易赤字戰略嗎？不能！首先沒有一個國家願意長期無償地將貨物輸送給它們。另外，以日本和德國為例，它們同美國都有大量的貿易盈餘。假如它們長期實施大量的貿易赤字戰略，其經濟必將崩潰。

所以，從經濟戰略上講，儲備貨幣多元化的準確說法應當是：去出口導向。否則，很難理解。例如中國每年同美國的外貿盈餘幾千億美元，美國顯然不會用日元或歐元支付，或者用特別提款權支付，必須用美元支付。中國不願接受美元，意味着中國要去出口導向。

去出口導向符合中國利益。

假如仔細觀察你會發現，**日元只是一種「衍生儲備貨幣」，其儲備貨幣地位是建立在其美元儲備上的。**例如，假定有人願意多元化外匯儲備，少量出售美元買進日元，短期內日元價值會上升。但是，當其他國家大量儲備日元時，日本銀行就必須多印刷鈔票，結果導致世界範圍內日元供給大量增加，改變了目前日元同日本擁有的美元儲備的比例，日元將會大量貶值。**那些大量買進日元，希望儲備貨幣多元化的國家，不僅不能達到保值的目的，而且會面臨日元外匯儲備大量貶值的困境。**而日本為了維持日元的價值，在這種情況下，日本就必須拚命出口換取美元。結果導致日本經濟進一步空心化。日元作為「衍生儲備貨幣」代價不小。從歷史上看，日元儲備主要來源於日本對外的日元投資和日元貸款。從 20 世紀 90 年代以來，日本為了成為金融中心，雄心勃勃要使日元成為區域貨幣，對外大量發放日元貸款

和投資，導致資本大量外流，為了為這些日元保值，日本拚命推動賺美元的經濟，成為經濟空虛化和經濟停滯的一個重要原因。

歐元也一樣，假如世界上歐元發行多了，歐元就要貶值。這就是為什麼從 20 世紀以來，美元、日元、歐元在世界外匯儲備中所佔的比例相對穩定的原因。今天世界上的歐元儲備的比例，相當於當年馬克儲備的比例。沒多少增減。

出口導向戰略在紙幣時代無法重現在金本位時代的優勢。1971 年，紙幣時代的開始，應當終結出口導向的戰略。

我們不是反對儲備貨幣多元化，而且我們支持儲備貨幣多元化和建立同主權脫鉤的世界貨幣的主張。但是同時我們又要指出，即使這些主張都實現了，全球化和出口導向帶給中國的諸多問題也將依然存在，不會改變。所以，**中國今天面臨的問題，這不是一個貨幣選擇的問題，而是發展戰略選擇的問題。關鍵是去全球化，去出口導向。**只有去了出口導向，世界儲備貨幣是什麼，對中國未來的發展關係不大。在出口導向轉圈子是找不到出路的。以今天中國的實力和美國實力的差異，以今天世界範圍內美元資產的分佈範圍和巨大數目，以今天美元的利益相關者的範圍和數量，要改變目前的貨幣體系是不大可能的。但是，**中國雖然不能改變世界，卻可以改變自己；中國雖然不能改變世界體系，卻可以改變同這個世界體系共存的方式。**中國必須實施對自己最有利的發展戰略。而且，**目前的世界貨幣體系，經濟學家稱「布雷頓第二」，與「布雷頓」不一樣，是自願選擇的結果，而且中國是這個體系的主要支柱。**中國可以選擇不接受美元為世界貨幣。實施這種選擇的最佳辦法就是去出口導向。世界上有大約三萬億美元的外匯儲備，中國佔了 2/3，美國對中國的外貿赤字佔總外貿赤字的 37%，中國是美國政府債券的主要購買者。**一旦中國去出口導向，美元霸權自然削弱許多。**

也有人認為中國今天的問題是國際收支不平衡的問題。這只是問題的表象。要解決國際收支平衡，方法很多。可以大量地向外投資實現平衡。但是這種平衡將導致中國國民儲備的長期外流，抑制中國的發展。這是日本 20 世紀 80 年代中期走過的路，結果導致內向經濟長期投資不足。中國對外的政府直接和間接債券投資高達 1.5 萬億美元。這些大部分都是長期投資，有可能被長期鎖定，而且這個長期是沒有期限。長期投資是什麼含義？長期投資就是長期出讓數目巨大的國民儲備的使用權。長期出讓使用權又是什麼含義呢？舉個例子：中國的土地是集

體所有制。於是想出來一個出讓長期使用權辦法。在許多人眼中，這的確只是長期出讓使用權；但是在另外一些人眼中，出讓長期使用權同出讓所有權實質一樣。可以以同樣的思路，去看待對外的長期被動投資。**無限期的長期投資，在國家博弈中，相當於奉送。從市場角度看，喪失流動性的投資，也幾乎相當於奉送。**

也有人認為中國對外投資的根本問題是如何保值、如何賺錢。這是誤解。假定對外投資能賺錢。在出口導向戰略存在的前提下，中國的外匯儲備將不斷上升。對外投資賺到的錢，往往又變成了對外投資。賺到的還是長期的會計符號。也有人認為對外投資賺錢增加了 GNP。日本不是 GNP 比 GDP 高的國家嗎？日本在過去經濟停滯的 20 年中，大量投資海外，GNP 的增長速度高於 GDP。**GNP 和外匯儲備一樣，如果不能轉換為實物財富和國內的實物投資，只不過是一個會計符號。**一個國家的發展不是建立在這些對外投資上，建立在這些會計符號上。一個國家 GNP 高於 GDP 增長，只能說明，這個國家國民儲備大量外流，經濟面臨空心化。從發展角度看，GNP 高於 GDP 是一個發展陷阱。而且，**今天不是金本位體制，再龐大的會計符號，都有可能被一場通貨膨脹的颶風吹得乾乾淨淨。**一個國家的經濟發展，是建立在對內的固定資本投資和人力資源投資上的。日本和聯邦德國能在第二次世界大戰後崛起，主要原因是人力資本的積累。中國要避免日本在過去 20 年中走過的陷阱，避免追求虛擬增長而抑制自己的發展。

去出口導向，抵制金融全球化；制止貨物的無償外流，制止財富的無償外流，去新自由主義，走社會主義道路，以中華之物力，謀中國之發展，謀中華各階層之福利，謀中華之強盛。

參考文獻

〔1〕 Keynes, John Maynard. *The General Theory of Employment, Interest and Money.*

〔2〕 Keynes, John Maynard (1933-12-31). "An Open Letter to President Roosevelt". *New York Times,* http: // newdeal. feri. org/misc/keynes2. htm.

〔3〕 Keynes, John Maynard (1919). *The Economic Consequences of the Peace.*

〔4〕 Friedman, Milton (2002-11-15). *Capitalism and Freedom.*

〔5〕 Friedman, Milton (1990-11-26). *Free to Choose: A Personal Statement.*

〔6〕 Friedman, Milton (2008-02-01). *Milton Friedman on Economics: Selected Papers.*

〔7〕 Friedman, Milton (1971-11-01). *Monetary History of the United States, 1867.*

〔8〕 Friedman, Milton (1987). "quantity theory of money", *The New Palgrave: A Dictionary of Economics.*

〔9〕 Milton Friedman, Anna J. Schwartz (1965). *The Great Contraction* 1929-1933.

〔10〕 http: //en. wikipedia. org/wiki/Milton_Friedman.

〔11〕 The Powell Memo (http: //reclaimdemocracy. org/corporate_accountability/powell_memo_lewis. html).

〔12〕 http: //en. wikipedia. org/wiki/David_Rockefeller.

〔13〕 http: //www. 4rie. com/rie%205. html.

〔14〕 Memoirs, David Rockefeller. *New York: Random House,* 2002.

〔15〕 Holly Sklar, Trilateralism. *the Trilateral Commission and Elite Planning for World Management.*

〔16〕 http: //en. wikipedia. org/wiki/Trilateral_Commission.

〔17〕 Brzezinski. *Between Two Ages.*

〔18〕 The Trilateral Commission At 25.

〔19〕 Goldwater, Barry (Morrow, 1979). *With No Apologies.*

〔20〕 http: //blog. educyberpg. com/2008/10/25/Trilateral+Commission+The+World+Shadow+Government. aspx.

〔21〕 Richard N. Haass. President, Council on Foreign Relations, "Sovereignty and Golbalization".

〔22〕 Stephen J. Kobrin, William Wurster Professor of Multinational Management, The Wharton School, University of Pennsylvaniakobrins, "SOVEREIGNTY @ BAY: GLOBALIZATION, MULTINATIONAL ENTERPRISE, AND THE INTERNATIONAL POLITICAL SYSTEM".

〔23〕 Sylvia Ostry, J. R. Mallory Annual Lecture, McGill University, March 9, 1999, GLOBALISATION AND SOVEREIGNTY.

〔24〕 Daniel Bell (1960). *The End of Ideology.*

〔25〕 Sylvia Ostry, University of Toronto. *Who Rules the Future? The Crisis of Governance and Prospects for Global Civil Society.*

〔26〕 http: //mil. news. sina. com. cn/s/2008-05-11/1051499524. html.

〔27〕 Terence P. Stewart. *General Agreement on Tariffs and Trade (Organization),* The GATT Uruguay Round.

〔28〕 Why the WTO decision-making system of "consensus" works against the South.

〔29〕 The Different Facets of Power in WTO Decision-Making.

〔30〕 TRANSPARENCY OF WTO DECISION MAKING DUCKED.

〔31〕 Developing Countries and the WTO Trade Debate By Commonwealth Business Council.

〔32〕 Reforming IMF and World Bank governance: in search of Simplicity.

〔33〕 Reforming the IMF for the 21st Century By Edwin M. Truman (book).

〔34〕 http: //en. wikipedia. org/wiki/International_Monetary_Fund.

〔35〕 Joseph Stiglitz, "Making Globalization Work".

〔36〕http: //www. alternet. org/story/45833/.

〔37〕*The National System of Political Economy,* by Friedrich List, 1841, translated by Sampson S. Lloyd M. P., 1885 edition, Fourth Book, "The Politics", Chapter 33.

〔38〕布哈林文選，上冊，北京：人民出版社，1981。

〔39〕http: //en. wikipedia. org/wiki/Friedrich_List.

〔40〕Friedrich List. *The National System of Political Economy.*

〔41〕Navigation Act 1651 at British-Civil-Wars. co. uk.

〔42〕October 1651: An Act for increase of Shipping, and Encouragement of the Navigation of this Nation., Acts and Ordinances of the Interregnum, 1642-1660 (1911) , pp. 559-62. URL:（1）. Date accessed: 16 March, 2009.

〔43〕Charles II, 1660: An Act for the Encourageing and increasing of Shipping and Navigation., Statutes of the Realm: volume 5: 1628-80 (1819) , pp. 246-50. URL:（2）. Date accessed: 16 March 2009.

〔44〕http: //en. wikipedia. org/wiki/Navigation_Acts.

〔45〕http: //en. wikipedia. org/wiki/Corn_Laws.

〔46〕Hirst, F. W. (1925) *From Adam Smith to Philip Snowden: A history of free trade in Great Britain,* London: T. Fisher Unwin, 88 p.

〔47〕Semmel, B. (2004) The Rise of Free Trade Imperialism: classical political economy the empire of free trade and imperialism, 1750-1850, Cambridge University Press, ISBN 0-521-54815-2.

〔48〕Cody, D. (1987) Corn Laws, The Victorian Web: literature, history and culture in the age of Victoria.

〔49〕http: //en. wikipedia. org/wiki/Comparative_advantage.

〔50〕Ricardo (1817) . *On the Principles of Political Economy and Taxation.* London, Chapter 7.

〔51〕http: //en. wikipedia. org/wiki/David_Ricardo.

〔52〕http: //www. spartacus. schoolnet. co. uk/PRcorn. htm) .

〔53〕http: //www. tiscali. co. uk/reference/encyclopaedia/hutchinson/m0013640. html.

〔54〕http: //encyclopedia2. thefreedictionary. com/Anti-Corn-Law+League.

〔55〕http: //www. guardian, co. uk/commentisfree/2008/sep/09/eu. globaleconomy.

〔56〕By David Ricardo, Edited by Edward Carter Kersey Gonner, *Principles of Political Economy and Taxation.*

〔57〕http: //en. wikipedia. org/wiki/Anglo-Dutch_Wars.

〔58〕http: //en. wikipedia. org/wiki/Dutch_Revolt.

〔59〕http: //en. wikipedia. org/wiki/British_military_history.

〔60〕Rodger, N. A. M. *Command of the Ocean: A Naval History of Britain 1649-1815.* Penguin Books, 2006.

〔61〕McLynn, Frank. 1759: The Year Britain Became Master of the World. London: Jonathan Cape, 2004. ISBN 022406245X.

〔62〕Marston, Daniel. *The Seven Years' War. Essential Histories.* Oxford, UK: Osprey, 2001.

〔63〕Black, Jeremy. *War for America: The Fight for Independence, 1775-1783* (2001) .

〔64〕http: //en. wikipedia. org/wiki/Industrial_Revolution.

〔65〕http: //lcweb2. loc. gov/service/mss/eadxmlmss/eadpdfmss/2003/ms003014. pdf.

〔66〕Alexander Hamilton, First Report on the Public Credit.

〔67〕Alexander Hamilton, The Second Report on Public Credit.

〔68〕Alexander Hamilton, Report on the Subject of Manufactures (http: //nationalhumanitiescenter. org/pds/livingrev/politics/text2/hamilton. pdf) .

〔69〕Joseph Dorfman. *The Economic Mind in American Civilization,* 1865-1918 (1949) vol. 3.

〔70〕Foner, *Eric. Free Soil, Free Labor, Free Men: The Ideology of the Republican Party before the Civil War* (1970).

〔71〕Gill, William J. *Trade Wars Against America: A History of United States Trade and Monetary Policy* (1990) .

〔72〕Lind, Michael. *Hamilton's Republic: Readings in the American Democratic Nationalist Tradition* (1997) .

〔73〕Lind, Michael. *What Lincoln Believed: The Values and Convictions of America's Greatest President* (2004).

〔74〕Richardson, Heather Cox. *The Greatest Nation of the Earth: Republican Economic Policies during the Civil War* (1997) .

〔75〕Edward Stanwood. *American Tariff Controversies in the Nineteenth Century* (1903; reprint 1974) , 2 vols.

〔76〕http: //pbs. gen. in/wgbh/amex/hamilton/timeline/timeline2. html.

〔77〕http: //www. press, uchicago. edu/Misc/Chicago/910687. html.

〔78〕http: //www. napoleon-series, org/research/government/british/decrees/c_britdecreesl. html.

〔79〕http: //en. wikipedia. org/wiki/Chesapeake-Leopard_Affair.

〔80〕F. W. Taussig, Henry Lee Professor of Economics in Harvard University, The Tariff History of the United States Part I, Fifth Edition.

〔81〕Revised, With Additional Material, Including A Consideration Of The.

〔82〕Aldrich-Payne Act of 1909 G. P Putnam's Sons New York and London The Knickerbocker Press? 1910 (1892) , Online edition prepared by William Harshbarger.

〔83〕Cover prepared by Chad Parish. *The Ludwig von Mises Institute?* 2003. (http: //mises. org/etexts/taussig. pdf) .

〔84〕Victor Selden Clark. *History of Manufactures in the United States, 1607-1860,* Washington D. C, Published by the Carnegie Institution of Washington, 1916.

〔85〕http: //en. wikipedia. org/wiki/Embargo_Act_of_1807.

〔86〕http: //www. greglavelle. com/files/platt_essay. pdf The Acts, Orders in Council, &c. of Great Britain on Trade, 1793-1812 (http: //www. napoleon-series. org/research/government/british/decrees/c_britdecreesl. html) .

〔87〕The War of 1812 (http: //www. historycentral. com/1812/) .

〔88〕Henry Clay and the War of 1812 (http: //american_almanac. tripod, com/fwhhclay. htm) .

〔89〕http: //civilwar. bluegrass. net/secessioncrisis/henryclay. html.

〔90〕http: //en. wikipedia. org/wiki/War_of_1812.

〔91〕Caffrey, Kate (1977) . *The Twilight's Last Gleaming: Britain vs. America* 1812-1815.

〔92〕Egan, Clifford L. (1974) . *The Origins of the War of 1812: Three Decades of Historical Writing.* Military Affairs, Vol. 38, No. 2 (April) .

〔93〕Forester, C. S. . *The Age of Fighting Sail. New English Library.*

〔94〕Gardner, Robert, ed. (1996) . *The Naval War of 1812: Caxton pictorial history.* Caxton Editions.

〔95〕Heidler, Donald & Jeanne T. *Heidler (eds) Encyclopedia of the War of 1812* (2nd ed 2004) .

〔96〕Heidler, David S. and Heidler, Jeanne T. *The War of 1812.* Greenwood, 2002.

〔97〕Hickey, Donald. The War of 1812: A Forgotten Conflict (1989) . the standard history; by leading American scholar excerpts and text search.

〔98〕Hickey, Donald R. *The War of 1812: A Short History* (1995) , abridged version excerpts and text search.

〔99〕Hickey, Donald R. "The War of 1812: Still a Forgotten Conflict?", *The Journal of Military History,* Vol. 65, No. 3 (Jul., 2001) .

〔100〕James, William. *Naval History of Great Britain 1793-1827,* London, 1837 http: //www. pbenyon. plus. com/Naval_History/Vol_VI/P_363. html.

〔101〕Latimer, Jon (2007) . *1812: War with America.* Cambridge: Belknap Press.

〔102〕Naval Historical Centre, Dictionary of American Naval Fighting Ships.

〔103〕Toll, Ian W. (2006) . Six Frigates: The Epic History of the Founding of the U. S. Navy.

〔104〕http: //en. wikipedia. org/wiki/Treaty_of_Ghent.

〔105〕The Treaty Of Gent (http: //warl812. tripod, com/treaty, html) .

〔106〕http: //www. galafilm. com/1812/e/events/ghent. html.

〔107〕http: //www. classbrain. com/artteenst/publish/article_76. shtml.

〔108〕http: //www. csamerican. com/Doc. asp? doc=Ghent.

〔109〕The War of 1812 (http: //www. history, army, mil/books/AMH/AMH-06. htm) .

〔110〕The War of 1812 (http: //www. warofl812. ca/) .

〔111〕The War of 1812 (http: //www. historycentral. com/1812/Index. html) .

〔112〕Carl Benn, The War of.

〔113〕John K. Mahon, The War of 1812.

〔114〕Harry L. Coles, The War of 1812.

〔115〕1816-1860 (http: //www. tax. org/Museum/1816-1860. htm) .

〔116〕F. W. Taussig Henry Lee Professor of Economics in Harvard University.

〔117〕The Tariff History of The United States Part I Fifth Edition.

〔118〕Revised, With Additional Material, Including A Consideration Of The.

〔119〕Aldrich-Payne Act of 1909 G. P Putnam's Sons New York and London The Knickerbocker Press? 1910, 1892.

〔120〕Murray N. Rothbard The Panic of 1819 Reactions and Policies.

〔121〕Online edition prepared by William Harshbarger. Cover prepared by Chad Parish.

〔122〕Auburn, Alabama. *Ludwig von Mises Institute? 2002.* Originally published by Columbia University Press, New York and London (1962) .

〔123〕1816-1860 (http: //www. tax. org/Museum/1816-1860. htm) .

〔124〕F. W. Taussig Henry Lee Professor of Economics in Harvard University.

〔125〕The Tariff History of The United States Part I Fifth Edition.

〔126〕Revised, With Additional Material, Including A Consideration Of The Aldrich-Payne Act of 1909 G. P Putnam's Sons New York and London The Knickerbocker Press? 1910 (1892) .

〔127〕Murray N. Rothbard The Panic of 1819 Reactions and Policies.

〔128〕Online edition prepared by William Harshbarger. Cover prepared by Chad Parish.

〔129〕Auburn, Alabama, Ludwig von Mises Institute? 2002. Originally published by Columbia University Press, New York and London (1962) .

〔130〕http: //www. digitalhistory. uh. edu/database/article_display. cfm? HHID=574.

〔131〕http: //en. wikipedia. org/wiki/Tariff_in_American_history.

〔132〕The force Bill (http: //teachingamericanhistory. org/library/index. asp? document=844) .

〔133〕http: //www. u-s-history. com/pages/h333. html.

〔134〕http: //en. wikipedia. org/wiki/Morrill_Tariff.

〔135〕Justin Smith Morrill, The Tariff (http: //books. google. com/books? id= Km8vAAAAMAAJ &dq = the+tariff+of+morrill&printsec = frontcover&source = bl&ots= nQwKujCu4_&sig = wc9s3Cci2mKcLPqfrkXfoZijB-A&hl = en&ei = BZDFSay4OOjfnQf3ko2SDg&sa=X&oi=book_result&resnum= 2 &ct=result) .

〔136〕http: //en. wikipedia. org/wiki/Britain_in_the_American_Civil_War.

〔137〕Adams, Ephraim Douglass. *Great Britain and the American Civil War.*

〔138〕Baxter, James P. 3rd. "Papers Relating to Belligerent and Neutral Rights, 1861-1865". American Historical Review Vol 34 No 1 (Oct 1928) in JSTOR.

〔139〕Baxter, James P. 3rd. "The British Government and Neutral Rights, 1861-1865". American Historical Review Vol 34 No 1 (Oct 1928) in JSTOR.

〔140〕Berwanger, Eugene H. The British Foreign Service and the American Civil War. (1994) , the diplomats and consuls.

〔141〕Blackett, R. J. M. *Divided Hearts: Britain and the American Civil War* (2001) .

〔142〕Bourne Kenneth. *Britain and the Balance of Power in North America,* 1815-1908 (1967) .

〔143〕Bourne, Kenneth. British Preparations for War with the North, 1861-1862. *The English Historical Review* Vol 76 No 301 (Oct 1961) .

〔144〕Brauer, Kinley J. "The Slavery Problem in the Diplomacy of the American Civil War", *Pacific Historical Review,* Vol. 46, No. 3 (Aug., 1977) .

〔145〕Brauer, Kinley J. "British Mediation and the American Civil War: A Reconsideration", *Journal of Southern History,* Vol. 38, No. 1 (Feb., 1972) .

〔146〕Campbell, Duncan Andrew, *English Public Opinion and the American Civil War* (2003) .

〔147〕Cook Adrian. *The Alabama Claims: American Politics and Anglo-American Relations,* 1861-1872 (1975) .

〔148〕Crook, David Paul. *The North, the South, and the Powers,* 1861-1865 (1974) .

〔149〕Crook, D. P. *Diplomacy During the American Civil War* (1975) .

〔150〕Duberman Martin B. *Charles Francis Adams,* 1807-1886 (1961) .

〔151〕Ferris, Norman B. Desperate Diplomacy: William H. Seward's Foreign Policy, 1861. (1976) 265pp, scholarly study of 1861.

〔152〕Ferris, Norman B. *The Trent Affair: A Diplomatic Crisis* (1977) standard history.

〔153〕Gentry, Judith Fenner. "A Confederate Success in Europe: The Erlanger Loan", *Journal of Southern History,* Vol. 36, No. 2 (May, 1970) .

〔154〕Ginzberg, Eli. "The Economics of British Neutrality during the American Civil War", *Agricultural History,* Vol. 10, No. 4 (Oct., 1936) .

〔155〕Graebner, Norman A. *Northern Diplomacy and European Neutrality in Why the North Won the Civil War* edited by David Herbert Donald. (1960) .

〔156〕Hubbard, Charles M. *The Burden of Confederate Diplomacy* (1998) p. 271.

〔157〕Hyman, Harold Melvin. *Heard Round the World; the Impact Abroad of the Civil War* (1969) .

〔158〕Jenkins, Brian. *Britain & the War for the Union.* (2 vol 1974) , by Canadian scholar.

〔159〕Jones, Howard. *Union in Peril: The Crisis over British Intervention in the Civil War* (1992) .

〔160〕Jones, Howard. *Abraham Lincoln and a New Birth of Freedom: the Union and Slavery in the Diplomacy of the Civil War* (1999) .

〔161〕Lester, Richard I. Confederate Finance and Purchasing in Great Britain (1975) .

〔162〕Lorimer, Douglas A. "The Role of Anti-Slavery Sentiment in English Reactions to the American Civil War", *Historical Journal,* Vol. 19, No. 2 (Jun., 1976) .

〔163〕Macdonald, Helen Grace. *Canadian Public Opinion and the American Civil War* (1926) .

〔164〕Merli, Frank J. *The Alabama, British Neutrality, and the American Civil War* (2004) .

〔165〕Merli, Frank J. *Great Britain and the Confederate Navy,* 1861-1865 (1971) .

〔166〕Nevins, Allan. "Britain, France and the War Issues." In Allan Nevins, The War for the Union: War Becomes Revolution, 1862-1863 (1960) .

〔167〕Owsley, Frank Lawrence. *King Cotton Diplomacy: Foreign Relations of the Confederate States of America* (1931) .

〔168〕Milne, A. Taylor. "The Lyons-Seward Treaty of 1862", *American Historical Review,* Vol. 38, No. 3 (Apr., 1933) Taylor, John M. William Henry Seward: Lincoln's Right Hand (1991) .

〔169〕Van Deusen, Glyndon G. William Henry Seward (1967) , Standard Biography.

〔170〕Warren, Gordon H. *Fountain of Discontent: The Trent Affair and Freedom of the Seas* (1981) .

〔171〕Winks Robin W. *Canada and the United States: The Civil War Years* (1971) .

〔172〕Alexander Theberge, The Latin American Debt Crisis of the 1980s and its Historical Precursors, April 8, 1999 (very important one) .

〔173〕Harberger, Arnold C. *The Chilean economy in the 1970s: Crisis, stabilization, liberalization, reform.*

〔174〕Arminio Fraga. *Latin America since the 1990s: Rising from the Sickbed? Journal of Economic Perspectives-Volume* 18, Number 2-Spring 2004- Pages 89-106.

〔175〕Romulo Chumacero, Universidad de Chile, Rodrigo Fuentes, Central Bank of Chile, Understanding Chilean Reforms.

〔176〕William I. Robinson, University of California at Santa Barbara, USA, Global Crisis and Latin America, *Bulletin of Latin American Research,* Vol. 23, No. 2.

〔177〕Evelyne Huber, University of North Carolina, Inequality and the State in Latin America, Paper prepared for the Conference of the APSA Task Force on Difference and Inequality in the Developing World, University of Virginia, April 22-23, 2005.

〔178〕Michael Mann, Professor of Sociology, University of California at Los Angeles, The Crisis of the Latin American Nation-State, Paper presented at the University of the Andes, Bogotá Colombia, to the Conference "The

Political Crisis and Internal Conflict in Colombia", April 10-13, 2002.

〔179〕 Joseph Stiglitz, "What I learned from the economic crisis", *The New Republic,* April 2000.

〔180〕 Manuel Pastor, Jr *Capital Flight and the Latin Ameircan Debt Crisis.*

〔181〕 http: //www. twnside. org. sg/title/twr122f. htm.

〔182〕 http: //en. wikipedia. org/wiki/Miracle_of_Chile.

〔183〕 http: //www. pbs. org/wgbh/commandingheights/shared/minitextlo/ufd_reformliberty_full. html.

〔184〕 http: //en. wikipedia. org/wiki/Latin_American_debt_crisis.

〔185〕 Macmillan/Palgrave, Reforming the Reforms in Latin America: Macroeconomics, Trade, Finance.

〔186〕 Empowering Workers in Chile, José Piñera.

〔187〕 Economic reform and wage differentials in latin America, Jere R. Behrman.

〔188〕 Trade Reforms And Food Security, Economic and Social Development Department.

〔189〕 For Latin America, Globalization Has Not Been Paying Off, By William Pfaff.

〔190〕 Drake, Paul W. and Mathew D. McCubbins, _The Origins of Liberty_, Chapter 7, "When You Wish Upon the Stars: Why the Generals (and Admirals) Say Yes to Latin American" Transitions "to Civilian Government", Princeton, Princeton University Press, 1998.

〔191〕 Foxley, Alejandro, "Chile: Latin America's Middle Way", *New Perspectives Quarterly,* Fall, 1996 vl3 nl4 Pg. 38 (2) .

〔192〕 Hojman, David E., "Poverty and inequality in Chile: Are Democratic Politics and Neoliberal Economics Good for You?", _Journal of Interamerican Studies and World Affairs_, Summer-Fall 1996, v38 n2-3, Pg. 73 (24) Montecinos, Veronica, "Economic Reforms, Social Policy, and the Family Economy in Chile", *Review of Social Economy,* Summer 1997 v55 n2 Pg. 224 (11) .

〔193〕 "Retirement Revolution", _The Economist_, November 23, 1996 v341 n7993 Pg. 95.

〔194〕 Weyland, Kurt, "Growth with Equity in Chile's New Democracy?", *Latin American Research Review,* Vol. 32, No. 1, pp. 37-67.

〔195〕 Glen Biglaiserl; Karl DeRouen, The Expansion of Neoliberal Economic Reforms in Latin America, *International Studies Quarterly,* Volume 48, Number 3, September 2004, pp. 561-578 (18) .

〔196〕 IMF working paper, Growth and Reforms in Latin America: A Survey of Facts and Arguments.

〔197〕 Ricardo Ffrench-Davis. *Economic Reforms in China.*

〔198〕 Arminio Fraga. Latin America since the 1990s: Rising from the Sickbed? *Journal of Economic Perspectives*-Volume 18, Number 2-Spring 2004-Pages 89-106.

〔199〕 Rómulo Chumacero. Understanding China Reforms.

〔200〕 http: //www. threegorgesprobe. org/probeint/OdiousDebts/OdiousDebts/chapter10. html.

〔201〕 CRS, U. S. -Japan Economic Relations: Significance, Prospects, and Policy Options, 2007.

〔202〕 John Kunkel. *America's trade policy towards Japan?*

〔203〕 Trade Strategies for a New Era By Geza Feketekuty, Bruce Stokes, Monterey Institute of International.

〔204〕 Ellis S. Krauss, T. J. Pempel. Beyond Bilateralism.

〔205〕 Beyond Network Power?

〔206〕 The Dynamics of Formal Economic Integration in Northeast Asia.

〔207〕 Vinod K. Aggarwal and Min Gyo Koo.

〔208〕 http: //www. atypon-link. com/LRP/doi/abs/10. 5555/jeas. 2005. 5. 1. 77.

〔209〕 http: //www. adager. com/VeSoft/Semiconductor, html.

〔210〕 http: //www. commercialdiplomacy. org/pdf/case_studies/Semiconductors/casea. pdf.

〔211〕 http: //www. commercialdiplomacy. org/case_study/case_semiconductor. htm.

〔212〕 http: //adsabs. harvard. edu/abs/1987dsb.

〔213〕 Report of Defense Science Board Task Force on Defense Semiconductor Dependency, http: //oai. dtic. mil/oai/oai? verb = getRecord&metadataPrefix = html & identifier = ADA178284.

〔214〕 http: //www. aliciapatterson. org/APF1501/Dryden/Dryden. html.

〔215〕Kenneth Flamm, *Mismanaged trade?* Brookings Institution.

〔216〕http: //ebook. ntl. gov. tw/ct. asp? xltem= 144308&ctNode=205&mp=l.

〔217〕James D. Malcolm. *Financial Globalisation and the Opening of the Japanese Economy.*

〔218〕Nicholoas R. Lardy. *Integrating China Into the Global Economy.*

〔219〕Anne Williamson. The Rape of Russia.

〔220〕How American Built the New Russian Oligarhy.

〔221〕Janine R. Wedel. *The Harvard Boys Do Russia.*

〔222〕Russia's Privatization. *A Financial Crime of the Century?*

〔223〕Ben Mah. *American And China.*

〔224〕Richard Sokolsky, Angel Rabasa, Carl Richard Neu. *United States Air Force, The Role of Southeast Asia in U. S. Strategy Toward China.*

〔225〕Samuel S. Kim. *China and the world.*

〔226〕Zbignew Bzrezinski. *The Grand Chessboard: American Primacy and its Geostrategic Imperatives.*

〔227〕Ellis S. Krauss, T. J. Pempel. *Beyond Bilateralism.*

〔228〕http: //en. wikipedia. org/wiki/Bretton_Woods_II.

〔229〕http: //en. wikipedia. org/wiki/Niall_Ferguson.

〔230〕Niall Ferguson, What "Chimerica" Hath Wroughtverygood.

〔231〕Niall Ferguson, *Chimerical? Think Again.*

〔232〕Miles Kahler Economic. *Security in an Era of Globalization.*

〔233〕Ifzal Ali. The Hard Truth Behind Asia's Boom Fighting Poverty, International Herald Tribune, August 22, 2006.

〔234〕Susan L. Shirk, China The Fragile Superpower, p. 252.

〔235〕Susan L. Shirk, China The Fragile Superpower, p. 263.

〔236〕Congressional Records, September 3, 2006.

〔237〕Washington Post April 21, 2006.

〔238〕Susan L. Shirk, China The Fragile Superpower, p. 23.

〔239〕China Daily, June19, 2005.

〔240〕Xinhua, July 7, 2005.

〔241〕http: //www. whiskeyandgunpowder. com/will-china-dump-us-treasuries/.

〔242〕http: //en. wikipedia. org/wiki/Trade_deficit.

〔243〕Andre Gunder Frank, "The Naked Hegimony", Asia Times Online, January 6, 2005.

〔244〕Ben Mah, China and America, p. 235, p. 236.

〔245〕Chinese economic performance in the long run By Angus Maddison, Organisation for Economic Co-operation and Development. Development Centre, OECD.